fashion

옷 수선 배우기

노하우

fashion

예신 Books

머리말

옷 수선은 패턴을 떠서 순서에 따라 봉제하는 옷 제작 과정과는 전혀 다르다. 옷 수선은 이미 완성되어 있는 옷을 거꾸로 뜯어서 다시 완성하는 것으로 때로는 원래의 패턴 사이즈와 다르게 작업하기도 하고, 패턴과 전혀 다른 디자인으로 옷을 변형하기도 한다.

이렇듯 옷 수선은 수많은 디자인의 옷들을 가리지 않고 복원해야 할 때도 있고, 다양한 원단의 성질과 기능을 파악하여 봉제해야 하며, 그에 필요한 각종 부자재 또한 완벽하게 이해하고 소화할 수 있어야 하는 고급 기술이다.

그럼에도 오랜 세월 동안 입에서 입으로 전해져 내려올 뿐 체계적으로 교육이 이루어지지 않는 것이 안타까웠는데, 이 책을 통하여 질 좋은 기술로 어떻게 수선하는 것이 가장 쉽고 깔끔하며 다시 복원할 수 있는지를 아낌없이 알려 줄 수 있게 되어 참으로 기쁘다. 이 책이 옷 수선을 필요로 하는 모든 사람에게 도움이 되는 수선의 지침서가 되기를 바란다.

항상 옆에서 도와주고 손발이 되어 준 사랑하는 나의 가족과 아낌없이 지원해 준 민옥인 님께 감사의 말을 전하고 싶다. 그리고 귀한 책을 펴낼 수 있도록 특별히 기회를 열어 주고 도와준 도서출판 **예신** 임직원 여러분께 감사드린다.

김남선(kik99321@hanmail.net) 씀

차례

:: PART 1
수선 실무 기초 이론

재봉틀 구조 ···················· 10
재봉틀 사용 요령 ············· 12
수선 도구 및 부자재 ········· 14
하의 수선 기초 ················ 18

상의 수선 기초 ················ 30
기타 수선 요령 ················ 40
옷수선 창업 ···················· 42

:: PART 2
바지 치마 길이 수선하기

청바지 밑단 좌우 바꿔 길이 줄이기 ···· 48
청바지 밑단 살려 줄이기 ·············· 49
청바지 실 살려 길이 줄이기 ··········· 50
남자 신사 바지 길이 줄이기 ··········· 52
카브라 바지 길이 줄이기 ·············· 54
반카브라 바지 길이 줄이기 ············ 56
면바지 길이 줄이기 ···················· 58

숙녀 바지 길이 트임 만들기 ··········· 59
면바지 길이 트임 만들기 ·············· 62
나팔 스커트 길이 줄이기 ·············· 64
주름 스커트 길이 줄이기 ·············· 66
타이트스커트 길이 줄이기 ············· 68
플레어스커트 길이 줄이기 ············· 71

:: PART 3
바지통 및 밑위 수선하기

청바지 밑위길이 늘이기 ··············· 74
바지 밑위길이 뒤판에서 줄이기 ········ 76
엔진 청바지 둘레길이(통) 줄이기 ······ 78
숙녀 바지 둘레길이(통) 줄이기 ········ 80
바지통 돌아간 것 수선하기 ············ 81

청바지 밑위길이 줄이기 ··············· 82
청바지 엉덩이와 통 줄이기 ············ 84
통 청바지를 스키니즈 청바지로 만들기 ·· 86
추리닝 바지 밑길이 줄이기 ············ 87
남자 양복바지 주머니와 함께 품 줄이기 ·· 88

:: PART 4
허리 수선하기

남자 양복바지 허리둘레와 엉덩이 줄이기 92

숙녀 바지 허리둘레와 엉덩이 줄이기 94

청바지 허리둘레 줄이기 96

청바지 허리 고무줄로 바꾸기 98

청바지 허리둘레 늘어난 것 수선하기 100

치마허리 지퍼와 함께 줄이기 101

치마 허리둘레만 양옆 줄이기 104

치마 허리둘레 양 옆선 맞춰 줄이기 106

바지 주머니와 함께 허리둘레 줄이기 110

바지 허리 표시나지 않게 늘리기 114

지퍼 안단 이용하여 허리둘레 늘리기 116

남자 양복바지 허리에서 한 단 내려 줄이기 117

:: PART 5
상의(재킷, 남방) 길이와 둘레길이(품) 수선하기

남방 길이 밑단에서 줄이기 122

안감 L자형 남자 양복 길이 줄이기 124

안감 일자형 남자 양복 길이 줄이기 127

춘추형 남자 재킷 길이 줄이기 130

숙녀 재킷 길이 어깨에서 줄이기 134

신사 재킷 길이 어깨에서 줄이기 137

래글런 재킷 길이 어깨에서 줄이기 142

남방 둘레길이(품 · 통) 줄이기 144

래글런 재킷 둘레길이(품 · 통) 줄이기 146

양복 재킷 뒤트임 둘레길이(품) 줄이기 147

차례

:: **PART 6**
소매 수선하기

블라우스형 소매 길이 줄이기 ········· 154

양복 기본형 소매 길이 줄이기 ········· 156

양복 삼각형 소매 길이 줄이기 ········· 159

재킷 소매 길이 늘이기 ········· 162

남방 소매 길이 줄이기 ········· 165

핸드메이드 재킷 소매 길이 줄이기 ········· 168

추리닝 소매 길이 줄이기 ········· 170

어깨 부분에서 재킷 소매 길이 줄이기 ········· 172

양복 소매길이 가장 간편한 방법으로 줄이기 ····· 174

:: **PART 7**
어깨 수선하기

니트 티 어깨 줄이기 ········· 178

남방 어깨 줄이기 ········· 180

남자 양복 어깨 줄이기 ········· 182

니트 재킷 어깨 줄이기 ········· 186

핸드메이드 코트 어깨 줄이기 ········· 188

숙녀복 어깨 줄이기 ········· 190

재킷 가슴과 어깨 함께 줄이기 ········· 193

어깨 절개선 이용하여 어깨 줄이기 ········· 196

어깨와 목선이 넓은 재킷 뒷목에서 줄이기 ········· 198

옷깃 있는 재킷 어깨 뒷목에서 줄이기 ········· 200

남자 양복 어깨 늘리기 ········· 202

니트 종류 어깨 줄이기 ········· 205

:: **PART 8**
다양한 지퍼 수선하기

면바지 지퍼 교체하기 ········· 208

청바지 지퍼 교체하기(겉실을 뜯지 않고 교체) ····· 210

여자 바지 지퍼 교체하기 ········· 212

남자 신사 바지 지퍼 교체하기 ········· 214

등산 바지 주머니 지퍼 만들기 ········· 216

치마 콘솔 지퍼 교체하기 ········· 219

티셔츠 지퍼 교체하기 ········· 222

점퍼 지퍼 교체하기 ········· 224

:: PART 9
특수 원단 의류 수선하기

찢어진 가죽 짜깁기하기 예 ················ 228

가죽 코트 둘레길이(품·통) 늘리기 ·········· 230

가죽 재킷 소매 길이 줄이기 ················ 233

여우 목도리 안감 넣기 ···················· 234

밍크 길이 줄이기 예 ······················ 236

찢어진 밍크 수선하기 예 ·················· 239

무스탕 재킷 어깨와 목둘레 줄이기 ·········· 241

무스탕 재킷 소매 길이 줄이기 ·············· 244

무스탕 재킷 길이 밑단에서 줄이기 ·········· 247

섀미 재킷 어깨 줄이기 ···················· 250

:: PART 10
특별한 방법의 수선 모음

짧게 잘라 버린 바지 카브라 만들기 ·········· 254

찢어진 청바지 누비기 ···················· 256

구멍난 청바지 메우기 ···················· 258

청바지(또는 청치마) 구멍에 디스 만들기 ······ 259

폴라티를 라운드티로 만들기 ··············· 282

바지 앞 주름(다트) 없애기 ················· 261

바지 앞 지퍼 부분 주름진 것 없애기 ········· 266

바지 엉덩이 주름진 것 없애기 ·············· 268

바지 주머니 해진 것 수선하기 ·············· 270

점퍼 주머니 찢어진 것 다시 만들기 ·········· 272

늘어난 티셔츠 수선하기 ·················· 274

점퍼 낡은 옷깃 교체하기 ·················· 276

핸드메이드 코트 둘레길이(품) 줄이기 ········ 278

스웨터 주머니 만들기 ···················· 280

니트 티 소매 길이 줄이기 ················· 282

니트 티 구멍 수선하기 ···················· 284

니트 코 빠진 것 수선하기 ················· 286

PART 1

수선 실무
기초 이론

재봉틀 구조 · 재봉틀 사용 요령 · 수선 도구 및 부자재

하의 수선 기초 · 상의 수선 기초 · 기타 수선 요령 · 옷수선 창업

재봉틀 구조

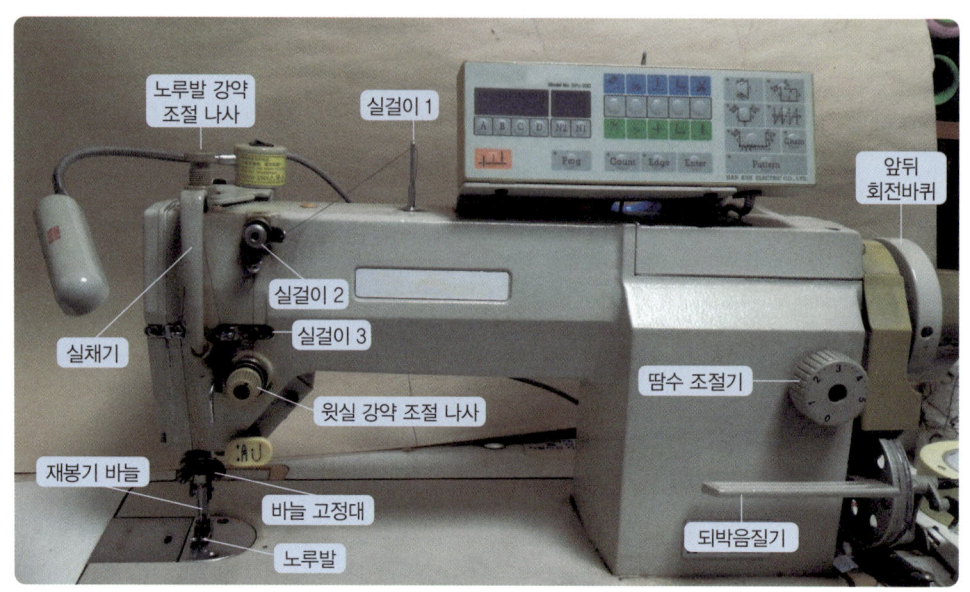

- **실걸이 1, 2, 3**

  실이 엉키거나 움직이는 것을 막고 자연스러운 길을 안내한다. 실을 걸 때는 물이 흐르듯 자연스럽게 실이 흐르도록 해야 한다.

- **노루발 강약 조절 나사**

  박음질할 때 원단이 흔들리지 않도록 눌러 주는 역할을 한다.

- **실채기**

  한 땀 분량만큼 윗실을 당겨 주는 역할을 한다.

- **윗실 강약 조절 나사**

  윗실과 밑실을 조정하여 바늘땀이 바르게 나오도록 한다. 오른쪽으로 돌리면 실의 장력이 강해지고 왼쪽으로 돌리면 약해진다.

- **바늘 고정대**

  바늘이 바르게 꽂힐 수 있도록 돕는다.

- **재봉기 바늘**

  호수가 높을수록 바늘의 굵기가 두껍다. 14호가 기본이며 얇은 원단은 11호, 실크 종류는 9호, 청바지 종류는 16호를 사용한다. 바늘 고정대에 바늘을 꽂을 때 바늘에 홈이 길게 파인 곳이 왼쪽으로 향하게 하고 정면에서 볼 때 바늘구멍이 보이지 않아야 한다.

• 노루발

옷감을 눌러 고정해 주는 역할을 하며, 노루발 아래 있는 톱니바퀴가 돌아 가며 원단을 밀어낸다. 봉제하는 방법에 따라 다양한 종류의 노루발을 사용한다.

노루발 종류

① 외발(파이핑) 노루발 : 한쪽 발이 없는 노루발로 끝부분을 바느질을 할 때 사용하다.

② 콘솔 지퍼 노루발 : 원피스나 치마에 콘솔 지퍼를 부착할 때 사용한다.

③ 스티치 노루발 : 사이즈별로 다양하다. 겉에서 스티치 모양을 박음질할 때 사용한다.

④ 셔링 노루발 : 주름 노루발이라고도 한다. 노루발을 교체하면 스스로 주름을 잡아 준다.

⑤ 말아박기(미쓰마키) 노루발 : 얇은 원단의 끝단을 깔끔하게 말아서 처리해 준다.

⑥ 테플론(가죽) 노루발 : 노루발 바닥이 플라스틱으로 되어 있어 잘 미끄러지도록 처리된 것과 롤러 노루발이라고 해서 플라스틱판에 둥글게 돌아가는 바퀴가 달린 것도 있다. * 뿔 노루발이라고도 한다.

⑦ 1/2(좁은 지퍼) 노루발 : 점퍼 지퍼를 박음질할 때 많이 사용한다.

• 땀수 조절기

바늘땀의 넓이를 조절해 주며, 숫자가 클수록 바늘땀이 크다.

• 되박음질기

봉제 시작과 끝에서 실이 풀리지 않도록 튼튼하게 되박음질하는 기능을 한다.

• 앞뒤 회전바퀴

모터와 연결되는 벨트가 걸리는 부분으로 모터의 동력이 전달되어 벨트가 돌아간다. 때로 이곳에 실이 감겨 회전이 되지 않을 때도 있으므로 주의한다.

특수 재봉틀

오버로크기

봉조기(밍크 전용)

재봉틀 사용 요령

1. 실이 자주 끊어지는 원인

① 바늘이 끝까지 올라가 꽂혀 있지 않으면 끊어진다.

② 바늘 좌우가 바뀌면 끊어진다.

③ 바늘 끝이 손상되었을 때 끊어진다.

④ 북집이나 북알에 실이 끼여 있을 때 끊어진다.

⑤ 아래쪽에 있는 가마 안에 실이 끼여 있을 때 끊어진다.

2. 노루발 높이 조절 요령

두꺼운 옷을 수선할 때는 노루발과 톱니바퀴의 높이가 높을수록 좋다. 재봉틀 왼쪽 측면에 있는 검은색 고무 패킹(packing)을 떼어 내면 나사못이 있는데 이것을 조금 풀고 내려 주면 노루발이 올라간다. 작업을 하는 동안 노루발은 항상 톱니바퀴 위에 내려놓고 해야 한다.

3. 톱니바퀴 높이 조절 요령

원단이 두껍거나 거칠 때는 톱니바퀴를 높여서 원단을 힘 있게 밀어내도록 해야 하며, 원단이 얇을 때는 톱니바퀴가 가늘고 낮은 것을 사용해야 한다. 톱니바퀴의 높낮이 조절은 재봉틀 몸체를 뒤로 넘기고 한다. 먼저 톱니바퀴와 연결된 나사를 푼 후에 아래쪽에서 살살 두드려 위로 올려 주고, 다시 내려야 할 경우는 위에서 살살 두드려 내려 주면 된다.

4. 퍼커링(puckering : 잔주름 잡힘) 해결 방법

① 원단이 얇을 경우 : 실의 장력(조시)을 풀어 주고 뒤에서 잡아당기며 박음질한다. 바늘과 톱니바퀴도 가늘고 얇은 것으로 교체해서 사용한다.

② 원단이 두꺼울 경우 : 바늘과 톱니바퀴를 모두 두꺼운 것으로 교체해서 사용한다.

③ 원단에 스판덱스가 함유된 경우 : 스판덱스는 늘어나는 성질이 있으므로 종이를 깔거나 쪽가위 또는 송곳을 사용하여 늘어나지 않도록 밀면서 박음질한다.

④ 실의 장력(조시)이 불량할 경우 : 실을 위아래로 조절하여 풀어 준다.

⑤ 톱니바퀴가 너무 올라가 있을 경우 : 높낮이를 조정해 준다.

5. 박음질된 앞뒤 실의 장력 상태(조시) 불량 원인과 해결 방법

① 앞실은 상태가 양호하나 뒷실이 느슨할 경우

　㉠ 윗실 조절 나사를 오른쪽으로 돌려 준다.

　㉡ 북집과 북알의 실 상태가 양호한지 확인하고 느슨하거나 꼬여 있으면 조이거나 풀어 준다.

② 윗실 조절 나사 옆에 있는 철사에 실이 걸려 있지 않을 경우 : 실을 바르게 걸어 준다.

③ 윗실과 밑실의 염색 차이로 흐름이 바르지 않을 경우 : 실을 바꿔 준다.

④ 위아래 실의 두께에 차이가 있을 경우 : 실을 바꿔 준다.

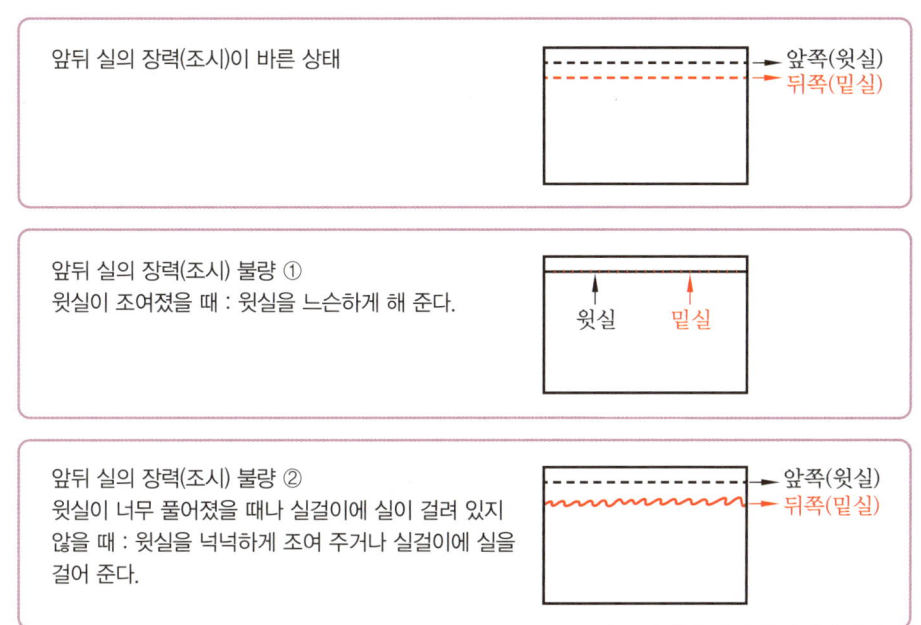

수선 도구 및 부자재

직선(평발) 노루발

가장 기본이 되는 노루발로 직선박기를 할 때 사용한다.

1/2(좁은 지퍼) 노루발

지퍼와의 간격이 좁은 곳이나 시접 폭을 좁게 할 때 사용한다.

테플론(가죽) 노루발

니트, 가죽 원단 등에 사용하며, 바닥 부분이 플라스틱으로 되어 있어 원단이 밀리는 것을 막아 준다.

콘솔 지퍼 노루발

원피스 등 옷의 보이지 않는 곳에 콘솔 지퍼를 달 때 사용한다.

외발(파이핑) 노루발

한쪽 발만 있으며, 지퍼나 파이핑 등의 끝부분을 박을 때 사용한다.

일반 본봉용   오버로크용

재봉기 바늘

굵기에 따라 다양한 종류가 있으며, 호수가 클수록 바늘이 두껍다. 14호를 많이 사용한다.

손바늘

시침질 등 손바느질을 할 때 사용한다.

시침핀

옷감을 서로 고정하거나 옷감에 패턴을 고정할 때 사용하며, 실크핀을 상용한다.

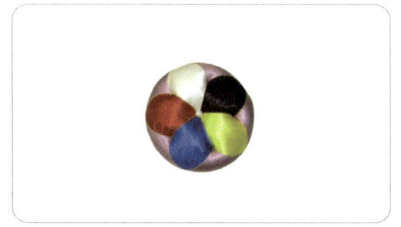

시침핀꽂이

시침핀을 꽂아 사용한다.

북알

실을 감아 북집에 넣어 사용한다.

북집

실을 감은 북알을 넣어 사용한다.

북알 보관함

북알에 먼지가 들어가지 않도록 보관할 때 사용한다.

자석 받침(자석 조기)
박음질 넓이 등 시접 폭을 조정할 때 노루발 옆에 대고 사용한다.

여러 가지 재봉실(재봉사)
다양한 종류의 실이 있으며, 원단 특징에 맞게 사용한다.

고무줄실(실고무)
옷에 셔링 등 주름을 잡을 때 북알에 감아서 사용한다.

고무줄
다양한 사이즈가 있으며, 소매 입구나 허리 등 늘어나는 부분에 사용한다.

허리 고무줄
다양한 사이즈가 있으며, 치마나 바지의 허리 등 늘어나는 부분에 사용한다.

바이어스테이프
옷단이나 소매 끝 등의 단 처리나 파이핑을 만들 때 사용한다.

직선 및 사선 접착테이프 심지
다리미로 스팀을 주어 원단에 붙여 늘어나지 않게 하는 데 사용한다.

진동둘레(암홀)테이프
진동둘레(암홀)가 늘어나는 것을 방지하는 데 사용한다.

5cm 접착테이프 심지
밑단에 붙여 힘과 각을 줄 때 사용한다.

방수테이프
등산복 안쪽 봉제선에 붙여 사용한다.

곡선자, 직선자, 30cm자
곡선, 직선 등 다양한 선을 제도할 때 사용한다.

진동둘레(암홀)자
목둘레나 진동둘레(암홀) 등 곡선을 제도할 때 사용한다.

줄자

인체를 계측할 때나 옷의 치수를 잴 때 등 다양하게 사용한다.

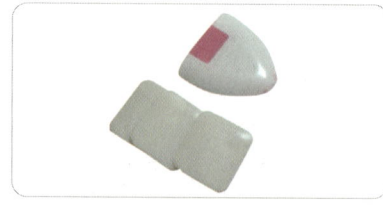

자고(초크)

원단에 선 등을 표시할 때 사용한다. 분 자고는 손으로 털면 지워지고, 초자고는 열로 지워진다.

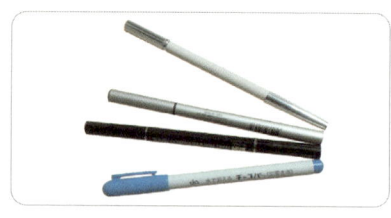

수성펜초크와 아이펜슬

수성펜초크는 물을 뿌리면 지워지고, 아이펜슬은 벗겨진 가죽에 칠하고 올리브 유를 바르면 좋다.

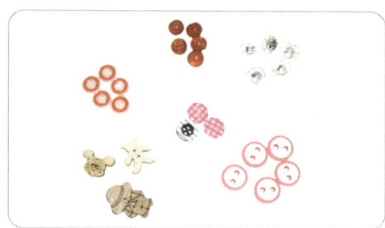

각종 단추

옷에 따라 다양하게 사용한다.

지퍼

다양한 종류가 있으며, 옷의 특성에 맞게 사용한다.

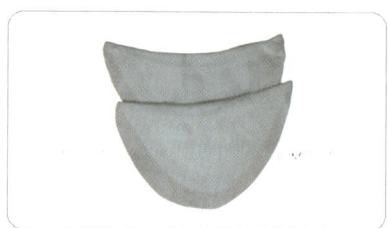

어깨 패드

어깨에 붙여 각을 잡아 줄 때 사용한다.

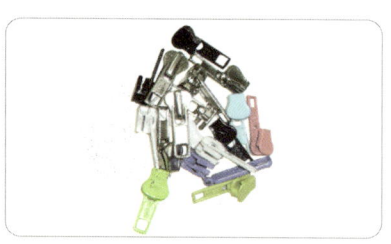

지퍼 고리(슬라이더)

지퍼 고리가 고장 났을 때 교체하여 사용한다.

남자 바지 걸고리(호크)

옷에 따라 다양하게 사용한다.

여자 바지 걸고리(호크)

옷에 따라 다양하게 사용한다.

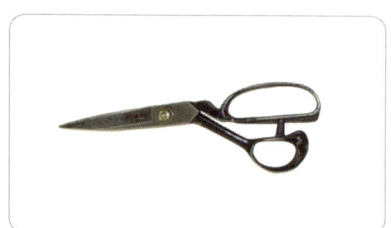

재단 가위

원단을 재단할 때 사용한다.

쪽가위

실을 자르거나 실밥을 제거할 때 사용한다.

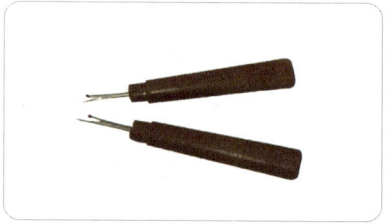

실뜯개(리퍼)

재봉한 실을 뜯을 때 사용한다.

커터칼, 면도칼(단면도)

실뜯개와 같은 용도로 사용한다.

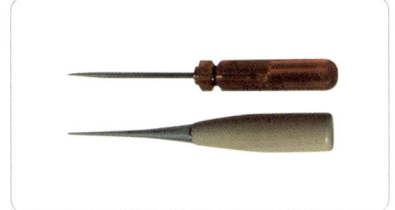

송곳

구멍을 내거나 원단을 밀어넣을 때 사용한다.

펜치

지퍼를 교체할 때나 허리 단추(링도트 등) 부분을 수선할 때 사용한다.

단추 기구

가시도트, 링도트, 아일렛, 징 등을 달 때 사용한다.

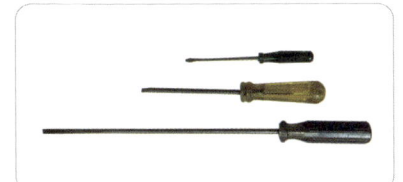

드라이버

재봉틀의 바늘, 노루발을 교체할 때나 재봉틀을 수리할 때 사용한다.

망치

청바지에 단추(링도트 등)를 달 때 또는 가죽 제품을 수선할 때 자리잡음용으로 사용한다.

다리미

옷감을 다릴 때 사용한다.

분무기

원단을 손질할 때나 다림질을 할 때 사용한다.

우마

보조 다리미판의 하나로 소매통, 바지통 등 둥근 부분을 다림질할 때 사용한다.

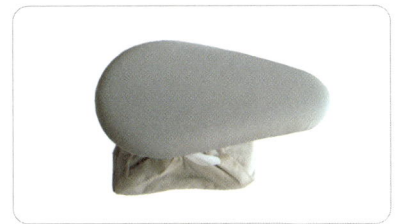

데스망

보조 다리미판의 하나로 소매산 등 어깨 부위의 모양을 잡을 때 사용한다.

먼지떨이(옷솔)

먼지를 떠는 데 사용한다.

부자재 정리함

단추, 지퍼 고리 등 분실하기 쉬운 부자재들을 넣어 사용한다.

하의 수선 기초

길이 수선하기

1. 수선 요령

- 니트나 스판덱스가 함유된 원단을 손바느질할 경우에는 10cm씩 마무리한 후 1~2cm는 남겨 두고 다시 시작하여 1~2cm에서 원단이 늘어나 탄성력이 유지되도록 한다.
- 스판덱스가 많이 함유되어 심하게 늘어나는 원단을 박음질할 때는 사포나 종이를 대고 위에서 눌러 박음질하여 늘어짐을 방지한다.
- 뒤트임이 있는 치마의 뒤트임 쪽 시접은 안쪽 부분을 0.5cm 정도 작게 하여 겉에서 보이지 않게 한다.
- 플레어스커트의 끝부분을 말아 박음질할 때는 끝에서 0.2~0.3cm를 1차 박음질한 후 접어서 박음질하면 1차 박음질이 잡아 주어 끝부분이 밀리지 않는다.
- 카브라 바지는 밑단 여유분이 9cm 이상, 반카브라 바지는 6cm 이상 필요하다.
- 남자 신사 바지의 밑단 여유분은 6cm가 적당하다. 4cm도 무방하지만 잘못 재단했을 경우 여유분이 6cm면 반카브라 바지로 만들 수 있기 때문이다.
- 밑단을 말아 박음질할 때 여유분을 4cm로 놓고 2cm씩 접어 박음질하면 혹시 다시 늘여야 할 때 2cm의 여유를 가질 수 있다.
- 밑단을 손바느질로 마감할 경우에는 감침질 또는 새발뜨기(새발뜨기는 수선 단가와 직결된다)를 하고, 실을 너무 팽팽하게 당기지 말고 여유를 주며 당겨 주어야 표면이 깔끔하게 처리된다.
- 실크 같은 얇은 원단을 손바느질할 경우에는 바늘귀가 얇은 바늘을 사용해야 하며, 실도 세게 잡아당기지 말고 여유를 주면서 잡아당기는 것이 좋다.
- 손바느질을 마무리할 때는 실을 원단 쪽으로 멀리 빼서 실 끝이 보이지 않게 한다.
- 요즘은 접착 심지를 붙여서 밑단을 완성하는 경우가 많은데, 심지를 붙인 옷을 다시 수선하려면 낭패를 당할 수 있으므로 가급적 손바느질을 하는 것이 더 좋다.

2. 다림질 요령

- 옷을 완성하면 가능한 한 전체적으로 다림질을 해 주는 것이 좋다.
- 밑단을 말아 박음질하거나 손바느질하여 완성해야 할 경우에는 먼저 다림질한 후 박음질하거나 손바느질하는 것이 좋다.

- 밑단을 다림질할 때는 먼저 안쪽에서 충분히 다림질해 준 후 겉에서 약하게 해 줘야 안쪽으로 접혀 들어간 시접 자국이 겉으로 나타나지 않는다.
- 트임이 있는 바지는 트임을 완성한 후에 다림질을 하는 것이 좋다.
- 남자 양복바지 밑단은 끝부분이 해지는 것을 보호하기 위해 안단에 2cm 정도 덧단을 부착하고 다림질하는 것이 좋다.

둘레길이(통) 수선하기

1. 수선 요령

- 바지통을 줄일 때는 되도록 바지를 입은 상태에서 봉제선을 따라 마주 잡고 핀으로 촘촘히 고정한 후 안쪽으로 들어가서 핀으로 고정한 부위를 초크로 표시하고 1cm 여유를 주고 선을 따라 바로 재단하는 방법이 유리하다.
- 세미형 바지를 줄이고자 할 때는 무릎을 중심으로 자연스럽게 원하는 사이즈의 형태를 만들어 주면 된다.
- 나팔형 바지는 허벅지와 무릎이 비교적 잘 맞으므로 세미형 바지나 일자형 바지를 만들기에 적합하다.
- 일자형 바지나 통바지를 나팔형 바지로 만들고자 할 때는 입은 상태에서 허벅지와 무릎을 맞춘 후 아랫부분을 원하는 나팔형으로 고치면 된다.
- 일자형 바지로 줄일 때는 무릎보다 바지통 끝을 2cm 정도 적게 줄여야 수선 후에 일자형으로 보인다. 무릎과 같은 사이즈로 줄이면 입었을 때 약간 나팔형으로 보인다.
- 치마통은 가능한 한 입은 상태에서 원하는 사이즈를 표시한 후 양옆을 줄여 주는 것이 좋다.
- 플레어스커트는 옆이 늘어나서 파도치는 모습이 될 때가 있다. 이런 때는 박음질할 때 잡아당기지 말고 밀면서 박음질하면 된다.
- 얇은 원단은 통을 줄이고 나면 양쪽 봉제선에 셔링이 생기고 울어 버리는 경향이 있다. 이때는 실의 장력(조시)을 많이 풀어 주고 9번 바늘을 사용하면 많이 완화시킬 수 있다.
- 통을 줄일 때 늘어나는 원단은 바르게 펴서 다림질한 후 핀으로 촘촘히 고정하고 박음질하면 많은 도움이 된다.

- 같은 통 수선하기라도 바느질 방법이나 원단의 소재나 기능 또는 수선 위치와 범위에 따라 수선 방법이 다르므로 통 수선하기라는 이름 하나로 가격을 정하지 말고 상황에 따라 다르게 책정해야 한다.

2. 자르는 요령
- 바지통을 자를 때는 양쪽에서 여유분을 2cm 정도 남겨 둬야 혹시 다시 늘릴 경우에 활용할 수 있다.
- 플레어스커트는 시접이 짧을수록 좋다. 넓으면 시접 처리가 불편하므로 짧게 자른다. 일반 스커트나 바지의 시접은 4cm 정도가 적당하다.
- 플레어스커트는 앞뒤 2장을 같이 자르는 것보다 한 장씩 돌려 가며 자르는 것이 좋으며, 항상 원하는 사이즈보다 1cm 정도는 길게 하는 것이 좋다.
- 원하는 사이즈보다 1cm 정도 여유를 주고 자르는 것이 좋다. 조금 큰 옷은 입어도 작은 옷은 잘 입지 않으며, 옷은 늘리는 것보다 줄이는 것이 쉽기 때문이다.

3. 다림질 요령
- 주름 스커트는 다림질을 하고 나서 손바느질로 마무리하는 것이 주름이 접히는 부분을 처리하는 데 도움이 된다.
- 뒤트임이 있는 치마는 뒷부분을 다림질로 마무리하고 손바느질하는 것이 좋다.
- 바지통은 안쪽에서 시접을 따라 다림질한 후 겉쪽에서 다림질하는 것이 깨끗하다.
- 바지통은 수선한 후 주름이 2개가 되는 경우가 많다. 그러므로 다시 주름을 잡지 말고 현재 있는 선을 잡아서 다림질해 주면 좋다.

허리 수선하기

1. 수선 요령
- 허리둘레는 개인의 허리와 엉덩이 형태에 따라 다르게 줄여 주어야 한다.
  ① 엉덩이가 크고 허리가 가는 사람
    ㉠ 가능한 한 엉덩이는 줄이지 말고 허리만 줄여야 한다. 허리 전체를 뜯어서 봉제선마다 골고루 조금씩 줄인다.

ⓛ 허리를 분리한 후 몸판 쪽 허리 부분을 골고루 셔링 처리하여 조금씩 줄인다.

② 엉덩이도 크고 허리도 굵은 사람

ⓖ 옷을 입은 상태의 엉덩이와 허리 모양대로 같이 줄여 준다.

ⓛ 전체를 뜯지 않고 양옆에서 엉덩이와 허리를 함께 줄이면 간단하게 줄일 수 있다.

ⓒ 사이즈를 적게 줄일 때는 뒷면에서 허리와 엉덩이를 함께 줄여 줘도 된다.

③ 엉덩이가 납작하고 처진 사람

ⓖ 허리와 엉덩이를 많이 줄일 때는 양옆을 줄여 주며, 밑위길이에서 뒤쪽 가랑이 부분을 조금 잘라 내 처짐을 방지한다.

ⓛ 엉덩이가 납작하고 처진 사람은 밑위길이를 꼭 맞게 입으면 엉덩이에 주름이 생기므로 밑위길이가 조금 넉넉한 것이 좋다.

④ 엉덩이가 크고 튀어나온 사람

ⓖ 되도록 엉덩이는 줄이지 않으며, 허리 부분에서 셔링을 잡아 처리하거나 다트를 이용하여 줄여 준다.

ⓛ 가능하면 뒤쪽 가랑이 밑위길이 부분을 조금 늘려 주면 좋다.

• 허리는 한 곳에서 많이 줄이는 것보다 여러 곳에서 조금씩 줄이는 것이 자연스럽고 예쁘다(수선집에서 이렇게 줄이면 수선비가 비싸진다).

• 허리 부분 전체에 절개가 없는 옷일 경우, 허리의 띠 부분에 고리가 있을 때는 뒷면에서 한 번에 줄이고, 허리의 띠 부분에 고리가 없을 때는 반드시 양옆에서 줄여야 한다. 대체적으로 허리의 띠 부분에 고리가 달려 있는 것은 뒷면에서 5cm까지 줄일 수 있다.

• 양옆에 절개가 있는 옷은 허리를 1cm 줄이더라도 양쪽에서 줄이는 것이 원칙이다. 양옆에서 줄일 때는 사이즈에 관계없이 많은 양을 줄일 수 있는데, 많은 양을 줄이다 보면 밑위길이가 길어지는 현상이 생길 수 있으므로 주의한다.

• 사이즈로 보아 많은 양을 줄인다고 생각되면 양옆과 뒤를 이용하여 함께 줄인다. 엉덩이 부분은 양옆에서 절개하여 양옆을 줄이고, 허리의 띠 부분은 뒷면에서 한 번에 줄여도 무방하다.

• 허리를 한 단 내려서 줄이면 허리 부분이 골반에 형성되므로 허리가 약 5cm 이상 늘어나게 된다. 그러므로 허리를 한 단 내려서 줄이려면 통을 같이 줄여 주어야 한다(수선집에서 이렇게 줄이면 수선비에 허리와 통 줄임 값을 함께 받는다). 반대로 허리를 한 단 내려서 늘릴 경우에는 한 단을 내릴 때 허리가 5cm 늘어나는 효과가 있으므로 줄이는 것보다 간단하게 수선할 수 있다.

• 남자 바지의 허리를 줄일 때는 뒷주머니의 간격을 봐서 가능한 한 선까지 줄이고 그 이상을 줄여야 할 때는 양옆을 함께 줄여야 한다.

- 남자 바지는 양옆을 줄일 때 주머니 입구가 작아지거나 없어져 버리는 경우가 생길 수 있으므로 주의한다(이때 수선집에서는 주머니 가격을 별도로 산정한다).
- 면바지와 청바지는 허리에 여분이 없어서 늘리는 것이 불가능할 때가 많다. 이런 때에는 골반 부분의 길이를 전체적으로 1~2cm 정도 잘라 내면 허리가 커져 허리를 2~3cm 정도 늘릴 수 있다. 이때 허리둘레단은 다른 원단으로 연결해야 한다.
- 허리가 작아서 원단을 덧대 줄 때는 허리 안단, 지퍼 안단, 주머니 안단 등 원래 원단을 사용하면 깔끔하다(수선집에서 이렇게 하면 수선비를 각각 계산하므로 가격이 상승한다).
- 스판덱스가 많이 함유되어 있어 늘어나는 바지는 허리 부분에 테이프를 대서 신축을 잡아 줄 수도 있다.
- 대체적으로 허리가 굵고 엉덩이가 빈약한 사람은 허리를 고무줄로 처리하는 것도 좋다.
- 눌러 박음질한 허리는 겉면에서 뜯기보다는 안쪽에서 더 많이 뜯어야 박음질할 수 있다.
- 허리 부분을 분리할 때도 가능한 한 양쪽 앞 끝부분은 분리하지 않는다. 이유는 중간 부분은 바느질이 쉽지만 끝부분은 깔끔하게 처리하기가 쉽지 않기 때문이다.

2. 자르는 요령

- 허리 부분은 수선한 후 반드시 3cm 이상 여유분을 남기고 잘라야 한다. 허리는 재수선하는 경우가 많으므로 항상 늘릴 여유분이 필요하기 때문이다.
- 허리 부분을 자를 때에는 바지의 옆과 뒤의 봉제선 위치를 맞춰 표시하고 자르는 것이 좋다.

3. 다림질 요령

- 부분부분 수선이 끝날 때마다 다림질을 하는 것이 완성 후의 만족감이 크다. 이때 시접 부분의 위치를 잘 선정하여 다림질하여야 한다.
- 고무줄로 처리한 허리를 다림질할 때는 최대한 허리 가까이에 다리미를 대고 스팀을 뿜어 주는 것이 좋다. 이때 스팀 때문에 고무줄이 2~4cm 정도 줄어들게 되지만 입으면 다시 원상태로 돌아온다.
- 허리 부분을 다림질할 때는 우마 위에 올려놓고 가능한 한 U자 형태로 다림질해야 허리 모양도 예쁘고 입었을 때 들뜨지 않는 편한 옷이 된다.

바지통 줄이기

일자형을 세미형으로 줄이기

줄이려는 밑단 폭에 맞게 자연스러운 선을 그린 후 재단하여 박음질하면 된다.

밑단 폭을 줄일 때는 그림처럼 밑단 양끝에서 줄여도 되고 한쪽에서만 줄여도 된다. 한쪽만 줄인다고 돌아가는 바지가 되는 것은 아니고 바지 옆선이 맞지 않아 밑단이 일치하지 않을 경우에 바지가 돌아가므로 봉제 시 주의한다.

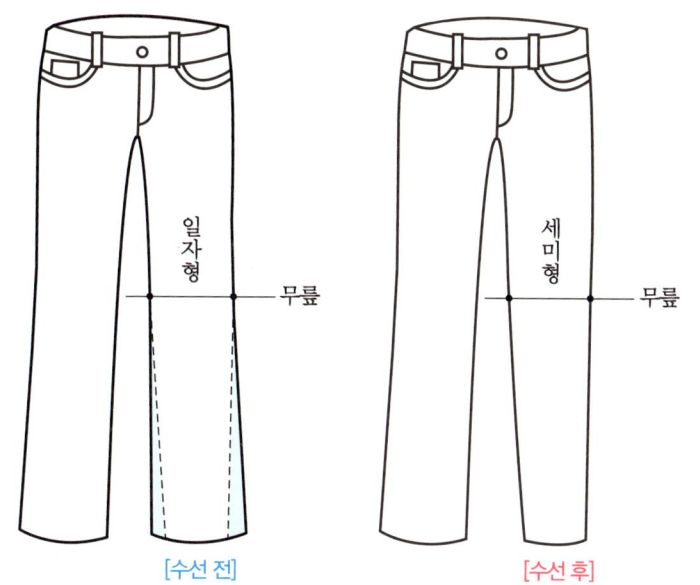

일자형을 세미나팔형으로 줄이기

바지를 입고 무릎 부분을 꽉 잡아 3cm 정도 여유를 준 후 남은 부분을 기준으로 그림처럼 양쪽에서 나누어 줄이면 된다.

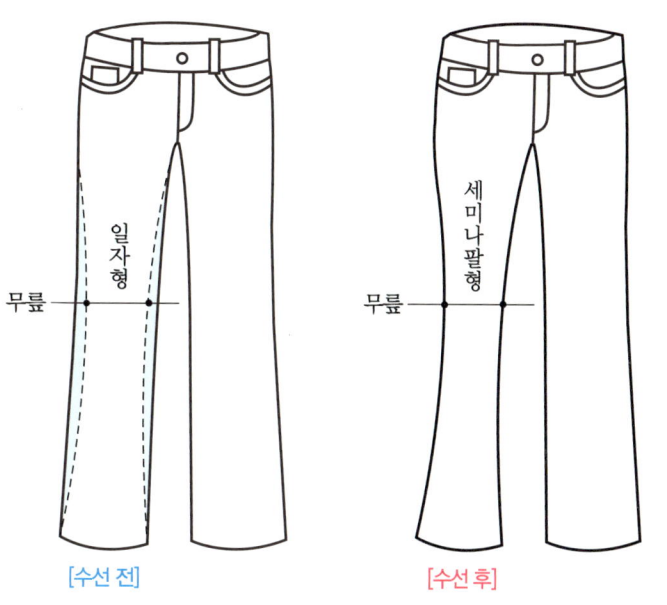

바지통 줄이기

나팔형을 일자형으로 줄이기

일자형 바지로 줄일 때는 무릎보다 바지통 끝을 2cm 적게 줄여야 수선 후 일자형으로 보인다.

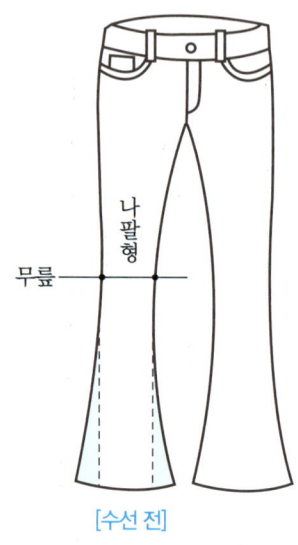

[수선 전]

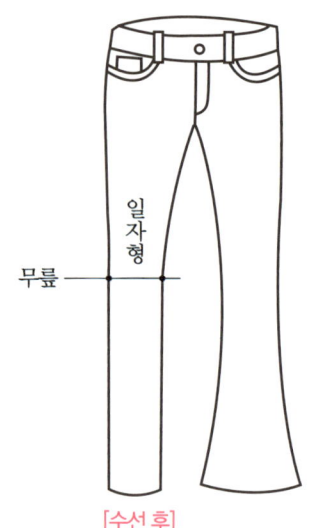

[수선 후]

나팔형을 세미형으로 줄이기

나팔형 바지는 허벅지가 맞는 것이 많으므로 원하는 바지 형태에 맞게 그림처럼 무릎을 중심으로 통을 줄이면 된다.

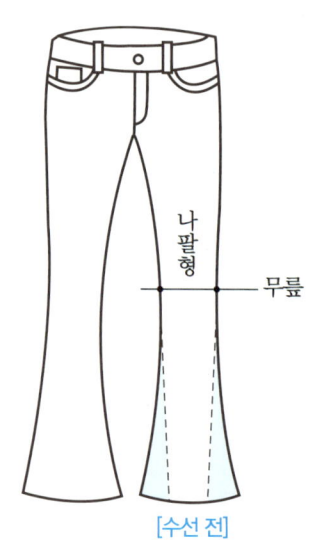

[수선 전]

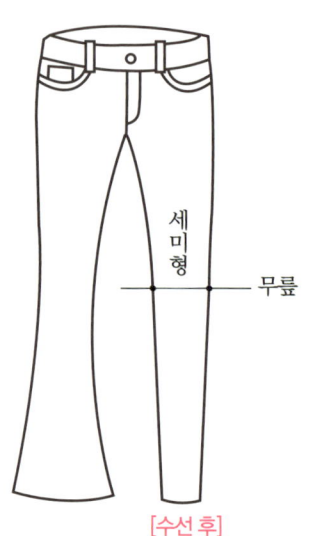

[수선 후]

바지 앞뒤판 합쳐 허벅지 줄이기

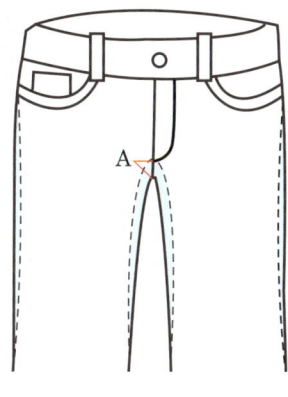

[수선 전]

[수선 후]

바지 앞뒤판을 같이 잡고 그림처럼 양쪽 허벅지를 박음질한 후 원래 있던 봉제선을 뜯어내면 된다. 이 방법을 이용하여 밑위길이를 줄일 경우, A부분을 1cm 이상 줄이면 바지 모양이 달라질 수 있다. 그 이상을 줄이려면 26쪽의 뒤판을 이용한 밑위길이 줄이는 방법을 참고한다.

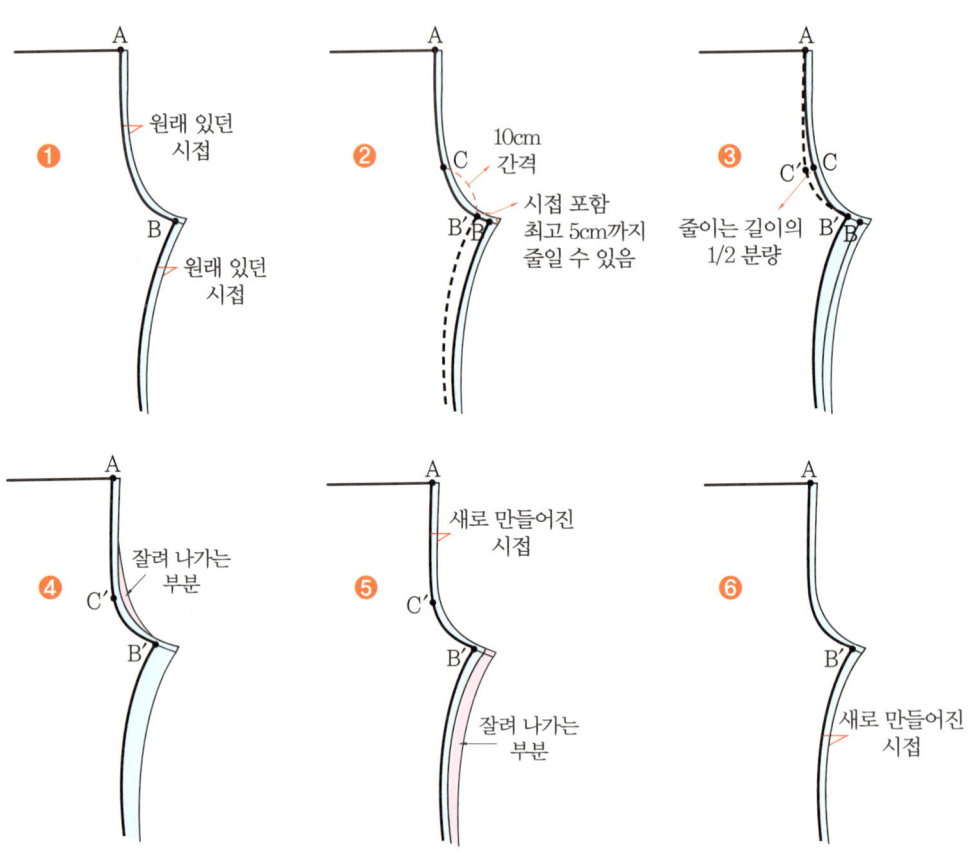

❶ A에서 B는 원래 옷의 밑위길이선이다. 뒤판(엉덩이 쪽)을 이용하면 밑위길이는 최대 3cm(원래 바지 시접 포함 5cm)까지 줄일 수 있다.

❷ 밑위길이를 3cm 줄이려면 우선 줄이고자 하는 지점에 B′를 표시한 후 10cm 위에 C 를 표시한다.

❸ C에서 줄이고자 하는 길이의 1/2 지점에 C′를 표시(줄이려는 밑위길이가 3cm이므로 1.5cm를 표시한다)한다.

❹ C′를 통과하도록 A에서 B′까지 자연스러운 곡선을 그리고 선을 따라 박음질한 후 시접 을 남기고 나머지 부분을 잘라 낸다.

❺ 가랑이 부분도 시접을 남기고 나머지 부분을 잘라 낸다.

❻ 완성

※ 76쪽 '바지 밑위길이 뒤판에서 줄이기' 참고

돌아가는 바지

❶ 앞뒤를 똑같이 재단한 바지통이다.

❷ 윗부분을 차이 나게 박음질하면 아랫부분에서 차이가 나서 바지통이 돌아가는 것을 볼 수 있다.

❸ 하지만 똑바로 맞춰 박음질을 했는데도 원단이 밀려서 박음질한 후 앞뒤에 차이가 나는 경우가 있다.

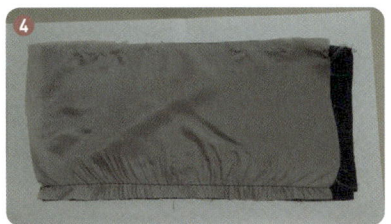 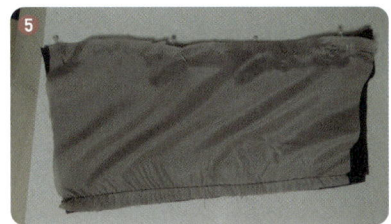 

❹ ❸을 뒤집어 보면 사진과 같이 셔링이 생기며 원단이 밀려났다.

❺ 반대쪽을 ❶에서 재단한 상태로 바르게 핀으로 고정해 보면 원단이 울면서 빗금이 생긴다.

❻ ❺를 박음질하면 사진처럼 빗금이 생긴 상태로 돌아간다.

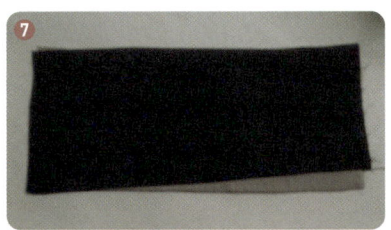  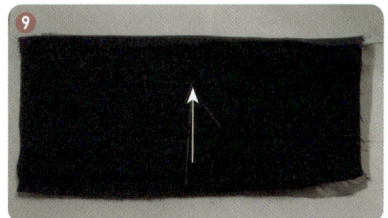

❼ ❻에서 박음질한 것을 다림질해 보면 뒤판이 앞으로 돌아와 옆 봉제선이 앞으로 나온다.

❽ 돌아간 바지를 바로잡기 위해서는 한쪽을 모두 뜯어야 한다.

❾ 화살표 방향은 무릎이다. 무릎을 중심으로 화살표 방향으로 평평하게 펴 준다.

 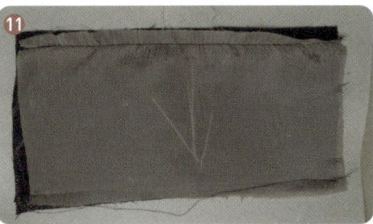

❿ ❾에서 빗금이 생긴 부분을 평평하게 펴서 다림질해 준다.

⓫ 다림질해 보면 길이에서 차이가 나는 것을 볼 수 있다. 결국 돌아간 바지를 바로잡게 되면 돌아간 만큼 길이가 짧아지게 된다.

이처럼 한쪽에서 줄인다고 돌아가는 바지가 되는 것이 아니고 위에서 미리 밀려서 박음질되거나 박음질하면서 원단 앞뒤가 밀리거나 애초에 재단이 사선으로 잘못된 경우에 바지가 돌아가게 되는 것이다. 둘레(통)를 줄이기 전에 돌아간 바지인지 확인하지 못하면 이에 대한 책임은 수선한 사람에게 있게 된다.

여유분이 없는 치마 허리 늘리는 방법

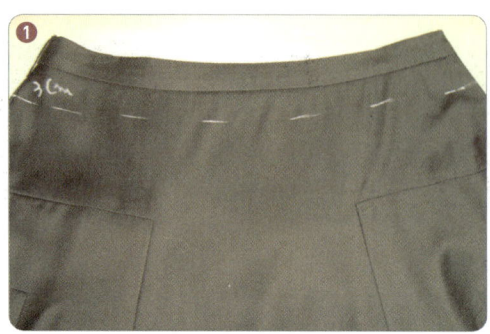

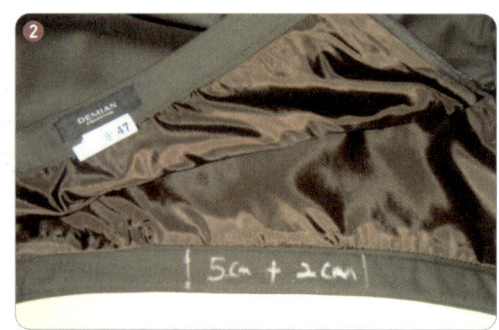

① 플레어스커트의 허리를 늘리고자 할 때

　㉠ 몸판 양쪽에서 둘레길이를 늘리고 허리에 여분이 없으면 다른 원단으로 덧대 준다.

　㉡ 길이에 충분히 여유가 있으면 위에서 줄이는 것이 좋다. 위에서 길이를 3cm 자르면 허리는 5cm가 늘어난다.

　㉢ 뒤지퍼 쪽에서 늘려 주기도 한다.

② 허리 늘리는 방법

　㉠ 몸판에서 둘레길이를 늘려서 허리가 모자랄 때는 허리 안단을 잘라 겉면에 붙여 같은 원단을 사용한다.

　㉡ 늘리고자 하는 사이즈가 5cm라면 여유분을 2cm 주어 허리 안단 양쪽에서 0.5cm, 허리 겉감 양쪽에서 0.5cm를 사용하면 된다.

　㉢ 되도록 안단을 조금 잘라 내기 위해 여유분을 0.5cm 주었는데, 만약 같은 원단이 있다면 여유분을 4cm 주어 1cm씩 사용하면 좋다.

* 이 방법은 타이트스커트나 바지 종류 등 어떤 것에든지 적용할 수 있다.

지퍼 안단을 사용하여 허리 늘리는 방법

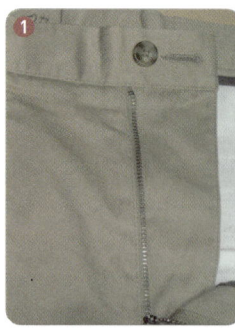

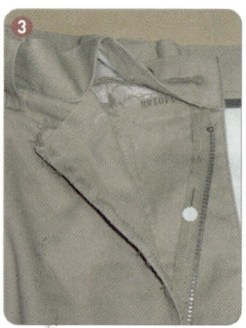

① 지퍼 안단을 이용하여 허리를 늘리려고 한다.

② 지퍼를 분리하되 허리와 안단이 연결되어 있는 끝부분은 분리하지 않는다.

③ 지퍼를 분리하여 사진과 같은 방법으로 지퍼를 핀으로 고정한 후 박음질한다.

④ 지퍼 위에 겉감을 눌러 박음질하면 허리에 여유가 생긴다. 여유가 생긴 허리 부분은 주름(다트)을 펴든지 해서 채워 주면 된다. 그 후에 늘어난 부분에 맞게 단추 위치를 바꿔 준다.

 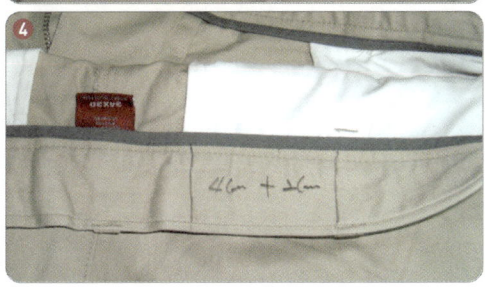

❶ 면바지 허리를 늘리고자 할 때

㉠ 뒤판에서 ×로 표시된 곳(다트)을 늘려 주면 허리가 나팔꽃처럼 떠서 불편하므로 늘려 주지 않는다.

㉡ 양옆에서 여유분을 주며 늘려 주어도 된다.

㉢ 2.5cm 정도를 늘려야 한다면 뒤판의 길이를 1cm 정도 잘라 주어도 된다.

❷ 앞주름(다트)에서 늘려 주면 좋다.

주름 하나를 완전히 없애는 것보다 양쪽에서 각각 1개씩을 조금씩 펴서 늘리는 것이 보기에 좋다.

❸ 뒤판 연결 부위

㉠ 뒤판 가운데 있는 중앙 고리를 중심으로 양쪽의 연결 부위가 같아야 한다.

㉡ 중심 부위를 같게 하려면 허리를 분리하기 전에 중심선(중앙 고리 부분)을 표시하거나 미리 잘라 주면 좋다.

㉢ 허리와 몸판을 연결하고 고리 2개를 만들어 연결 부위를 가려 주는 것이 좋다.

❹ 허리 안단

뒷면 허리 안단을 잘라 연결하는 방법은 플레어스커트 허리 늘리는 방법 ❷와 같다.

❶ 사진처럼 흰색으로 표시한 부분이 쫙 펴진 바지(뒤판 허리가 일자형)는 늘리기가 어렵다. 이런 바지는 이 부분에 잔잔한 셔링을 줘서 허리를 줄이는 것이 좋다.

❷ 사진처럼 흰색으로 표시한 부분에 약간 여유가 있는 바지는 허리를 뜯어내고 다리미로 쫙 펴 주면 1~3cm 정도는 늘어난다. 혹시 조금 모자랄 경우에는 뒤판 길이를 조금 잘라 내면 더 커진다.

❸ ❷의 방법을 사용해도 되고 초크로 표시한 지퍼 안단을 뜯어내고 늘려도 된다.

상의 수선 기초

길이 수선하기

1. 수선 요령

- 시접 분량은 4cm 정도를 유지하는 것이 좋으며, 시접 끝부분은 오버로크 또는 테이핑 처리를 하는 방법을 이용한다.
- 현재 상태를 유지하기 위하여 한쪽을 먼저 수선한 후 수선한 쪽의 모양을 따라서 다른 한쪽을 수선하는 것이 바람직하다.
- 길이를 줄일 때는 원하는 사이즈를 기록하여 나중에 다시 수선할 때 생길 수 있는 문제를 방지하는 것이 좋다. 둘레길이는 늘릴 수 있지만 총길이는 늘이는 데 한계가 있기 때문이다.
- 남방 종류는 밑단 끝부분이 늘어나지 않도록 미리 조금 오그려 주는 느낌으로 한 번 박음질한 후에 위에 다시 말아 박음질하는 것이 좋다.
- 점퍼 종류는 밑단이 조르개(시보리)나 고무줄로 처리된 것이 많은데, 조르개(시보리)나 고무줄의 탄력을 감안하여 미리 사이즈를 정하는 것이 좋다.
- 겉감 길이와 안감 길이의 차이는 완성 후 2~3cm 정도가 적당하다.
- 밑단을 수선할 때 안단 심지는 시접(여유분)보다 1cm 크게 하는 것이 좋다.
- 손바느질을 할 때는 얇은 실과 얇은 바늘을 사용하는 것이 좋다.
- 티셔츠 밑단을 수선할 때는 밑실로 날라리실을 사용하기도 하며, 일반실을 사용할 때는 조금씩 잡아당겨 박음질해야 입었을 때 신축성을 유지할 수 있다.
- 통이 좁은 티셔츠는 입을 때 신축성이 부족하므로 옆트임을 만들기도 한다.
- 재킷 시접(여유분)은 4cm가 적당하다. 심지는 시접보다 1cm를 넓게 붙여서 접히는 부분에 힘이 가해지도록 한다.
- 안감이 있는 재킷의 밑단은 다림질로 옷을 완성한 후 핀으로 촘촘히 고정하고 등판이나 옆구리를 뜯어서 안쪽에서 박음질한다. 뜯어 놓은 등판이나 옆구리는 소매통을 뜯어서 마무리하거나 밑단에 창구멍을 조금 남겨 손바느질로 마무리한다.

2. 자르는 요령

- 남방을 자를 때는 옷을 반으로 접어 한 번에 잘라야 양쪽에 차이가 나지 않는다.
- 재킷의 밑단 시접은 안감을 분리하고 겉감을 완성한 후에 맞추어 자르면 좋다.
- 줄이는 양이 4cm가 넘으면 뜯지 않고 바로 잘라 내어도 된다.

3. 다림질 요령

- 남방은 완성한 후에 오므려 주는 형식으로 다림질을 하는 것이 좋다.
- 티셔츠 밑단은 분무기로 물을 뿌린 후 원단과 최대한 가까운 곳에서 스팀을 뿜어 주고 손으로 두드려 말리는 것이 좋다.
- 재킷은 안감과 겉감을 붙이고 다림질로 완성한 후 안감에 2cm 정도 여유분이 있어야 한다.
- 재킷 앞부분의 둥근 모양을 다림질할 때는 송곳을 사용하여 접히지 않도록 손가락으로 꼭꼭 누르면서 다림질한다.
- 코트는 주로 원단이 두꺼운 것이 많으므로 위에서 눌러 다림질하지 말고 꼭 안쪽에서 2장을 마주 보게 포개 놓고 다림질해야 털 손상을 줄일 수 있다.
- 밑단 심지를 붙여 다림질할 때 옆구리 또는 뒤쪽에 있는 시접이 가름솔로 되어 있으면 솔기 부분에 겹치지 않게 심지를 각각 따로 붙여 주어야 한다. 그렇지 않으면 늘이거나 줄일 때 심지를 뜯어야 하는 불편함이 있다. 가름솔로 된 시접은 한쪽으로 넘겨서 2장의 시접을 같이 다림질한 후 잘라 내거나 박음질하면 좋다.

둘레길이(품) 수선하기

1. 수선 요령

- 옷을 입어 줄이고자 하는 부분을 정확하게 표시한 후 핀을 따라 박음질하는 것이 좋다.
- 둘레길이를 많이 줄여야 할 경우에는 소매(진동둘레)를 뜯어내고 둘레길이를 줄인 후 진동둘레를 함께 줄여 주는 것이 좋다. 이때 가슴둘레가 작아져 끼지 않도록 미리 확인해야 한다.
- 둘레길이는 앞판 쪽 옆판 절개(사이바)나 뒤판 쪽 옆판 절개(사이바)에서는 조금 줄이고 양옆에서 많이 줄이는 것이 좋다.
- 옆판 절개(사이바) 부분에서 많이 줄여야 한다면 팔과 옆판 절개(사이바)가 연결된 부위를 뜯어내고 하는 것이 바람직하다.
- 양 옆선이 없고 옆판 절개(사이바)선으로만 된 경우에는 양옆 중심을 절개하여 선을 만들어 주는 것도 좋다.
- 주머니가 있어서 둘레길이를 줄이지 못하는 경우에는 주머니를 뜯어서 줄인 후에 주머니를 다시 만들어 주면 된다.

- 몸판 안감은 겉감보다 2cm 정도 큰 것이 좋으며, 조금만 줄여도 된다면 안감은 다트만 이용하여 줄이는 방법이 좋다.

소매 수선하기

1. 수선 요령

- 소매 시접은 4cm 정도가 적당하며, 심지는 5cm를 붙여 접혀지는 부분에 심지가 부착되어야 한다.
- 소매 안감은 겉감보다 1~2cm 정도 여유가 있는 것이 좋다.
- 소매는 현재 모양을 유지하기 위하여 한쪽을 수선한 후 수선한 것을 보면서 나머지 한쪽을 수선하는 것이 좋다.
- 소매 양쪽이 짝짝이가 되지 않도록 어깨 중심선에서 길이를 잰 후 겨드랑이 봉제선에서 길이를 재서 확인하는 것이 좋다.
- 안감이 속에서 꼬이지 않도록 겉감과 안감을 부착하기 전에 확인하는 작업이 필요하다.
- 남방 소맷부리(커프스)를 연결할 때는 위아래가 밀리지 않도록 핀으로 고정을 하든지, 안쪽을 먼저 박음질을 한 후 위쪽을 눌러 박음질하는 것도 좋다.
- 점퍼 조르개(시보리)를 박음질할 때 너무 늘려서 박음질을 하면 신축성이 돌아오지 않으므로 너무 늘려서 박음질하지 않는다. 소매통과 조르개(시보리)에 4등분점을 표시한 후 맞춰서 박음질하면 셔링이 알맞게 조절된다.
- 고무줄을 박음질할 때는 제품마다 고무줄의 신축성이 다르므로 부착하기 전에 먼저 확인을 하는 것이 좋다.
- 수선집에서 견장이 많은 바바리코트를 수선할 때는 원래 옷을 만들 때 견장 부분에 송곳으로 표시한 부분이 남거나 볼펜으로 표시한 부분이 남아 있을수도 있으므로 꼼꼼히 확인하여 미리 손님에게 알려 주어야 한다.
- 손바느질을 할 때는 되도록 얇은 실과 얇은 바늘로 하는 것이 좋다.
- 소매 길이를 늘일 때는 안감 쪽보다 겉감 쪽을 늘이되 같은 원단이 없으면 같은 색상과 재질의 원단을 사용해야 한다.

2. 자르는 요령

- 소매 끝부분에서 줄일 수 없을 경우에는 어깨 쪽에서 길이를 잘라 낼 수 있다. 소매산 쪽의 팔

시접을 쫙 펴서 소매 모양을 종이에 본뜬 후 가장 높은 소매산과 가장 낮은 소매산에서 줄이고 싶은 양을 표시하여 다른 한쪽을 그 위에 올려놓고 그림을 그려 2장을 함께 잘라 낸다(이때 전체가 똑같은 길이로 잘려지지 않음을 볼 수 있다).

- 양복 소매는 길이가 일자가 아니라 한쪽 면이 조금 사선이 나타난다. 그 모양을 살려 자르는 분량을 아래에서 똑같이 잘라 내며, 밑단 끝에서 3cm 올리고 1cm 들어간 곳이 첫 번째 소매 단추의 위치이다.

3. 다림질 요령

- 소매 끝부분을 다림질할 때는 겉면을 겉으로 향하게 놓고 소매통 안쪽에서 다림질한다.
- 어깨를 손 위에 올려놓고 한 손을 소매통 안으로 넣어 안감이 꼬였는지 확인한 후 편안하게 잘 펴서 소매 끝 안쪽에서 돌려 가며 다림질하면 겉면에 자국이 생기지 않는다.
- 티셔츠 종류는 분무기로 물을 뿌린 후 늘어난 부분을 손으로 잘 두드려 모양을 잡아 주고, 원단과 가장 가까운 거리에서 스팀만 뿜어 주는 것이 좋다.

어깨 수선하기

1. 수선 요령

- 뒷목에서 옷깃과 함께 어깨를 줄여야 할 때는 옷깃과 목선이 클 때만 가능하다.
- 프렌치형 소매로 된 옷은 옷깃을 분리하고 몸판 어깨 높이에서 길이 부분을 잘라 낸 후 어깨를 줄여 주면 진동둘레가 좁아져서 원래 팔을 부착하는 데 도움이 된다.
- 어깨의 1cm가 한 사이즈 줄임이 된다.
- 소매를 분리한 후 몸판 쪽 어깨와 진동둘레를 줄이고 다시 소매를 부착하는 것이 어깨를 줄이는 기본 방법이다. 몸판에서 어깨 부분을 잘라 내면 진동둘레가 소매 쪽 진동둘레보다 커지는데, 커지는 분량은 겨드랑이에서 줄여 주면 된다. 이때 가슴너비를 미리 측정하여 둘레길이가 작아지지 않도록 한다.
- 정장 스타일의 상의 종류는 어깨 시접이 팔 쪽으로 넘어가 있고, 남방이나 티셔츠·점퍼는 대부분 몸판 쪽으로 넘어가 있다. 어깨 부분이 두 번 박음질되어 있는 옷들도 대부분 시접이 몸판 쪽으로 넘어가 있다.
- 체크 무늬 재킷을 줄일 때는 혹시 중심선이 조금 차이가 나더라도 체크 무늬를 맞추어 주는 것이 좋다.

- 어깨 패드는 손으로 바느질할 때 오목하게 모아진 부분이 위를 향하게 부착한다.
- 어깨와 몸판을 붙여서 박음질할 때는 몸판을 아래에, 어깨 부분을 위에 놓고 박음질한다. 이때 팔통 쪽에 여유분을 주려고 노력하며 소매의 원래 봉제선을 따라 박음질한다.
- 양복은 어깨를 2cm 이상 줄이게 되면 진동둘레가 너무 넓어져서 소매를 부착하기 어려울 때가 많다. 이런 때는 몸판을 조금 줄이고 소매 쪽 진동둘레를 조금 늘려 주는 것이 좋다.
- 남자 양복의 소매를 분리할 때는 먼저 안감을 분리한 후 소매 쪽에 붙어 있는 심지들이 떨어지지 않도록 손으로 시침을 꼼꼼히 하고 분리해야 다시 소매를 부착할 때 도움이 된다.
- 재킷 몸판 어깨는 분리할 때 늘어나는 경우가 많으므로 잘 오므려서 진동둘레에 심지를 붙이고, 소매 쪽 진동둘레도 달걀을 반으로 잘라 놓은 것처럼 주름이 접히지 않게 둥글게 모아 주어야 한다(190쪽 '숙녀복 어깨 줄이기' 참고).
- 몸판에 소매를 부착한 후에 옆에서 소매통을 볼 때 15° 각도로 앞으로 기울어져 있으면 안정된 것이며, 앞으로 소매를 잡아당겼을 때 앞쪽 어깨 부분에 주름이 생기지 않아야 한다.

2. 자르는 요령

- 소매 끝부분에서 줄일 수 없을 경우에는 어깨 쪽에서 길이를 잘라 낼 수 있다. 소매산 쪽의 팔시접을 쫙 펴서 소매 모양을 종이에 본뜬 후 가장 높은 소매산과 가장 낮은 소매산에서 줄이고 싶은 양을 표시하여 다른 한쪽을 그 위에 올려놓고 그림을 그려 2장을 함께 잘라 낸다(이때 전체가 똑같은 길이로 잘려지지 않음을 볼 수 있다).
- 양복 소매는 길이가 일자가 아니라 한쪽 면이 조금 사선이 나타난다. 그 모양을 살려 자르는 분량을 아래에서 똑같이 잘라 내며, 밑단 끝에서 3cm 올리고 1cm 들어간 곳이 첫 번째 소매단추의 위치이다.

3. 다림질 요령

- 소매 끝부분을 다림질할 때는 겉면을 겉으로 향하게 놓고 소매통 안쪽에서 다림질한다.
- 어깨를 손 위에 올려놓고 한 손을 소매통 안으로 넣어 안감이 꼬였는지 확인한 후 편안하게 잘 펴서 소매 끝 안쪽에서 돌려 가며 다림질하면 겉면에 자국이 생기지 않는다.
- 티셔츠 종류는 분무기로 물을 뿌린 후 늘어난 부분을 손으로 잘 두드려 모양을 잡아 주고, 원단과 가장 가까운 거리에서 스팀만 뿜어 주는 것이 좋다.

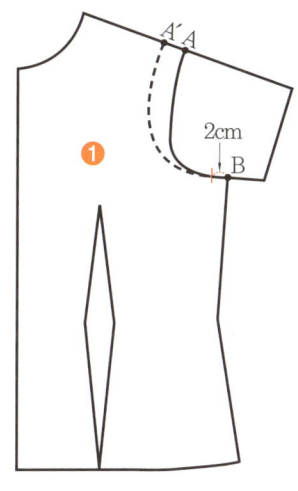

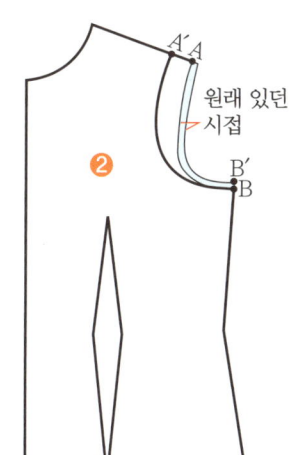

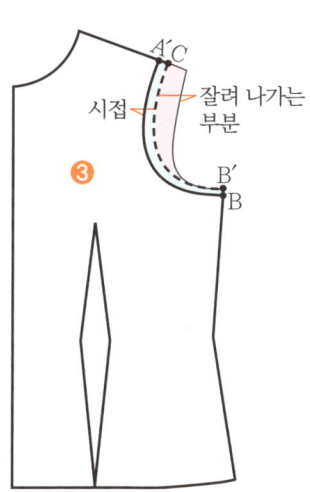

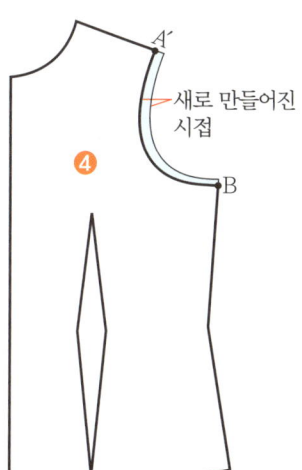

❶ A에서 B는 원래 옷의 진동둘레선이다. 어깨에 입고 싶은 길이(줄이고 싶은 분량) A′를 표시한 후 B에서 안쪽으로 2cm 정도를 놔두고 A′에서 B까지 자연스럽게 곡선(입고 싶은 선)을 그린다. 2cm를 그대로 놔두는 이유는 이곳을 함께 잘라 내면 A′에서 B까지의 길이가 너무 늘어나 소매를 부착하기 어려워지기 때문이다.

❷ 소매를 분리하면 소매가 붙어 있던 진동둘레 시접이 나온다.

❸ 새로운 시접 분량을 정하여 C에서 B′까지 자연스럽게 곡선(시접선인 동시에 자르는 선)을 그린다.

❹ 자르는 선을 따라 나머지 부분을 잘라 낸다.

가슴과 어깨 함께 줄이기

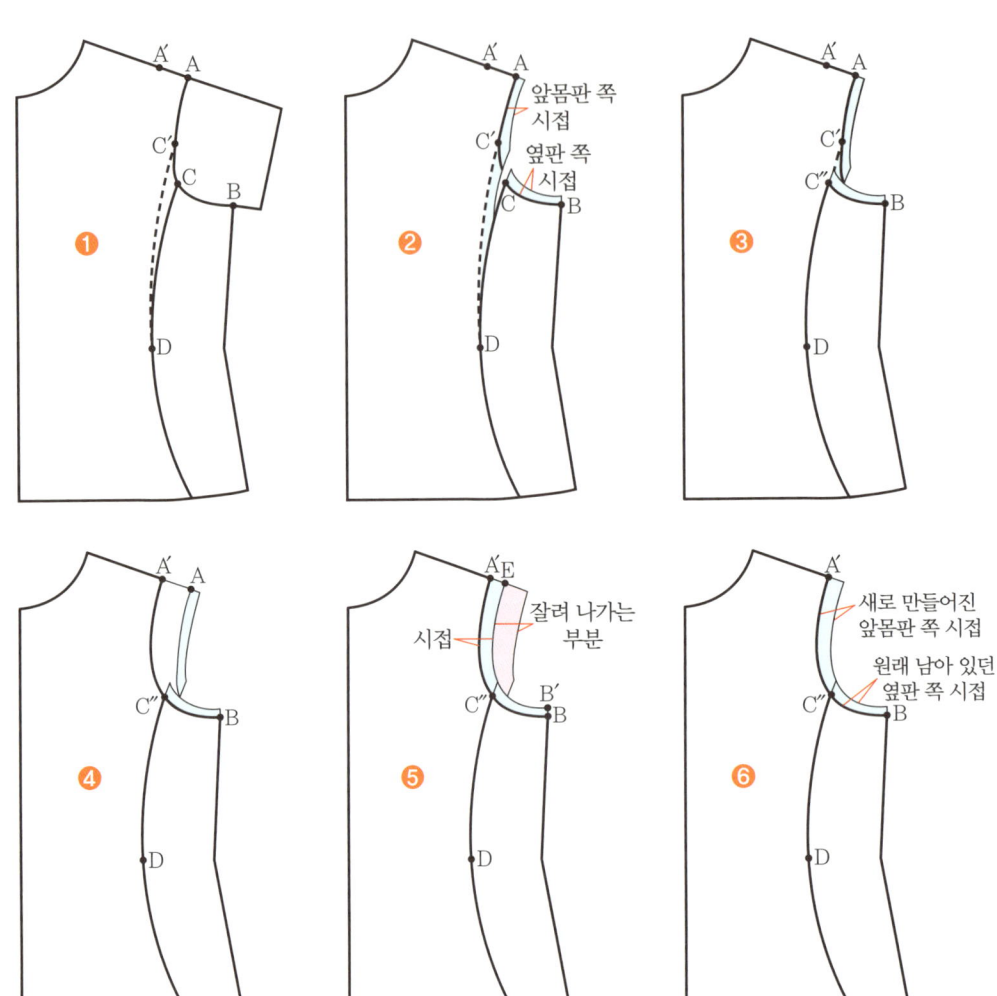

❶ A에서 B는 원래 옷의 진동둘레선이다. 몸판 어깨에 입고 싶은 길이(줄이고 싶은 분량) A′를 표시하고 옆판 위치를 수선할 길이 C′를 그린 후 소매와 옆판 봉제선을 분리한다.

❷ 소매와 옆판 봉제선을 분리하면 앞몸판 쪽 시접과 옆판 쪽 시접이 나온다.

❸ ❷에서 분리한 옆판 봉제선의 C를 C′로 옮기면서 밑단을 맞추면 C′까지 올라가지 않고 그림처럼 C″에 맞는다.

❹ A′에서 B까지 입고 싶은 선을 자연스럽게 그린다.

❺ 새로운 시접 분량을 정하여 E에서 B′까지 곡선(시접선인 동시에 자르는 선)을 그린다.

❻ 자르는 선을 따라 나머지 원단을 잘라 낸다.

프렌치형 어깨 줄이기

❶ 어깨가 넓고 진동둘레가 작은 프렌치형 어깨 상의이다.
❷ 사진처럼 어깨를 줄이려고 한다.

❸ 소매를 떼어 ❷에서 표시한 선 위에 붙이면 가슴 둘레길이(품)가 많이 줄어들게 되어 화살표 부위가 좁아 단추가 잠기지 않을 때가 많다.
❹ 가슴 둘레길이(품)가 많이 줄어드는 현상은 어깨 높이에서 줄여 주어 가슴 둘레길이(품)가 적게 줄어들도록 하는 것이 바람직하다.

❺ 어깨 높이와 가슴 둘레길이(품)를 잘라 낸 모습이다.
❻ 완성 모습이다. 이때 어깨 높이를 줄인 영향으로 목둘레선이 작아지는 옷들이 있는데, 이럴 경우에는 사진에 표시한 것처럼 목둘레선을 같이 넓혀 줘야 한다.

어깨 높이에서 줄어든 만큼 옷의 총길이도 줄어들게 되므로, 아랫부분에서 줄일 수 없는 옷의 총길이를 위와 같이 어깨에서 줄이는 경우도 많다.

팔 뒤쪽에
주름이 생기는
재킷 수선

 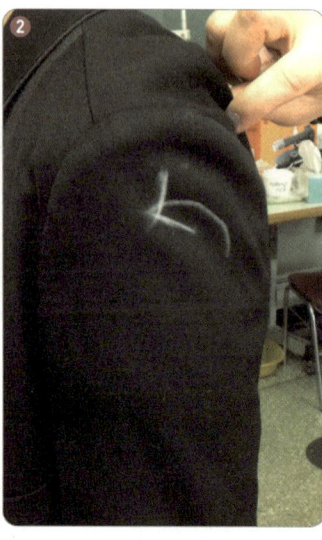 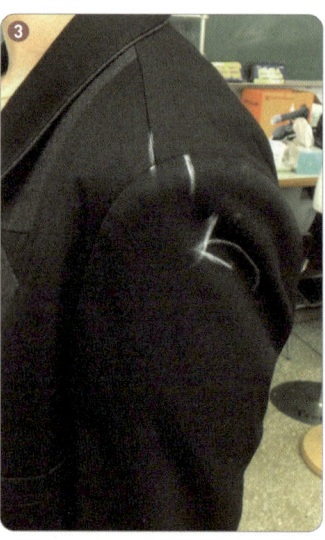

❶ 재킷을 입었을 때 팔 뒤쪽에 주름이 생긴 모습이다.
❷ 이런 옷은 어깨에서 소매를 분리하여 소매산을 화살표 방향으로 옮겨 단다.
❸ 흰색으로 표시한 소매산과 어깨 중심선을 맞추어 소매를 부착하면 된다.
＊앞쪽에서 이런 현상이 생기면 이와 반대 방향으로 수선하면 된다.

앞이 벌어져
어깨가 크게
보이는
재킷 수선

❶ 앞이 벌어져 어깨가 겨드랑이 쪽으로 많이 넘어간 모습이다.
❷ 표시만큼 크게 느껴진다.
❸ 이런 현상은 옷을 입었을 때 옷깃 부분이 목에서 크게 느껴질 때 나타나는 것으로 뒷목 부분에서 옷깃을 절개하여 줄여 주면 해결할 수 있다. 이런 방법은 등판을 살펴 등쪽이 넉넉할 경우에만 가능하다.

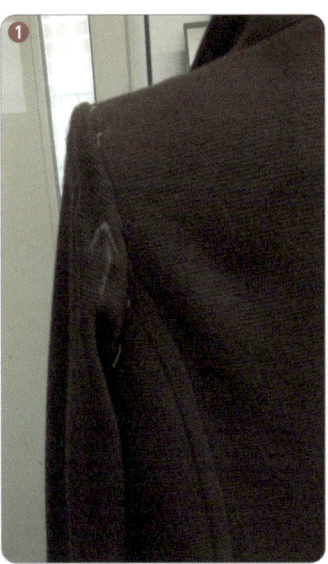 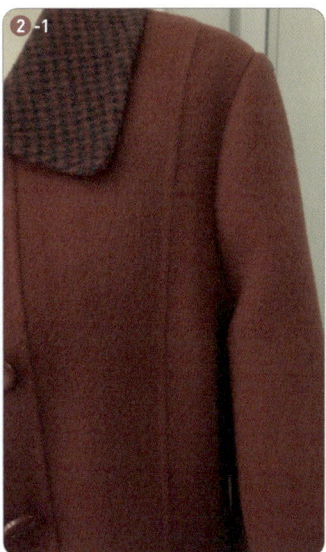 

❶ 사진과 같은 현상은 소매통이 모자라 팔을 당겨서 박음질했거나 몸통이 늘어났을 때 생길 수 있다. 이런 경우에는 소매통을 화살표 방향으로 좀 더 여유를 주어 수선하면 되지만 심지로 고정해야 되는 것도 있다.
❷-1 어깨 앞부분이 접힌 모습이다.
❷-2 이런 경우에는 화살표 방향으로 소매통에 여유를 주어 볼륨을 만들면 된다. 이때 어깨 중심선을 살펴 바르게 되었으면 팔 앞부분에 여유를 더 준다. 때로는 몸판이 나팔꽃처럼 늘어나도 나타날 수 있는 현상이므로 몸판과 소매를 분리했을 때 잘 살펴봐야 한다.

늘어난 모습　　　바로잡은 모습

❶ 어깨를 줄일 때 소매를 분리한 모습이다. 어깨에서 소매를 분리하면 소매 쪽 진동둘레가 늘어나는 현상이 생긴다.
❷ 늘어난 진동둘레를 다시 한 번 박음질한 후 실을 살살 당겨 원형을 만들어 어깨에 부착하면 어깨가 주름지는 것이나 우는 것을 많이 완화시킬 수 있다.

기타 수선 요령

지퍼 교체하기

- 지퍼를 분리하기 전에 현재 달려 있는 위치를 표시하고 분리하면 지퍼를 부착할 때 도움이 된다.
- 지퍼를 교체할 때 지퍼보다 원단이 늘어나는 경우가 많으므로 지퍼를 위에 놓고 원단에 여유를 주면서 박음질해야 한다.
- 지퍼를 교체한 후에 파도가 치는 느낌으로 원단이 우는 것은 지퍼의 길이보다 원단이 짧아서 원단이 지퍼에 맞게 늘어났기 때문이다.
- 원피스와 치마에는 주로 콘솔 지퍼를 사용하며, 봉제 시 콘솔 지퍼 전용 노루발을 사용하는 것이 좋다.
- 청바지에는 쇠로 된 지퍼를 흔히 사용하지만 일반 지퍼를 사용해도 된다.
- 신사 바지와 숙녀 바지에는 주로 플라스틱으로 된 지퍼를 사용한다.
- 점퍼는 쇠와 플라스틱으로 된 지퍼를 제품에 따라 다르게 사용하며, 점퍼 지퍼를 달 때는 1/2 노루발을 사용하는 것이 좋다.
- 점퍼 지퍼는 고리(슬라이더)가 달린 부분을 먼저 박음질하는 것이 좋다.
- 점퍼 지퍼는 지퍼와 가장 가까운 부위를 시침하고 분리하면 지퍼를 위에서 끼워넣어 한번에 박음질할 수 있으며, 부착할 때 아래와 위를 따로 맞추지 않아도 잘 맞는다.

원형 회복

- 혼방 원단 종류의 옷은 짜깁기한 표시가 거의 나지 않지만 개버딘 원단 종류의 옷은 짜깁기한 표시가 확실히 난다.
- 청바지나 면바지는 같은 실로 누벼서 처리한다.
- 청바지나 면바지를 누빌 때는 원단의 결 방향을 따라서 누비며, 바늘은 11번으로 하고 땀수는 1번으로 누비면 원단과 거의 같은 느낌이 된다.
- 털실로 만든 옷에 생긴 구멍은 같은 실로 손바느질 처리한다.

특수 원단

- 털 종류의 원단을 자를 때는 칼을 사용하며, 이때 칼끝이 바닥에 닿지 않아야 털이 망가지지 않는다.
- 알파카나 캐시미어 등의 원단은 안쪽에서 다림질하는 것이 좋으며, 다림질할 때 위에 얇은 스펀지와 광목을 덮고 가볍게 스팀 처리하며 다림질하면 털이 상하지 않는다.
- 무스탕도 안감 원단을 깔고 다림질할 수 있으며 스팀은 가볍게 준다.
- 가죽 원단으로 된 옷의 소매를 줄일 때는 안쪽에 접착성 심지를 사용하며, 다림질로 잡아 줄 때 안감 원단을 위에 덮고 낮은 온도로 다림질하는 것이 좋다. 이때 가능한 한 스팀을 뿜지 않는다.
- 염색된 가죽은 다림질이 가능하나 저온으로 가볍게 한다.
- 무스탕, 밍크, 토끼털 등 염색되지 않는 것은 스팀을 조금만 품어도 오징어처럼 오그라든다.
- 방수 원단이나 가죽은 초크가 지워지지 않으므로 도톰한 원단으로 비벼 없애주고 다림질한다.
- 가죽 제품은 초크대신 은 볼펜을 사용한다. 자국이 남을 수 있는데 이때 물티슈로 닦아주면 없어진다.

plus 정보

NCS(국가직무능력표준)에서의 둘레길이란?

- 상의 ┌ 가슴둘레길이 = 품
     └ 팔둘레길이 = 팔(소매)통
- 하의 ┌ 허리둘레길이 = 허리품
     └ 다리둘레길이 = 다리통

옷수선 창업

옷수선은 패턴이나 의상 제작과 달리 학교에서 교육하는 기술이 아니고 입으로 전해지는 기술이므로 체계적으로 배워 간다는 것이 현실적으로 힘든 실정이다. 때문에 스스로 끊임없이 노력하고 아이디어를 창출하는 등 나름대로 많은 연구가 필요하다. 하지만 건강 100세를 바라보는 이 시점에서 소자본 창업으로 80세 이상 할 수 있는 직업은 그렇게 많지 않다. 이런 이유 등으로 요즘 노동부 직업 훈련 계좌제 교육을 통하여 옷수선 붐이 일어나고 있다.

 옷수선 창업의 장점

① 창업 시의 투자비 외에 재투자 비용이 들어갈 일이 따로 없다.
② 외상이 없고 항상 현금 흐름이 좋다.
③ 80세 이상이라도 돋보기를 쓰고도 할 수 있으므로 노후 걱정이 덜 된다.
④ 아직은 미개척 분야이므로 도전해 볼 가능성이 크다.
⑤ 옷은 유행이 자주 바뀌고, 여성의 경우 다이어트를 많이 하므로 항상 일이 연결된다.

 창업 제반 비용

① 보증금과 임대료(보증금 500~5000만 원, 임대료 20~50만 원)
② 기계(200~300만 원)
  • 본봉기 2대(중고 한 대당 50만 원 내외)
  • 오버로크기 1대(중고 100만 원)
  • 다리미 1대(10만 원)
③ 그 외 각종 부자재(가위, 자, 실, 초크 등 50여 종 100만 원)
④ 간판(20~300만 원)
⑤ 규모와 설비에 따른 최종 비용대
  • 상 8000만 원
  • 중 3000만 원
  • 하 1500만 원

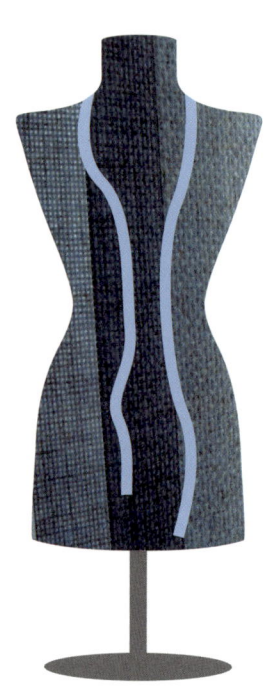

 성공 전략 포인트

① 장소 선택

　㉠ 연령에 따라 장소 선택을 달리한다. 나이가 많으면 아파트나 단독 주택 주변이 좋으며, 나이가 어리면 학교 앞이나 대로변 등이 유리하다.

　㉡ 기술의 능력에 따라 초보자라고 생각하면 집 주위를 피하고 임대료가 저렴한 지하상가 또는 단독 주택 주위를 선택하고, 어느 정도 기술력이 있으면 집 주위나 좀 더 나은 곳으로 진출하는 것이 바람직하다. 기술력에 자신이 있다면 아파트, 시장, 단독 주택, 상가, 학교 앞 등 어느 곳을 선택해도 상관없다.

　㉢ 장소는 성공과 실패에 영향을 미칠 수 있으므로 연령과 기술 그리고 운영자 자신의 마인드를 잘 파악하여 바르게 선택한다.

② 바른 바느질법

　바느질법은 기초가 매우 중요하다. 기초가 되어 있지 않다면 성공하기 어렵다.

③ 고급 기술과 노하우

　㉠ 고급 기술과 노하우에 따라 같은 작업을 하더라도 수입의 창출이 전혀 다르다. 많은 사람들이 할 수 없는 일을 내가 할 수 있다면 기술료가 추가되어 더 많은 수입을 낼 수 있다.

　㉡ 기술 부족은 실패의 원인이 될 수 있으므로 전문 교육 기관을 찾아 부족한 기술과 새로운 기술을 배워 늘 기술을 향상시켜 나가야 한다.

④ 가격 책정

　㉠ 옷에 대한 세심한 배려의 차이를 두고 작업하기 때문에 옷의 원가에 따라 수선의 기술 요금은 다르게 책정되어야 한다.

　㉡ 주위의 가격은 아주 기본적인 것 이외에는 똑같이 맞출 필요가 없다. 자신만의 마인드와 기술력으로 가격 책정을 하되 주위보다 낮게 설정해서는 안 된다. 바지 및 치마 길이 종류, 지퍼 종류, 재킷 길이 종류, 소매 종류, 허리 종류, 엉덩이와 통 종류, 상의 둘레길이 종류, 어깨 종류, 안감과 누빔 등 평균 가격을 조사하고 자신만의 가격을 따로 선정한다.

⑤ 고객 관리

　㉠ 손님은 언제나 일어서서 맞이하고 친절하게 대한다.

　㉡ 복장을 항상 단정히 하고, 바른 언어를 사용하며, 힘을 주어 절도 있게 말한다.

　㉢ 약속은 꼭 지키고, 지키지 못한 때에는 그에 대한 보상을 확실히 한다.

　㉣ 손님에게 칭찬을 아끼지 않는다. 칭찬을 할 때는 한꺼번에 하지 말고 부분부분을 콕 집어

서 해야 신뢰를 얻을 수 있다.

ⓜ 여름에는 가벼운 수선을 가능한 한 공짜로 많이 해 준다. 가을과 겨울옷의 수선으로 일이 이어질 수 있기 때문이다.

ⓗ 고객층을 빨리 파악하여 개인의 취향과 사이즈를 기억하고 구별하며, 까다로운 고객과 단골 고객, 오지 말았으면 하는 고객과 편안한 고객, 공짜로 해 주고 싶은 고객을 잘 파악해서 대처하는 것이 좋다.

ⓢ 할 일이 없어서 노는 것처럼 보이면 좋지 않으므로 항상 바쁘게 움직이고 있음을 보여 주는 것이 좋다. 또한 가게에 수선할 물건이 없어 보이지 않도록 물건을 맡을 때는 가능한 한 기간을 길게 두어 가게에 옷이 머물러 있게 하는 것도 좋다.

ⓞ 옷을 맡기는 손님에게 옷을 입혀 보고 그 밖에 수선할 것이 없는지 찾아내어 수입을 창출해 내는 데 최선을 다해야 한다. 예를 들면 소매 길이를 줄이려는 옷의 어깨와 둘레길이, 길이를 살펴 추가해서 수선할 수 있는 것이 있는지를 찾아내는 것은 고객과 운영자 입장에서 모두 유리하기 때문이다.

 기술 교육

① 기초부터 시작하여 차근차근 고급 기술을 배워 나가야 한다.

② 세밀하고 바른 바느질 교육과 뜯기 훈련이 필요하다.

③ 교육 후 실무 실습은 필수이다.

④ 창업 후 적어도 주 1회는 실무 케어 교육을 계속 받아야 한다.

⑤ 고급 기술과 노하우를 습득하기 위한 교육을 꾸준히 받아야 이로 인하여 수입을 늘릴 수 있다.

⑥ 받아야 할 실무 교육

　ㄱ 핀 꽂기

　　• 체형에 따라 핀 꽂는 방법

　　• 바지 길이를 수선할 때 핀 꽂는 자세

　　• 상의와 하의에 핀 꽂기 실무

　ㄴ 박음질

　　• 통 돌아가지 않게 박음질

　　• 재킷 앞 라인이 늘어나지 않게 박음질

　　• 동그라미 박음질

　　• 옷 깃 선 박음질

　　• 남방 박음질 형태를 따라서 박음질

ⓒ 특수 다림질
- 밑단선 굴려 다림질
- 허리와 엉덩이선 콘솔 지퍼 다림질
- 어깨 다림질
- 플레어스커트 다림질
ⓔ 간단한 재봉틀 사용법
- 재봉틀 청소
- 기름 돌리기
- 바늘구멍 맞추기
- 노루발 올리기
- 톱니바퀴 올리고 내리기
- 땀수 조절
- 기름 채우기

 연관 사업

① 세탁 편의점
② 양품점
③ 구제 의류 리폼 수출
④ 공방 맞춤 교육
⑤ 연예가 의류 리폼사

 손익 계산서 작성

① 같은 옷을 수선하더라도 원가 계산을 각각 따로 해야 한다.
② 옷의 메이커에 따라 계산 방법이 달라야 한다.
③ 항상 장부를 정리하여 월말 계산을 해야 한다.
④ 어떤 종류의 옷들이 주종을 이루는지 통계를 내고, 통계에 따라 수선 의뢰가 들어오지 않는
   종류들은 왜 들어오지 않는지 원인을 찾아 배워야 할 것은 다시 배워 개선해 나가야 한다.
⑤ 바쁠 때와 바쁘지 않을 때에 따라 가격을 조정한다.

PART 2

바지 치마 길이 수선하기

청바지 밑단 좌우 바꿔 길이 줄이기 · 청바지 밑단 살려 줄이기 · 청바지 실 살려 길이 줄이기 · 남자 신사 바지 길이 줄이기

카브라 바지 길이 줄이기 · 반카브라 바지 길이 줄이기 · 면바지 길이 줄이기 · 숙녀 바지 길이 트임 만들기

면바지 길이 트임 만들기 · 나팔 스커트 길이 줄이기

주름 스커트 길이 줄이기 · 타이트스커트 길이 줄이기 · 플레어스커트 길이 줄이기

청바지 밑단 좌우 바꿔 길이 줄이기

01 입고 싶은 길이에 선(①)을 그린 후 밑단(③) 봉제선 위에 시접을 1cm 남기고 ②를 잘라 낸다.

02 ②를 잘라 낸 후 ③의 봉제선을 칼로 뜯어낸다.

03 ③의 겉쪽(④)을 시접 끝까지 오버로크 처리한다. 안쪽(⑥)을 겉으로 하려면 잘라 낸 부분의 좌우가 바뀌어야 한다.

04 좌우를 바꾼 후 선에 맞추어 눌러 박음질한다. 눌러 박음질하는 부분이 안쪽(⑥)이다.

05 좌우를 바꾸지 않고 박음질하면 선이 맞지 않는다.

06 안쪽을 오버로크 처리하여 완성한다.

청바지 밑단 살려 줄이기

01 입고 싶은 길이에 선(❶)을 그린 후 가위로 잘라 낸다.

02 ❷는 버리는 부분이며, ❸은 0.7cm 시접을 남기고 살릴 밑단 부분이다.

03 ❸의 끝단 봉제선을 칼로 뜯어낸다.

04 바지 끝을 03에서 뜯어낸 밑단 봉제선에 넣은 후 위에서 겉감 시접을 접어 넣고 선을 따라 눌러 박음질한다.

05 시접을 접어 넣고 박음질하는 모습이다. 시접이 빠지지 않게 위에서 아래 시접을 잘 만져 가며 박음질하되 옆선의 두꺼운 부분은 손으로 살살 돌려 가면서 박음질한다.

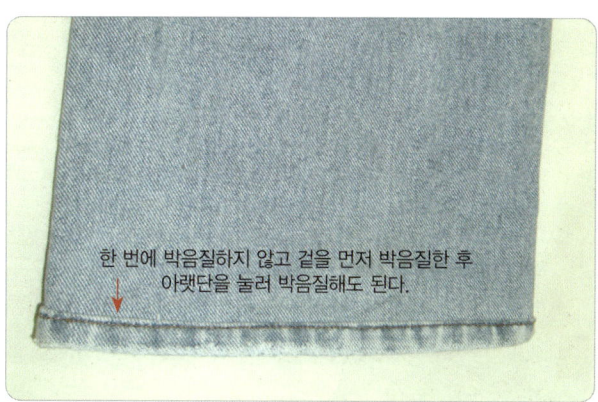

한 번에 박음질하지 않고 겉을 먼저 박음질한 후 아랫단을 눌러 박음질해도 된다.

06 완성 모습

청바지 실 살려 길이 줄이기

01 입고 싶은 길이에 선(❶)을 그린 후 밑단(❷) 봉제선 위 2cm에 표시한다.

02 ❷의 밑단 봉제선에서 2cm를 남기고 ❸을 잘라 낸다.

03 입고 싶은 길이에서 1.5cm 위에 초크로 선을 그려 준다.

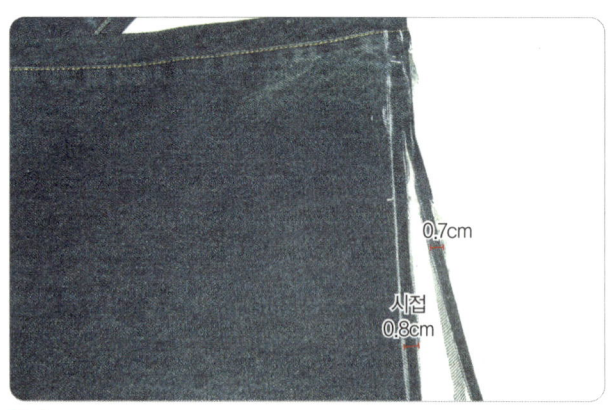

04 03에 표시한 1.5cm에서 0.8cm를 시접으로 남겨 두고 0.7cm를 잘라 낸다.

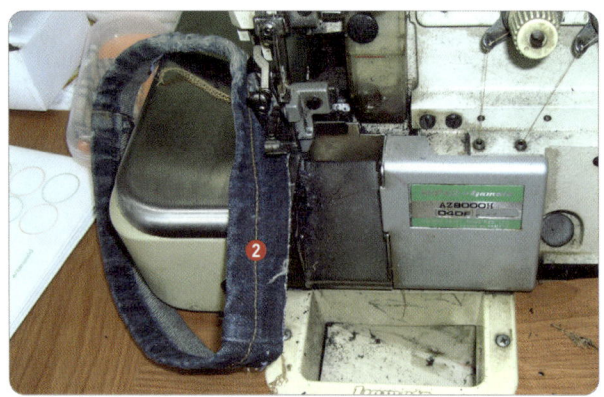

05 02에서 잘라 둔 밑단 부분(❷) 끝을 오버로크 처리한다.

06 사진처럼 바지 끝에 밑단(❷) 봉제선을 맞춰 박음질할 것이다. 박음질할 때는 밑단(❷)을 뒤집어서 봉제선을 맞추어 박음질한다.

07 사진과 같이 박음질하면 밑단에서 1.5cm가 길어지고 길어진 만큼 몸판에서 1.5cm가 줄어들어 입고 싶은 길이가 된다.

08 박음질할 때는 노루발을 바지 밑단 위에 올려놓고 시접바로 옆을 박음질한다.

09 박음질한 안쪽을 보면 몸판보다 밑단 오버로크 부분이 길다.

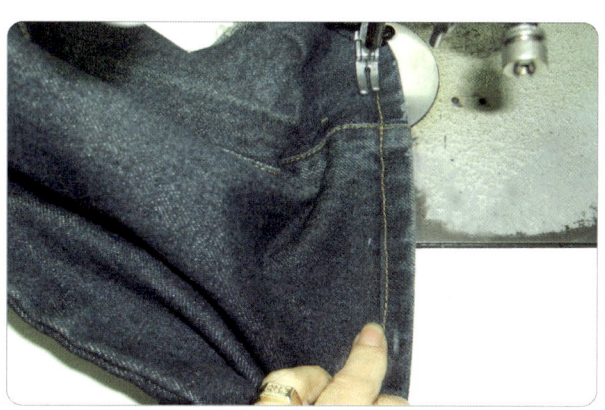

10 시접을 몸판 쪽으로 올린 후 겉면에서 청바지와 같은 색실로 실 끝까지 몸판 쪽을 눌러 박음질한다.

11 박음질한 후 안쪽을 보면 오버로크 부분이 들떠 있는데 이것을 감침질해 준다.

12 완성 모습

남자 신사 바지 길이 줄이기

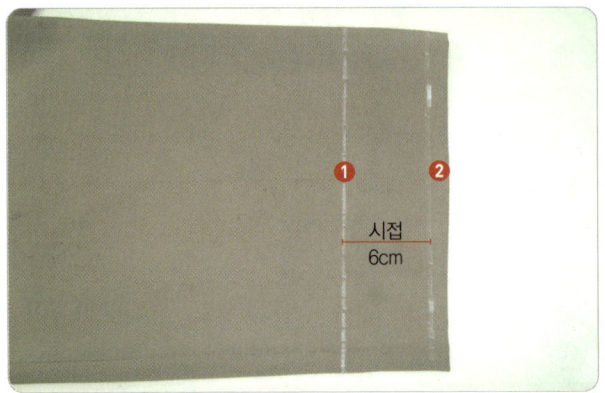

01 입고 싶은 길이에 선(❶)을 그린 후 시접 6cm를 표시하고 나머지 부분(❷)을 잘라 낸다.

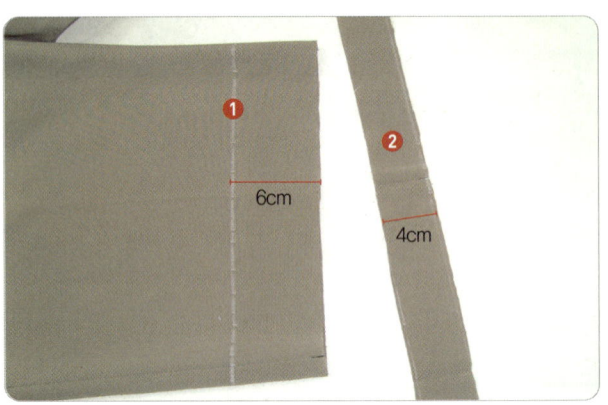

02 01에서 잘라 낸 ❷를 펴서 다림질하여 3~4cm 폭을 만든다. 모자라면 비슷한 원단을 사용한다.

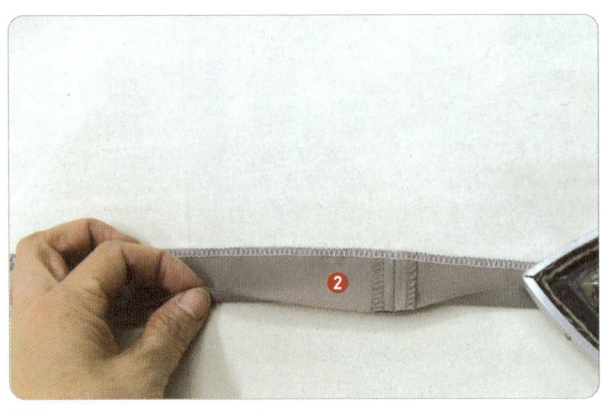

03 ❷의 한쪽 끝을 오버로크 처리하여 반으로 접되 오버로크 실보다 짧게 접어 다림질한다.

04 입고 싶은 선에 맞춰 시접 6cm를 접은 후 핀을 꽂아 보면 바지통보다 시접이 조금 모자란다.

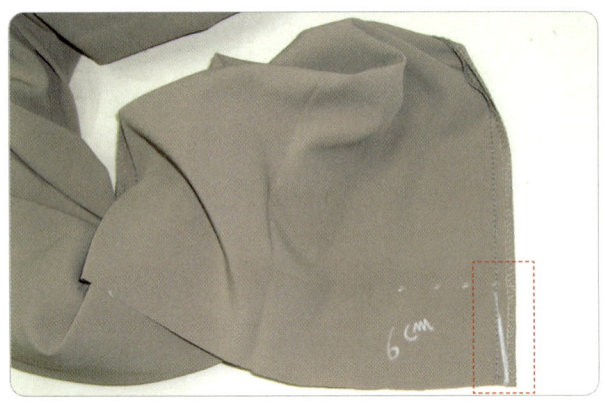

05 04의 모자라는 부분을 안쪽에서 솔기 시접을 뜯어 늘려 맞춘 후 바지 끝부분을 오버로크 처리한다.

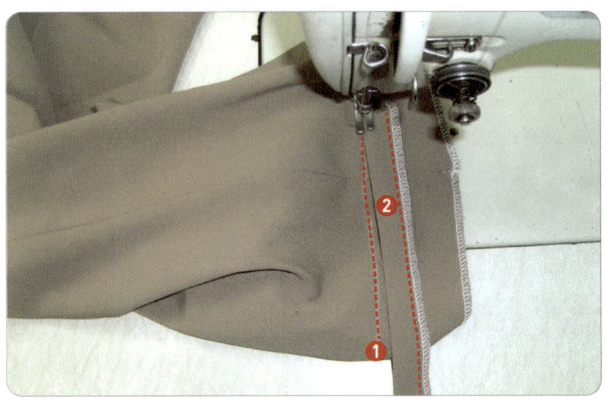

06 입고 싶은 선(❶)에 03에서 접어 다림질한 ❷를 대고 한 바퀴 돌려서 박음질한 후 오버로크 부분도 들뜨지 않도록 돌려 박음질한다.

07 잘라 냈던 밑단을 바지에 붙여 박음질한 모습이다.

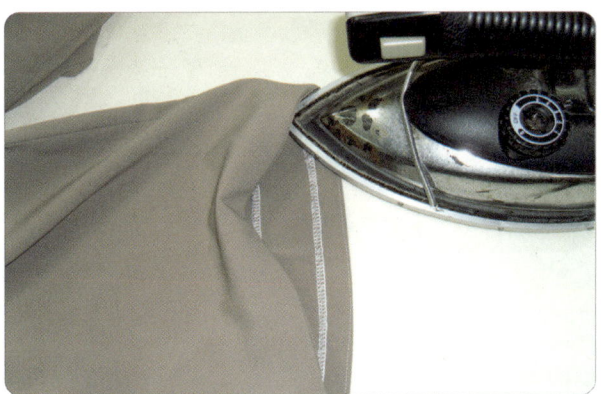

08 시접을 바지 안쪽으로 접어 넣고 박음질한 부분을 다림질한 후 손바느질로 마무리한다. 다림질할 때는 밑단 안단이 겉쪽에서 1mm 정도 보이게 하는 것이 좋다.

 끝부분이 1mm 정도 보인다.

09 완성 모습

tip
- 잘라 내는 분량은 옷에 따라 다르므로 적당한 분량이 안 나오면 다른 원단을 사용한다.
- 밑단 안단 끝부분을 1mm 정도 보이게 다림질하는 것은 구두에 바지가 걸려 해지는 것을 막기 위해서이다.

카브라 바지 길이 줄이기

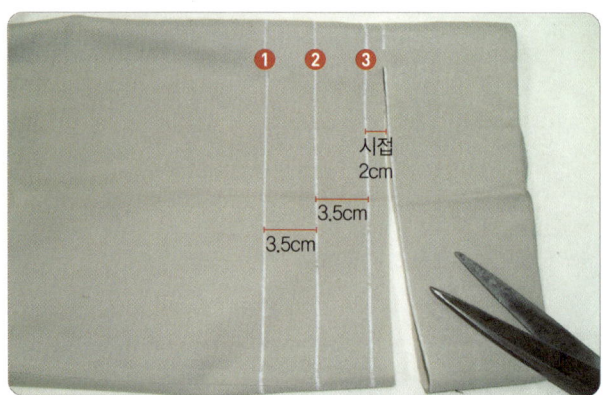

01 입고 싶은 길이에 선(❶)을 그리고 3.5cm 내려 ❷, 3.5cm 내려 ❸을 그린 후 시접 2cm를 남기고 나머지 부분을 잘라 낸다.

02 시접 끝부분을 오버로크 처리한다.

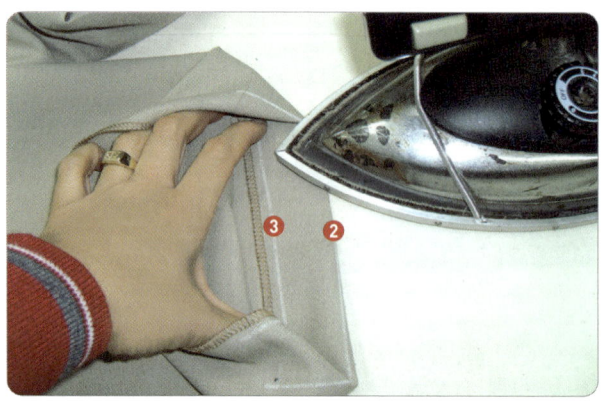

03 ❷까지 안쪽으로 접어서 다림질한다.

04 오버로크 처리한 시접 끝부분을 겉면에 표시한 입고 싶은 선(❶)에 맞추어 박음질한다.

05 오버로크 처리한 끝부분을 따라 박음질하는 모습이다.

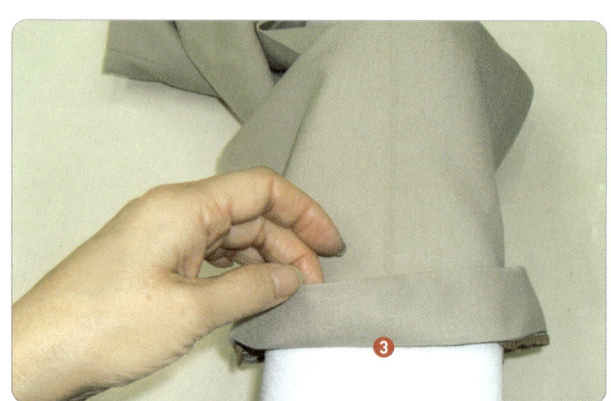

06 ❸을 바깥쪽으로 접어서 다림질한다.

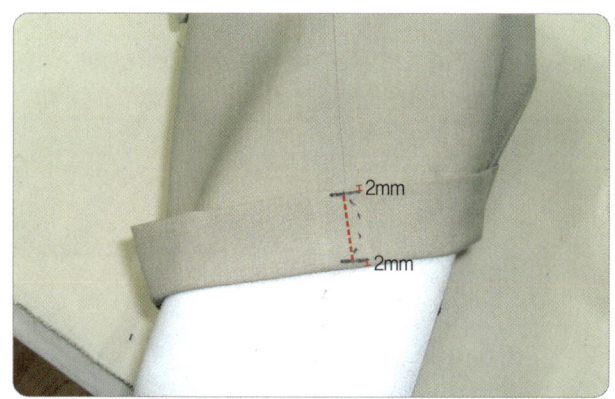

07 좌우 옆면 양쪽 끝부분에서 2mm 정도를 남기고 되돌려 박음질한다.

08 **07**의 세로선 박음질은 원래 있던 옆면 봉제선에 맞춰서 하여 겉면에서 표시가 나지 않도록 한다.

09 다림질하여 완성한 모습

tip
- 카브라 폭이 넓을수록 수선하기가 힘들다.
- 수선할 때 카브라 폭이 같아지도록 맞추는 것이 중요하다.
- **07**에서 끝까지 박음질하면 위아래 끝이 튀어나온다.

반카브라 바지 길이 줄이기

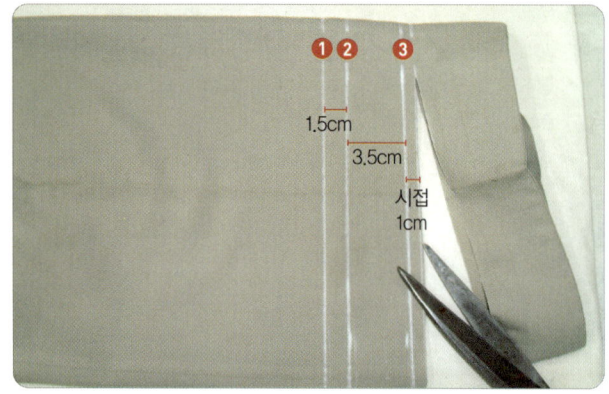

01 입고 싶은 길이에 선(❶)을 그리고 1.5cm 내려 ❷, 3.5cm 내려 ❸을 그린 후 시접 1cm를 남기고 나머지 부분을 잘라 낸다.

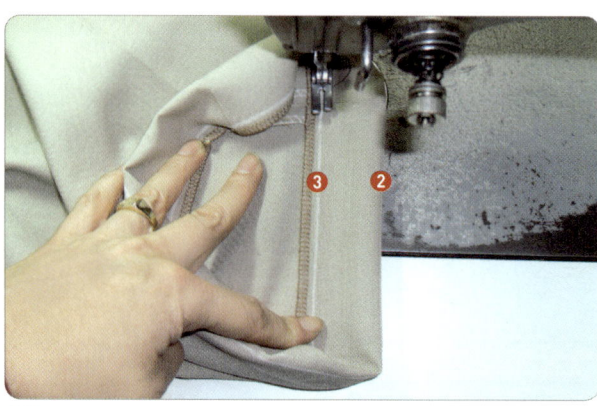

02 ❷까지 안쪽으로 접어 넣고 ❸을 박음질하되 다림질은 하지 않는다.

03 ❸을 박음질하는 모습이다.

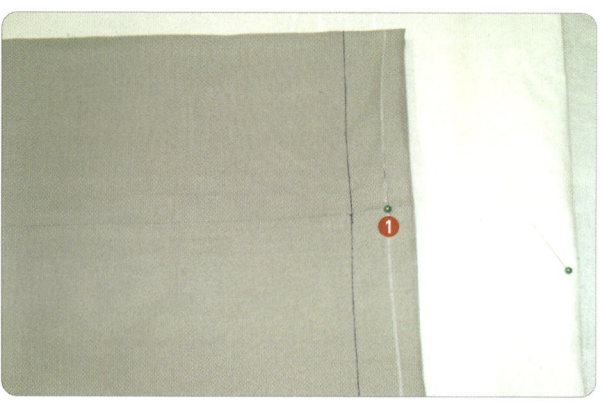

04 핀을 꽂은 부분이 입고 싶은 선(❶)이며, 검은색 선은 03에서 박음질한 부분이다.

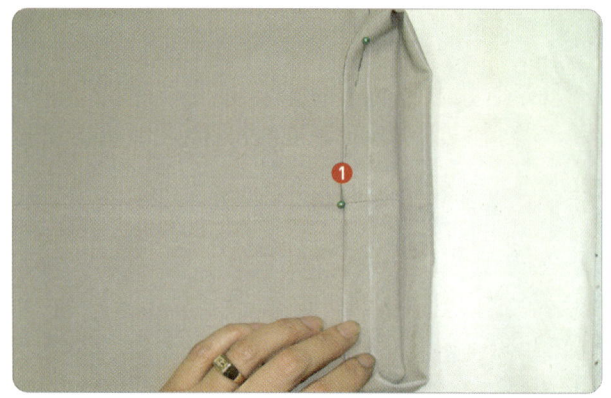

05 입고 싶은 선(❶)을 잡아서 반만 위로 올린다.

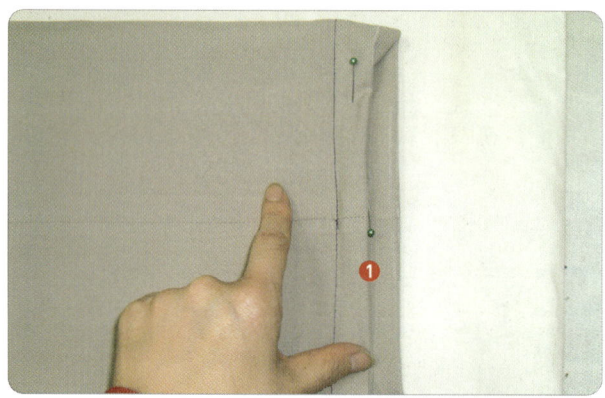

06 05에서 잡아 올렸던 입고 싶은 선(❶)을 접어 내려 보면 입고 싶은 길이가 나온다.

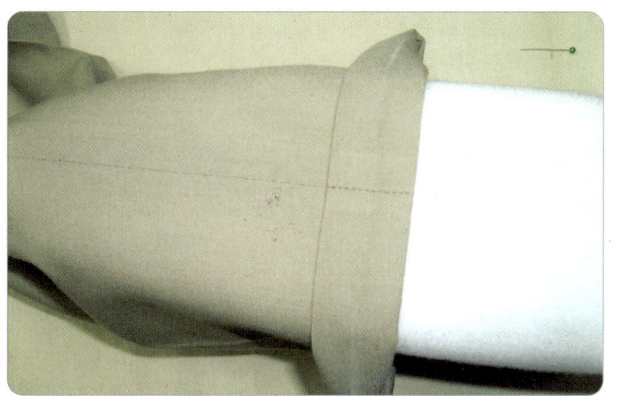

07 05의 상태로 우마에 올려놓고 다림질한다.

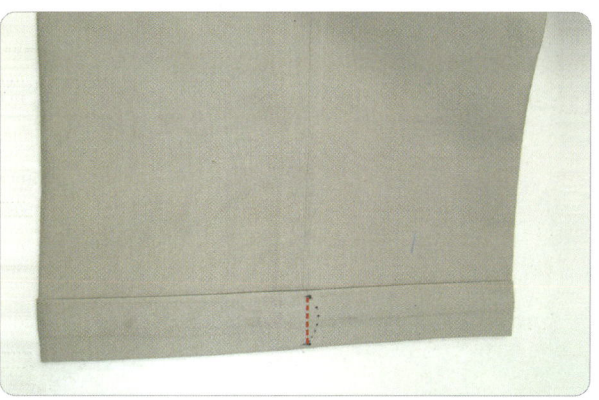

08 좌우 옆면 양쪽 끝부분에서 2mm 정도를 남기고 되돌려 박음질한 후 다림질하여 완성한다.

tip

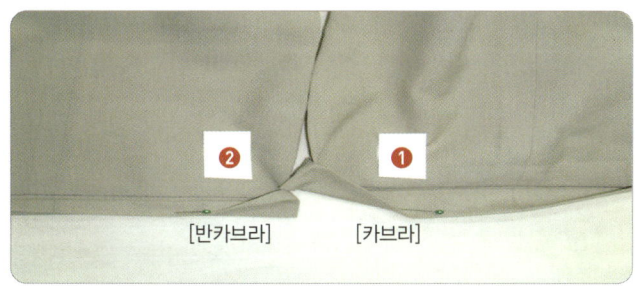

[반카브라]　[카브라]

- ❶은 카브라이고, ❷는 반카브라이다. 비교해 보자.
- 카브라 바지를 만들려고 했는데 일반 바지로 수선했을 경우, 시접이 5cm 이상이면 반카브라로 만들어 카브라 형태를 만들어 주면 된다.

면바지 길이 줄이기

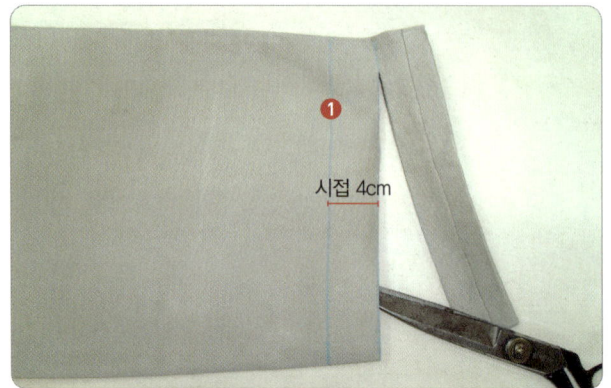

01 입고 싶은 길이에 선(❶)을 그린 후 시접 4cm를 남기고 나머지 부분을 가위로 잘라 낸다.

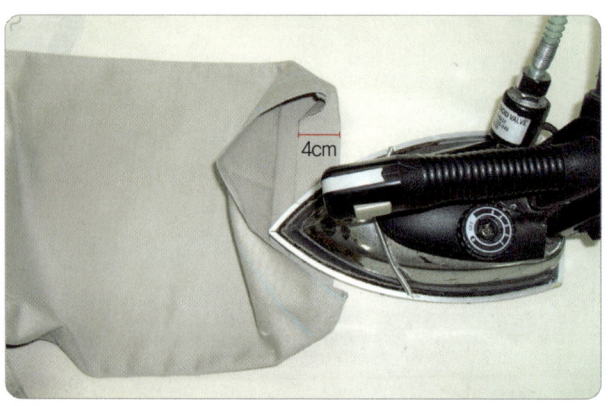

02 01의 시접 4cm를 안쪽으로 접어 다림질한다.

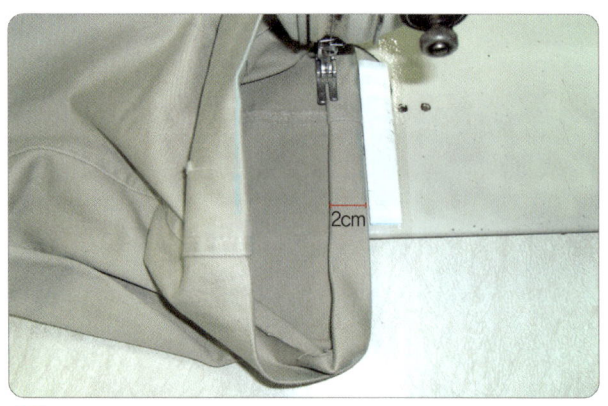

03 다림질한 시접의 절반을 접어 핀으로 고정한 후 말아 박음질한다. 이때 시접을 가로로 가볍게 당겨 주며 가랑이 쪽에서부터 박음질해야 높이도 잘 맞고 울지 않는다.

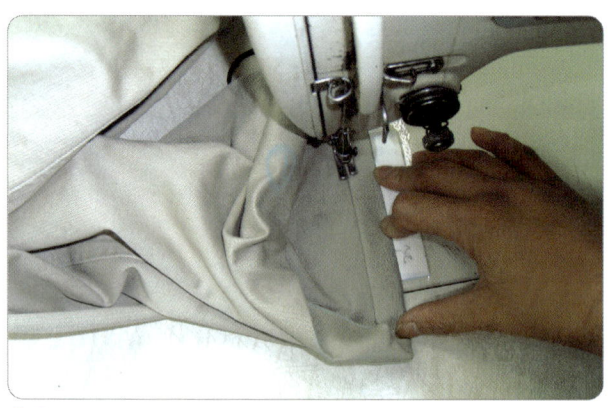

04 겉면에 보이는 박음질선이 일정하도록 박음질할 선 옆에 종이를 접어서 재봉틀에 붙여 둔다(종이는 10cm 정도를 여러 번 접어 스카치테이프를 붙여서 사용한다.).

05 돌려서 박음질한 후 깔끔하게 다림질한다.

06 완성 모습

※ 청바지도 같은 방법으로 줄이면 된다.

숙녀 바지 길이 트임 만들기

01 입고 싶은 길이에 선(❶)을 그린 후 시접 4cm를 표시한다.

02 시접 4cm를 남기고 나머지 부분을 잘라 낸다.

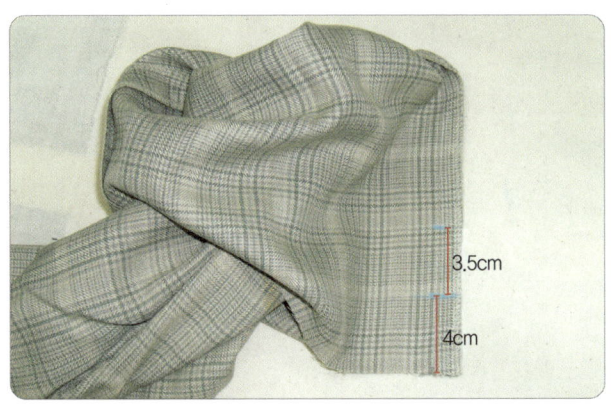

03 바지 안쪽 옆솔기 아래쪽에서부터 시접 4cm, 트임 공간 3.5cm를 표시한다.

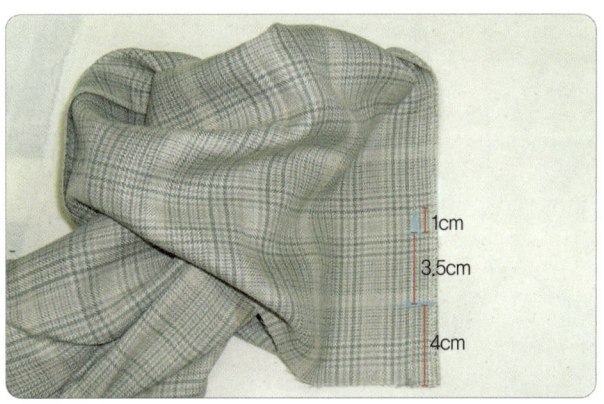

04 3.5cm 위로 되돌려 박음질할 부분 1cm를 표시한다.

05 1cm 표시한 부분을 되돌려 박음질한다.

06 되돌려 박음질한 후 아랫부분 7.5cm의 봉제선을 뜯어 놓는다.

07 끝단 부분을 오버로크 처리한다.

08 오버로크 처리할 때 트임 부분의 길이가 같도록 양옆을 맞춘다.

09 4cm 시접선에 핀을 꽂아 표시한다.

10 **09**에서 핀으로 표시한 부분을 접어서 옆면을 세로로 박음질한다.

11 박음질한 부분에 손가락을 넣어서 뒤집어 준다.

12 한쪽이 완성된 모습이다.

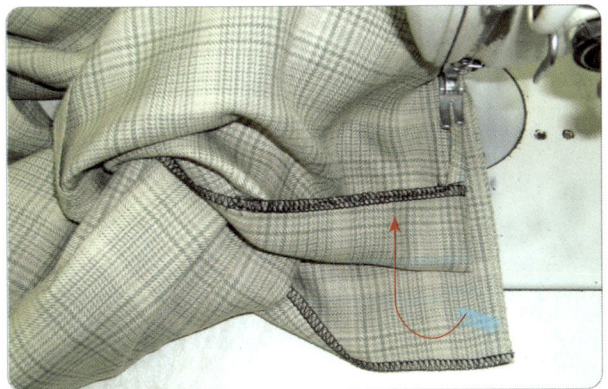

13 완성된 한쪽 부분을 위에 놓고 파랗게 표시한 부분을 위로 덮어 감싸 준다.

14 감쌀 때는 오버로크 끝을 서로 똑같은 위치에 놓고 덮어 줘야 한다. 위치를 맞춘 후 아래쪽 원단이 겹치지 않도록 하며 덮어 준 윗부분의 옆면을 박음질한다.

15 14에서 박음질한 나머지 한쪽 부분도 뒤집어 준다.

16 안쪽에서 본 완성 모습이다. 오버로크 길이가 양쪽 모두 똑같다.

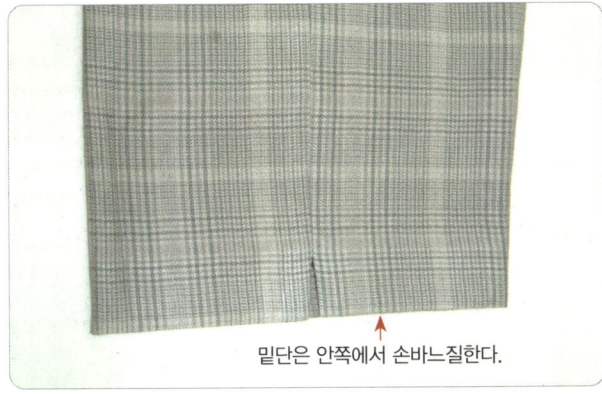

밑단은 안쪽에서 손바느질한다.

17 완성 모습

tip

• 길이를 자르고 옆 봉제선을 분리한 후 시접을 펴서 오버로크를 칠 때 분리된 양쪽을 똑같이 맞춰야 완성 후 깔끔하다.

면바지 길이 트임 만들기

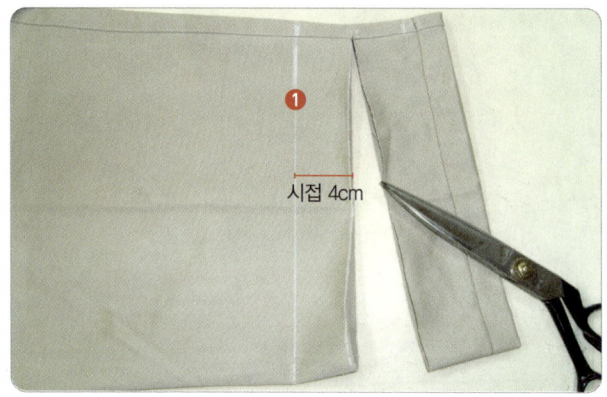

01 입고 싶은 길이에 선(❶)을 그린 후 시접 4cm를 남기고 나머지 부분을 가위로 잘라 낸다.

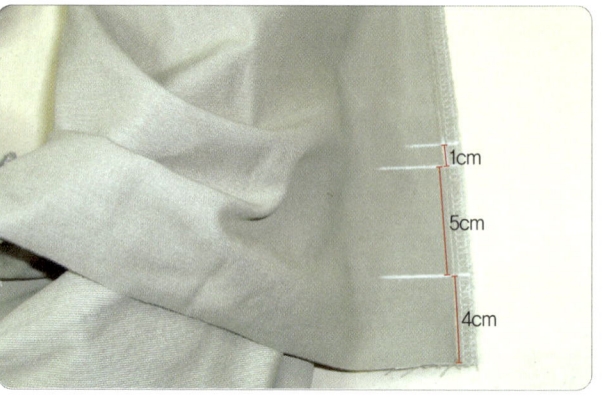

02 바지 안쪽 옆솔기 밑에서부터 시접 4cm, 트임 공간 5cm, 되돌려 박음질할 곳 1cm를 표시한다.

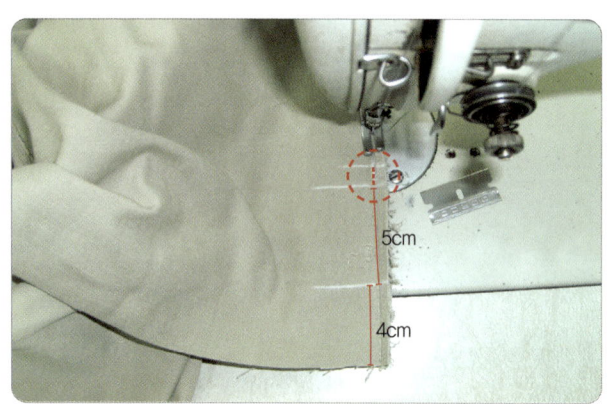

03 윗부분 1cm를 되돌려 박음질한 후 아랫부분 9cm의 봉제선을 뜯어 놓는다.

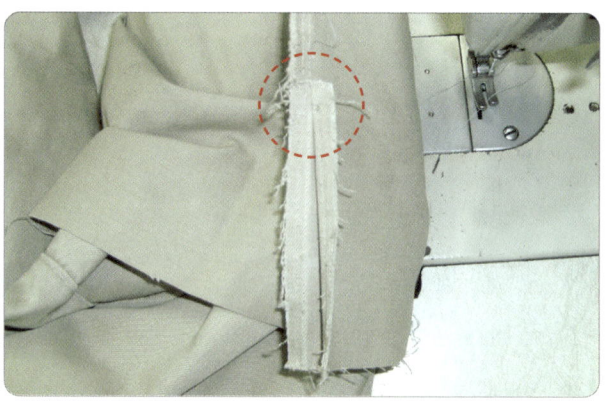

04 1cm 되돌려 박음질한 곳의 오버로크를 뜯고 끝을 잘라 사진처럼 펴 준다.

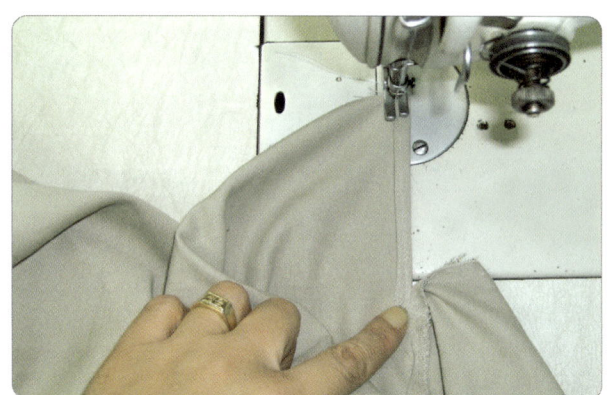

05 밑에서부터 9.5cm까지 말아 박음질한다.

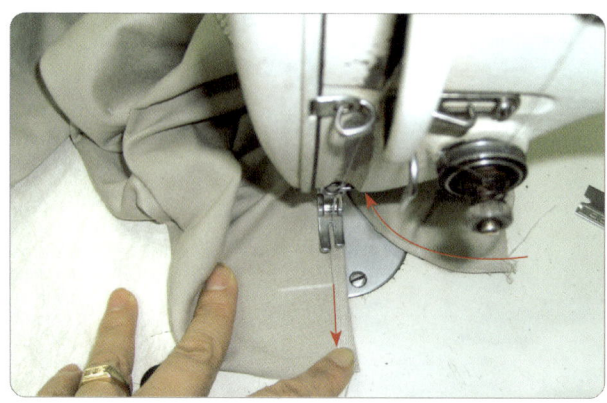

06 한 바퀴 돌려 다른 쪽까지 박음질한다.

박음질 시작

07 시접으로 남겨 둔 끝단 4cm를 말아 박음질한다. 이때 트임 부분의 길이가 같도록 사진처럼 박음질을 시작한다.

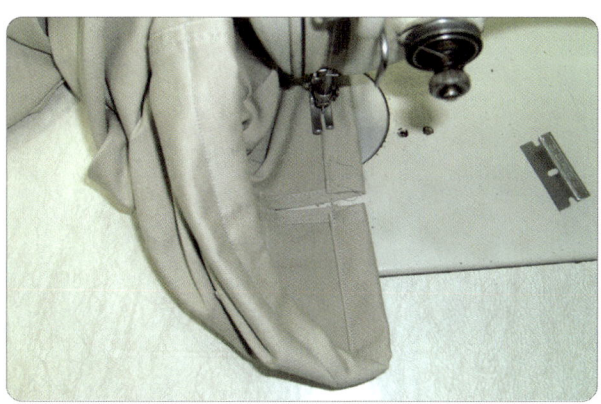

08 박음질하여 돌아 나와 양옆이 맞은 모습이다.

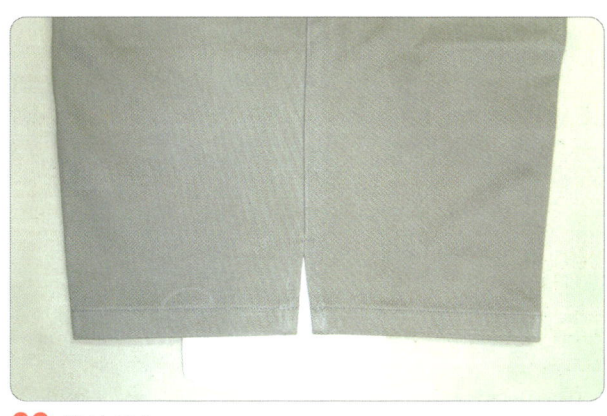

09 완성 모습

tip

• 트임이 있는 바지의 경우에는 줄이고 싶은 분량만큼 잘라 낸 후 과정 **02**부터 트임 분량을 조정하여 수선하면 된다.
• 청바지에 트임을 만들 때는 스티치(덧박음질)가 없는 쪽에서 하는 것이 좋다.

나팔 스커트 길이 줄이기

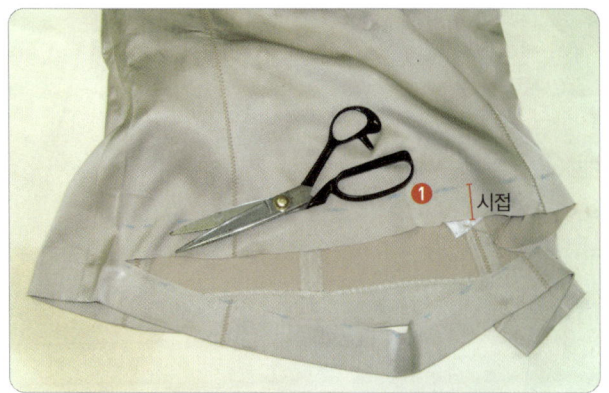

01 입고 싶은 길이에 선(❶)을 그린 후 시접을 남기고 나머지 부분을 가위로 잘라 낸다.

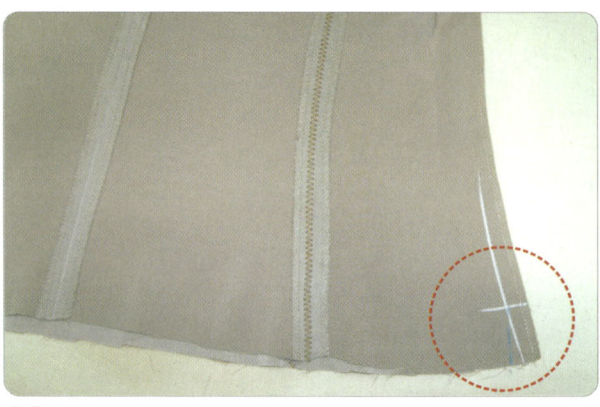

02 스커트가 나팔 모양이므로 사진처럼 끝부분을 파란색 선에 맞춰 줄여 줘야 한다.

03 잘라 낸 스커트 끝부분의 올이 풀리지 않도록 오버로크 처리한다.

04 지그재그 무늬가 있는 곳에선 폭을 줄일 수 없다.

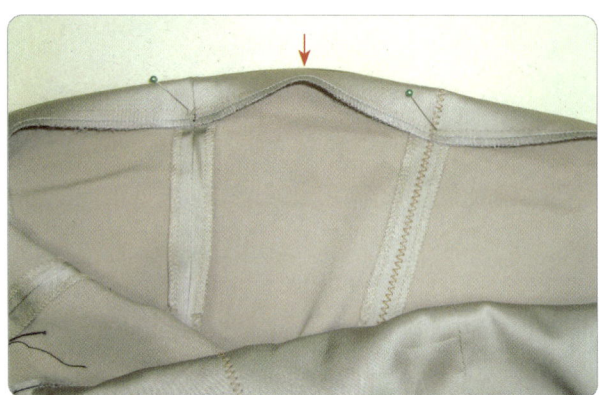

05 밑단 시접을 접어서 절개선에 맞춰 핀을 꽂아 보면 사진처럼 시접이 남아서 뜬다.

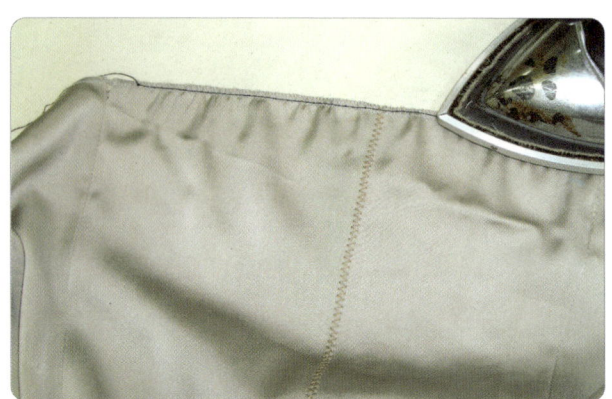

06 05에서 남은 시접을 처리하기 위해 오버로크 처리한 끝부분을 박음질한 후 실을 잡아당겨 다리미로 누르면서 펴 준다.

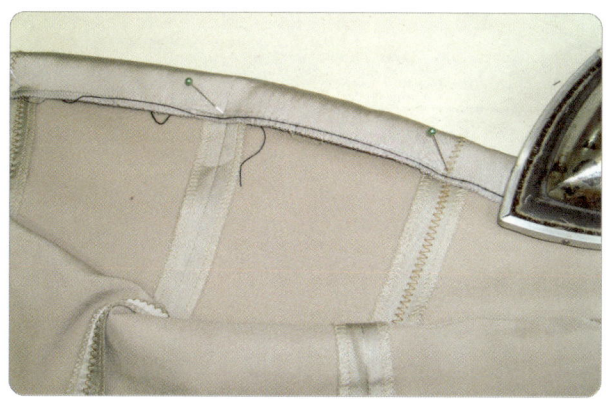

07 다시 밑단 시접을 접은 후 시접이 들뜨지 않도록 **06**에서 박음질한 실을 잡아당기며 다리미로 잘 눌러 준다.

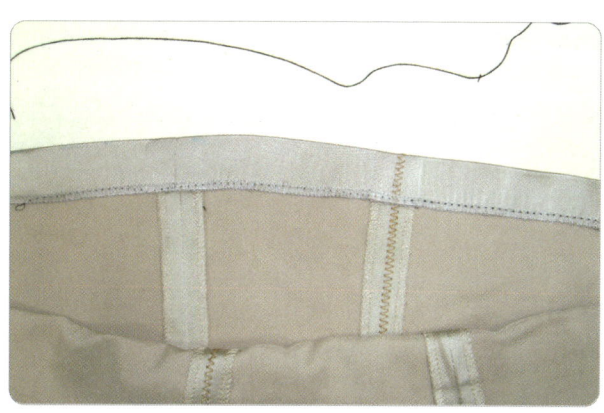

08 **06**에서 원단과 같은 색 실로 박음질을 했다면 실을 빼내지 않아도 되지만 다른 색 실을 사용했을 경우에는 실을 빼 준다. 마지막으로 시접을 손바느질해서 완성한다.

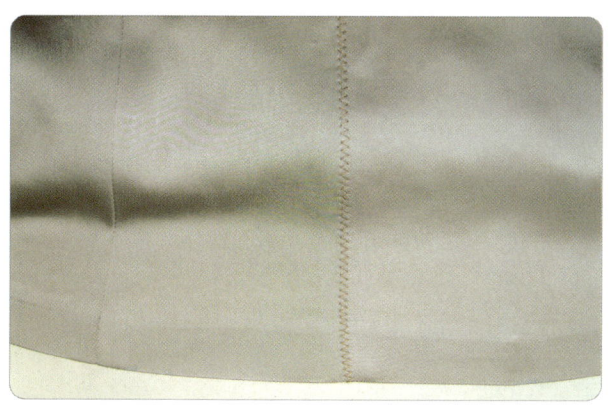

09 완성 모습

tip

• 나팔 스커트는 밑단 시접을 적게 남길수록 예쁘고 수선하기 쉽다. 시접을 많이 남길수록 시접 너비와 치마 너비가 차이 나기 때문이다.

주름 스커트 길이 줄이기

01 수선하기 전 모습이다.

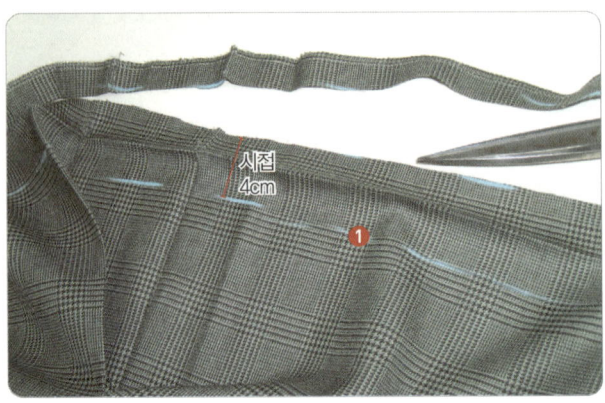

02 입고 싶은 길이에 선(❶)을 그린 후 밑단을 뜯어 시접을 4cm 남기고 나머지 부분을 가위로 잘라 낸다.

03 끝단을 오버로크 처리한 후 4cm 시접을 안쪽으로 접어서 다림질한다.

04 주름 부분부터 안쪽에서 다리미로 누르며 자리 잡는다.

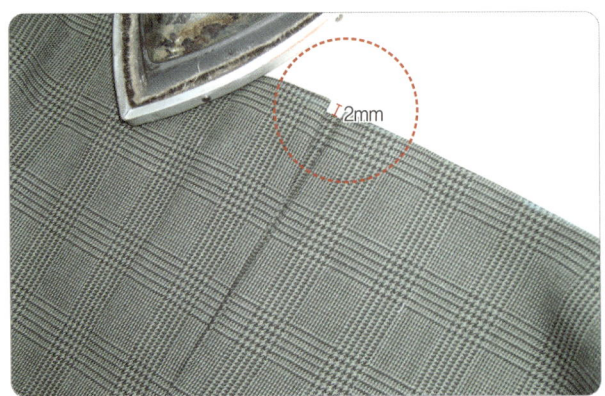

05 벌어지는 중간 부분의 안주름이 겉주름보다 2mm 정도 짧게 되도록 겉면에서 다림질한다.

06 스커트의 세로 주름선을 따라 안쪽에서 박음질한다.

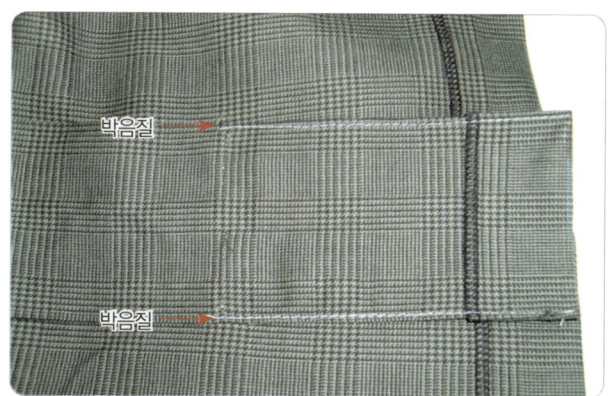

07 안쪽에서 양쪽 세로 주름선을 박음질한 모습이다.

08 마지막으로 밑단을 손바느질한다.

주름 하단을 보면 벌어진 안쪽이
2mm 정도 짧은 것을 볼 수 있다.

09 완성 모습

tip

· 주름 스커트는 겉주름 부분을 안주름보다 1~2mm 정도 길게 한다.
· 다리미로 주름 길이를 잘 맞춰 다림질한 후 안쪽에서 밑단을 손바느질하여 완성한다.

타이트스커트 길이 줄이기

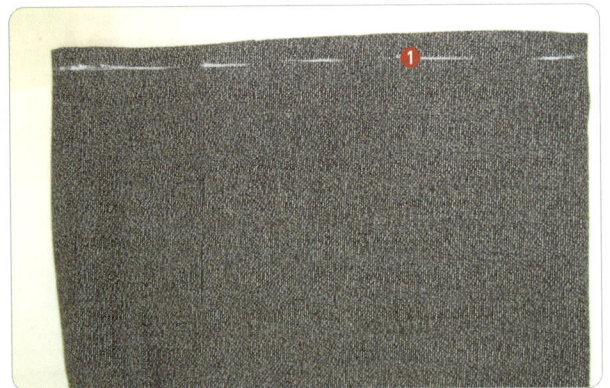

01 입고 싶은 길이에 선(❶)을 그린다.

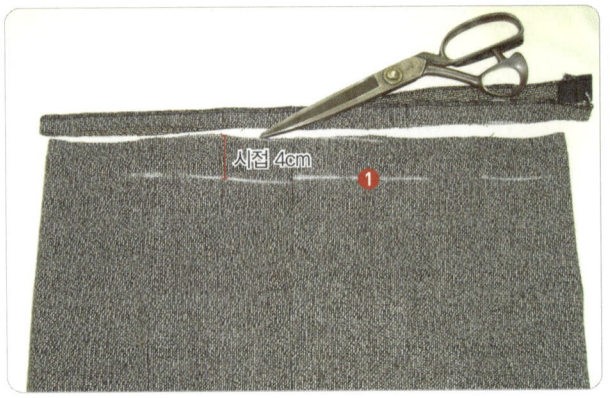

02 시접을 4cm 남기고 나머지 부분을 가위로 잘라 낸다.

03 끝단을 오버로크 처리하고 시접 4cm를 안쪽으로 접어서 다림질한다.

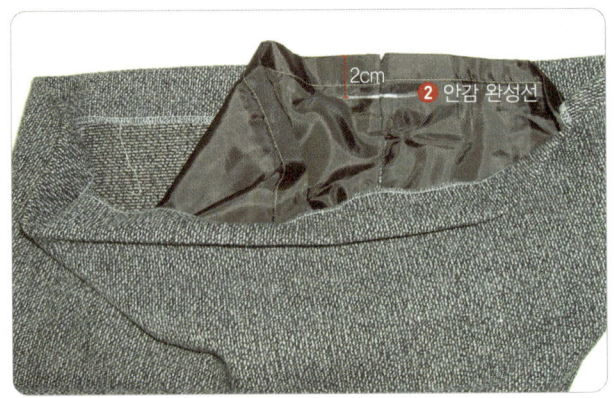

04 안감은 겉감 완성선보다 2cm 정도 짧게 하되 양쪽이 똑같아야 한다.

05 초크로 그린 안감 완성선(❷)대로 안감을 접어서 다림질을 해 둔다.

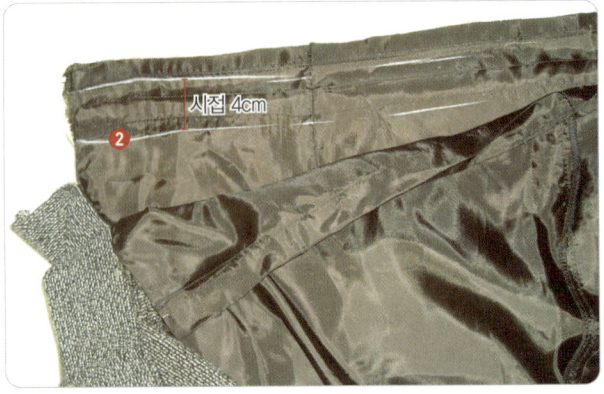

06 안감의 밑단을 뜯어서 시접 4cm를 남기고 나머지 부분을 잘라 낸다.

07 06의 안감 시접 4cm를 다림질선에 맞추어 말아 박음질한다.

08 스커트 뒤트임 부분의 선은 일자로 그리되 박음질은 조금 옆으로 박는다. 그렇게 하면 겉쪽에서 안쪽 원단이 보이지 않는다.

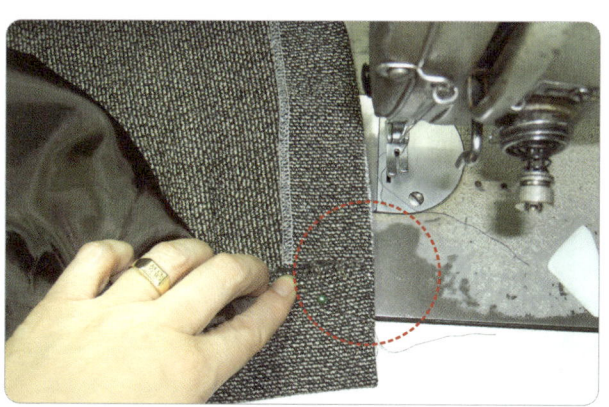

09 박음질하여 뒤집어 보면 안쪽이 살짝 위로 올라가 겉면이 깔끔해 보인다.

10 뒤트임 부분에 안감을 대고 박음질하여 연결한다.

11 안감을 박음질하여 연결한 모습이다.

12 뒤트임 반대쪽은 안감을 먼저 박음질한다.

13 안감을 먼저 박고 시접을 감싸서 엎어 박음질한다.

14 안감을 엎어 박음질한 후 뒤집은 모습이다.

15 위에서 끝까지 눌러 박음질한다.

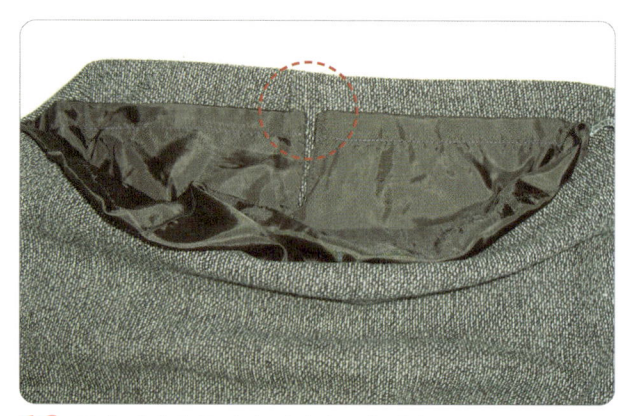

16 안감 길이가 똑같이 처리된 모습이다.

17 밑단은 손바느질해서 마무리한다.

18 완성 모습

플레어스커트 길이 줄이기

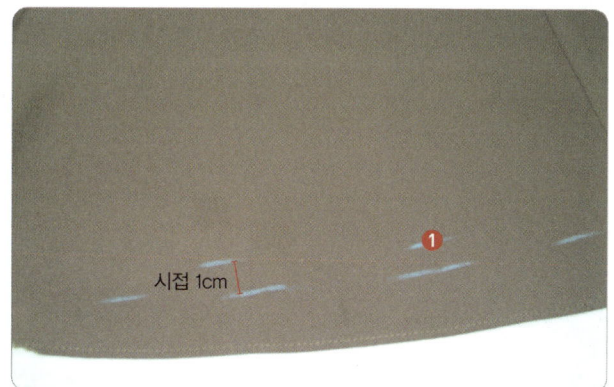

01 입고 싶은 길이에 선(①)을 그리고 시접 1cm를 표시한다.

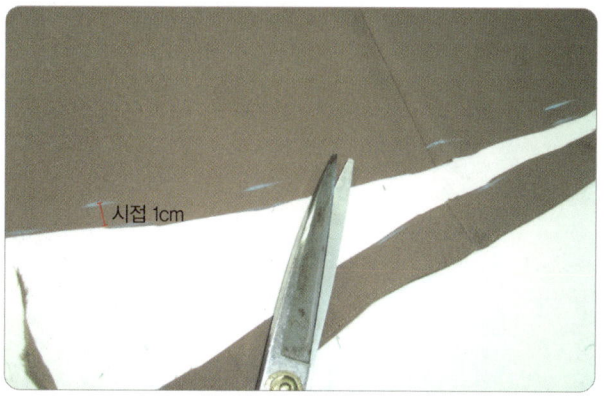

02 시접 1cm를 남기고 나머지 부분을 가위로 잘라 낸다(때로는 박음질을 한 후 잘라 내기도 한다).

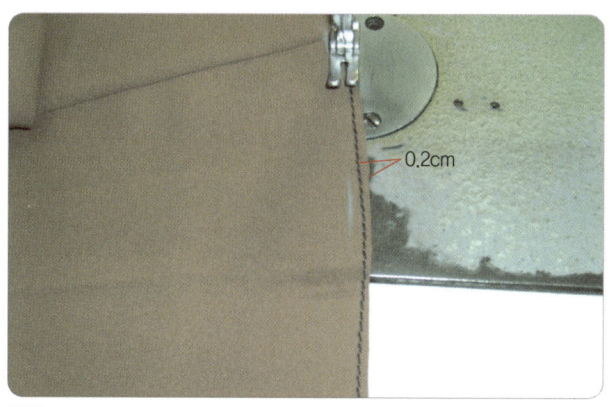

03 하단에서 0.2cm 되는 부분을 박음질한다(이렇게 미리 박음질하면 바느질선이 힘을 받아 늘어나지 않고 잘 박힌다). 이때 실의 강도를 줄여 조금 주름지게 하면 더 좋다.

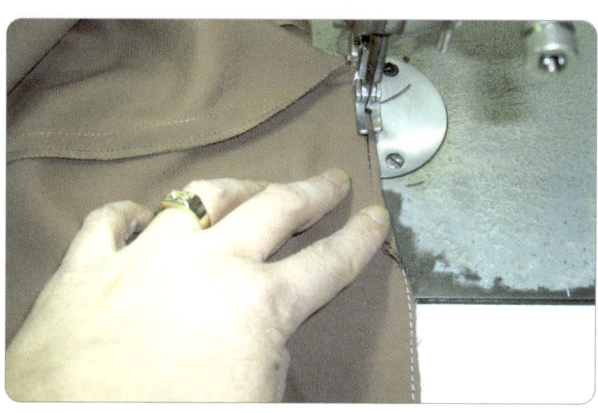

04 03에서 박음질한 봉제선을 안쪽으로 말아 박음질한다.

05 박음질한 안쪽 모습이다.

06 완성 모습

○PART 3
바지통 및 밑위
수선하기

청바지 밑위길이 늘이기 · 바지 밑위길이 뒤판에서 줄이기
엔진 청바지 둘레길이(통) 줄이기 · 숙녀 바지 둘레길이(통) 줄이기
바지통 돌아간 것 수선하기 · 청바지 밑위길이 줄이기 · 청바지 엉덩이와 통 줄이기
통 청바지를 스키니즈 청바지로 만들기
추리닝 바지 밑길이 줄이기 · 남자 양복바지 주머니와 함께 품 줄이기

청바지 밑위길이 늘이기

01 청바지의 밑위길이를 늘이려 한다.

02 가랑이 쪽은 약 10cm, 앞뒤는 약 2cm를 뜯는다.

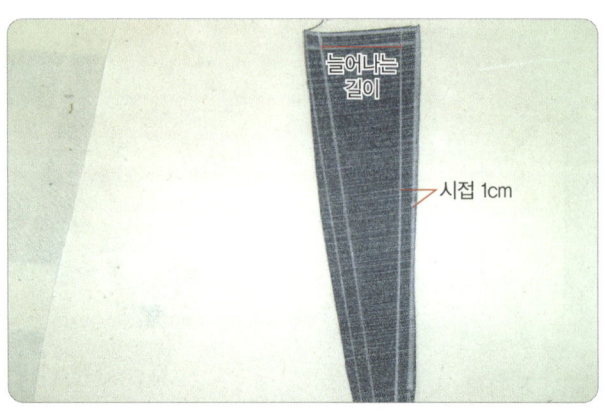

03 늘이고 싶은 길이만큼 덧붙일 원단을 준비하여 시접을 표시한다(좌우로 2장을 만들어야 한다).

04 덧붙일 원단을 **02**에서 뜯어 놓은 몸판의 원래 봉제선에 맞추어 핀으로 고정한다.

05 봉제선을 따라 박음질한다.

06 박음질을 한 후에 남은 시접 부분은 꼭 오버로크 처리를 해야 한다.

07 좌우 가랑이 쪽을 먼저 붙이고 각각 오버로크 처리한다.

08 좌우 가랑이 쪽을 붙이고 오버로크 처리한 모습이다.

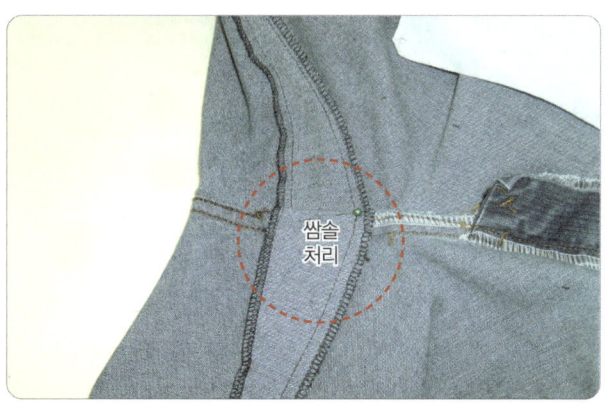

쌈솔
처리

09 중간 부분은 안쪽에서 쌈솔로 말아 핀으로 고정한 후 다림질한다.

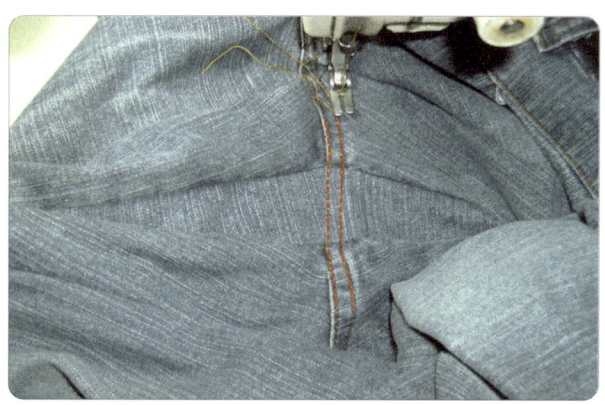

10 원래 있던 밑위 부분의 앞뒤 봉제선을 따라 겉쪽에서 눌러 박음질한다.

11 좌우 가랑이 쪽 박음질선을 따라 겉쪽에서 다시 한 번 눌러 박음질한다.

12 완성 모습

바지 밑위길이 뒤판에서 줄이기

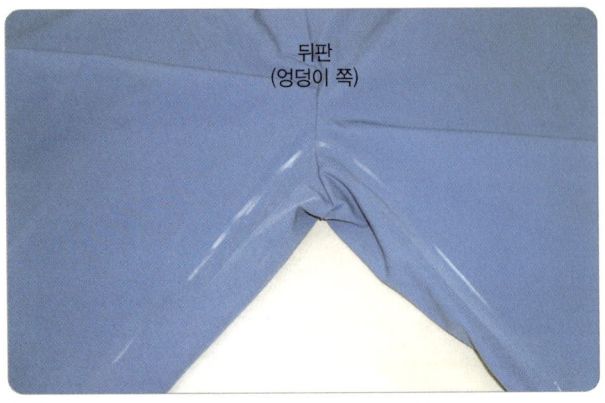

01 줄이고 싶은 밑위길이 분량을 표시한다.

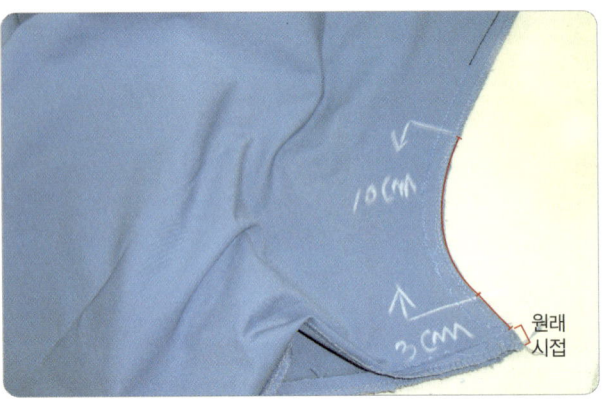

02 3cm(원래 시접 포함 5cm)를 줄이고자 할 때는 줄일 지점을 표시한 후 10cm 위에 선을 긋는다.

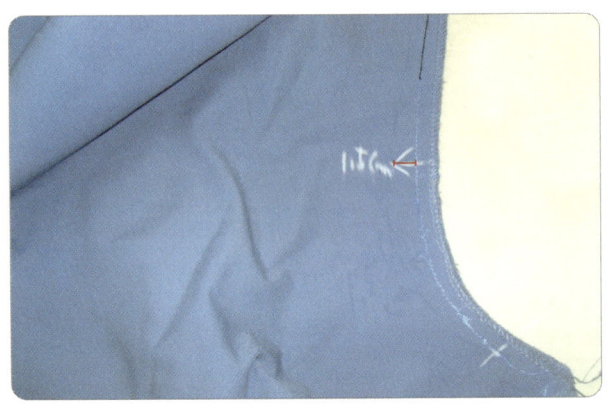

03 10cm 위에 선을 그은 곳에서 줄어드는 분량의 1/2 지점 안쪽에 점을 찍는다(3cm 절반은 1.5cm이다).

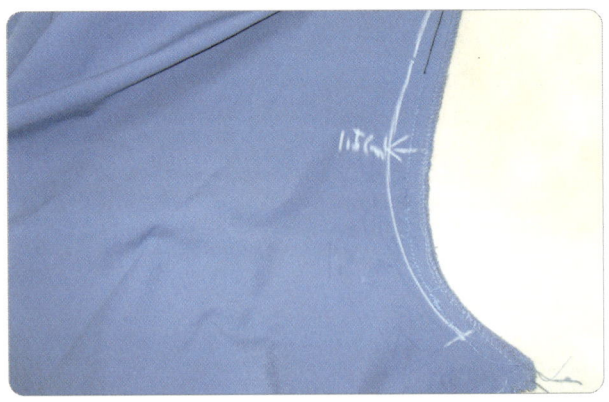

04 03에서 표시한 1.5cm 되는 부분이 지나도록 위아래로 자연스럽게 곡선을 긋는다.

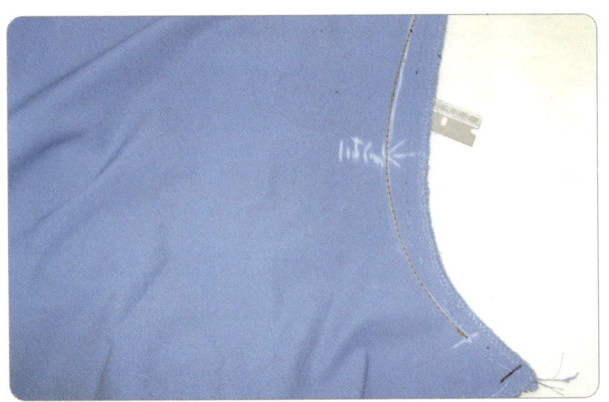

05 04의 곡선을 따라 박음질하고 기존 봉제선을 뜯어낸다.

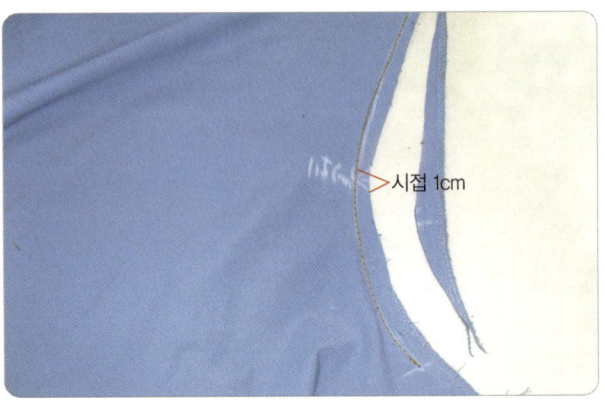

06 시접 1cm를 남기고 잘라 낸 후 시접을 가름솔로 나눠 양쪽을 각각 오버로크 처리한다.

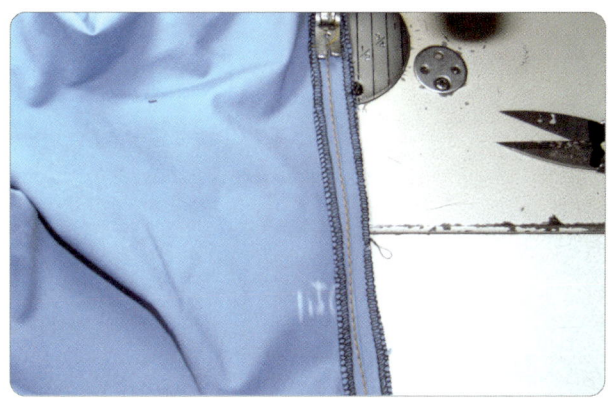

07 바지가 뜯어지는 것을 막기 위해 3겹을 합친 후 겉에서 박힌 부분이 보이지 않도록 안쪽에서 눌러 박음질한다.

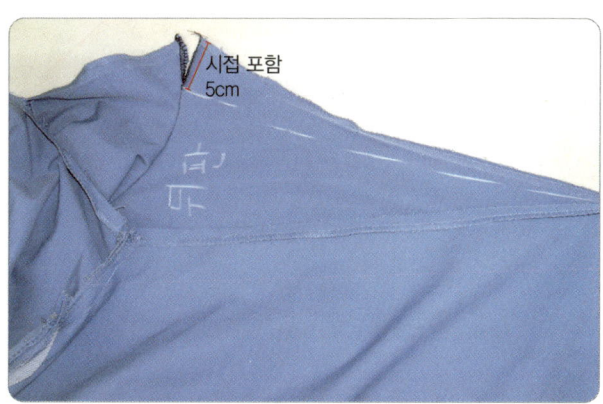

08 뒤판 밑위길이에서 줄어드는 분량이다.

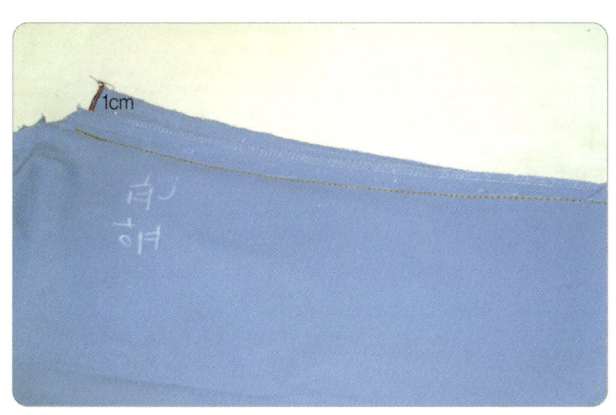

09 앞판도 1cm 줄여 뒤판 줄어드는 분량에 시침질한다(앞판은 1cm를 줄여도 되고 줄이지 않아도 되는데 1cm 이상은 줄일 수 없다).

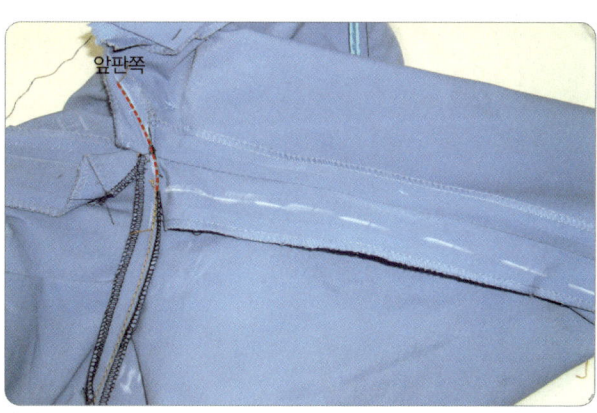

10 작업하기 위해 뜯어 놓은 가랑이 부분 양옆을 박음질한후 앞뒤판의 남은 공간을 박음질한다(시접은 3cm 이상이면 잘라 주는 것이 좋다).

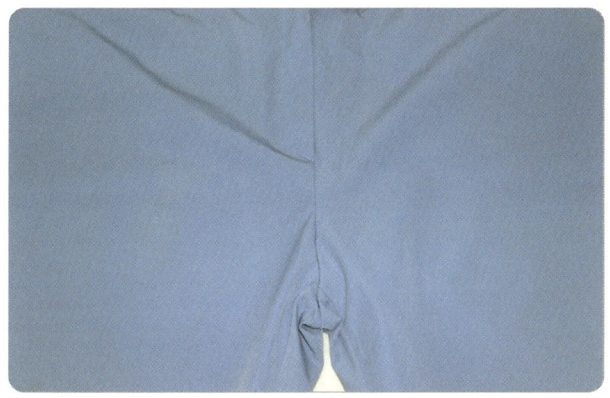

11 완성 모습

- **10**에서 박음질할 때 앞판과 뒤판이 차이가 난다. 이때는 앞판과 뒤판의 연결선이 자연스러워지도록 박음질하면 된다.
- 뒤에서 줄여도 앞뒤 변동이 없으며 입는 데 불편하지 않다.

엔진 청바지 둘레길이(통) 줄이기

01 엔진 청바지 겉쪽(옆솔기) 모습이다.

02 엔진 청바지 안쪽(안솔기) 모습이다.

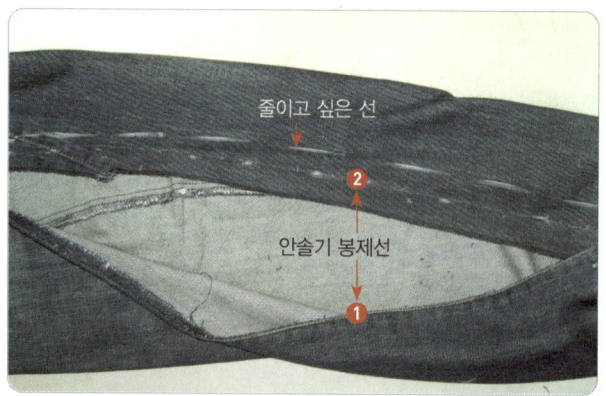

줄이고 싶은 선

2

안솔기 봉제선

1

03 안쪽(안솔기)을 분리한 후 줄이고 싶은 선을 표시한다. 안쪽 선이 직선에 가깝기 때문에 안쪽에서 줄여야 한다.

04 03에서 표시한 줄이고 싶은 선 위에 분리한 안솔기 봉제선 (**1**)을 엎어 놓고 핀으로 고정한다.

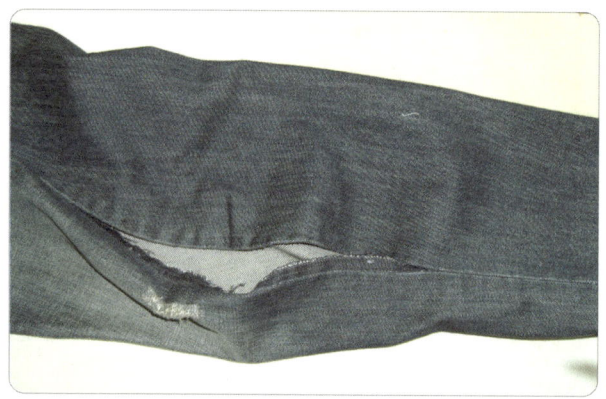

05 겉쪽(옆솔기)을 넉넉히 분리한다.

06 분리한 겉쪽을 벌려 놓고, 핀으로 고정해 둔 **04**를 위에 서 눌러 박음질한다.

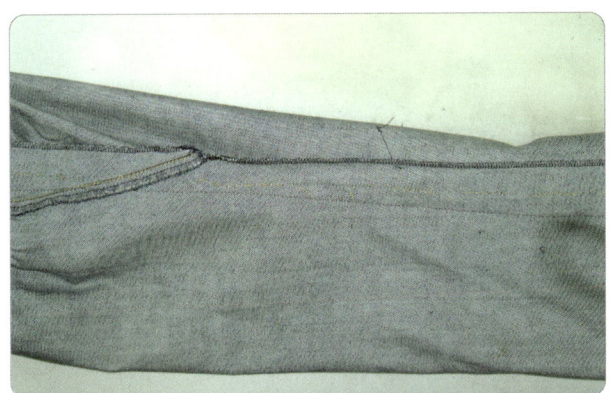

07 눌러 박음질한 후 남아 있는 시접을 오버로크 처리한다.

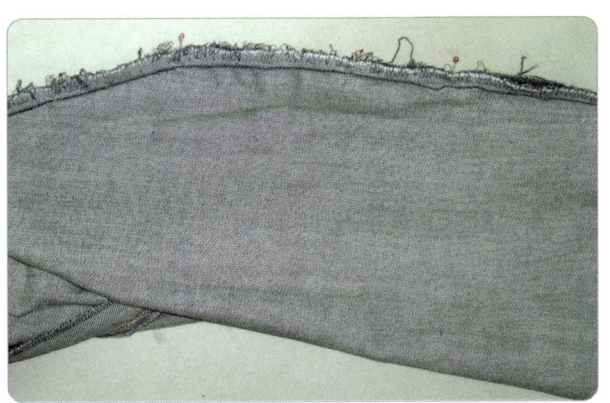

08 05에서 분리한 겉쪽을 핀으로 고정하여 박음질한다.

09 완성 모습

• 엔진 청바지는 **04**처럼 스티치 부분(봉제선)을 줄이고 싶은 부분에 엎어 놓고 줄여 주어야 둘레길이(통)가 제대로 줄어든다.
• 둘레길이(통)는 안쪽이나 겉쪽 중 되도록 봉제선이 직선이 되는 쪽을 줄여야 한다.

숙녀 바지 둘레길이(통) 줄이기

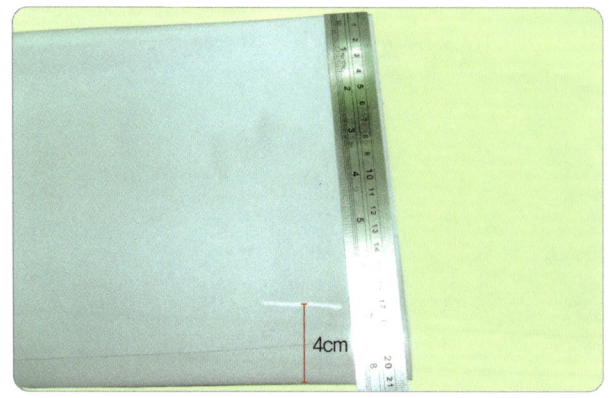

01 현재 바지통 21cm를 17cm로 4cm 줄이려고 한다.

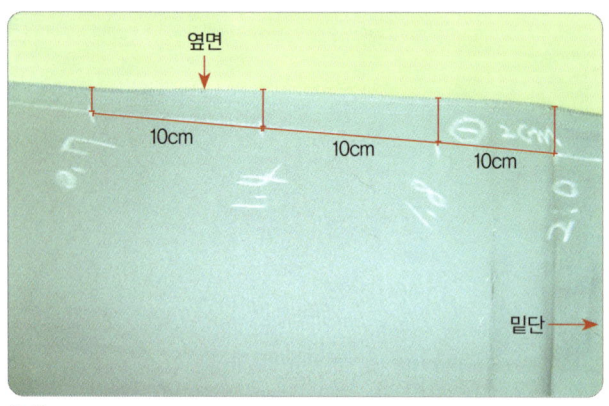

02 양옆에서 2cm씩 줄이며, 10cm 길이 간격으로 줄어드는 폭을 표시한다.

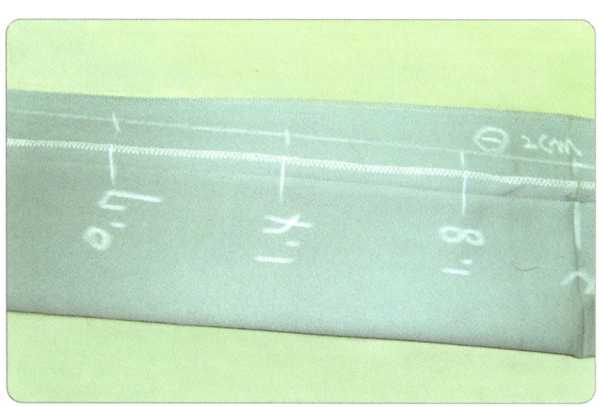

03 양옆의 줄어드는 폭 사이즈를 똑같이 하기 위하여 옆선이 위로 오도록 접어서 길이와 폭을 표시한다.

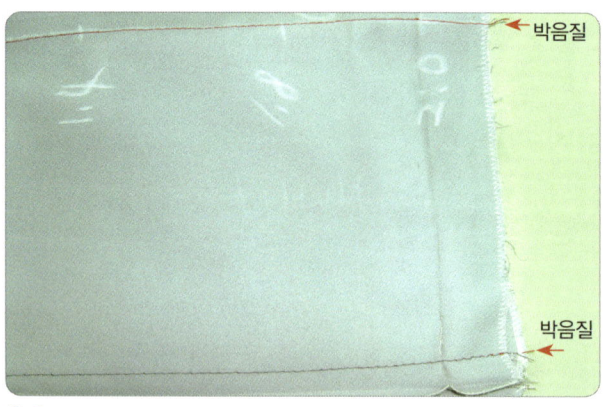

04 03에서 표시한 선을 따라 양쪽을 각각 박음질한다. 이때 끝부분에서 차이가 나면 돌아가는 바지가 되므로 끝부분을 꼭 맞추어야 한다.

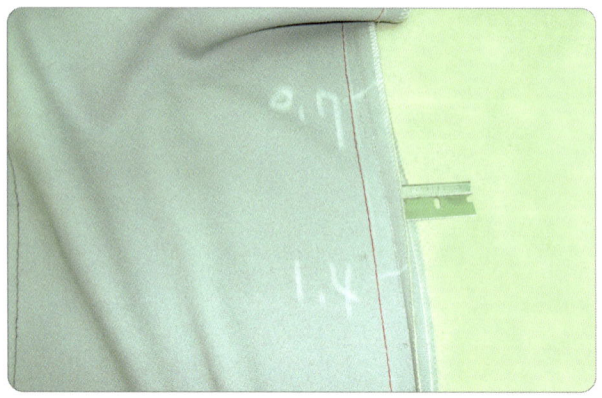

05 박음질한 후 원래 있던 봉제선을 뜯어내고 가름솔로 다림질한다.

06 바지통이 17cm로 줄어든 모습이다.

바지통 돌아간 것 수선하기

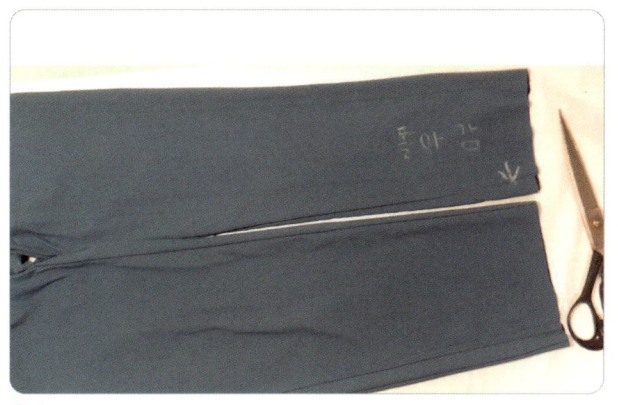

01 통이 돌아간 바지이다.

02 뜯어보니 뒤판이 조금 길었다.

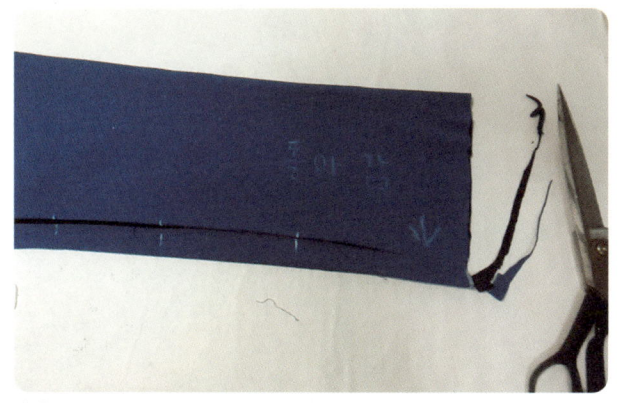

03 긴 것은 잘라내고 표시를 한다(잘라 낸 만큼 길이는 짧아짐).

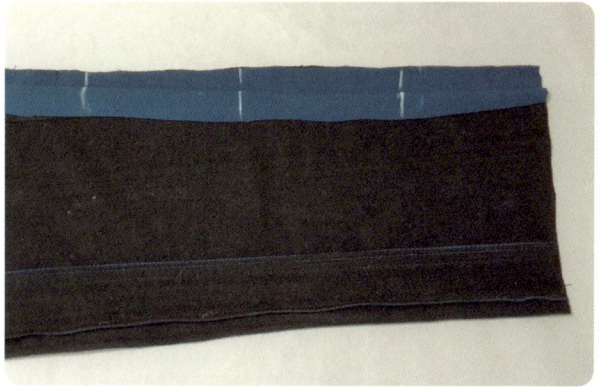

04 뒤집어 표시 선을 맞추어 박음질한다.

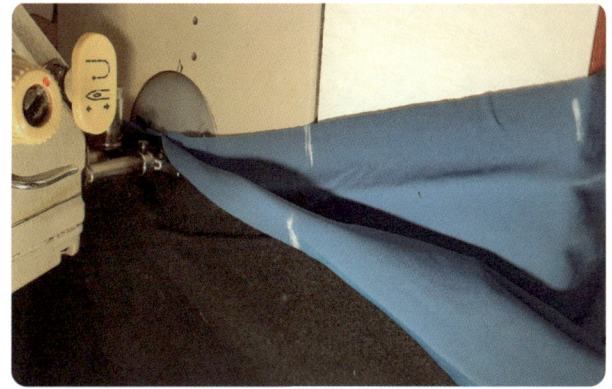

05 박음질할 때는 위의 원단을 위로 밀면서 박음질한다.

06 완성 모습

청바지 밑위길이 줄이기

01 밑위를 줄이려는 청바지이다.

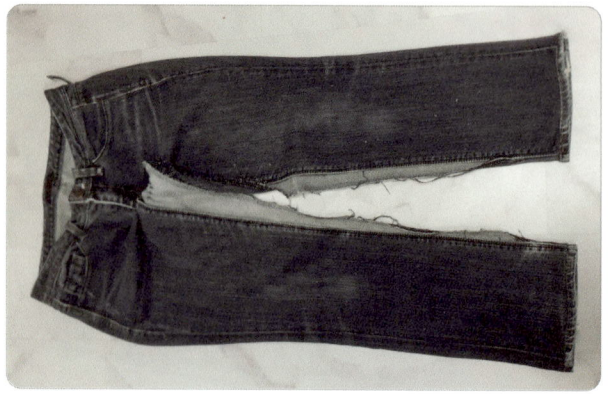

02 밑위를 분리한다. 줄이려는 밑위길이에 따라 분리하는 길이를 조정한다.

03 4cm를 줄이려 한다. 줄이려는 상태를 초크로 표시한다.

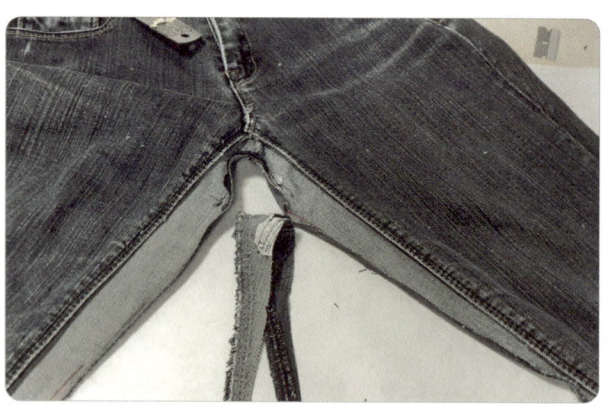

04 입고 싶은 선에서 1cm를 남기고 잘라낸다.

05 뒤판에 1cm 여유분을 두고 입고 싶은 선을 그린다.

06 맞추어 보면 앞판이 조금 길다. 뒤판을 자를수록 앞판이 길어진다.

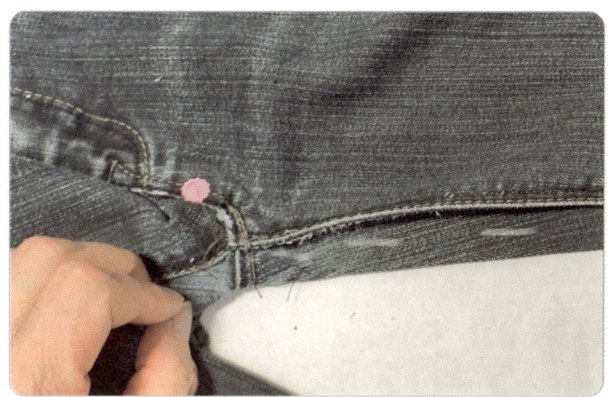

07 밑위 중앙선은 미리 핀을 꽂아놓는다.

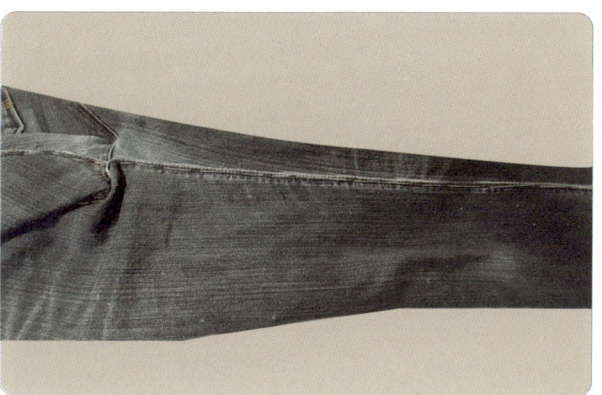

08 짧은 쪽을 당겨주거나 다리미로 늘여 입고 싶은 선 위에 앞판을 덮어 손으로 시침한다.

09 시침한 선을 따라서 박음질한다. 통이 좁으면 반대쪽 선을 뜯어서 한다.

10 박음질된 모습이다.

11 전혀 표시가 나지 않은 완성된 모습이다.

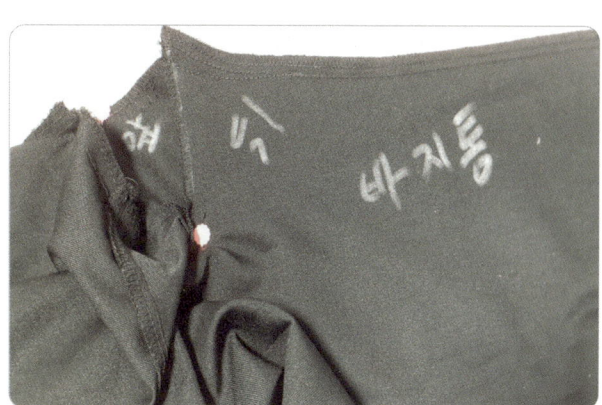

12 바지의 앞판과 뒤판 길이가 다르다. 그래서 함께 줄이면 안 된다. 뒤판만 줄이고 뒤판을 늘여서 앞판에 붙이는 것이 좋다.

청바지 엉덩이와 통 줄이기

01 청바지 엉덩이를 줄이려고 한다. 경우에 따라서 작은 주머니도 줄여주거나 제거하기도 한다.

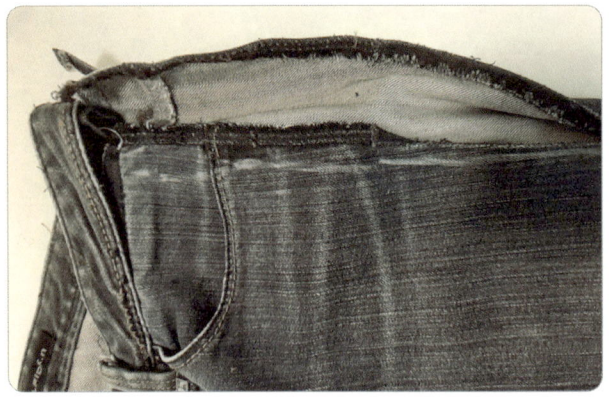

02 끝부분 징을 제거하고 분리한다.

03 분리된 뒤판을 표시한 입고 싶은 선 위에 올려놓고 위에서 눌러 박음질한다.

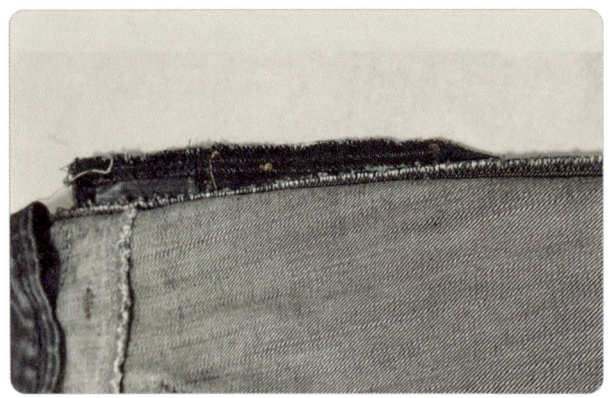

04 03의 박음질된 뒷모습이다. 여분 1cm를 남기고 잘라준다.

05 허리와 몸통이 줄어들면 허리띠가 남는다.

06 몸판과 허리띠를 핀으로 고정하여 맞춘다.

07 허리띠를 여유분 1cm씩 남기고 자른다.

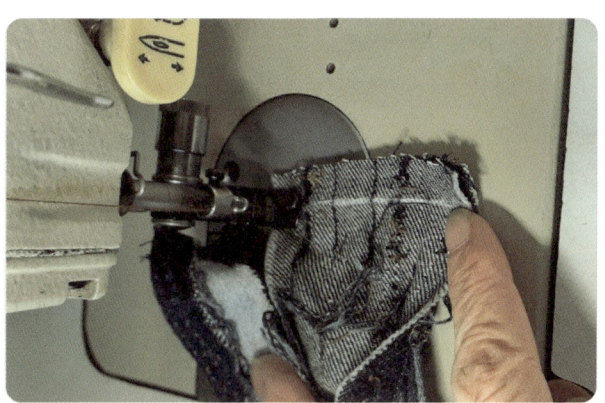

08 허리띠를 앞뒤 각각 박음질한다.

09 가름솔로 펴서 다림질한 모습이다.

10 08번에서 박음질된 것을 앞뒤 합쳐서 위에서 눌러 박음질한다.

11 허리를 박음질할 때 밀리지 않도록 쪽가위로 밀면서 박음질한다.

12 완성 모습(오른쪽 글씨 쓰여진 부분)

통 청바지를 스키니즈 청바지로 만들기

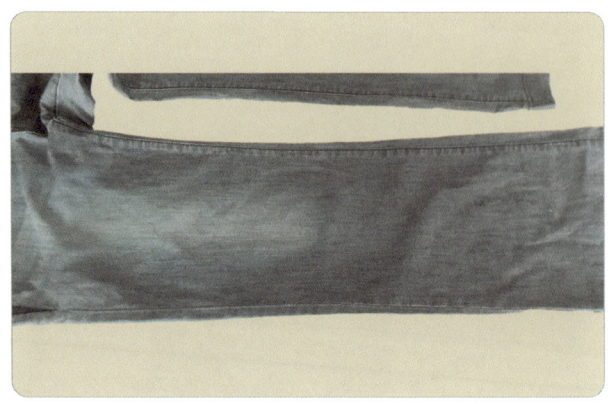

01 통 청바지이다.

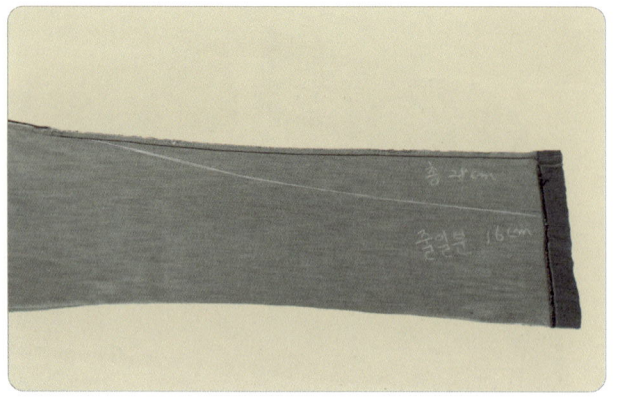

02 줄이고 싶은 선을 그린다.

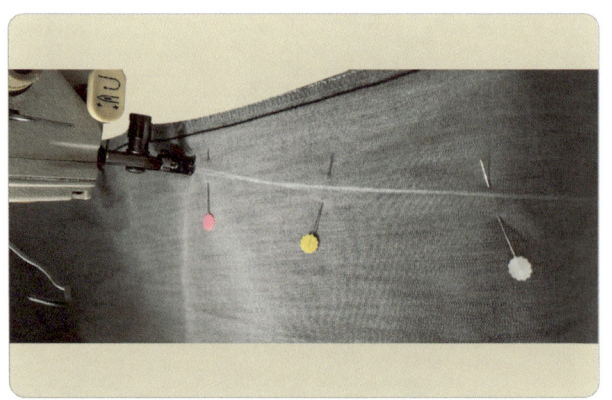

03 밀리지 않도록 핀을 촘촘히 꽂고 박음질한다.

04 여분 1cm를 남기고 잘라준다(밑단은 뜯지 않고 그대로 자른다).

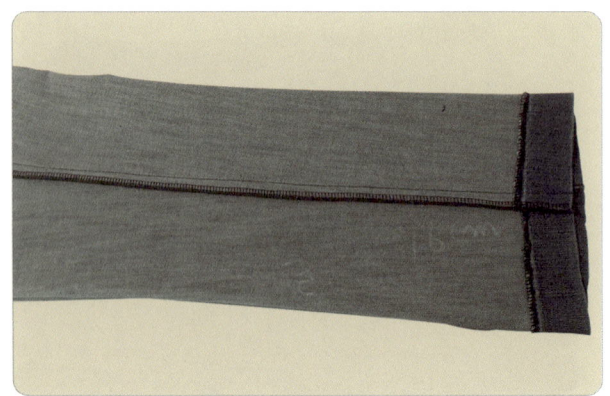

05 안쪽에 오버로크 처리하고, 밑단 오버로크 부분이 들뜨지 않도록 위에서 눌러 박음질한다.

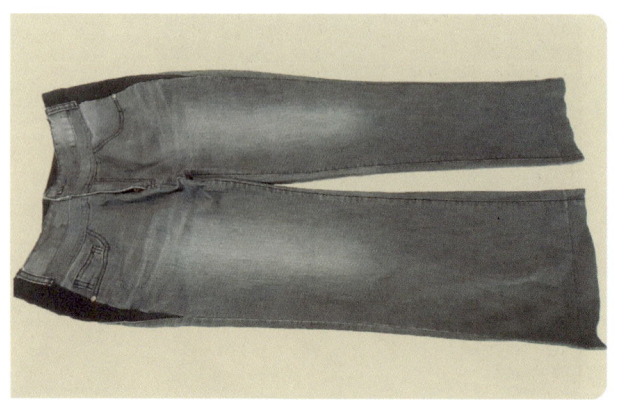

06 완성 모습. 중앙에 다림질 선이나 봉제선이 있을 때는 돌아가 보인다.

추리닝 바지 밑길이 줄이기

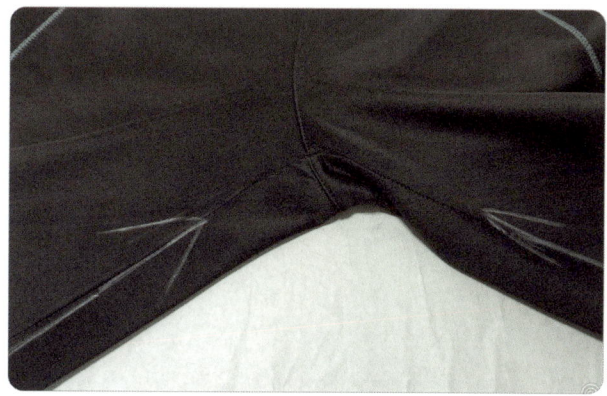

01 줄이고 싶은 바지를 화살표 방향으로 분리한다.

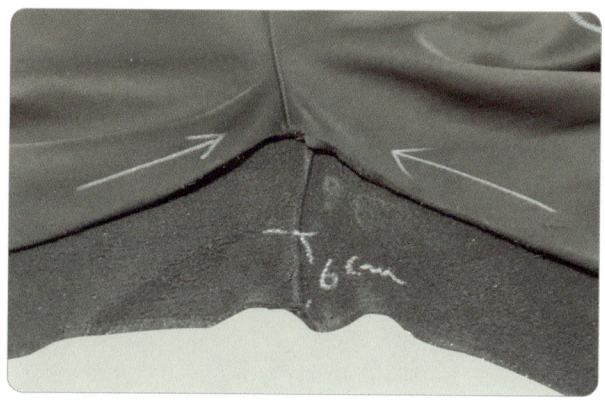

02 6cm를 줄일 예정이다.

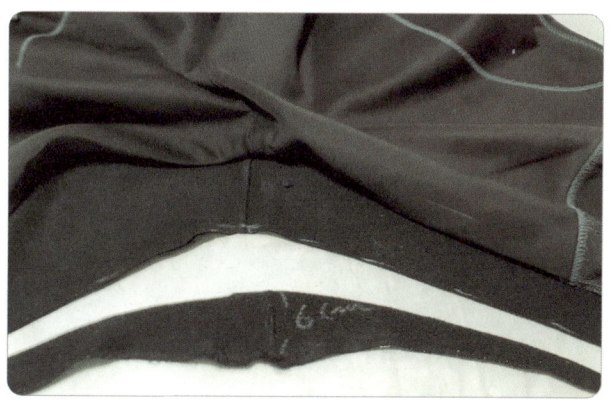

03 자연스럽게 그림을 그리고 선을 잘라낸다.

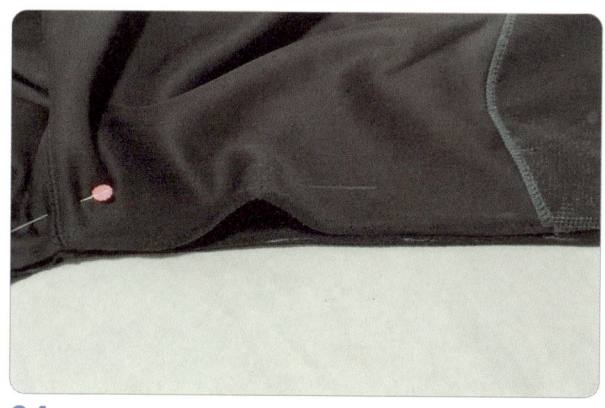

04 앞뒤 중앙선을 맞추어보면 앞판이 조금 더 길다. 뒤판 허벅지 부분을 당겨 길이를 맞춰 박음질한다.

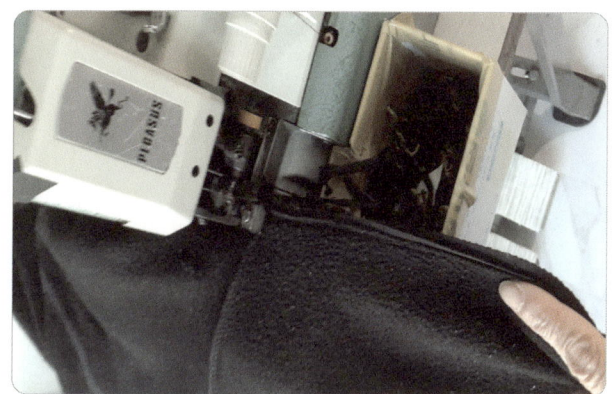

05 4의 박음질된 것을 오버로크 처리한다.

06 완성 모습

남자 양복바지 주머니와 함께 품 줄이기

01 주머니와 함께 엉덩이를 줄일 바지이다.

02 허리를 분리한다.

03 안쪽에서 주머니 부분을 뜯어내야 통을 분리할 수 있다.

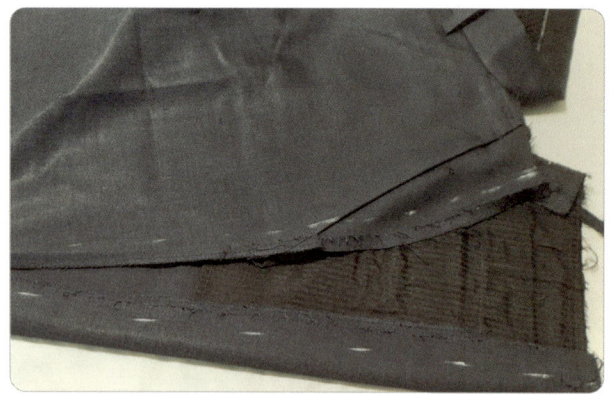

04 통을 분리하고, 입고 싶은 선을 안과 밖에 똑같이 그린다.

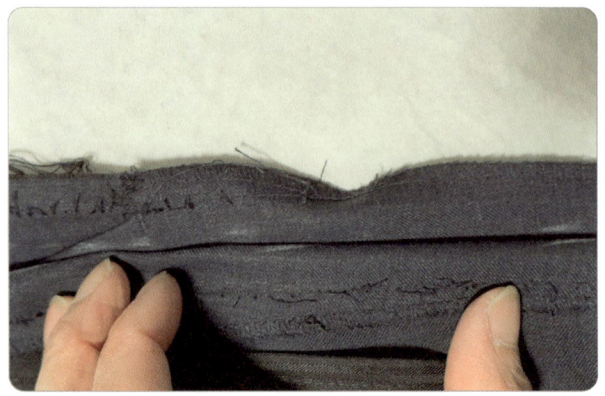

05 안과 밖의 선을 서로 맞추어 핀으로 고정하고 박음질하면 좋다.

06 그려진 선을 따라 박음질한 모습이다.

07 가름솔로 다림질한다.

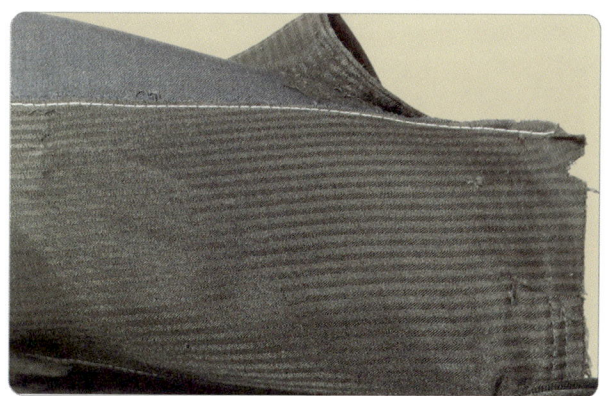

08 주머니를 덮어 원래대로 박음질한다.

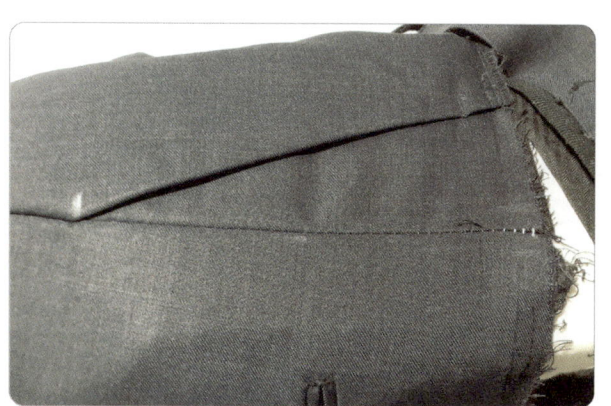

09 박음질된 모습이다. 흰색 부분을 되돌려 박음질한다.

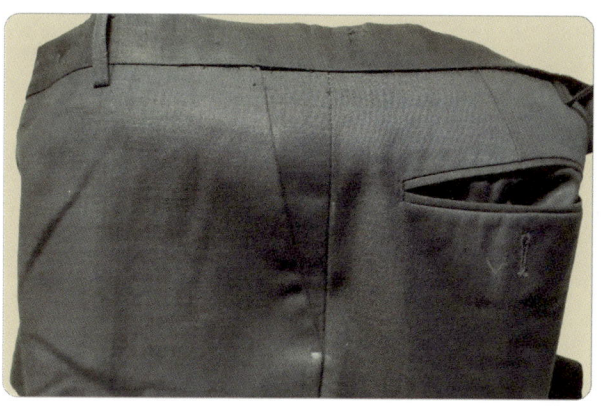

10 허리를 붙일 때는 모양을 잡아놓고 접착식 매직테이프를 다림질로 붙이고 안쪽에서 박음질하면 좋다.

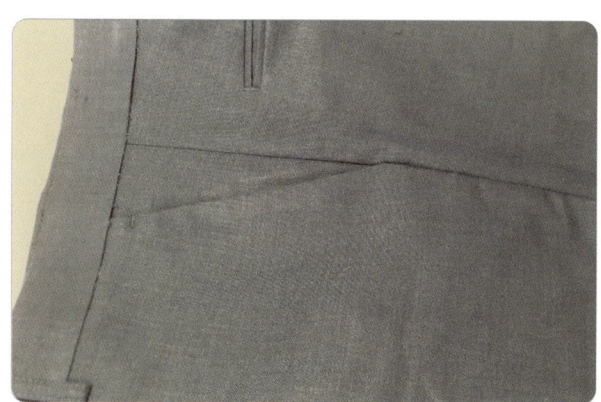

11 완성 모습

⊙PART 4
허리 수선하기

남자 양복바지 허리둘레와 엉덩이 줄이기 · 숙녀 바지 허리둘레와 엉덩이 줄이기 · 청바지 허리둘레 줄이기
청바지 허리 고무줄로 바꾸기 · 청바지 허리둘레 늘어난 것 수선하기 · 치마허리 지퍼와 함께 줄이기
치마 허리둘레만 양옆 줄이기 · 치마 허리둘레 양 옆선 맞춰 줄이기 · 바지 주머니와 함께 허리둘레 줄이기
바지 허리 표시나지 않게 늘리기 · 지퍼 안단 이용하여 허리둘레 늘리기
남자 양복바지 허리에서 한 단 내려 줄이기

남자 양복바지 허리둘레와 엉덩이 줄이기

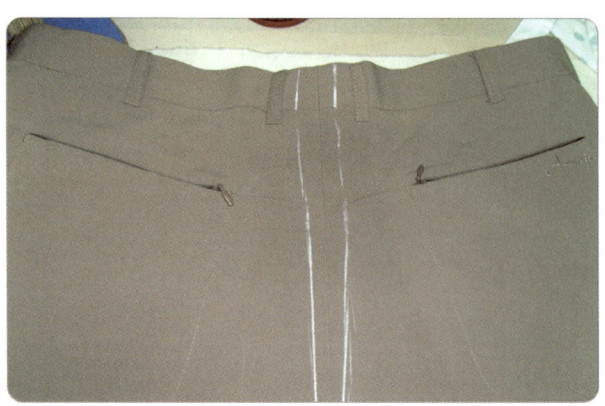

01 바지 허리와 엉덩이에 줄이고 싶은 분량을 표시한다.

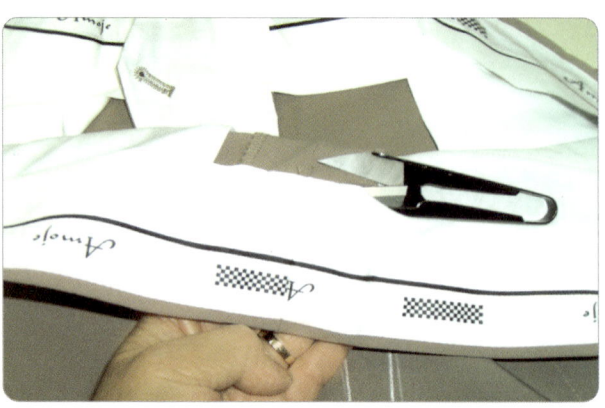

02 남자 양복바지는 허리를 안쪽에서 뜯는다(뒷부분은 분리하지 않는다).

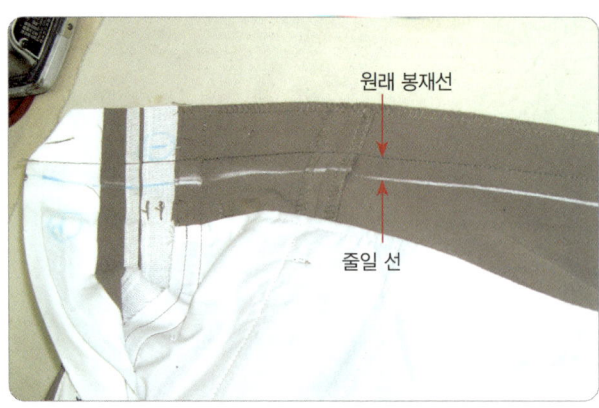

원래 봉재선

줄일 선

03 허리를 분리하지 않고 세로 방향으로 허리와 엉덩이를 모두 함께 줄인다.

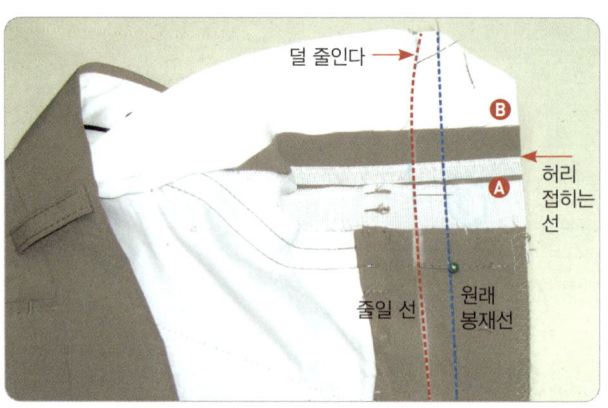

덜 줄인다

B

A

허리 접히는 선

줄일 선 원래 봉재선

04 **A**부분보다 **B**부분을 덜 줄여야 한다. 허리를 아래로 접으면 **B**부분이 엉덩이 쪽으로 많이 내려오기 때문이다.

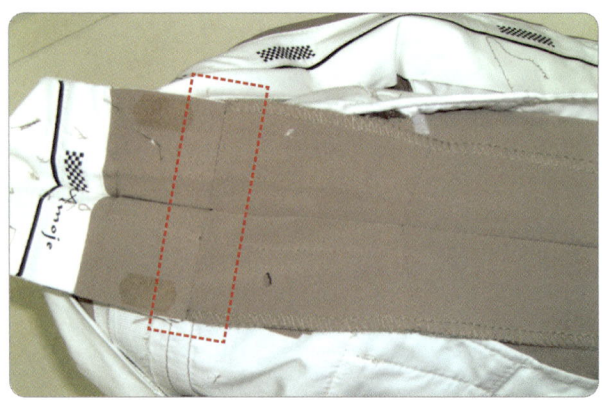

05 양쪽 허리 가로선이 일치하도록 핀을 꽂아 고정한 후 핀을 통과하여 줄일 선을 따라 박음질한다. 원래 있던 봉제선을 뜯어서 펴 보면 사진처럼 선이 일치한다.

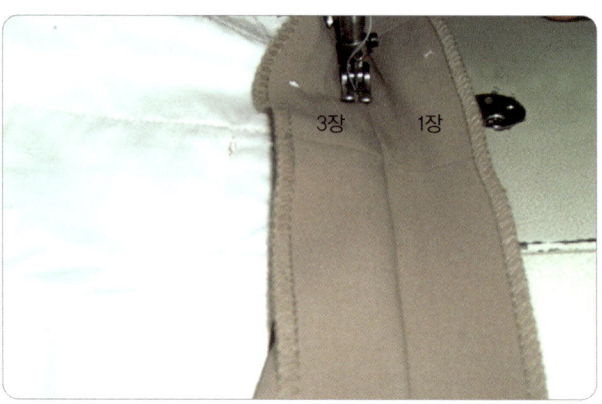

3장 1장

06 엉덩이 부분을 튼튼하게 하기 위해 덧박음질을 할 때는 사진처럼 1장을 남기고 3장을 함께 눌러 박음질한다.

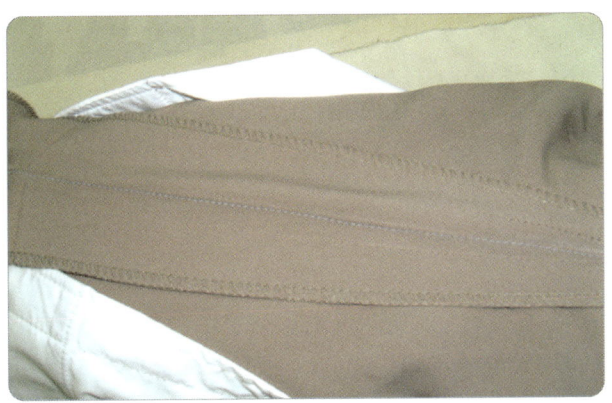

07 3장을 눌러 박음질한 모습이다. 겉쪽에서는 실이 보이지 않는다.

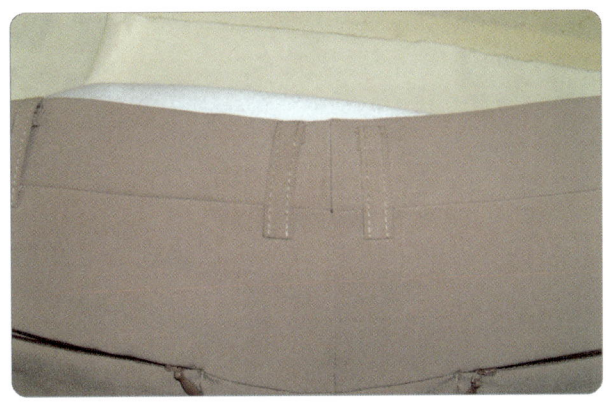

08 안쪽에서 허리를 손바느질한 후 다림질하여 완성한다.

- 남자 양복바지는 허리 안단이 겉감 허리보다 넓어 골반까지 연장되어 있으므로 둘레를 정확히 맞추기 어려워 안쪽 안단이 손으로 듬성듬성 시침 되어 있다.
- 남자 양복바지는 대부분 뒷면에서 많이 줄이는데 뒷주머니 간격 때문에 줄이지 못할 때가 있다. 이때는 양옆 주머니 안쪽 시접 부분을 뜯어 양옆 으로 줄이고 허리 부분만 뒷면에서 줄이면 된다.

숙녀 바지 허리둘레와 엉덩이 줄이기

01 바지 엉덩이 부분에 줄이고 싶은 분량을 초크로 표시하고 허리 부분을 뜯는다.

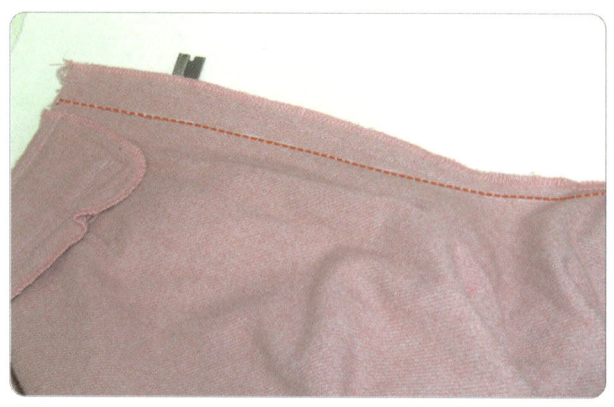

02 바지를 뒤집어 엉덩이 부분을 마주 잡은 후 **01**에서 표시한 분량만큼 박음질하고 칼로 원래 봉제선을 뜯는다.

3겹   1겹

03 **02**에서 박음질한 엉덩이 솔기가 뜯어지지 않도록 2차 박음질을 한다. 이때 겉면에서 박음질선이 보이면 안 되므로 한쪽을 접어서 3겹이 되게 하여 박는다.

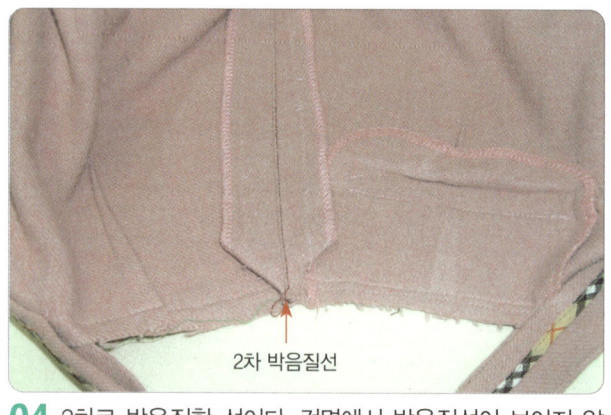

2차 박음질선

04 2차로 박음질한 선이다. 겉면에서 박음질선이 보이지 않는다. 결론적으로 사이즈가 2mm 줄어든 셈이다.

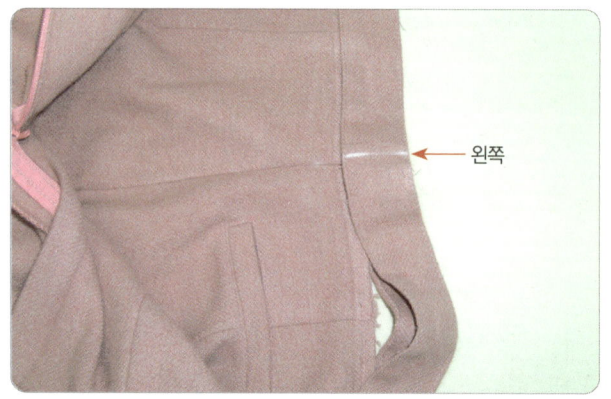

← 왼쪽

05 엉덩이 부분을 줄인 후 **01**에서 뜯어 놓은 허리 부분을 당겨서 엉덩이 중심선을 기준으로 왼쪽 허리선을 표시한다.

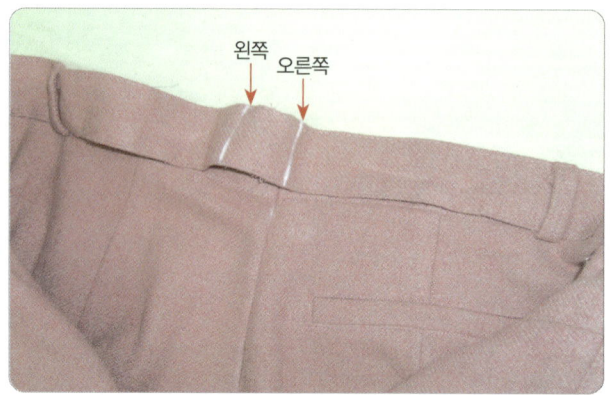

왼쪽   오른쪽

06 **05**와 같은 방법으로 오른쪽 허리선을 표시한다.

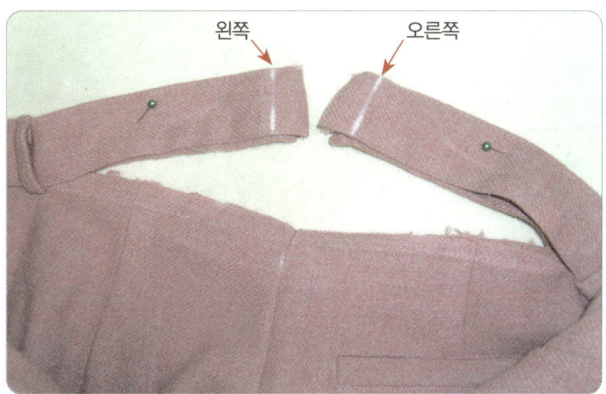

07 05와 06에서 표시한 두 개의 허리선 중간을 자른다. 혹시 다시 늘릴 수도 있으므로 시접은 2.5cm 이상 여유를 주는 것이 좋다.

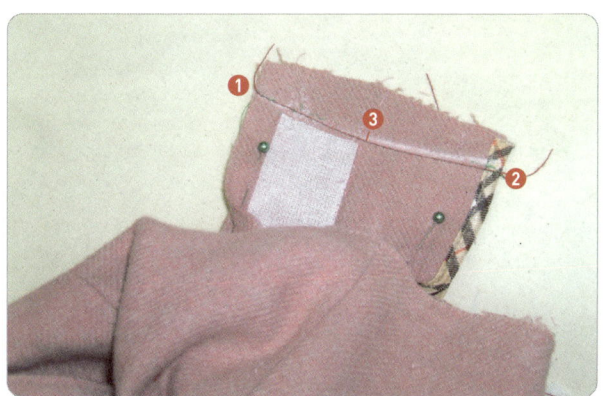

08 좌우 허리선을 다시 연결할 때는 일자로 박지 말고 위(①)와 아래(②)보다 중앙(③)을 안쪽으로 1~2mm 정도 들어가서 박아 주어야 완성 후 허리선이 더 예쁘게 보인다.

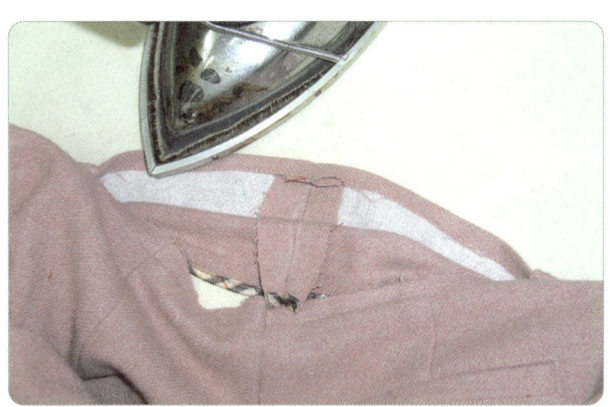

09 좌우 허리선을 박음질하여 연결한 후 가름솔로 나눠 다림질한다.

10 허리에 몸판을 끼워 박음질한다. 이때 좌우 허리선을 연결한 부위 위에 고리를 달아 주면 박음질선이 보이지 않아 뒤처리가 깔끔하다.

11 고리를 이어 주는 모습이다.

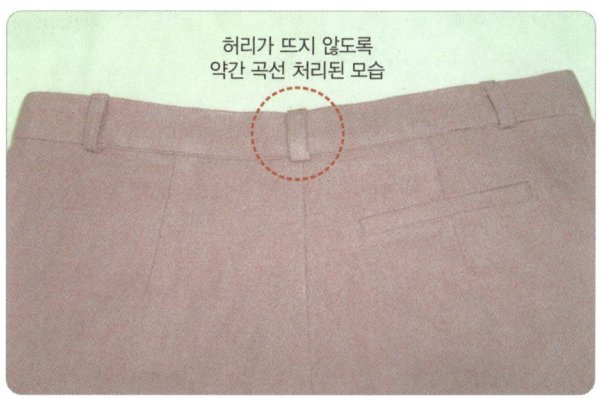

12 절개선을 고리로 막아 완성한 모습

청바지 허리둘레 줄이기

01 청바지 허리를 뜯어낸 후 좌우 엉덩이 양쪽 중앙에 선을 긋는다.

02 선 그은 부분을 안쪽으로 접어서 짧은 다트(접어서 0.75cm, 펴서 1.5cm 정도)를 넣는다.

03 옆선을 뜯은 후 1.2cm 정도 들어간 곳에서 옆선에 맞게 선을 긋는다.

04 03에서 그은 옆선 위에 뒤판을 엎어서 핀으로 고정한다.

05 04에서 뒤판을 엎어 놓은 옆선을 눌러 박음질한다.

06 허리 부분 봉제선에 박음질을 한 후 실을 잡아당겨 오므려주되 주름지지 않도록 한다.

07 실을 잡아당겨 허리를 조절한 후 우마 위에 놓고 주름지지 않도록 펴 주되 타원형으로 다림질한다.

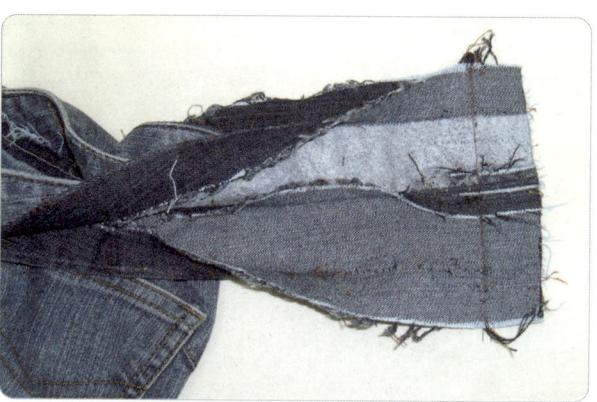

08 엉덩이 중심선을 기준으로 허리 뒷부분 중간을 자른 후 허리를 줄이고 싶은 만큼 줄인다.

09 08에서 자른 좌우 허리를 마주 대고 박음질한 후 가름솔로 나눠 다림질한다. 이때 혹시 다시 늘려야 할 일이 생길지 모르므로 양쪽 시접은 2cm 이상 여유를 준다.

10 허리를 접어서 다림질한다.

11 몸판에 허리를 맞춰 핀으로 고정한 후 눌러 박음질한다.

12 고리를 달아 완성한다.

청바지 허리 고무줄로 바꾸기

01 청바지 허리가 작아서 고무줄로 바꾸려고 한다.

02 허리를 뜯어내고 몸판 끝부분을 오버로크 처리한다.

03 오버로크 처리한 모습이다.

04 원하는 사이즈의 고무줄을 준비한다. 이때 고무줄 길이는 4cm 정도 여유를 주어 링도트 박는 부분은 2겹으로 해야 한다.

05 고무줄 끝부분이 풀리지 않도록 오버로크 처리한다.

06 고무줄을 박을 때는 잡아당기지 말고 허리 사이즈에 맞춰 박음질하여 자연스러운 셔링이 생기게 한다.

07 오버로크 처리한 고무줄 양쪽 끝부분은 2겹이 되도록 안쪽으로 접어 넣고 핀으로 고정한 후 위에서 눌러 박음질한다.

08 고무줄 위로 고리를 달아 주어야 멋스럽다.

위 : ①과 ②가 한 쌍
아래 : ③과 ④가 한 쌍

09 지퍼를 올리고 위치를 정한 후 위아래에 함께 구멍을 뚫어 링도트를 박는다.

10 위쪽(오른쪽)에 링도트를 박은 모습이다.

11 아래쪽(왼쪽)에 링도트를 박은 모습이다.

12 완성 모습

청바지 허리둘레 늘어난 것 수선하기

01 늘어나서 흘러내리는 바지 허리 모습이다.

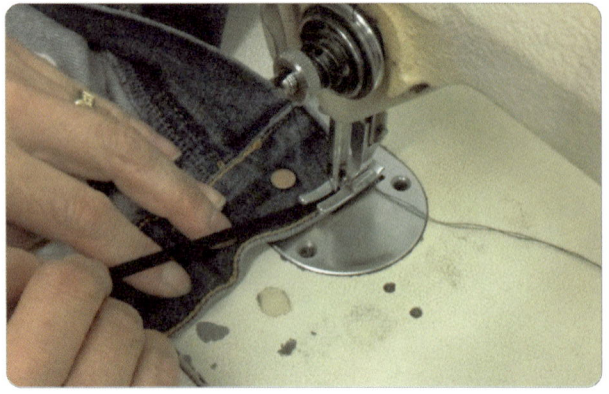

02 허리 위에 면끈(이불끈이라고도 한다)을 대고 잡아당겨 셔링을 잡아 여분을 넣어 주며 박음질한다. 이때 여분은 셔링 처리를 하되 주름이 접히지 않는 정도가 좋다.

03 박음질한 허리 모습이다. 많이 주름져 있다.

04 03을 우마 위에 놓고 U자형이 되도록 잡아당기며 다림질한다.

05 다림질하여 허리를 U자형으로 완성한 모습이다. 이 방법으로 허리를 3~4cm까지 줄일 수 있다.

- 청바지는 허리 끝부분이 얇아서 늘어나는 경우가 많다. 이것을 면끈(또는 면테이프)을 이용한 간단한 방법으로 바로잡아 주면 흘러내리지 않는다.

치마허리 지퍼와 함께 줄이기

01 치마 양옆을 잘라 치마통을 줄이려고 한다. 먼저 치마에서 지퍼를 분리하고 줄이고 싶은 분량을 표시한다.

허리는 작업할 공간만 뜯어 둔다.

02 치마 안쪽에도 줄이고자 하는 양을 함께 표시한다.

03 지퍼의 끝부분을 가로선으로 표시한 후 초크로 표시한 모든 선을 박음질하되 가로로 표시한 지퍼 끝부분에서는 되돌려 박음질을 1cm 정도 한다.

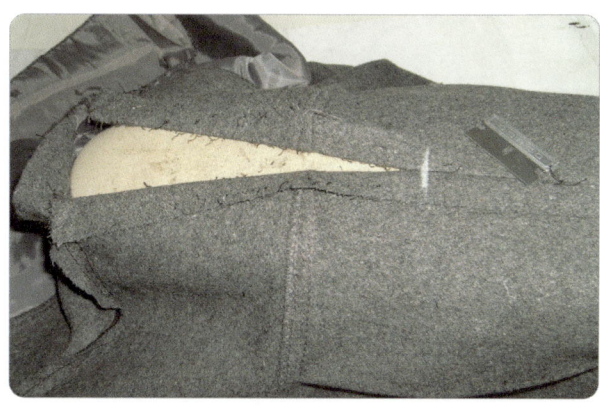

04 03에서 박음질한 부분을 가름솔로 나눠 다림질하고 가로선 표시까지 분리한다(이렇게 하면 옆선이 울지 않아 지퍼를 편하게 달 수 있다).

05 지퍼를 다림질하여 잘 펴고, 재봉틀에서 지퍼 전용 노루발로 교체하는 것도 잊지 말아야 한다.

06 04에서 가름솔로 나눈 박음질선(초크 표시)에 지퍼 끝을 살짝 올려놓고 박음질을 하면 지퍼가 비뚤어지지 않고 바르게 달린다.

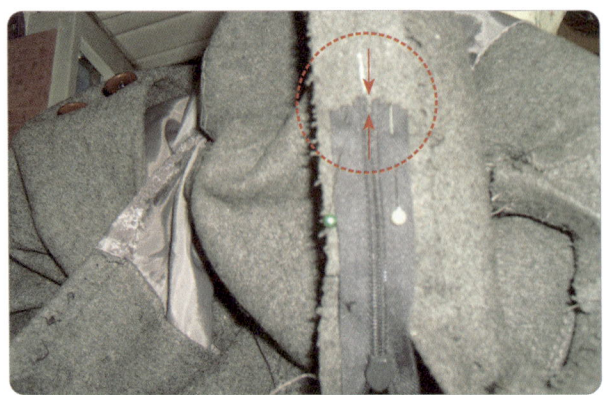

07 왼쪽 지퍼를 달고 오른쪽 지퍼를 달기 전에 지퍼의 갈라진 부분과 치마 봉제선(흰색 초크)이 일치하도록 지퍼를 잠그고 핀으로 고정한다.

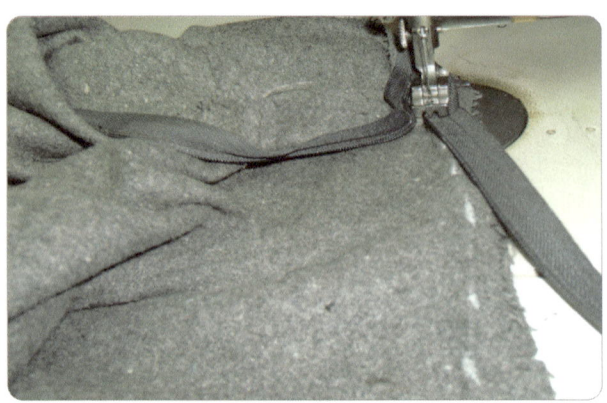

08 오른쪽 지퍼를 박음질할 때는 지퍼를 열고 핀으로 고정한 채 끝에서부터 박음질해야 한다.

09 양쪽 지퍼를 완성한 모습이다(이때 지퍼가 열려 있어야 한다).

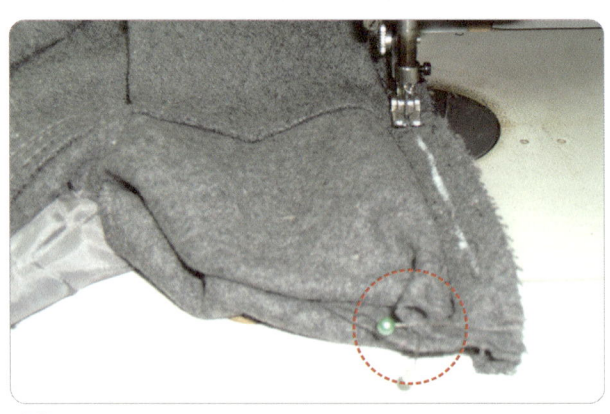

10 안감을 연결할 때는 겉감을 안감보다 1〜1.5cm 크게 하고 노루발을 지퍼 끝부분에 맞추어 박음질한다(핀으로 고정하여 겉감이 1〜1.5cm 큰 것을 표시함).

11 안감 쪽으로 지퍼를 접어 잡아당기면 겉감을 1〜1.5cm 크게 한 부분을 지퍼가 채워 준다.

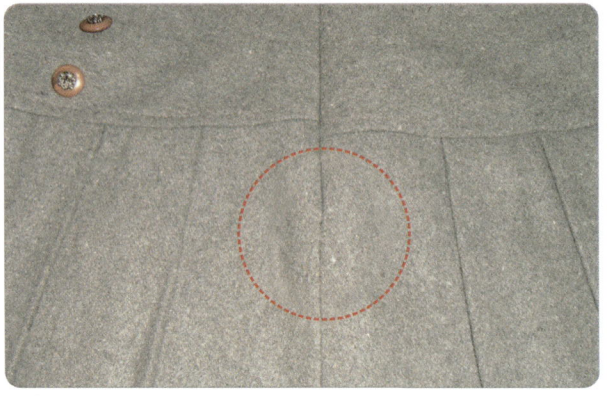

12 동그라미 부분은 **07**의 결과물이다. 치마 봉제선과 지퍼의 갈라진 부분이 맞지 않으면 이곳이 접혀 울게 된다.

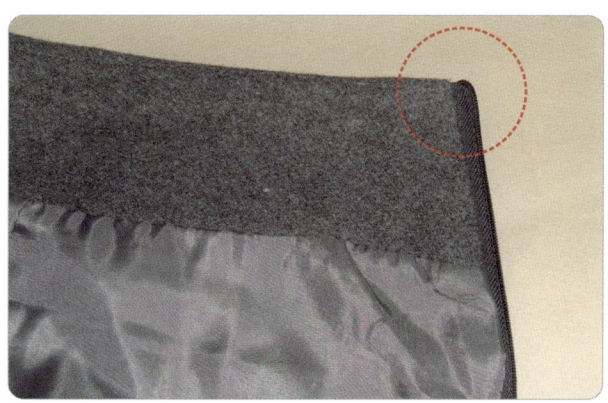

13 사진의 동그라미 부분은 **10**과 **11**의 결과물이다. 겉감이 1~1.5cm 크기 때문에 접어서 박음질한 부분을 지퍼가 채워 줘서 겉감과 안감의 길이가 같아졌다.

14 완성 모습

- 주름 부분이 길고 윗부분이 짧아 허리만 줄이면 지퍼 부분이 튀어나오게 되므로 지퍼를 함께 줄여야 한다.
- 이런 방법으로 허리와 지퍼를 함께 수선하면 수선집에서는 지퍼 수선비와 허리 수선비를 함께 청구한다.

치마 허리둘레만 양옆 줄이기

01 수선하기 전 모습이다.

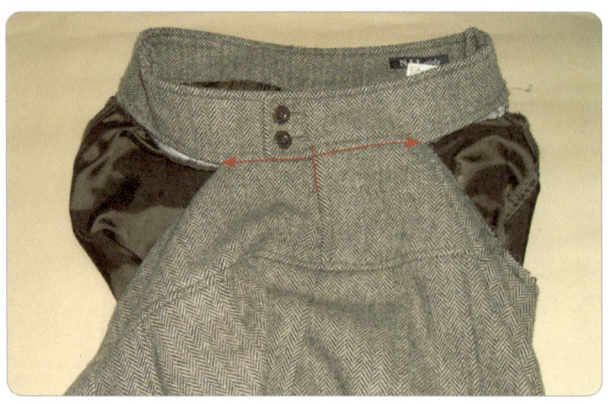

02 앞지퍼를 중심으로 5~6cm를 남기고 허리를 분리한다 (안감은 뜯지 않는다).

03 몸판 쪽 허리 부분의 다트를 0.5cm 정도 줄인다(많은 양을 줄이지 않는다면 다트는 줄이지 않고 셔링으로만 처리한다).

04 몸판 쪽 허리 부분에 0.5cm 직선테이프를 대고 원단에 주름이 잡히지 않도록 잡아당겨 셔링을 주면서 박음질한다.

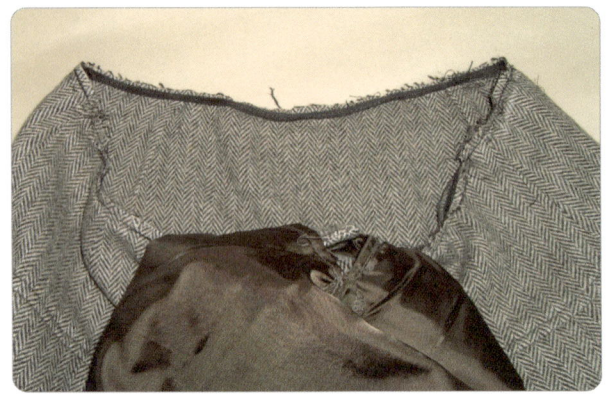

05 원단에 셔링을 준 모습이다(이와 같은 방법으로 2~4cm 까지 줄일 수 있다).

06 몸판을 줄이고 허리 부분을 핀으로 고정한 모습이다. 원하는 사이즈보다 덜 줄었을 경우에는 셔링을 좀 더 주면 되고, 더 많이 줄었을 경우에는 다트를 풀어 주면 된다.

07 몸판 허리둘레에 맞게 허리에서 남은 분량을 양옆에서 각각 잘라 낸 후 좌우 허리를 박음질하여 연결한다.

08 안감은 따로 셔링을 잡지 않고 남은 부분을 접어서 박음질하면 좋다.

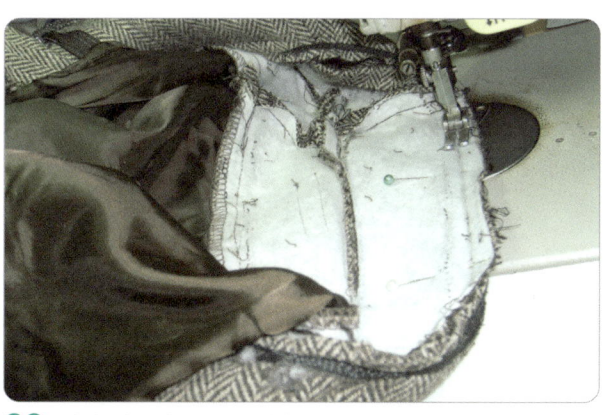

09 겉감 허리와 겉감 몸판을 마주 대고 박음질한다.

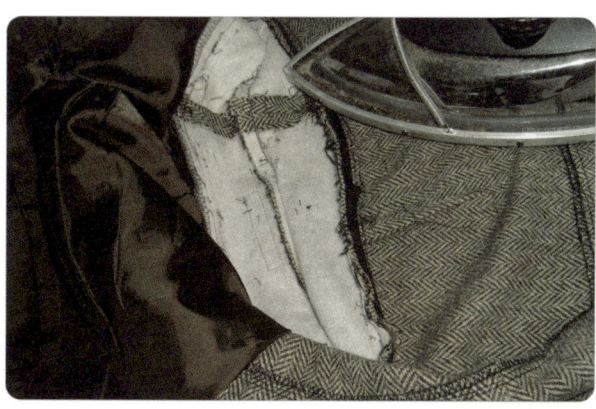

10 허리 시접은 가름솔로 나누고, 치마 시접은 허리 쪽으로 올려 안쪽에서 다림질한다(안쪽에서 다림질해야 겉모양이 깔끔하다).

11 위에서 눌러 박음질할 때는 허리 쪽으로 올린 치마 안쪽 시접을 포함해서 박음질해야 한다.

12 완성 모습

치마 허리둘레 양 옆선 맞춰 줄이기

01 허리 양옆에 절개가 있는 치마로 몸판 절개선과 허리 절개선을 똑같이 맞추기가 쉽지 않다.

02 양옆 절개선을 기준으로 줄이고 싶은 분량을 표시한다.

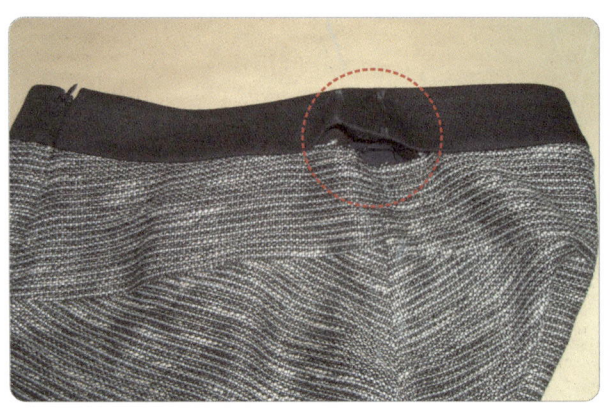

03 작업할 공간만큼 허리를 분리한다.

04 치마를 뒤집어 안감을 위로 올려놓은 후 줄이고자 하는 분량을 박음질한다.

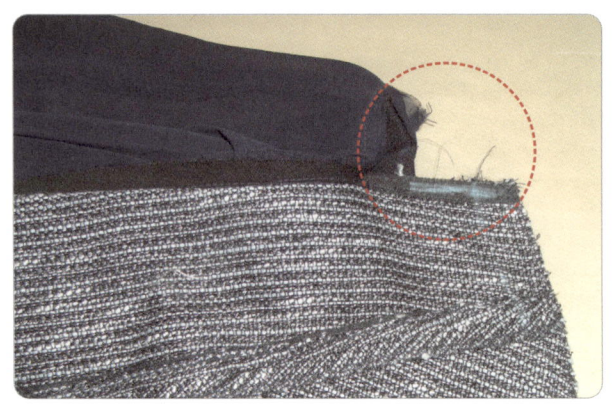

05 허리만 줄여야 할 때는 파란색으로 표시한 부분을 조금 더 뜯어서 한 번 박음질한 후 실을 살살 잡아당겨 볼륨을 주어 줄여 준다.

06 04에서 박음질하여 줄인 부분을 가름솔로 다림질한다.

07 허리를 뜯어서 분리한 모습이다.

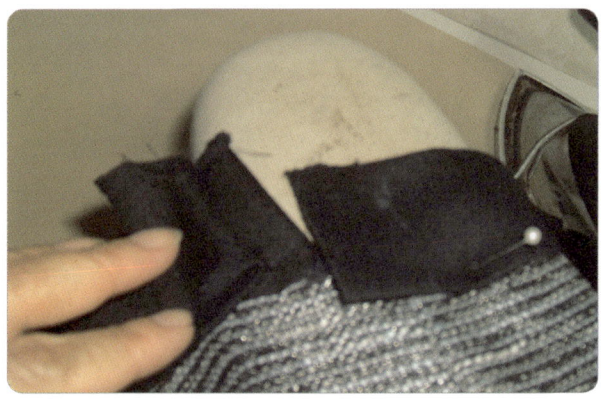

08 몸판 위에 허리를 올려놓는다.

09 한쪽을 위로 덮고 핀으로 고정한다.

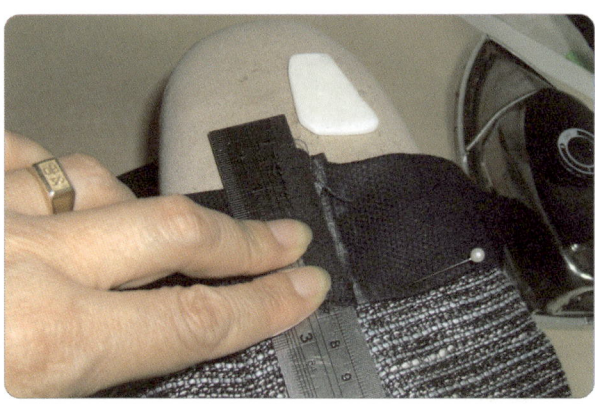

10 줄인 몸판 허리선에 맞춰 본 후 남는 허리 부분에 일자로 선을 긋는다.

11 10에서 그은 선(❶)에서 0.3cm 정도 더 안쪽으로 선(❷)을 하나 더 그린다.

12 절개한 양옆 허리를 마주 댄 후 11에서 0.3cm 더 안쪽에 표시한 선을 따라 박음질한다.

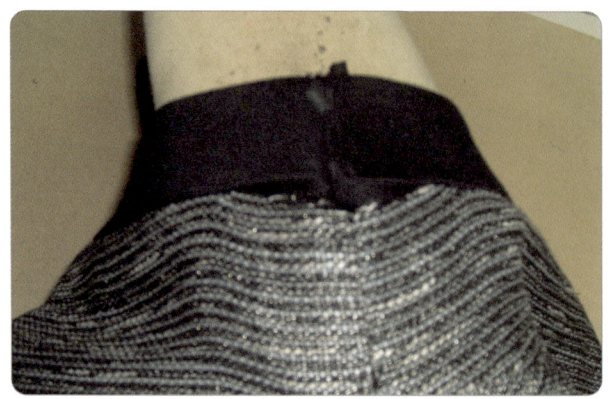

13 허리 옆선을 박음질한 모습이다.

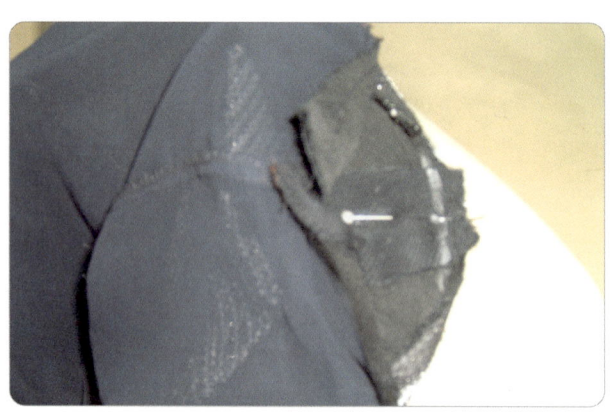

14 허리와 몸판을 연결하는 모습이다. 이때 허리 봉제선과 몸판 봉제선이 일치하도록 핀으로 고정하고 박음질한다.

15 몸판 시접이 허리 끝까지 가지 않고 치마 아래쪽으로 기울어져야 겉면에서 허리 부분이 울지 않는다.

16 허리와 몸판을 연결한 모습이다. 겉감 시접은 화살표 방향으로 올리고 다림질해야 한다.

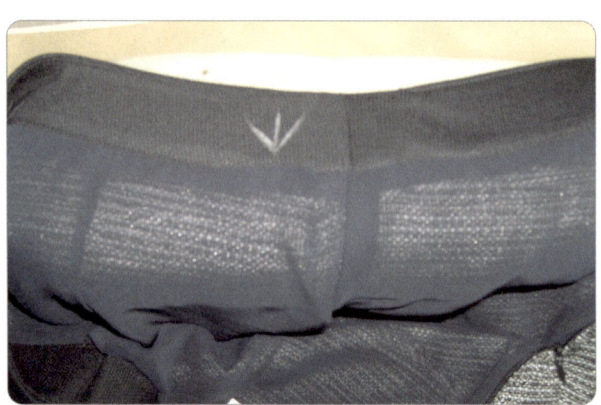

17 안감 시접은 화살표 방향으로 내려 줘야 허리 부분이 두꺼워지지 않는다.

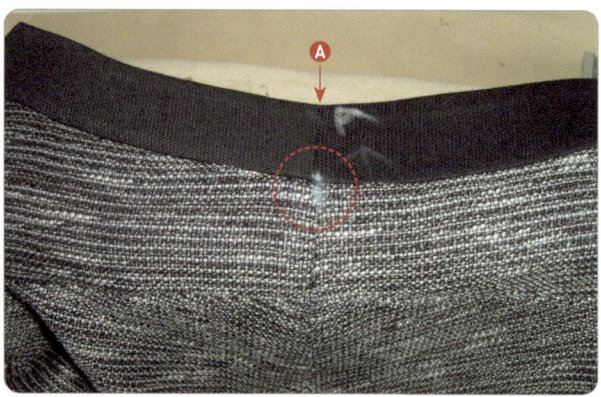

18 Ⓐ부분은 타원형을 이루고, 아래 파란색으로 표시한 선 부분을 보면 허리 절개선과 몸판 절개선이 일치한다.

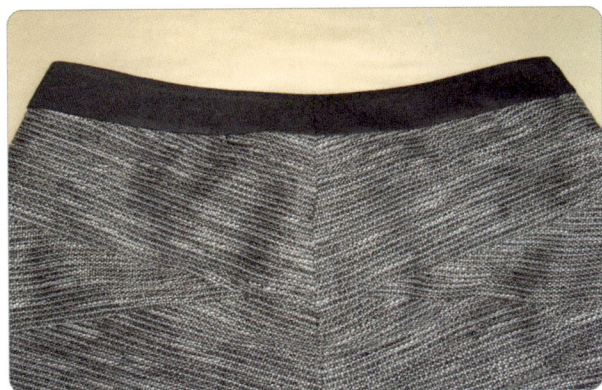

19 완성 모습

tip

1

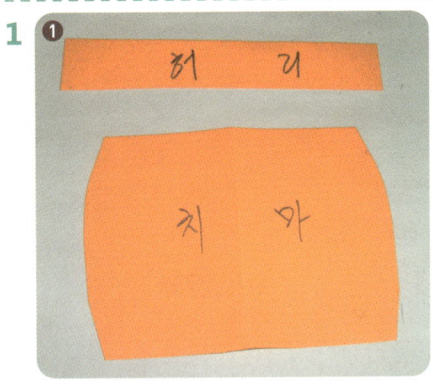
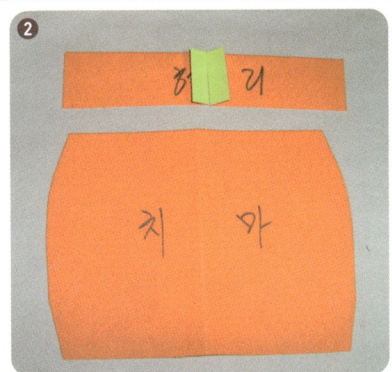
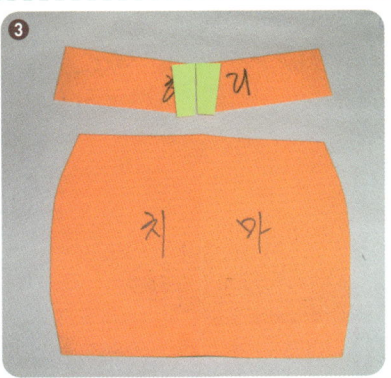

11과 12 보충 설명
허리 부분을 줄이려고 할 때
1-❷처럼 허리 부분의 시접을 같은 양으로 줄이면 허리 모양이 일자가 된다.
1-❸처럼 허리 시접 위를 약간만 줄여 줘도 타원형이 된다. 타원형 허리는 허리가 들뜨지 않고 허리에 편안한 착용감을 준다.

2

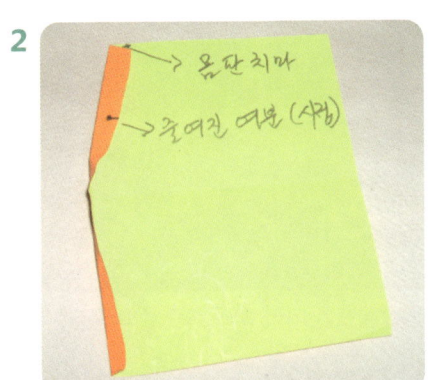

15 보충 설명
엉덩이 부분이 넓어 시접이 모자라게 되므로 시접을 치마 아래쪽으로 넘겨 엉덩이 부분이 시접 때문에 당겨지지 않도록 여유분을 만들어 주어야 한다.

바지 주머니와 함께 허리둘레 줄이기

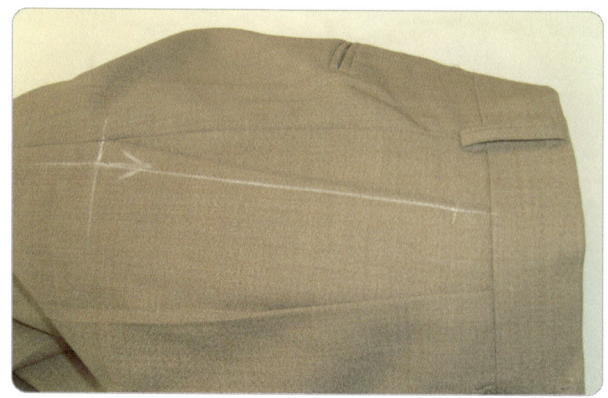

01 화살표 아래 십자선 중심은 엉덩이 부분에서 줄어들 분량이고, 화살표를 따라 허리 쪽으로 그린 선은 주머니 부분에서 줄어들 분량이다.

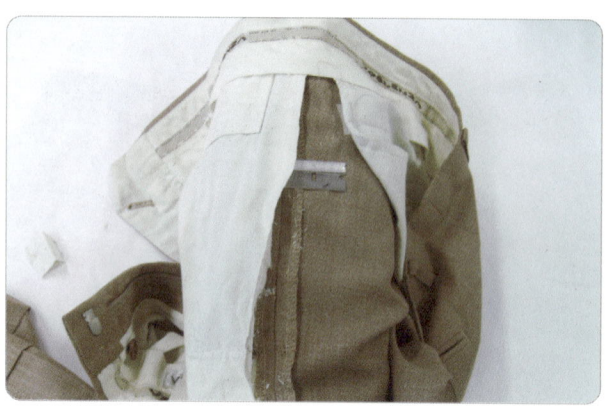

02 바지를 뒤집어 주머니 안감과 겉감 시접에 박음질된 선을 뜯는다.

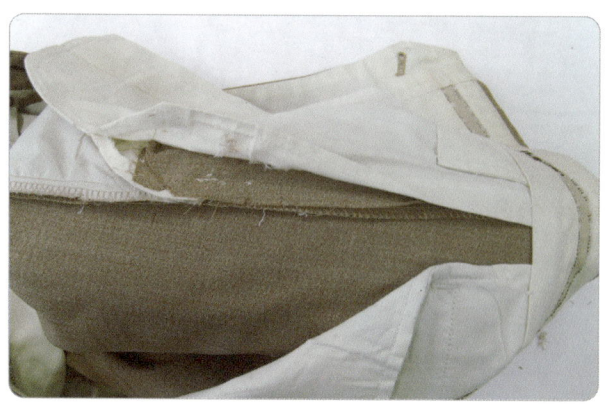

03 02를 작업한 후 가름솔로 처리되어 있는 시접을 뒷주머니 쪽으로 눕혀 다림질한다(꼭 필요한 작업).

04 주머니 속 안단을 분리한다.

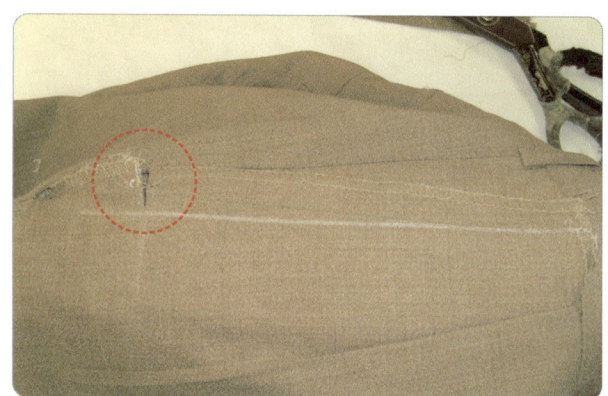

05 01에서 표시한 십자선 중심까지 가로로 자른다(이곳이 엉덩이 부분에서 줄어들 양이다).

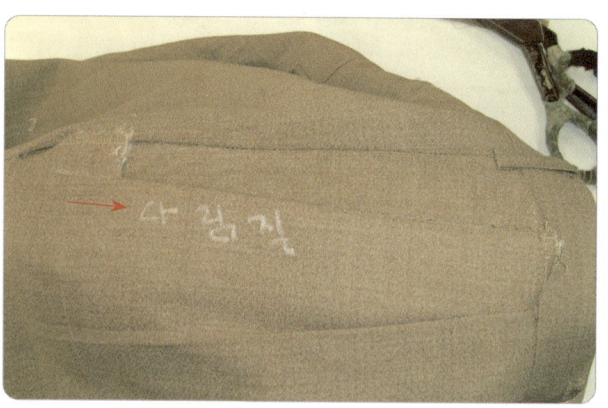

06 01에서 표시한 화살표를 따라 허리 쪽으로 다림질한다.

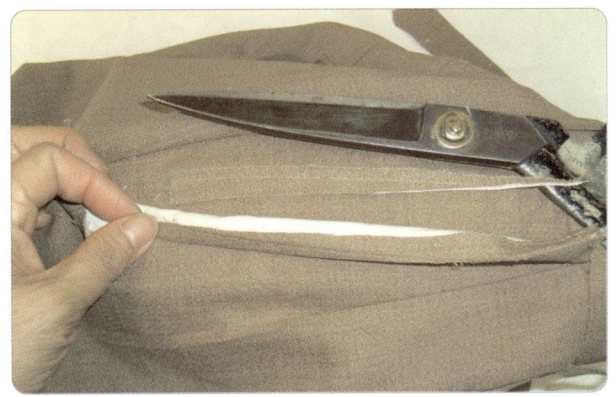

07 06에서 다림질한 후 1cm 여유분을 남기고 잘라 낸다.

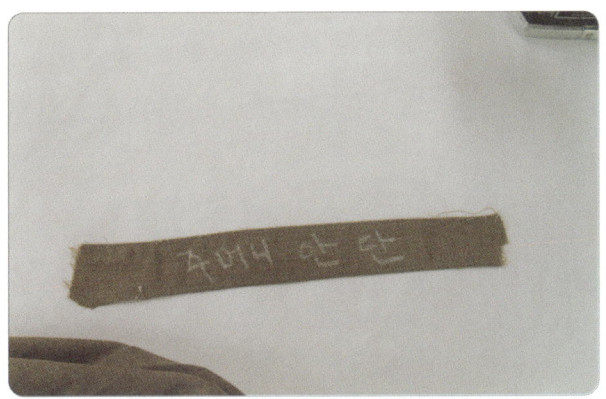

08 04에서 분리한 주머니 속 안단이다.

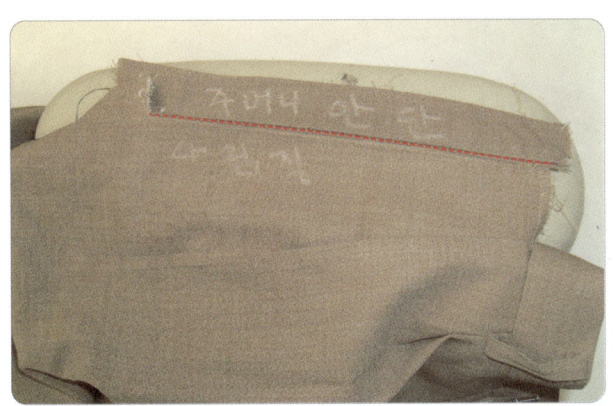

09 주머니 속 안단을 06의 다림질선에 맞추어 대고 잘라진 선까지만 박음질한다.

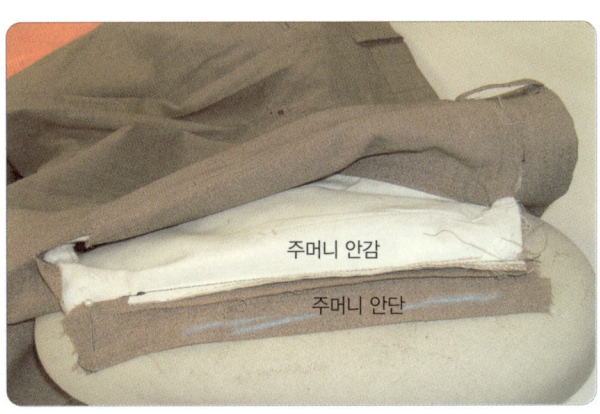

10 파란색으로 표시한 주머니 안단 안쪽에 녹는 심지(매직 테이프)를 붙인 후 주머니 안감 쪽으로 접어 다림질로 고정한다.

11 주머니 안단을 접어 다림질하는 중이다. 심지를 붙여서 고정하지 않으면 박음질하기가 어렵다.

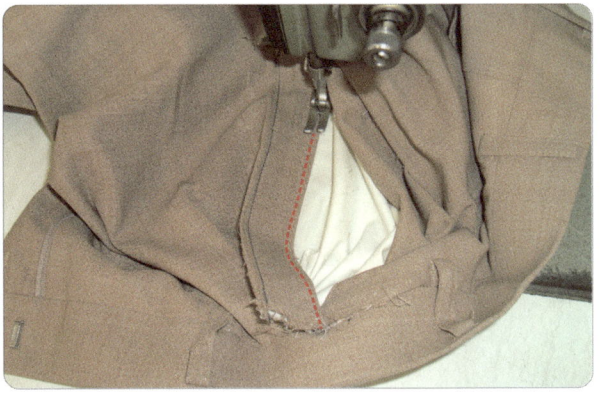

12 주머니 안감을 아래쪽에 놓고 11에서 고정한 부분을 위에서 박음질한다.

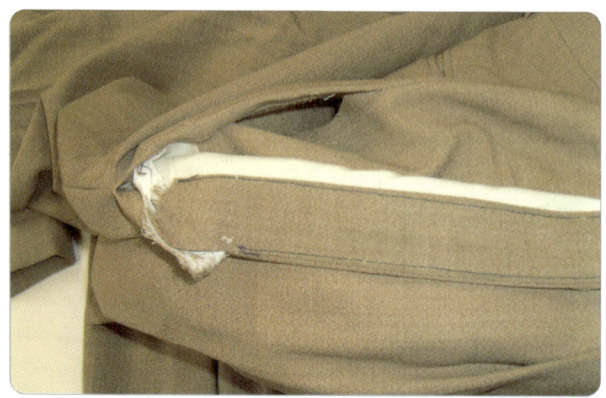

13 12를 박음질한 모습이다.

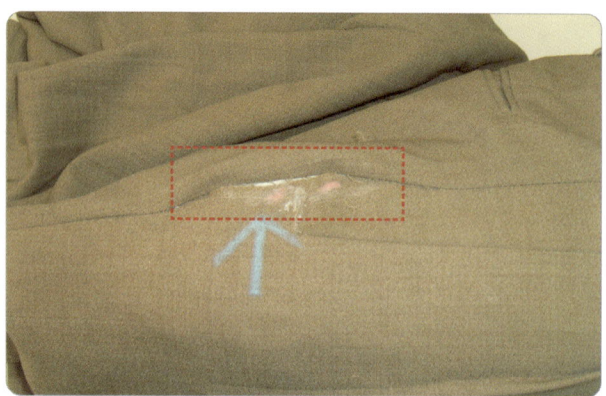

14 03에서 눕혀 다림질한 시접(분홍색 표시 부분)에 녹는 심지 (매직테이프)를 붙여 옆면을 고정한다. 이때 주머니 옆면 을 고르게 하기 위해 옆면 길이를 길게 뜰 수도 있다.

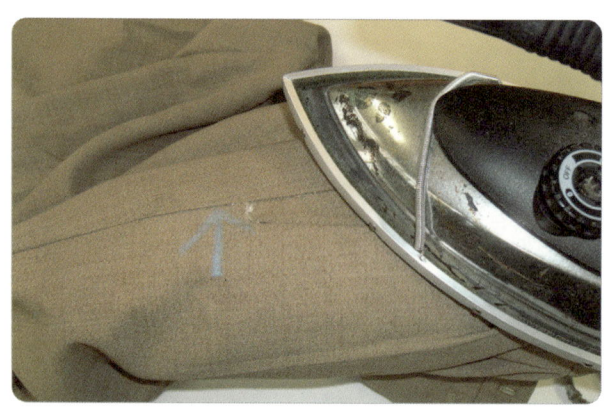

15 화살표 부분을 위에서 바르게 잡아 다림질하면 심지가 고정을 해 준다.

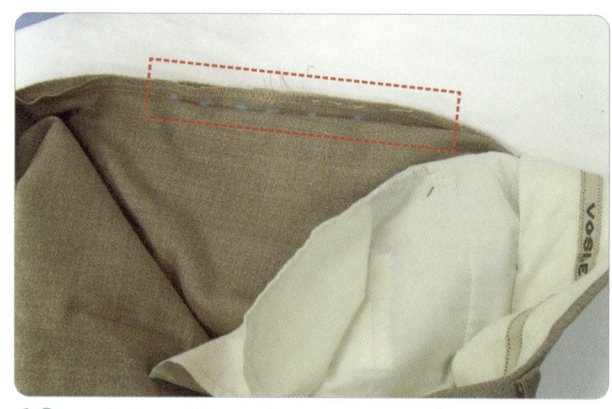

16 15에서 고정한 부분을 파란색 표시선(박음질선)을 따라 안쪽에서 박음질한다.

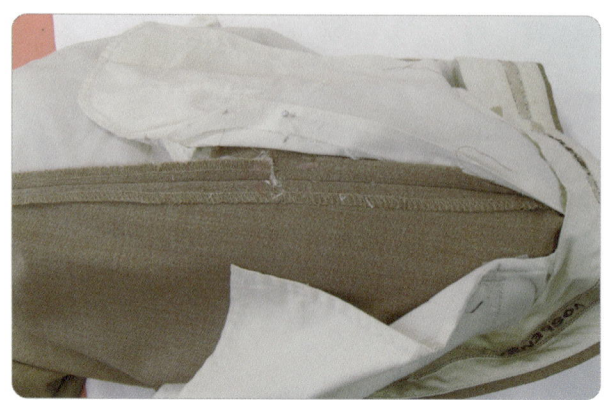

17 16에서 박음질한 부분을 가름솔로 나눠 다림질한다. 이 때 14에서 붙인 녹는 심지를 뜯어내야 가름솔이 된다.

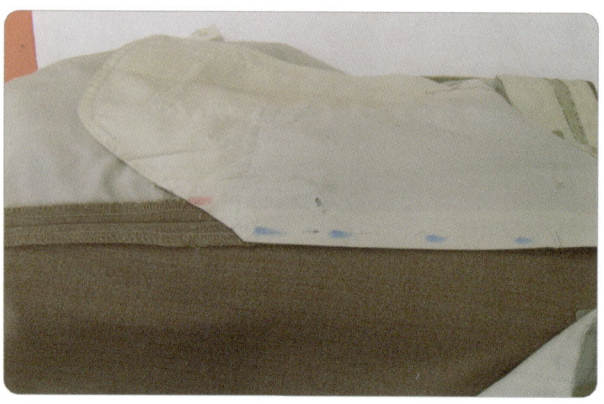

18 가름솔로 다림질한 후 주머니 안감에 표시한 파란색 선을 따 라 시접을 함께 박음질한다. 분홍색으로 표시한 부분도 시접 과 함께 튼튼히 박음질해야 주머니에 구멍이 생기지 않는다.

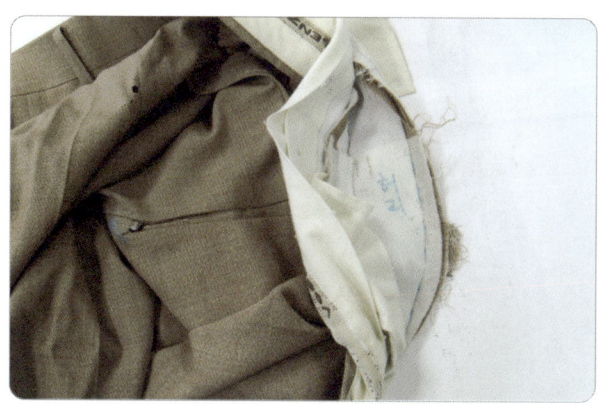

19 허리 부분을 안쪽에서 박음질한다. 이때 허리를 몸판 위에 놓고 파란색 선을 따라 박음질하면 허리 부분이 깔끔하게 처리된다.

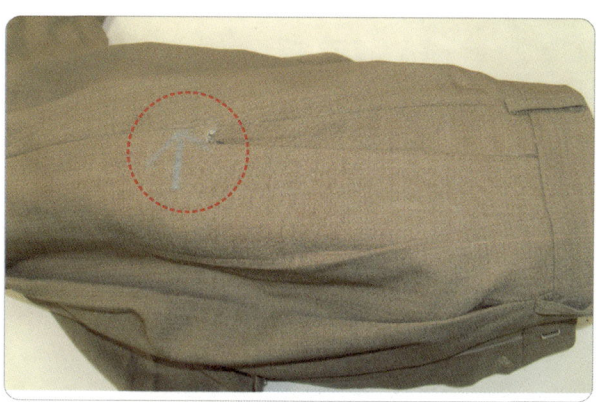

20 주머니 부분 줄이기를 완성한 모습이다. 화살표 부분에 공간이 생긴 것을 볼 수 있는데 그곳이 둘레길이(품)로 줄일 양이다.

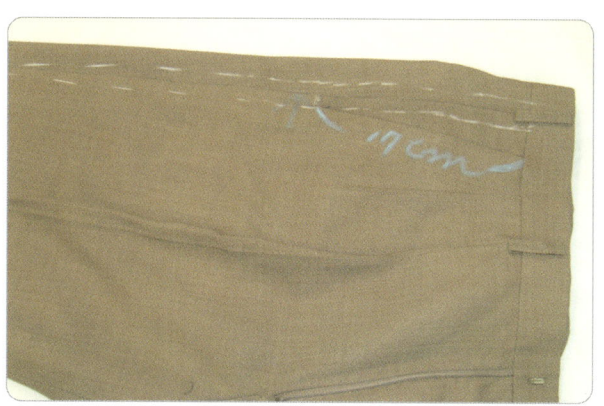

21 20까지는 주머니만 줄이는 방법이다. 주머니를 완성하고 난 후에 원하는 사이즈에 맞춰 엉덩이와 허리 둘레길이를 줄이면 수선하기가 더 쉽고 완성 모습도 깔끔하다.

tip

- 주머니를 줄여서 완성하고 둘레길이(품)를 줄이는 것이 더 깔끔하게 수선할 수 있다.
- 때로는 앞뒤판을 분리하여 뒤판을 많이 줄이고 앞판을 조금 줄여 주머니를 만지지 않을 때도 있다.

바지 허리 표시나지 않게 늘리기

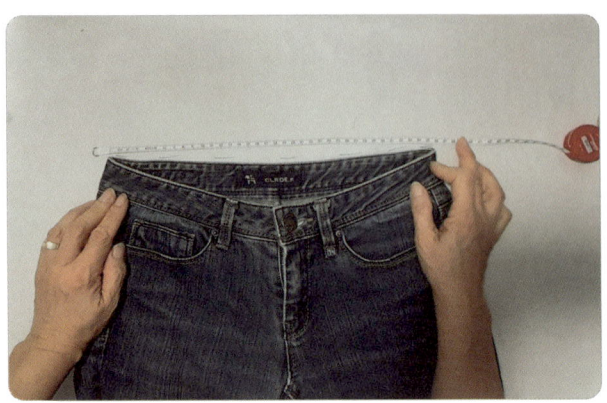

01 늘리고 싶은 허리이다.

02 허리만 분리된 모습이다.

03 허리 안쪽 끝부분에 늘어나지 않도록 끈이 붙어있다.

04 이것을 분리하여 제거한다.

05 이것을 다리미로 힘껏 늘인다.

06 한 쪽은 늘어난 것이고, 다른 쪽은 원래 상태이다.

07 앞뒤 모두 늘여 같아진 상태이다.

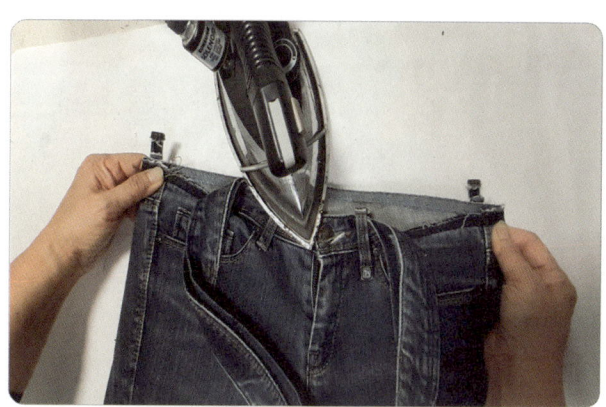

08 몸통도 최선을 다해 늘인다.

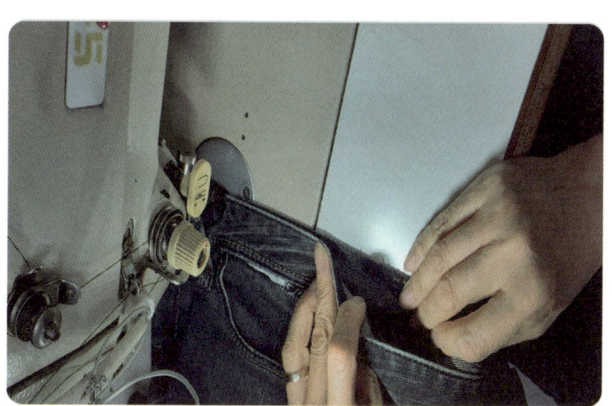

09 뜯었던 허리 끝부분을 먼저 박음질한다.

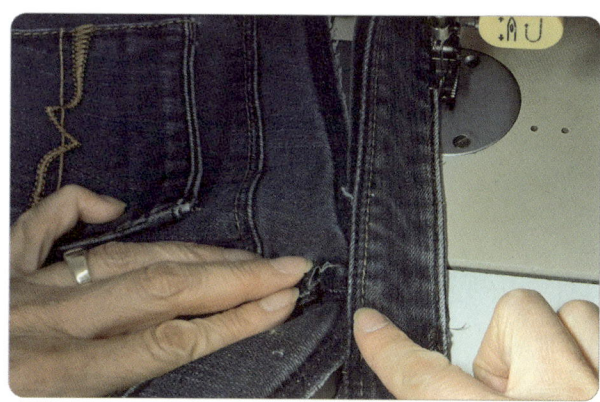

10 몸판과 허리를 합쳐 박음질한다. (뒤쪽 허리 중심 맞추기)

11 완성 모습

지퍼 안단 이용하여 허리둘레 늘리기

01 지퍼 안단을 이용하여 허리를 늘리려고 한다.

02 앞부분을 뜯은 후 지퍼 안단을 지퍼 밑으로 보내서 허리 둘레 공간을 만들어 준다.

03 허리둘레를 몸판에 끝까지 붙여 준다. 이렇게 하여 허리 둘레 공간을 늘리고 뒤에서 몸판을 늘려 메워 준다.

04 완성한 후 늘어난 부분에 맞게 단추 위치(흰색 선)를 바 꿔 준다.

• 지퍼 안단을 허리 끝으로 보내고 박음질하면 허리에 여유분이 생기는데 이것을 몸판 여유분을 늘려서 보충하면 다른 원단을 덧대는 수고를 덜 수 있다.

남자 양복바지 허리에서 한 단 내려 줄이기

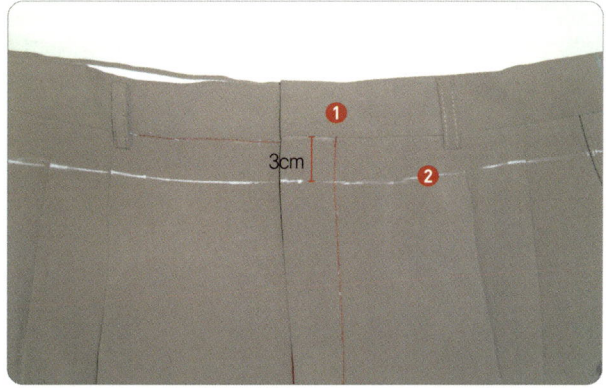

01 밑위길이가 길어서 허리를 한 단 내려 줄이려고 한다. 허리 (❶)에서 한 단(한 단 기준 3cm)을 내려 선(❷)을 그린다.

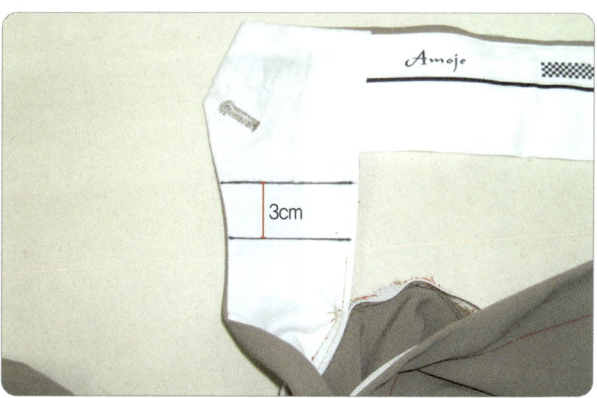

02 안단만 남기고 전체를 분리한 후 사진처럼 안쪽에 줄일 3cm를 표시한다.

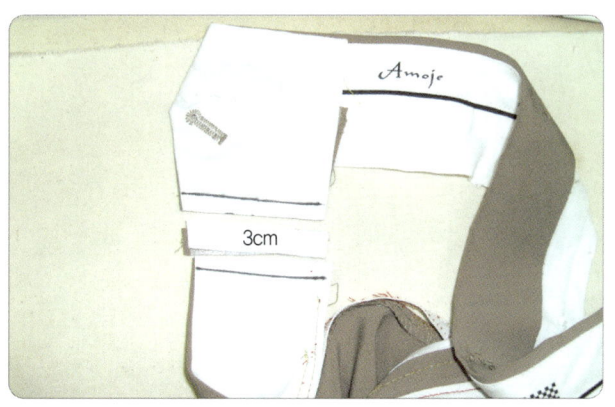

03 위아래 선에서 양쪽으로 시접을 남기고 중간 부분을 잘라 낸다.

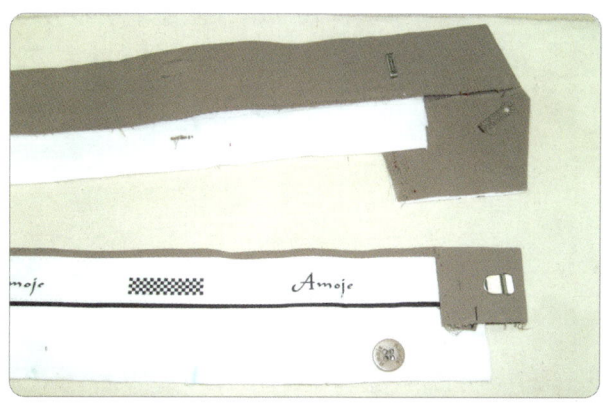

04 뜯어낸 허리 좌우의 모습이다.

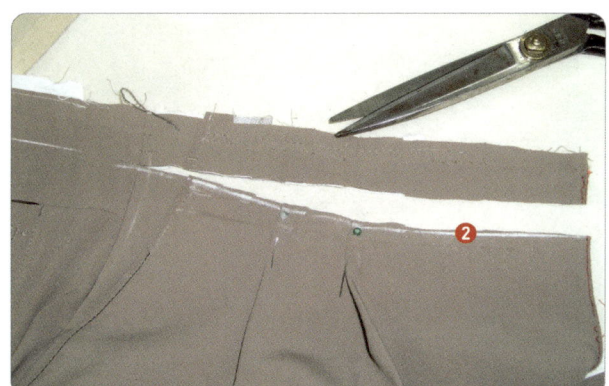

05 주름 부분이 벌어지지 않도록 핀으로 고정한 후 01에서 그린 선(❷)을 따라 잘라 낸다. 자르면 실제 허리보다 5cm 정도 더 커진다.

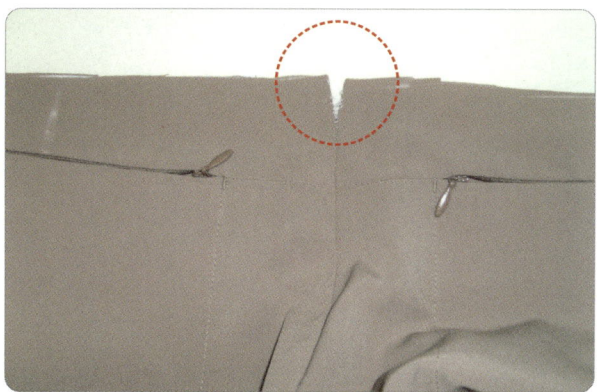

06 뒷면은 허리를 분리해야 한다.

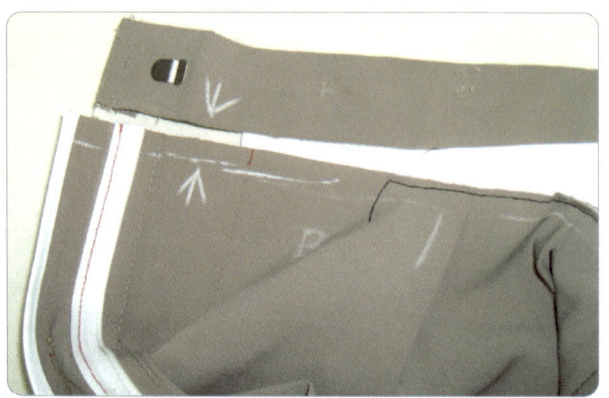

07 몸판과 뜯어 두었던 허리를 화살표 방향으로 겉면끼리 맞대고 박음질해야 한다.

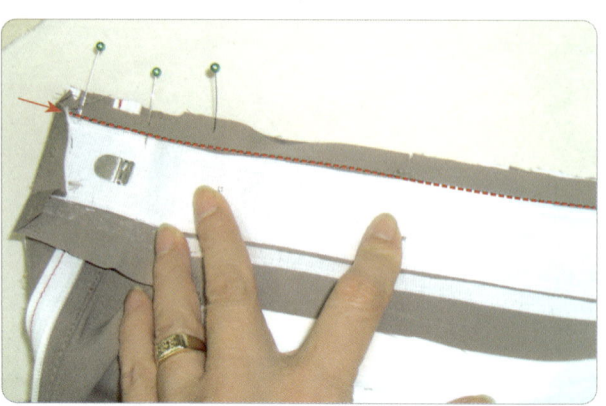

08 핀을 꽂은 후 화살표 방향을 따라 박음질한다.

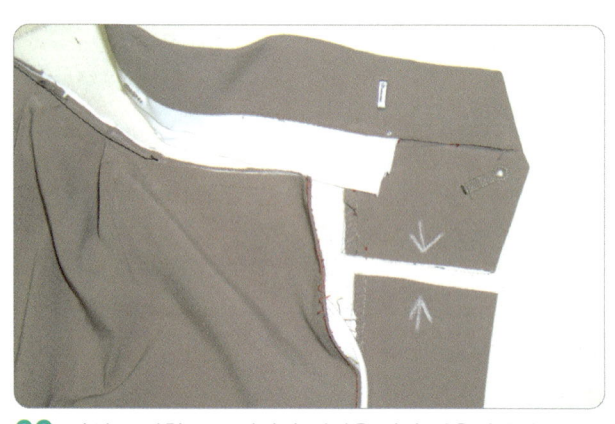

09 화살표 방향으로 안감과 겉감을 각각 박음질하려 한다.

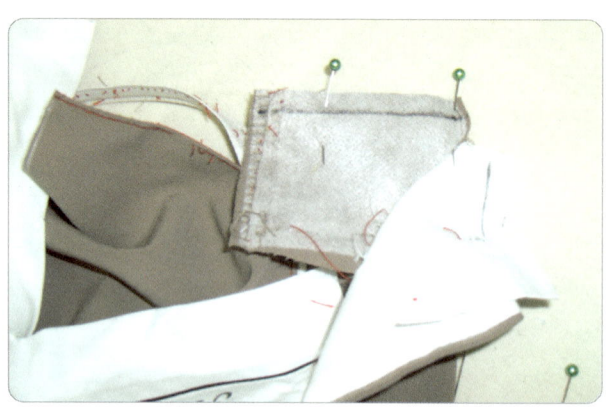

10 핀을 꽂고 **09**를 박음질한다.

11 화살표 방향 안쪽으로 들어가서 마무리해야 한다.

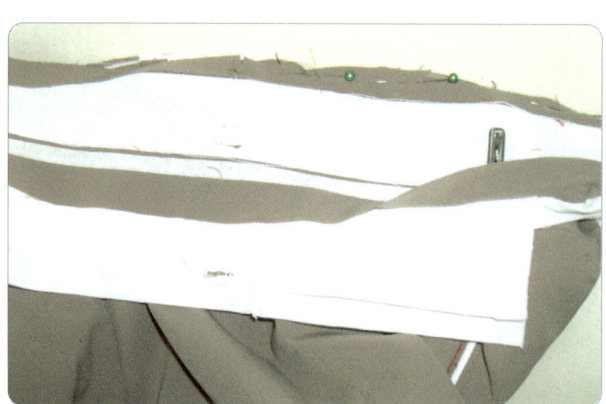

12 허리와 몸판을 붙여 주는 작업이다

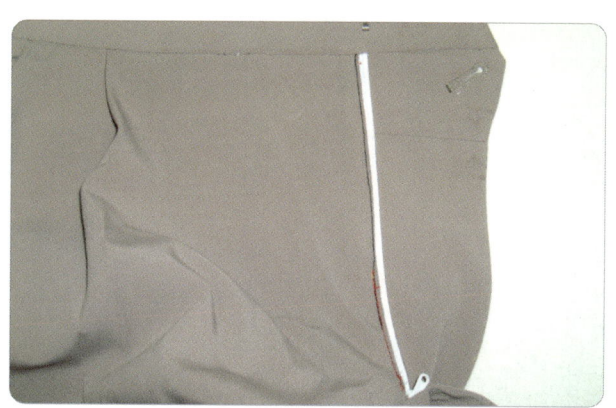

13 허리와 몸판을 붙여 주고 뜯어 놓았던 지퍼를 박음질한다 (이해하기 쉽도록 실 색을 다르게 하였다).

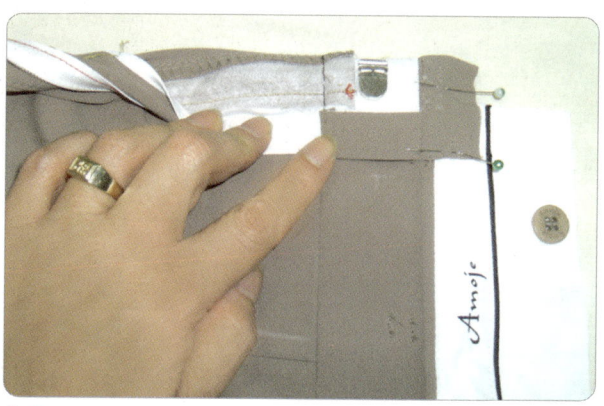

14 반대쪽 지퍼 위쪽을 뒤집어 박음질한다.

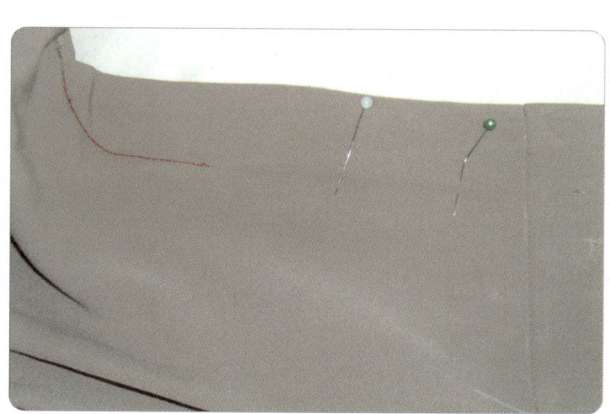

15 14를 완성하고, 앞에서 작업하기 위해 뜯어 놓았던 부분 을 눌러 박음질한다(실 색을 다르게 사용하였다).

16 뒤쪽은 허리 사이즈에 맞춰 자연스럽게 줄이거나 늘리 면 된다. 허리를 한 단 내렸으므로 처음보다 몸판이 5cm 정도 커졌다.

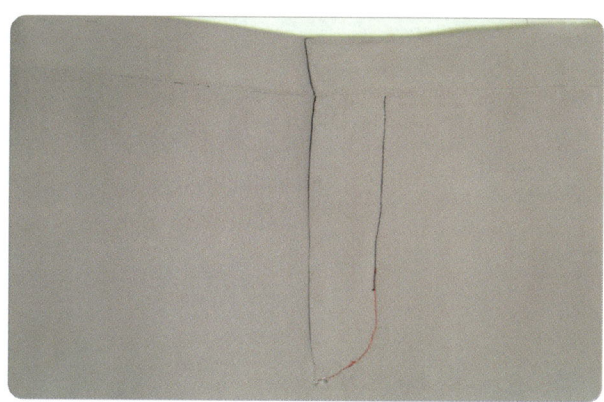

17 완성 모습

• 허리를 한 단 잘라 내면 5cm 이상 커지므로 몸판의 남는 것은 뒷면 에서 줄여 준다.

PART 5

상의(재킷, 남방) 길이와 둘레길이(품) 수선하기

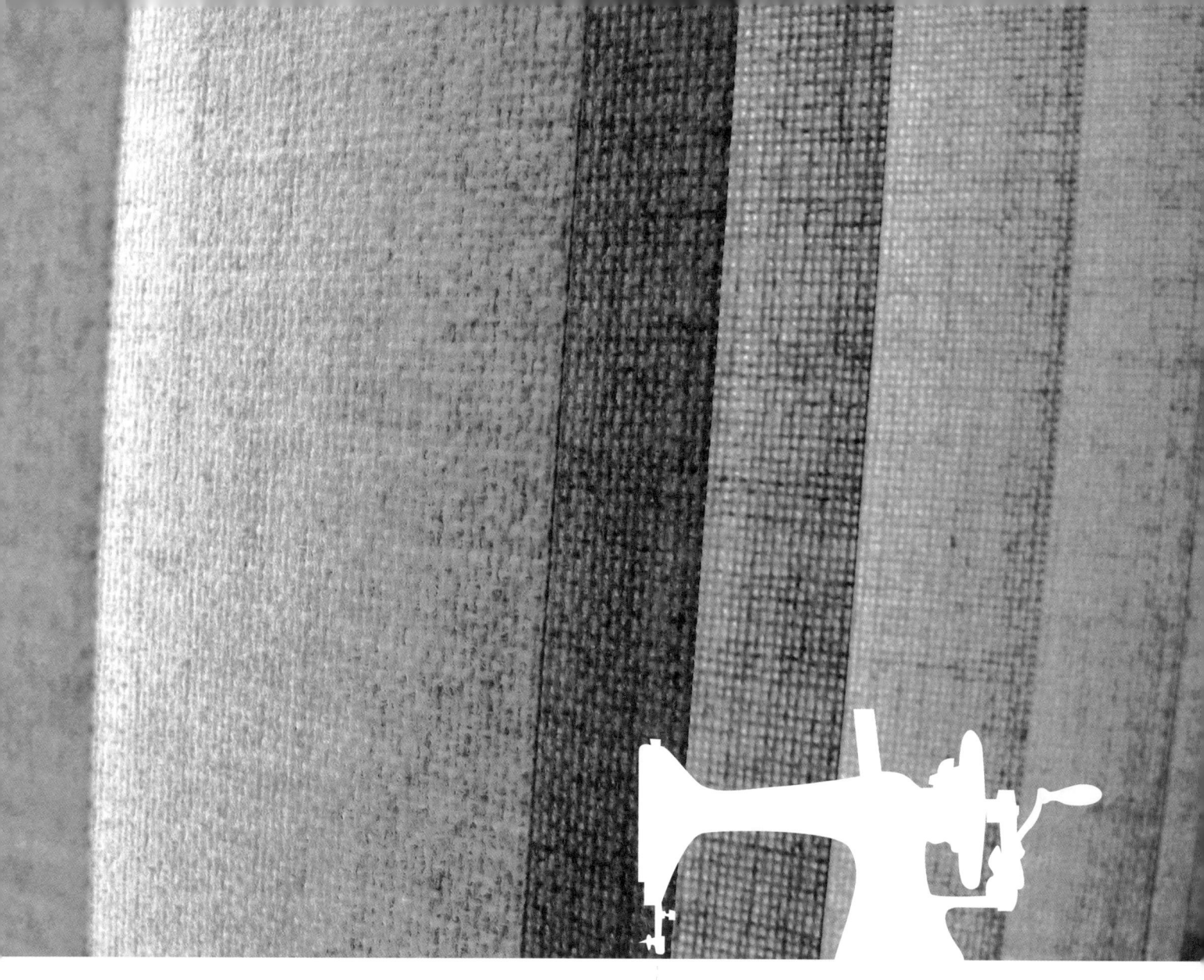

남방 길이 밑단에서 줄이기 · 안감 L자형 남자 양복 길이 줄이기 · 안감 일자형 남자 양복 길이 줄이기

춘추형 남자 재킷 길이 줄이기 · 숙녀 재킷 길이 어깨에서 줄이기 · 신사 재킷 길이 어깨에서 줄이기

래글런 재킷 길이 어깨에서 줄이기 · 남방 둘레길이(품 · 통) 줄이기

래글런 재킷 둘레길이(품 · 통) 줄이기 · 양복 재킷 뒤트임 둘레길이(품) 줄이기

남방 길이 밑단에서 줄이기

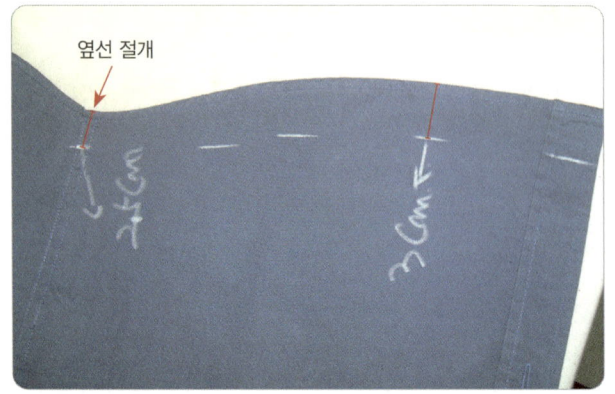

01 남방에 입고 싶은 길이를 표시할 때는 양 옆선 절개 부분을 앞이나 뒤보다 0.5cm 정도 작게 표시한다.

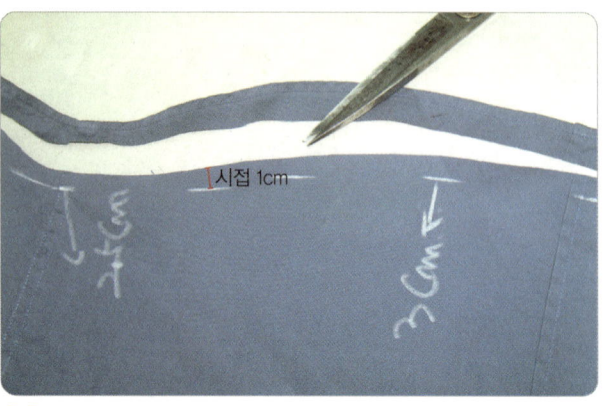

02 시접 1cm를 남기고 나머지 부분을 가위로 잘라 낸다.

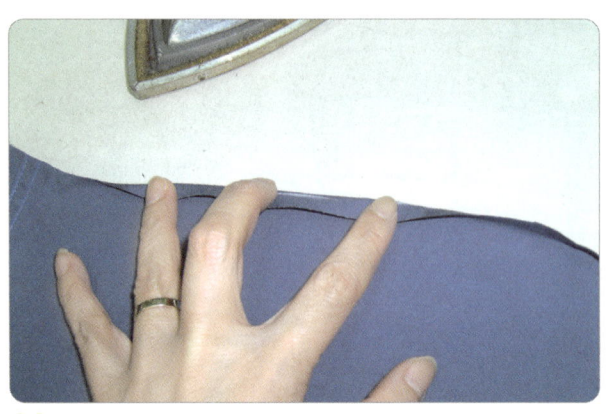

03 시접을 안쪽으로 접어 다림질한다. 이때 둥근 부분은 시접을 세게 누르지 말고 손가락으로 살살 굴려 주며 위에서 스팀을 살짝 뿌려 자리를 잡아 준다.

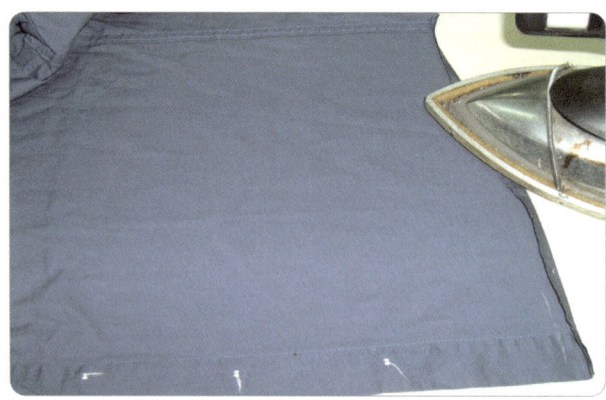

04 자리가 잡혔으면 다림질을 한다.

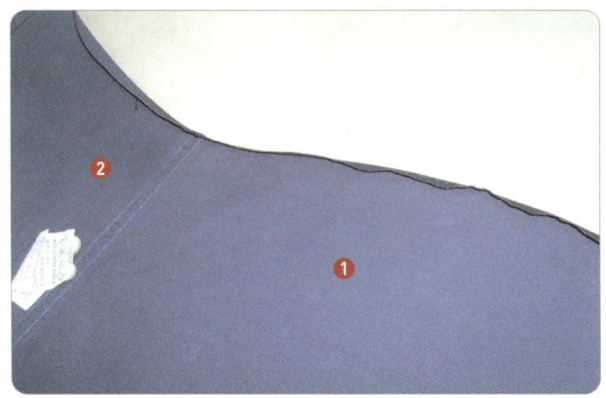

05 ❶부분을 다림질할 때는 오므려서 다림질하고, ❷부분을 다림질할 때는 쫙 펴 주는 느낌으로 한다.

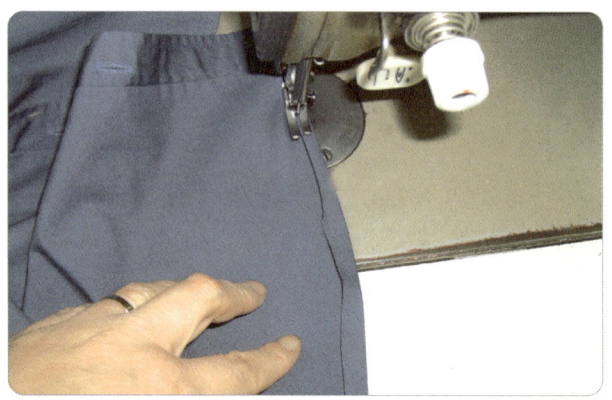

06 다림질한 시접을 반으로 말아 넣고 박음질한다.

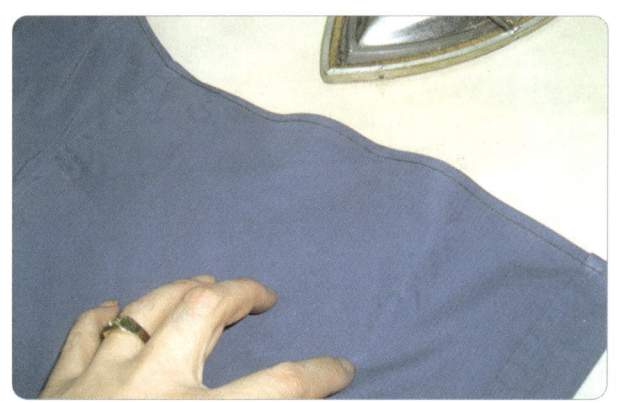

07 박음질할 때 늘어난 부분은 몸판에서 잡아당겨 살짝 셔링을 만들어 위에서 다리미로 눌러 준다.

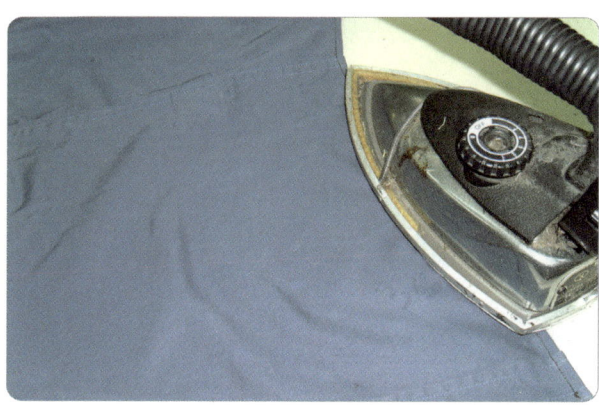

08 위에서 다리미로 눌러 주는 모습이다.

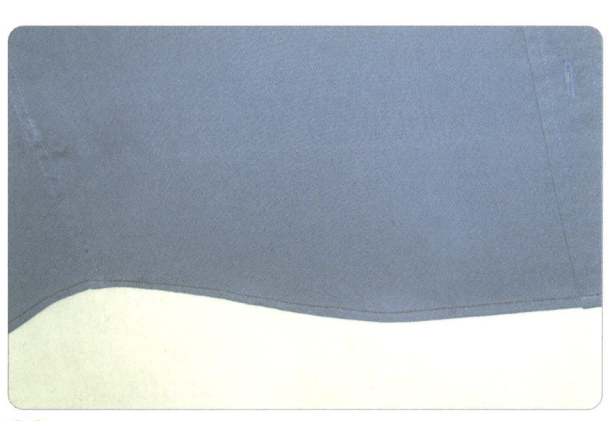

09 완성 모습

 tip

- 남방은 길이 부분으로 늘어나기 쉬우므로 늘어나지 않도록 모아 주며 박음질하고 다림질도 모아 주며 해야 한다.
- 남방 밑단을 일자로 자르고 싶을 때는 옆구리 쪽의 올라간 부분에 맞춰 자르면 길이가 많이 짧아지므로 차라리 옆쪽을 직선으로 하지 않고 조금 타원형으로 만드는 것이 유리하다.

안감 L자형 남자 양복 길이 줄이기

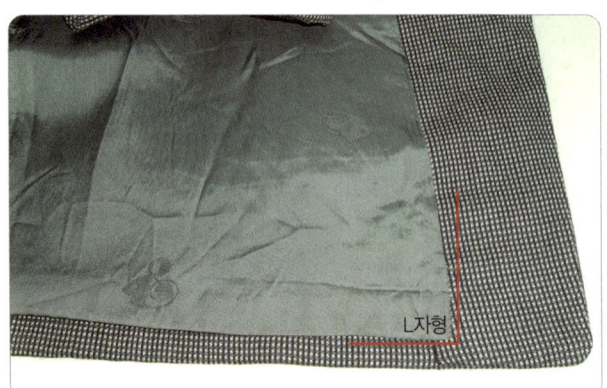

01 안감 L자형 남자 양복의 길이를 줄이려고 한다.

02 안감을 분리하고 입고 싶은 길이에 선(❶)을 그린 후 ❷부분은 양쪽을 되도록 뜯지 말고, 나머지 부분은 시접을 4cm 남기고 잘라 낸다.

03 양복을 뒤집어 안쪽에 5cm 넓이의 심지를 붙인다.

04 ❷는 **02**에서 뜯지 않은 선이고, ❶은 박을 선인데 선보다 약간 비켜서 박음질해야 겉면에서 안쪽이 보이지 않는다.

05 ❹는 2장, ❺는 1장을 잘라 낸다.

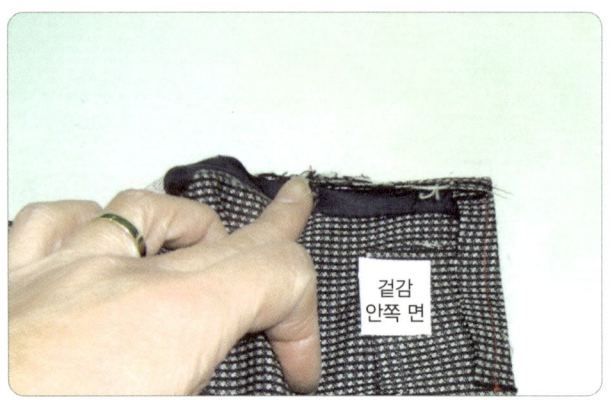

06 겉감 안쪽 면을 봉제선을 따라 접어 다림질한다.

07 다림질한 후 뒤집어서 겉감보다 2cm 짧게 안감에 표시한다.

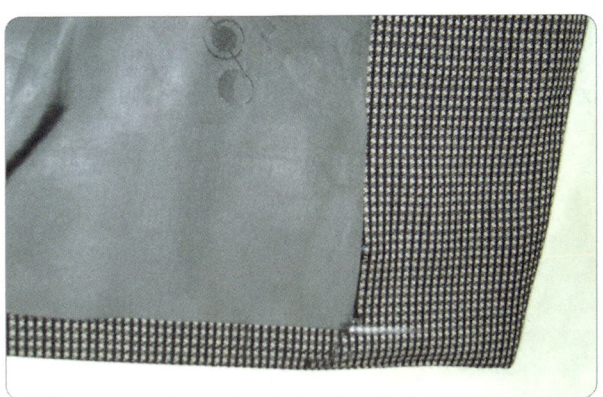

08 07에서 표시한 만큼 안감을 접어 넣고 다림질한다.

09 안쪽으로 들어가 07에서 표시한 선까지 박음질한다.

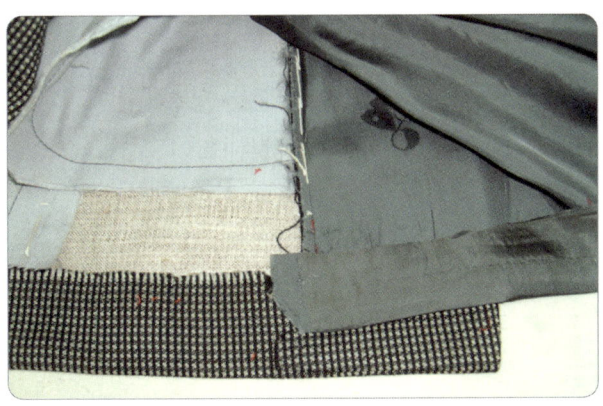

10 09를 박음질한 후 박음질선까지 다림질을 하고 다시 안감을 덮는다.

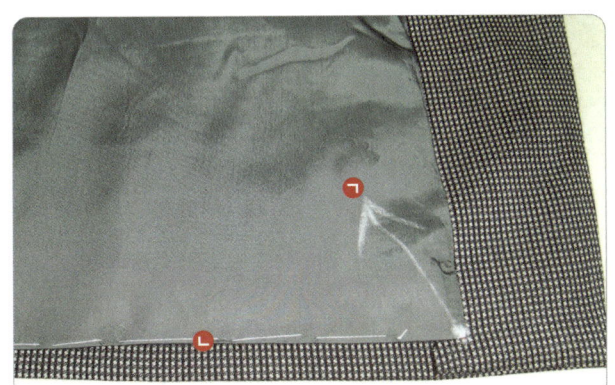

11 ㄱ부분이 07의 표시선이다. 깨끗하게 다림질하여 손으로 안감 밑단(ㄴ)을 끝까지 시침한다.

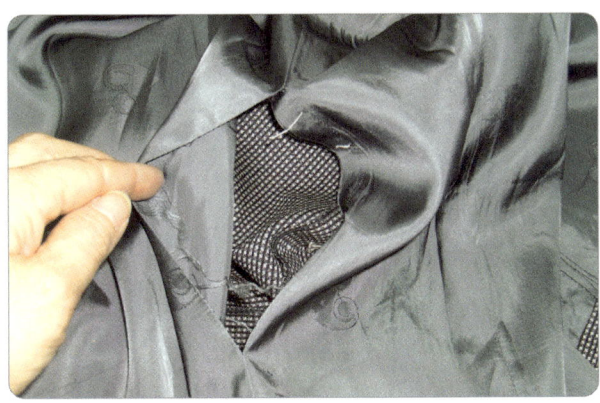

12 몸통의 안감을 뜯는다.

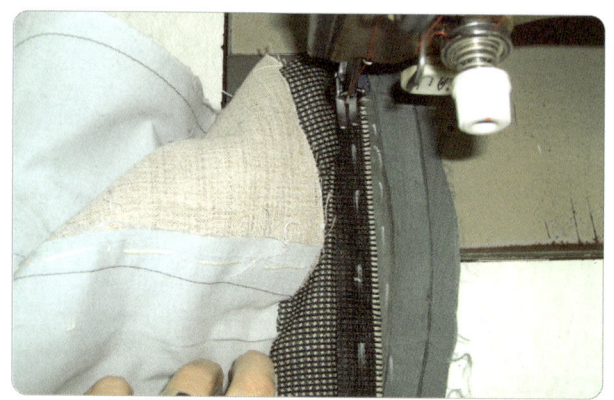

13 안감 밑단 안쪽으로 들어가 **11**에서 시침한 부분에서 시접 1cm를 남기고 박음질한다.

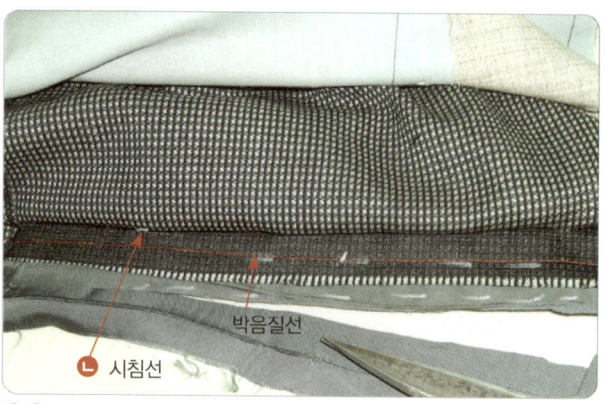

박음질선
ⓛ 시침선

14 표시 부분(ⓛ)이 **11**에서 시침한 부분이다. 안감은 작업을 마친 후에 자른다.

ⓐ
ⓑ

15 봉제선 부분 ⓐ와 ⓑ가 움직이지 못하도록 집어 준다.

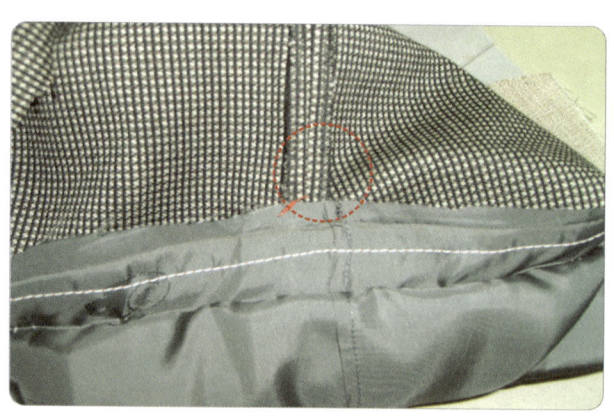

16 집어 준 모습이다.

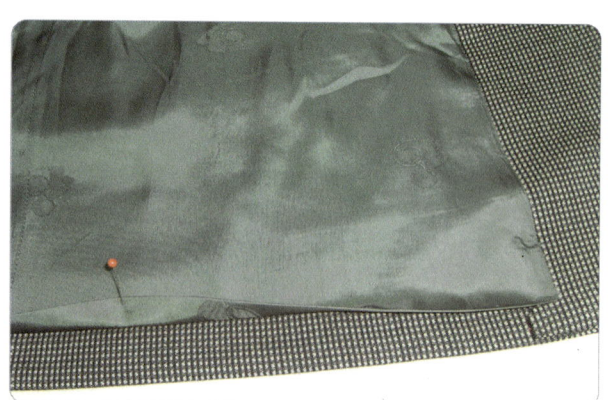

17 완성된 모습이며 여유분이 보인다.

18 완성 모습

안감 일자형 남자 양복 길이 줄이기

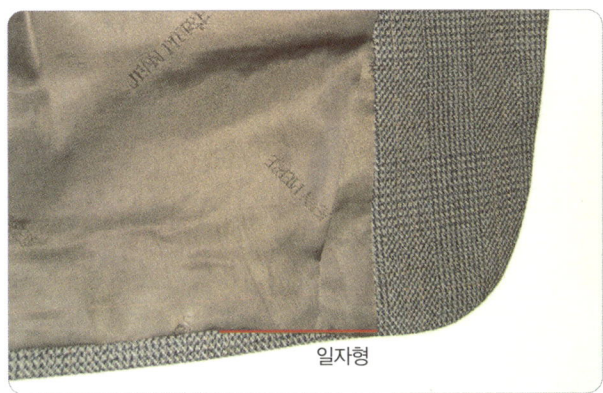

01 안감 일자형 남자 양복의 길이를 줄이려고 한다.

02 안감을 분리하고 사진처럼 몸판 중간을 핀으로 고정한 후 입고 싶은 길이에 선(❶)과 4cm 시접을 표시하고 가위로 잘라 낸다(곡선 부분(❷)은 뜯지 않는다).

03 02에서 핀으로 고정한 이유는 겉감과 안감을 똑같이 잘라야 하기 때문이다.

04 안쪽 밑단 시접에 5cm 심지를 붙인다. 심지는 봉제선에 겹치지 않게 따로 붙이는 것이 좋다.

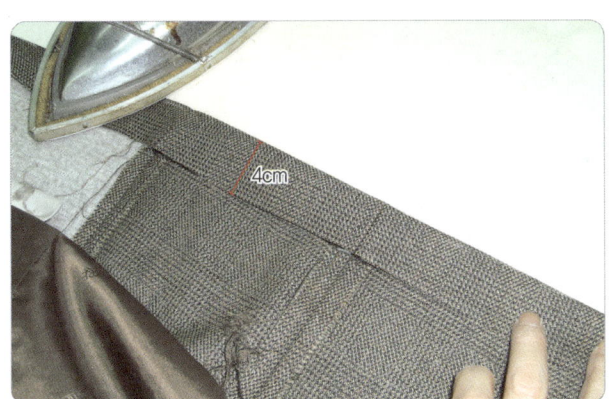

05 시접 4cm를 접은 후 다림질한다.

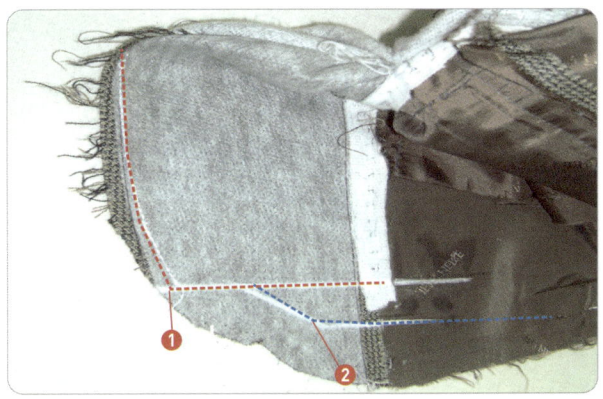

06 입고 싶은 선(❶)과 박음질할 선(❷)이다.

07 사진처럼 입고 싶은 선(❶)을 동그란 모양으로 그릴 때는 다른 한쪽을 위에 올려놓고 그려 주면 좋다.

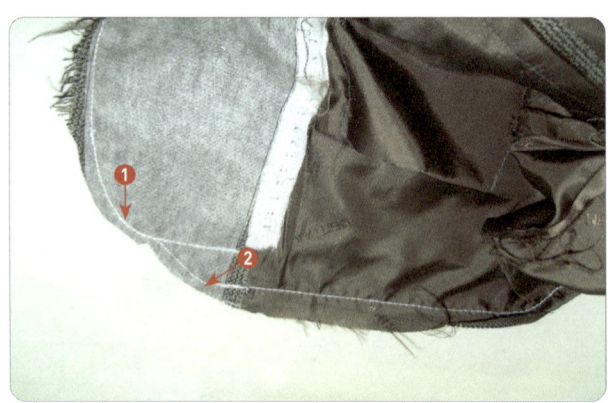

08 입고 싶은 선(❶)은 다림질할 선이다. ❷는 앞쪽까지만 박음질한 후 옆쪽과 뒤쪽은 **09**와 **10**을 따라한다.

09 옆쪽은 앞쪽과 연결하여 사진과 같이 안감이 겉감보다 짧아지도록 안감을 1cm 당겨서 박음질한다.

10 뒤쪽은 안감이 겉감보다 짧아지도록 안감을 2cm 당겨서 박음질한다.

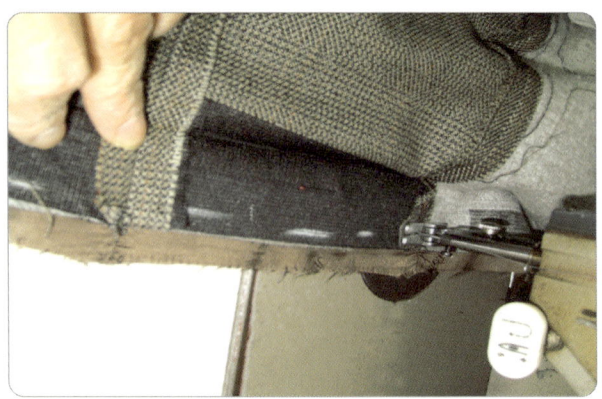

11 **09**와 **10**처럼 박음질하면 재단할 때 똑같이 잘랐으므로 당연히 완성 후 안감이 겉감보다 짧아지게 된다.

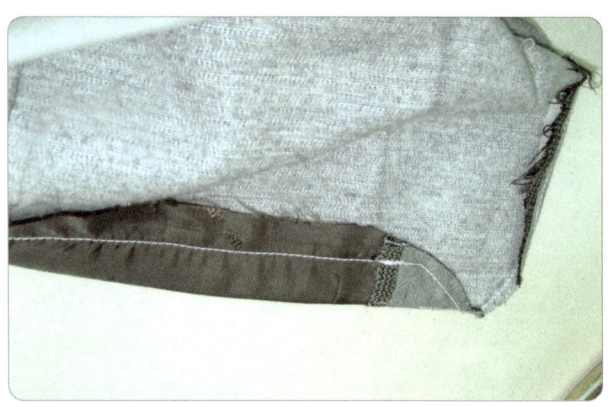

12 입고 싶은 길이를 접어서 다림질하고, 앞부분도 직선이 되는 선만 박음질선을 따라 다림질한다.

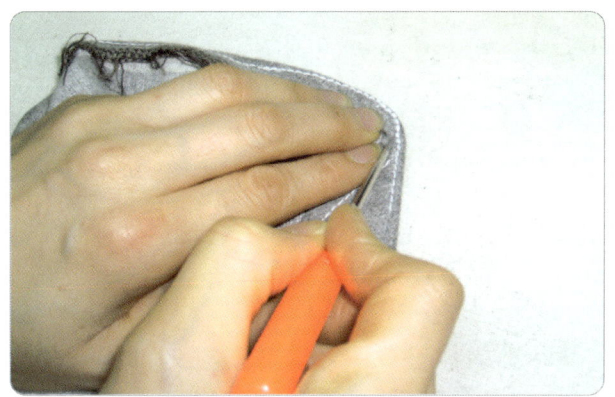

13 송곳을 이용하여 **12**의 남은 공간을 동그랗게 접어 준다.

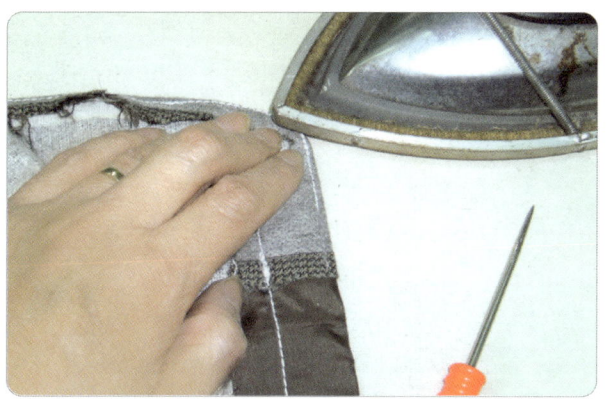

14 손을 떼지 말고 접어 준 부분을 위에서 다리미로 밀어 올려 준다.

15 다림질하여 완성한 모습이다(잘 눌러 주어 원단이 들뜨 지 않도록 한다).

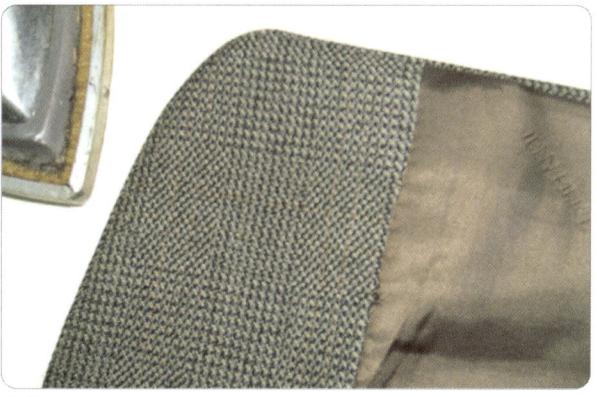

16 뒤집은 모습이다. 다림질은 안쪽에서 잡아당기면서 하여 겉쪽에서 안감이 보이지 않도록 해야 한다.

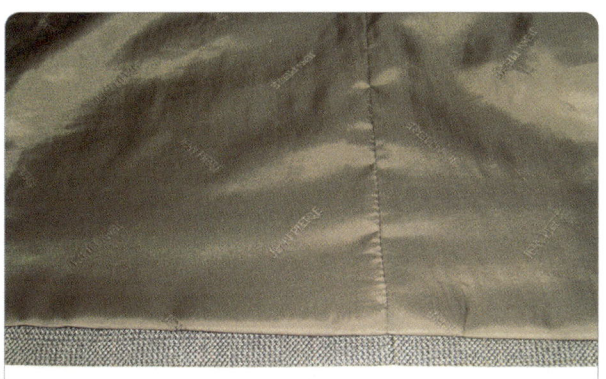

17 **10**의 작업 방법으로 겉감과 안감의 길이가 2cm 차이 나 는 모습이다.

18 완성 모습

춘추형 남자 재킷 길이 줄이기

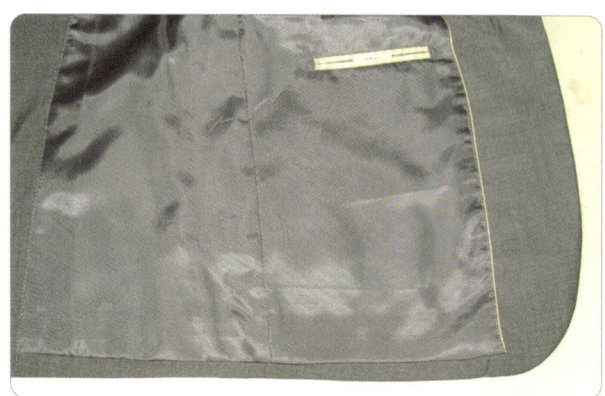

01 뒷면에는 안감이 없고 앞면에만 안감이 있는 춘추형 재킷의 길이를 줄이려고 한다.

02 입고 싶은 길이를 표시한 후 시접을 4cm 남기고 나머지 부분을 잘라 낸다.

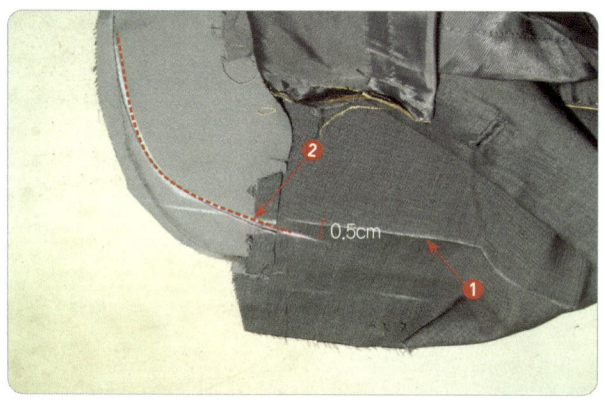

03 안쪽에서 볼 때 ❶은 입고 싶은 선이고, ❷는 박음질선이다(박음질선은 입고 싶은 선보다 0.5cm 정도 내려서 박음질한다). *127쪽 안감 일자형 남자 양복 길이 줄이기 참고

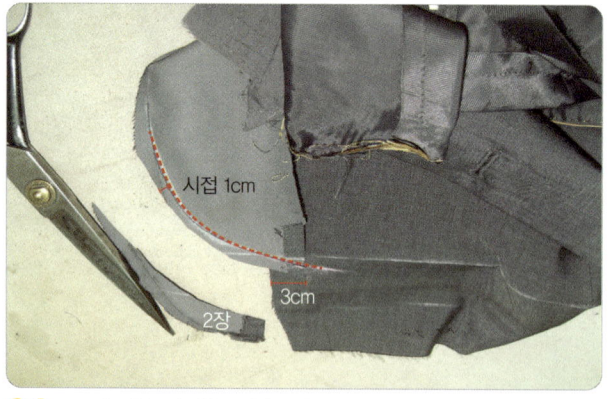

04 03의 박음질선을 박음질한 후 시접을 1cm 남기고 사진처럼 2장을 잘라 낸다. 이때 겉감은 3cm 정도를 남기고 1장만 잘라 내야 겉에서 구멍이 생기지 않는다.

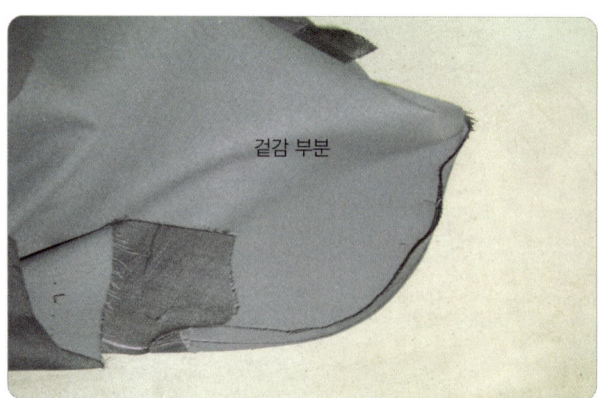

05 입고 싶은 선을 따라 겉감 쪽으로 다림질을 한다.

06 겉쪽으로 뒤집어서 안쪽에서 잡아당기며 다림질을 해야 겉에서 안쪽이 보이지 않는다.

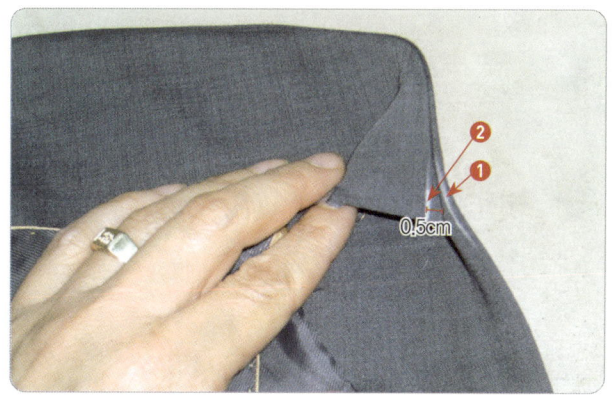

07 03에서 입고 싶은 선(❶)과 박음질선(❷)에서 0.5cm 차이를 주었던 곳의 모습이다(이는 안감이 당겨서 울게 되면 펴 주는 숨은 공간의 역할을 한다).

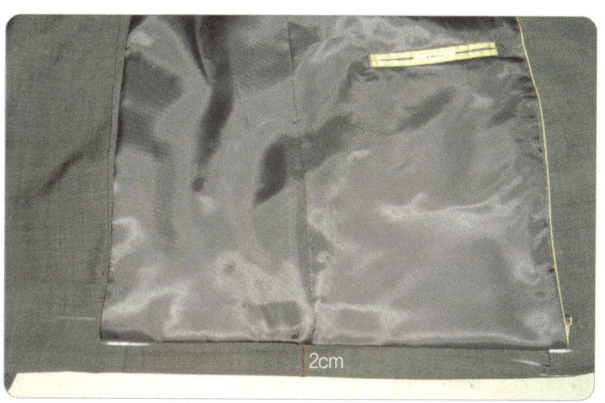

08 안감을 겉감보다 2cm 짧게 접어 넣고 다림질한다.

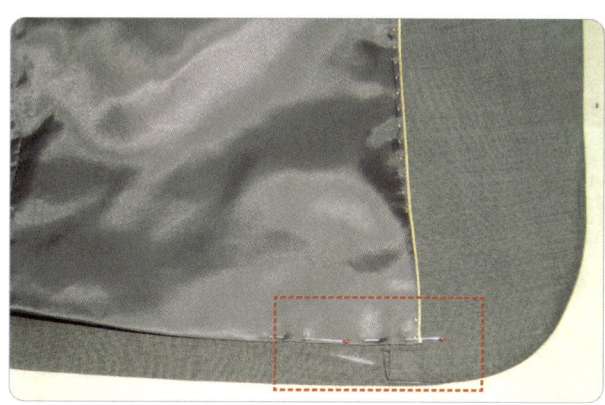

09 다림질한 앞부분을 핀으로 고정한다.

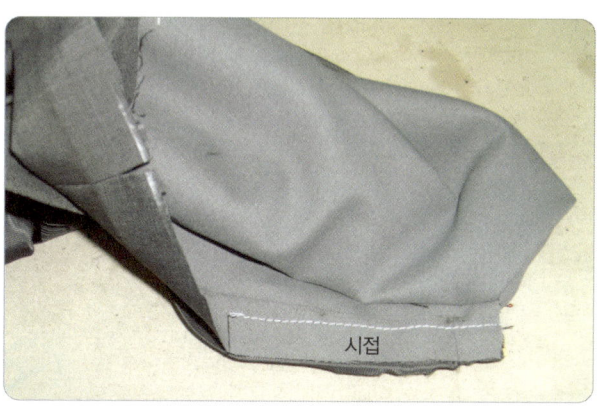

10 안으로 들어가서 핀으로 고정한 부분에 시접을 남기고 박음질한다.

11 10을 박음질한 후 겉으로 나와서 핀을 빼면 1cm 정도 여유분이 생기는데 이것은 옷을 입을 때 당겨지지 않게 하기 위함이다.

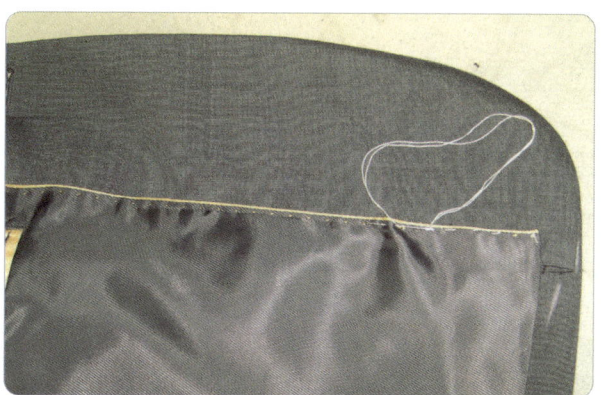

12 겉감과 안감이 만나는 세로선은 안쪽에서 박음질을 해도 되고 손으로 꿰매 주어도 된다.

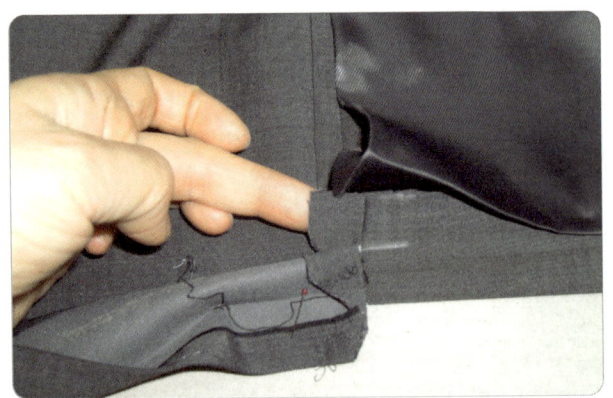

13 옆면도 **08**에서 다림질한 부분의 시접을 끝까지 펴서 핀으로 고정한다.

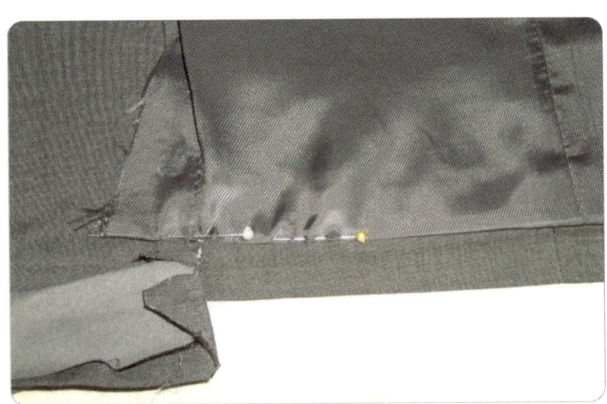

14 옆면을 핀으로 고정한 모습이다.

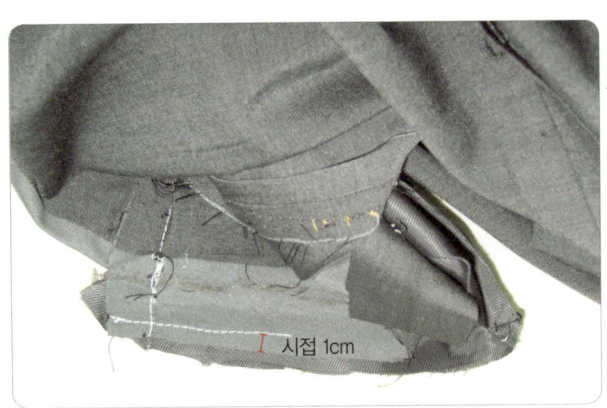

시접 1cm

15 안쪽으로 들어가서 핀으로 고정한 곳을 시접 1cm를 남기고 박음질한다.

16 겉으로 나와서 **15**를 뒤집은 모습이다.

17 다림질선을 따라 안쪽으로 접어 넣는다.

18 벌어진 부분이 표시 나지 않게 잘 꿰매 준다.

19 옆부분도 당겨지지 않게 1cm 정도 여유분이 생겼다.

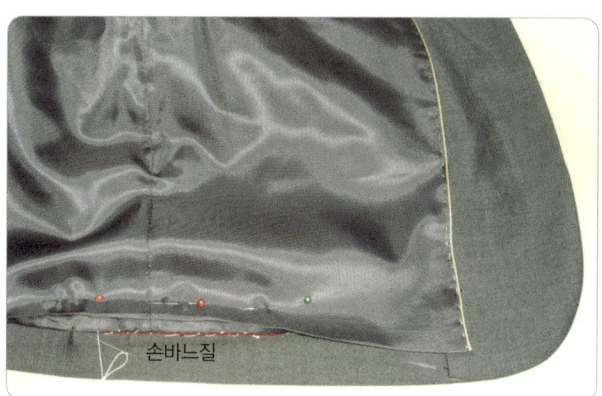

손바느질

20 트임 부분은 손으로 꿰매 준다.

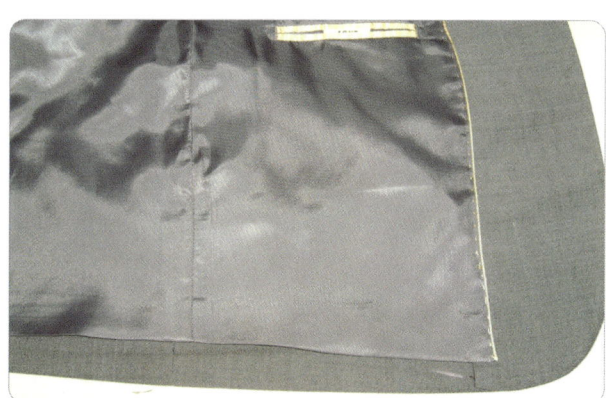

21 완성 모습

tip

- 남성복 앞부분의 둥근 모양은 미리 본을 만들어 놓고 사용하면 좋다.
- **18**에서 벌어진 부분을 꿰맬 때 꿰맨 선이 보이지 않도록 해야 한다.
- **19**의 시접을 안감 쪽으로 조금 들어서 밀어넣고 **20**에서 봉제선을 따라 함께 박음질하면 꿰매 주지 않아도 된다.

숙녀 재킷 길이 어깨에서 줄이기

01 어깨가 잘못 봉제된 재킷의 길이를 줄이면서 잘못된 부분을 함께 수선하려고 한다.

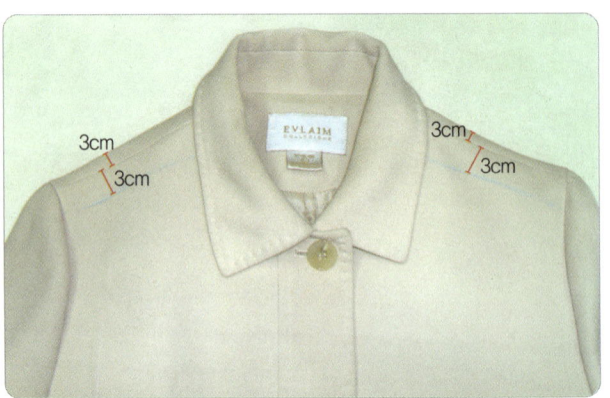

02 어깨에서 길이를 3cm 줄이기 위해 어깨 앞뒤로 3cm를 표시하고 소매와 옷깃을 모두 뜯어낸다.

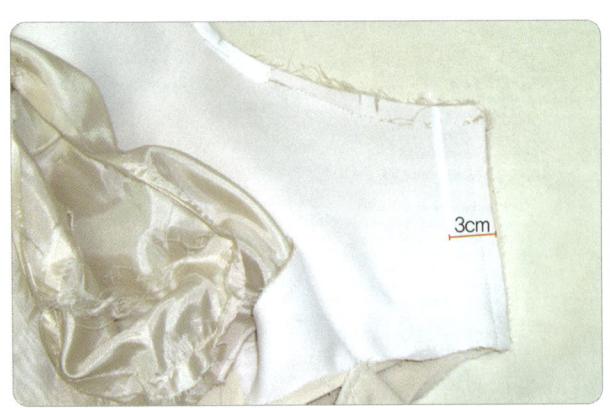

03 겉감 어깨 안쪽 3cm 아래에 초크로 선을 그린다.

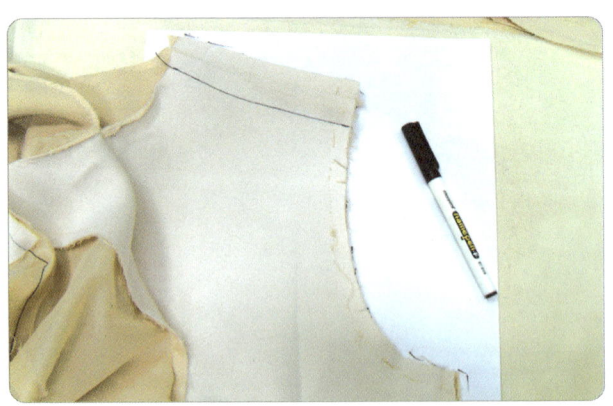

04 3cm 아래 선 그린 곳을 박음질하고 종이에 본을 뜬다.

05 겉감 어깨를 박음질한 후 시접을 남기고 잘라 낸다.

06 안감도 겉감 어깨 높이에 맞춰 박음질한다.

07 안감 어깨도 시접을 남기고 잘라 낸다.

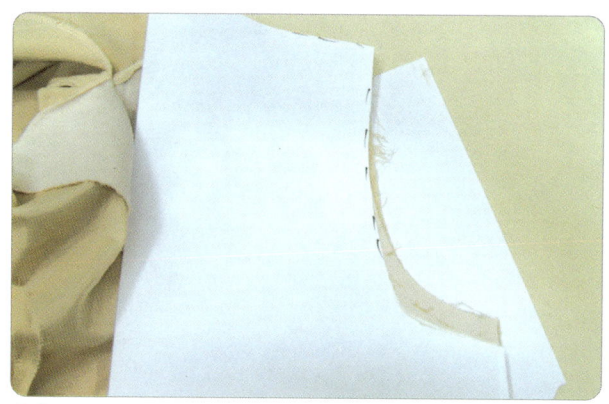

08 어깨 높이를 잘라 내어 진동둘레가 좁아졌으므로 **04**에서 본뜨기한 것을 어깨에 대고 다시 진동둘레를 그린다.

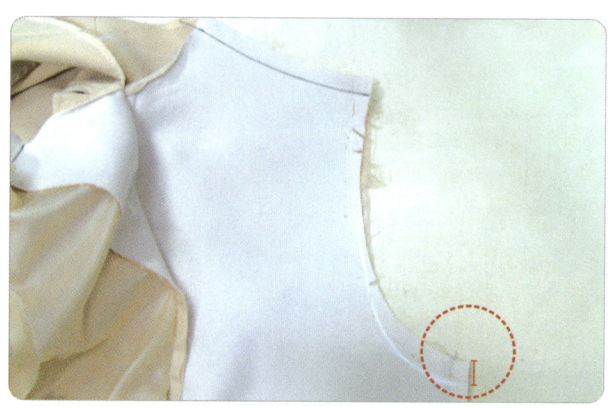

09 본을 치우면 어깨 부분에서 잘라 낸 만큼의 차이가 진동둘레에서 나는 것을 알 수 있다.

10 진동둘레에서 차이 나는 부분을 잘라 낸다.

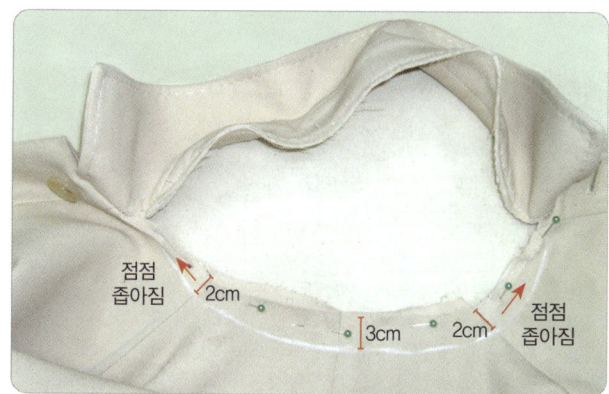

점점
좁아짐
2cm
3cm
2cm
점점
좁아짐

11 뒤판 중심 봉제선에서 어깨에서 잘라 낸 3cm를 표시하고 좌우 옷깃 쪽으로 점점 좁아지게 목둘레선을 그린다.

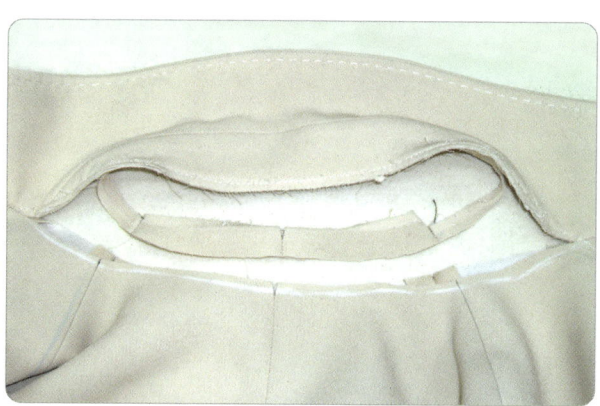

12 시접을 남기고 **11**에서 표시한 선을 잘라 낸다(**03**의 작업으로 목둘레가 좁아져 옷깃이 남으므로 옷깃을 원래대로 붙이기 위해 몸판을 잘라 낸 것이다).

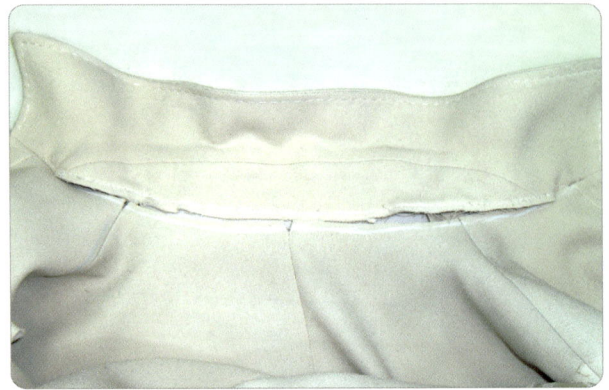

13 어깨 높이를 줄인 사이즈만큼 뒤판을 잘라 냈으므로 옷 깃과 거의 같아져 있다. 모자랄 경우에는 조금씩 잘라 내며 맞춰 주면 된다.

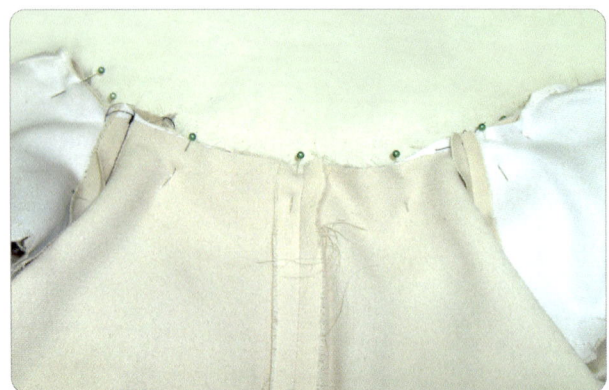

14 핀 안쪽에 옷깃을 넣고 겉감, 안감, 옷깃을 한 번에 박음질할 수도 있고, 옷깃을 나누어 겉감과 안감에 각각 따로 박음질할 수도 있다.

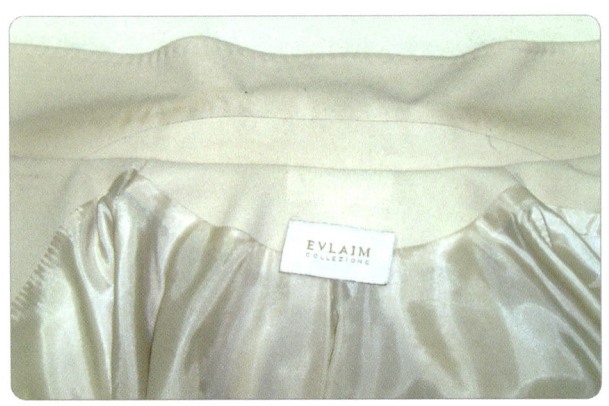

15 14를 완성한 후에 재킷의 라벨을 다시 달아 준다.

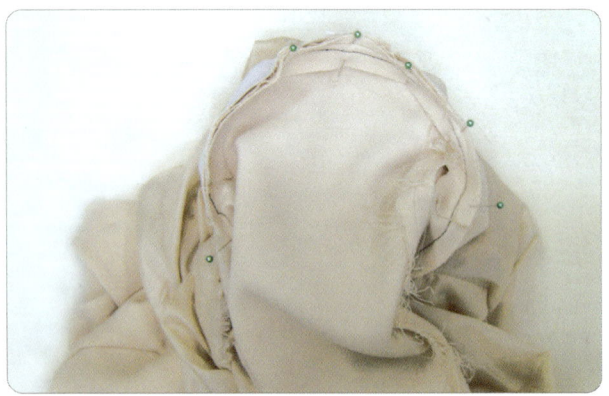

16 소매산과 어깨 중심선을 맞춰 핀으로 진동둘레를 고정한 후 박음질하여 소매를 달아 준다.

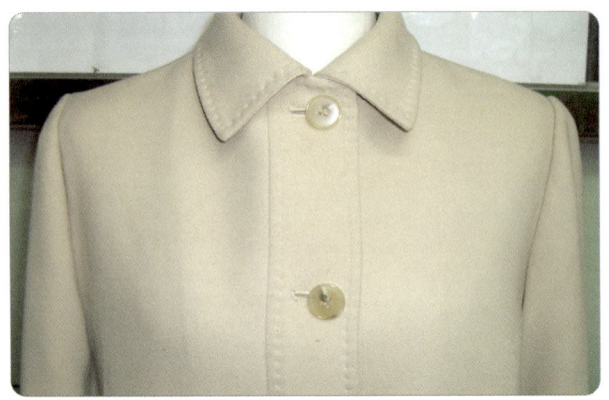

17 완성 모습에서 잘못 봉제된 어깨도 수선되고 길이도 줄어든 것을 알 수 있다.

tip

· **11**에서 어깨가 2cm가 줄어들었으므로 **16**에서 소매를 달 때 미리 원하는 어깨 사이즈를 알고 있어야 시접을 활용하여 조절할 수 있다. 이처럼 어깨에서 길이를 줄이는 경우에는 목과 옷깃을 먼저 완성하고 소매를 달아 줘야 한다.

· **11**은 적당한 수치로 자른 예에 불과하므로 옷에 따라 한꺼번에 너무 많이 자르지 말고 조금씩 맞춰 가며 잘라 내고, 뒷면보다는 좌우를 넓게 파는 것이 공간을 만들기에 유리하다. 이렇게 하면 뒷부분만 잘라서 뒤가 올라갈 것 같지만 완성된 옷은 전혀 그렇지 않다.

신사 재킷 길이 어깨에서 줄이기

01 사진처럼 어깨에서 길이를 줄이려고 한다. 앞가슴 시침은 하지 않아도 무방하다.

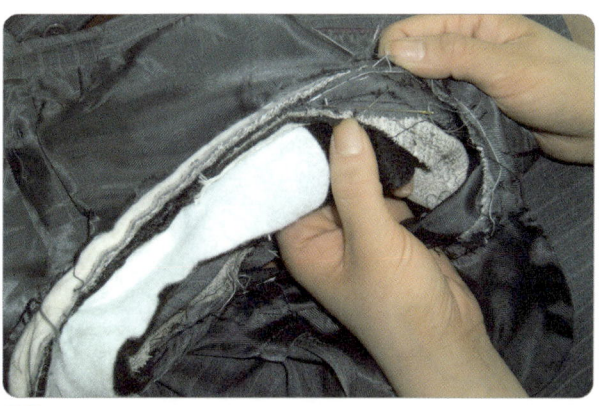

02 소매를 분리하기 전에 안쪽에서 안감을 먼저 분리한 후 겉감 소매 쪽에 있는 시접이 움직이지 않도록 촘촘히 시침하고 나머지를 분리한다.

03 소매를 분리한 후 동그란 모양이 유지되도록 다시 한 번 시침한다.

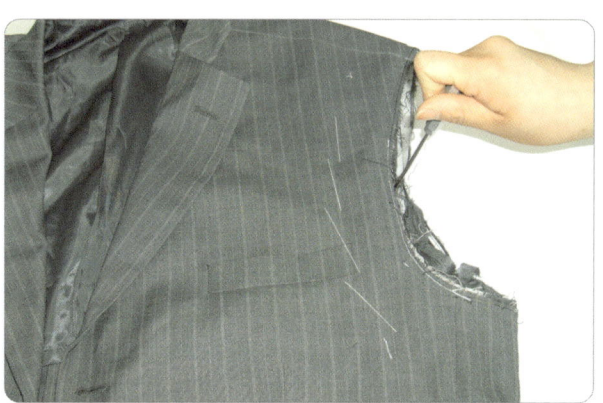

04 바닥에 흰 종이를 깔고 송곳으로 꾹꾹 찍어서 앞판 형태를 만든다.

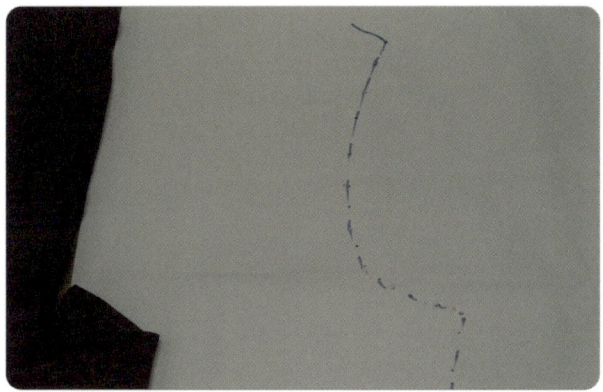

05 앞판 형태를 만든 모습이다(이때 시접은 각자 알아서 넣든지 빼든지 하면 된다).

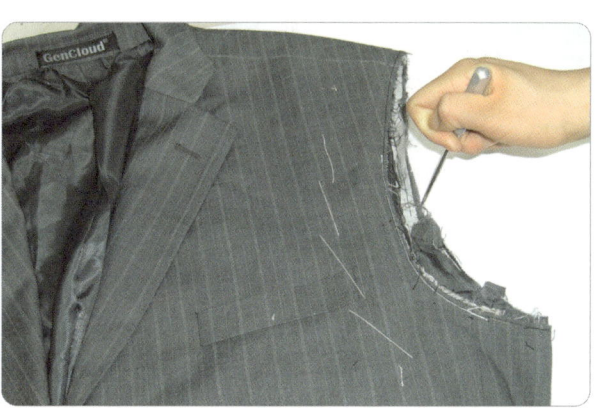

06 뒤판도 앞판과 같은 방법으로 종이를 깔고 송곳으로 꾹꾹 눌러서 형태를 만든다.

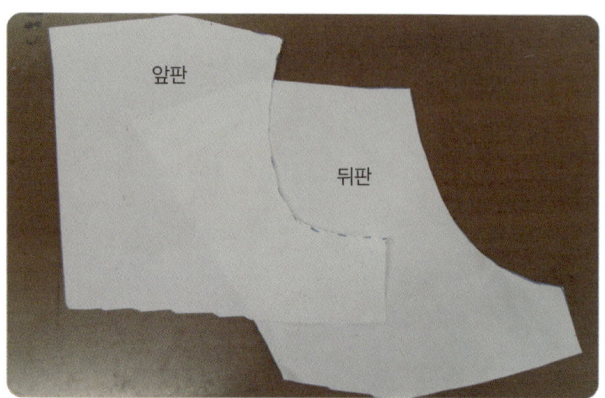

07 앞판과 뒤판이 완성된 종이 모양이다.

08 자르고자 하는 어깨 부분에 앞판 종이를 올려놓고 그리면 사진처럼 어깨에서 줄일 만큼 겨드랑이 부분이 내려오는데 이 부분을 잘라 낸다.

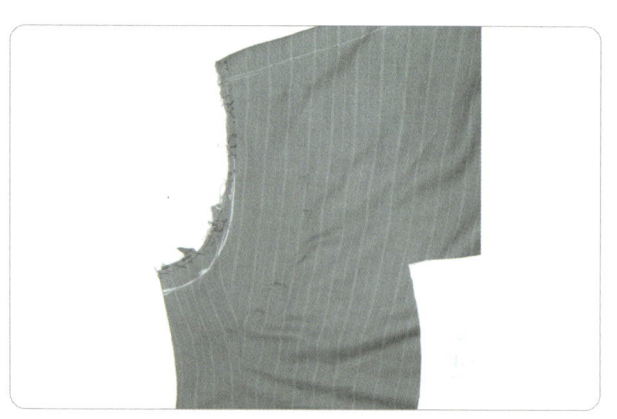

09 뒤판도 마찬가지로 자르고자 하는 어깨 부분에 뒤판 종이를 올려놓고 그리면 어깨에서 줄일 만큼 겨드랑이 부분이 내려오는데 이 부분을 잘라 낸다.

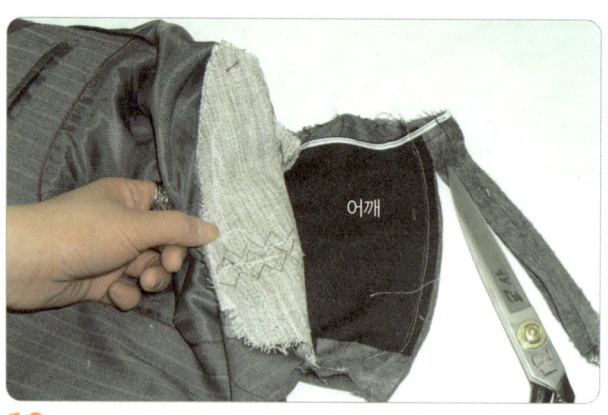

10 안쪽으로 들어가서 자르고자 하는 겉감 어깨 부분을 박음질하고 잘라 낸다.

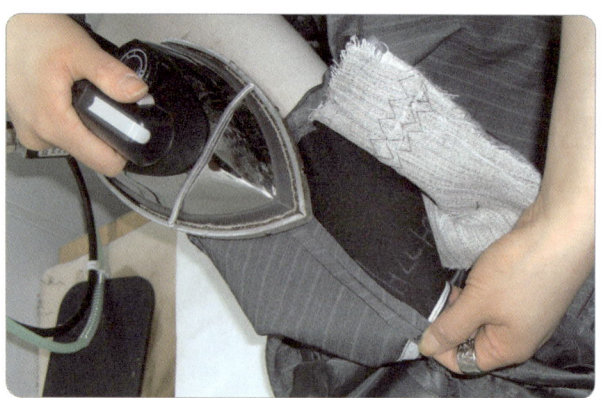

11 박음질한 후에 시접을 가름솔로 나눠 다림질한다.

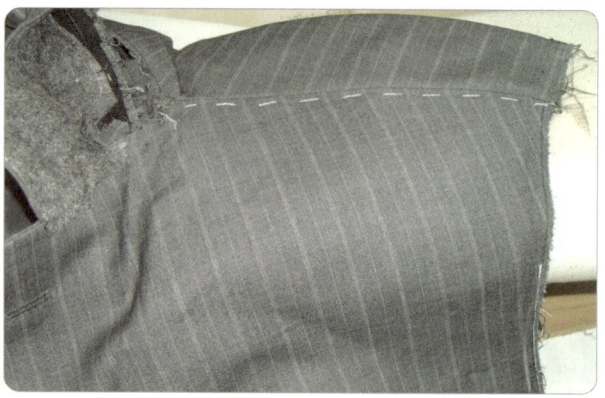

12 안쪽에 있던 부직포(또는 심지)를 덮어 움직이지 않도록 시침한다.

13 시침한 후에 남은 여분을 잘라 주어야 한다

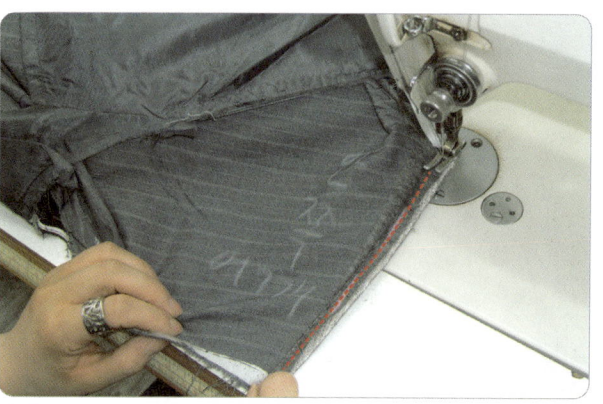

14 **13**에서 여분을 잘라 준 후 겉감 시접과 부직포(또는 심지) 시접이 움직이지 않도록 박음질한다.

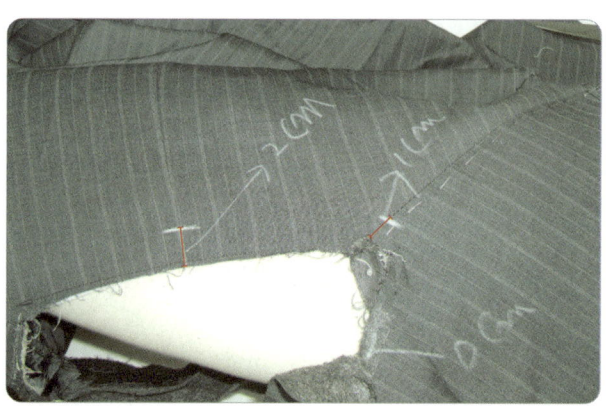

15 수선할 목둘레선을 표시한다(이때 2cm 부분은 뒷목 중심선인데 어깨에서 2cm를 줄이면 2cm를, 3cm를 줄이면 3cm를 잘라 내는 것이 좋다).

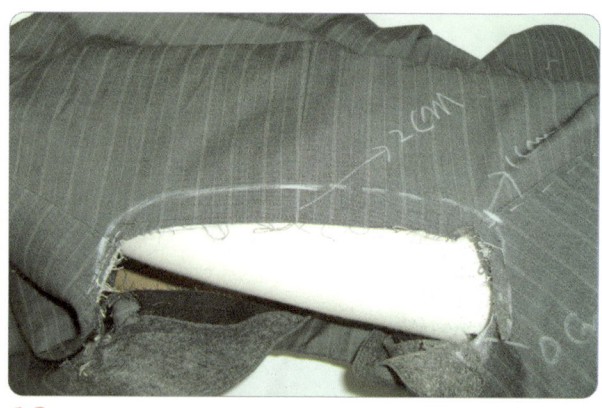

16 목둘레선을 그린 후 옷깃을 맞춰 보고 옷깃보다 1cm 정도 작다고 생각할 때 자른다(옷깃과 같을 때 잘라 내면 옷깃보다 커지는 경향이 있으므로 작은 것이 유리하다).

17 안감 어깨도 겉감과 같은 방법으로 잘라 준다.

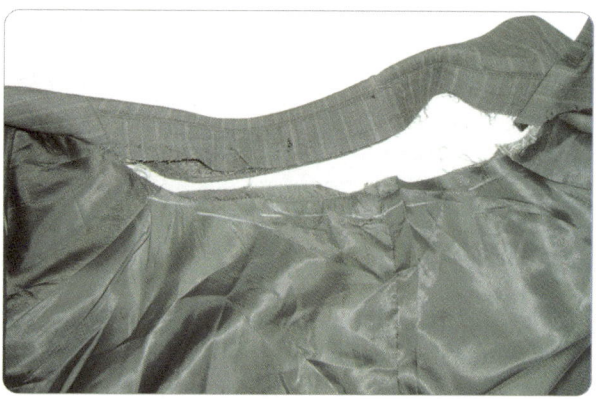

18 안감 목둘레도 겉감과 같은 방법으로 잘라 준다.

19 몸판 안감과 옷깃 안감을 마주 대고 박음질한다.

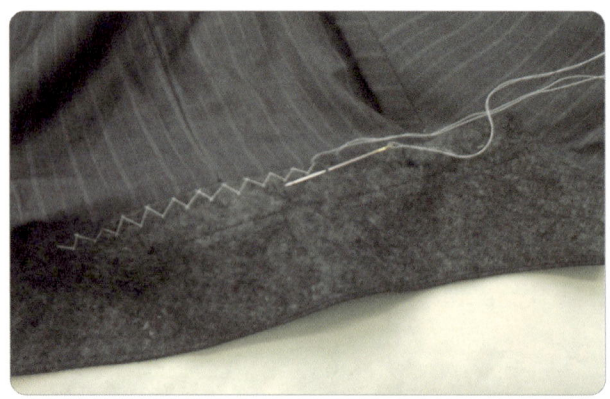

20 겉감 위에 옷깃을 올려놓고 손으로 새발뜨기하여 완성한다.

21 소매산과 어깨 중심선을 맞춰 진동둘레를 박음질한 후 어깨 패드를 어깨 시접보다 0.3cm 밖으로 크게 붙인다.

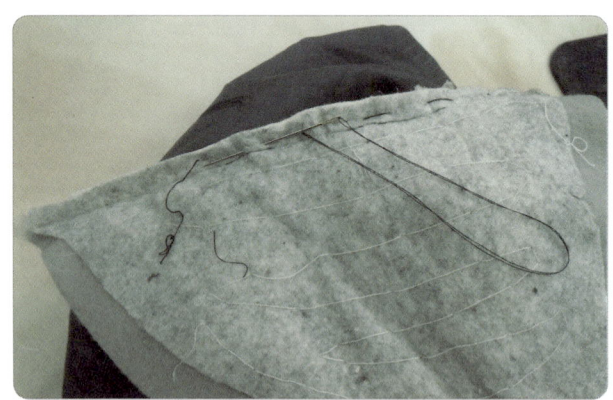

22 어깨 패드를 어깨 시접 부분에 시침한다.

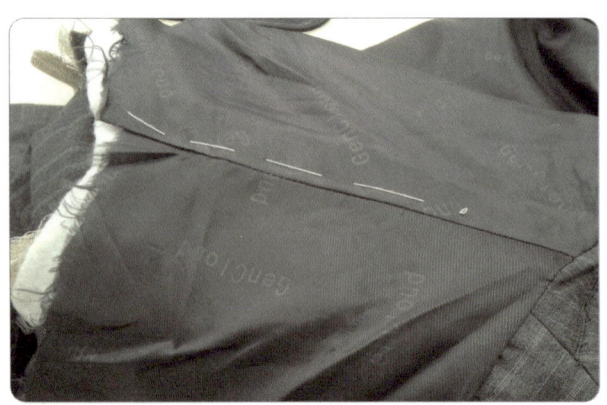

23 안감은 겉감 어깨 중심과 안감 어깨 중심을 맞춰 시침한다.

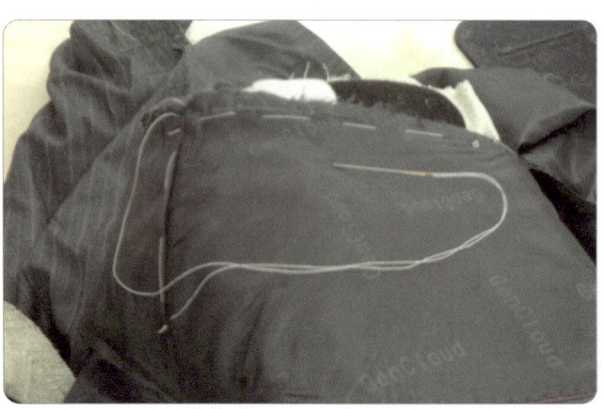

24 진동둘레 부분도 돌려 가며 안감과 겉감을 시침한다.

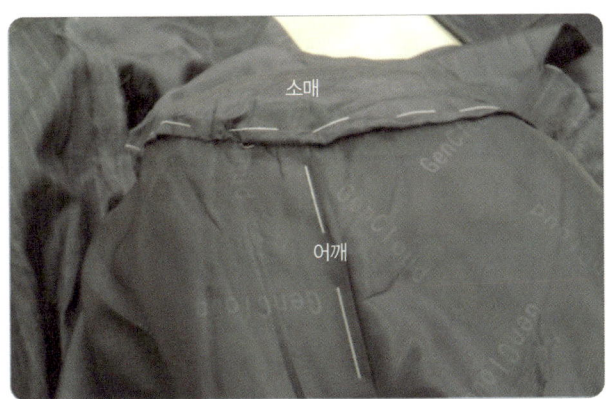

25 소매를 어깨 부분에 1cm 정도 겹치도록 올려놓고 시침
한다.

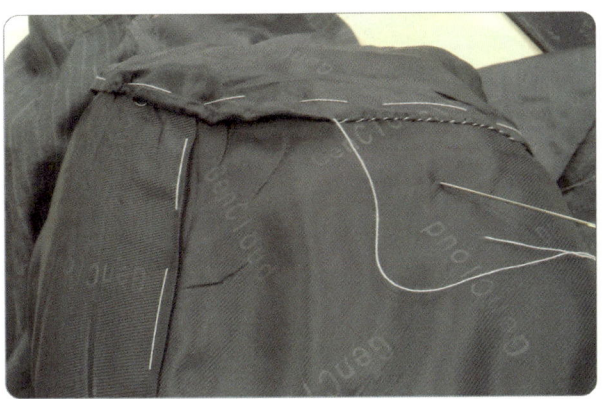

26 시침선을 따라 촘촘히 손바느질하여 마무리한다.

수선 전보다 가슴주머니가 약간
위로 올라가 있다. 그래서 3cm
이상은 어깨에서 줄일 수 없다.

27 완성 모습

tip

• 밑단 쪽에서 줄일 수 없는 재킷일 경우에 어깨에서 길이를 줄인다. 이때
가슴주머니를 생각하여 줄이는 길이는 3cm 정도가 적당하며, 더 많은 길
이를 줄여야 할 때는 어깨와 밑단에서 동시에 줄여야 한다.

래글런 재킷 길이 어깨에서 줄이기

01 래글런 재킷의 길이와 진동둘레를 함께 줄이려고 한다. 어깨 넓이를 14cm로 잡고 아래로 일직선을 그은 후 소매 쪽으로 직선을 긋는다.

02 어깨 쪽에서 4cm를 줄이려 한다.

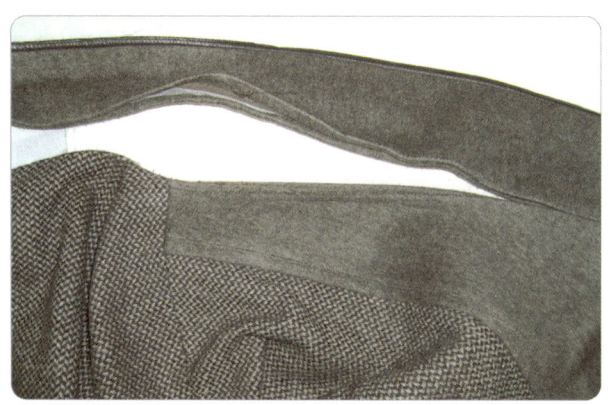

03 옷깃 부분을 최대한 넓게 뜯어낸다.

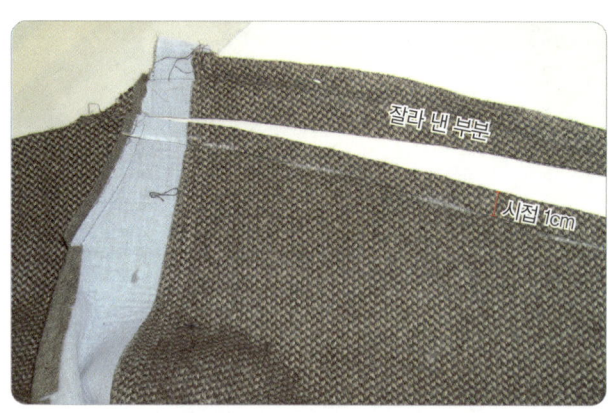

04 안쪽으로 들어가서 줄일 분량만큼 선을 긋고 선을 따라 박음질한 후 시접 1cm를 남기고 잘라 낸다.

05 어깨에서 4cm를 줄이면 뒷목에서도 4cm를 줄인다.

06 뒷목에서 줄일 분량을 잘라 낸 것이다.

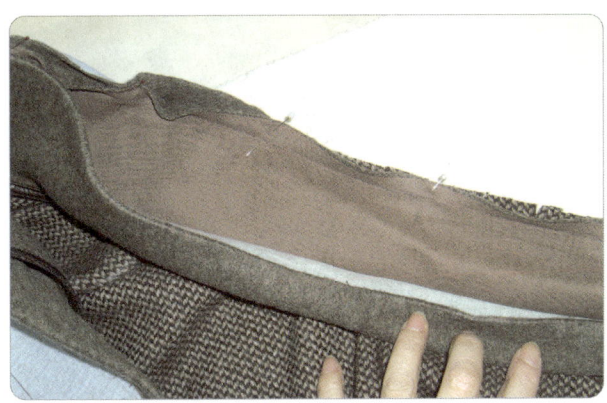

07 뒷목과 옷깃을 맞춰 보고 맞지 않으면 다시 조절한 후 맞추어 박음질한다.

08 겨드랑이 부분을 줄이는 모습이다.

*146쪽 래글런 재킷 둘레길이(품·통) 줄이기 참고

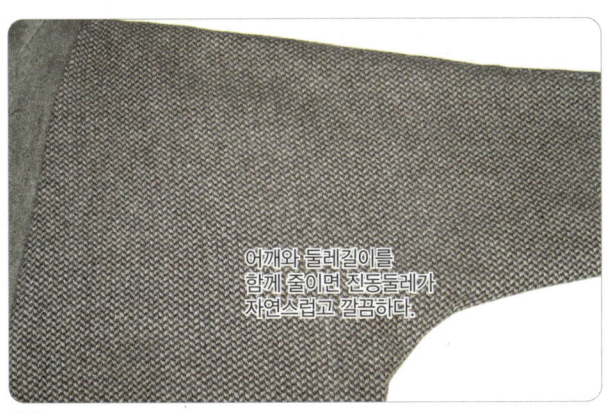

어깨와 둘레길이를 함께 줄이면 진동둘레가 자연스럽고 깔끔하다.

09 완성 모습

• 래글런 재킷은 겨드랑이보다 어깨에서 줄여야 훨씬 예쁘게 수선할 수 있지만 어깨에서 줄이면 옷의 길이도 함께 짧아지므로 주의해야 한다.

남방 둘레길이(품·통) 줄이기

01 몸판과 소매통에 입고 싶은 선을 표시한다(남방 둘레길이를 줄일 때는 몸판과 소매통을 함께 연결해서 박음질하여 줄이면 편하다).

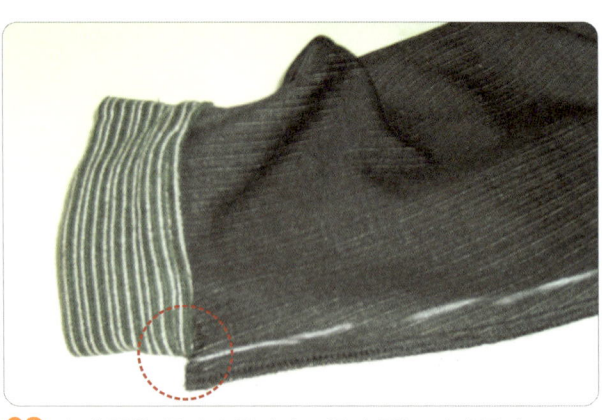

02 소매 끝은 줄이지 않더라도 뜯어 주는 것이 좋다.

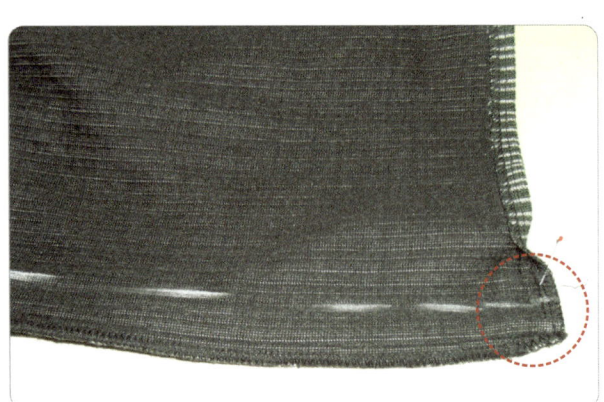

03 몸판도 마찬가지로 끝부분을 뜯어 주는 것이 좋다.

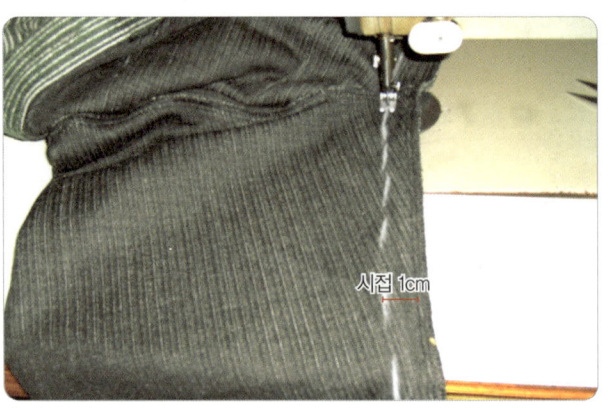

시접 1cm

04 입고 싶은 선을 따라 겨드랑이부터 시작해서 몸판 끝까지, 다시 겨드랑이부터 시작해서 소매 끝까지 박음질한 후 시접 1cm를 남기고 잘라 내어 오버로크 처리한다.

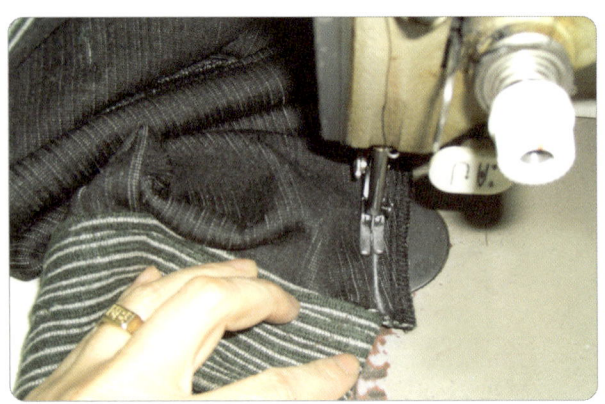

05 입고 싶은 선을 따라 소매 끝까지 박음질하는 모습이다.

06 소맷부리에 소매 끝을 넣고 눌러 박음질한다.

07 밑단도 마찬가지로 눌러 박음질한다.

08 밑단 부분을 다림질해 준다.

09 소매 부분을 다림질해 준다.

10 완성 모습

래글런 재킷 둘레길이(품·통) 줄이기

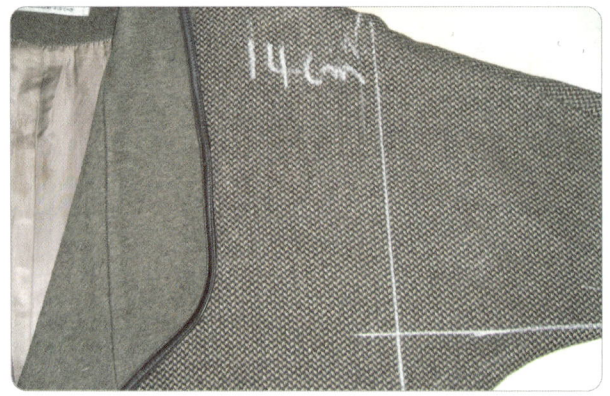

01 어깨 넓이를 14cm로 잡은 후 아래로 일직선을 긋고 소매 쪽으로 직선을 긋는다.

02 선이 교차하는 겨드랑이 부분 안쪽에 줄이고자 하는 분량만큼 곡선을 그려 준다.

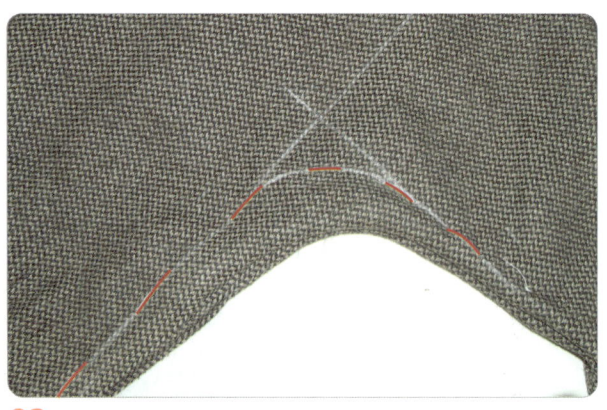

03 좌우 2장을 포개서 똑같이 실표뜨기를 한다. 실표뜨기를 할 때는 실에 넉넉히 여유를 주어야 한다.

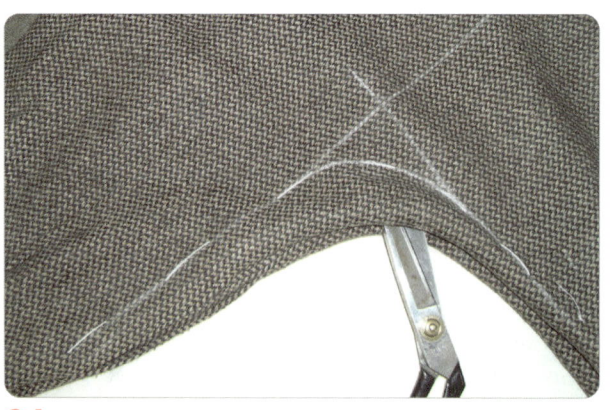

04 중간에 가위를 넣어 **03**에서 실표뜨기한 것을 자른다.

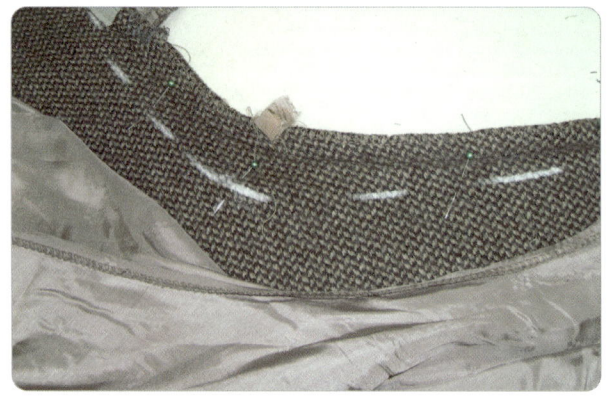

05 안쪽으로 들어가 **03**에서 실표뜨기한 선을 따라 박음질 한 후 시접을 남기고 잘라 낸다.

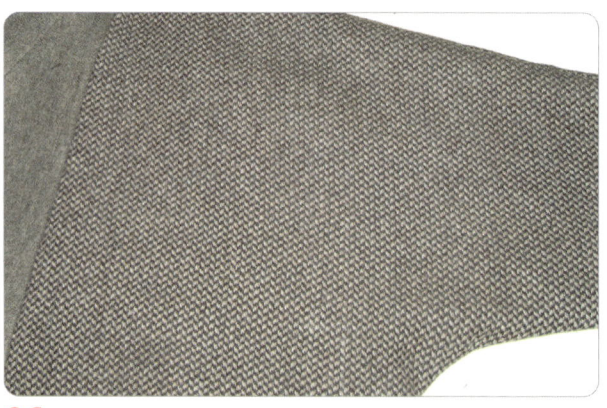

06 완성 모습

양복 재킷 뒤트임 둘레길이(품) 줄이기

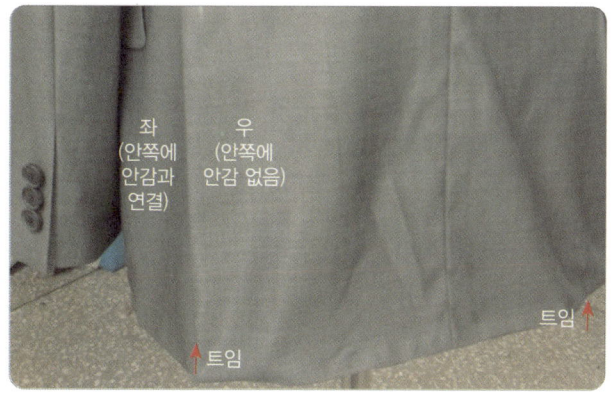

01 양복 재킷의 뒤트임 둘레길이(품)를 줄이려고 한다.

02 초크로 표시한 부분이 원래 박음질선이었으며 현재 둘레 길이를 1.5cm 줄여서 박음질한 모습이다.

03 둘레길이를 1.5cm 줄였으므로 트임 부분도 1.5cm를 줄 여 주어야 한다. 이곳은 박음질선을 1.5cm 뜯는다.

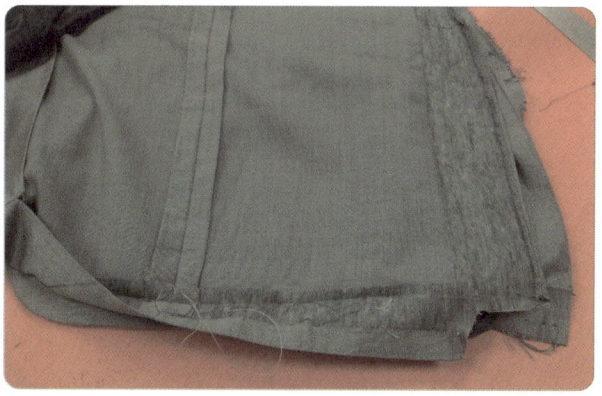

04 트임 부분을 줄이기 위해 트임 부분과 밑단을 뜯는다.

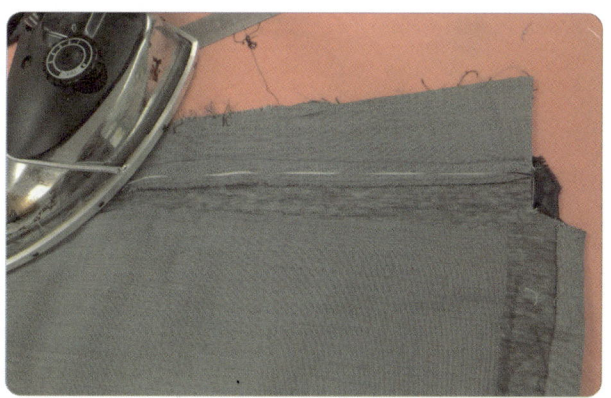

05 **03**과 **04**에서 뜯어낸 부분을 줄여서 다림질한다. 흰색 초 크 부분이 줄이기 전의 선이었다.

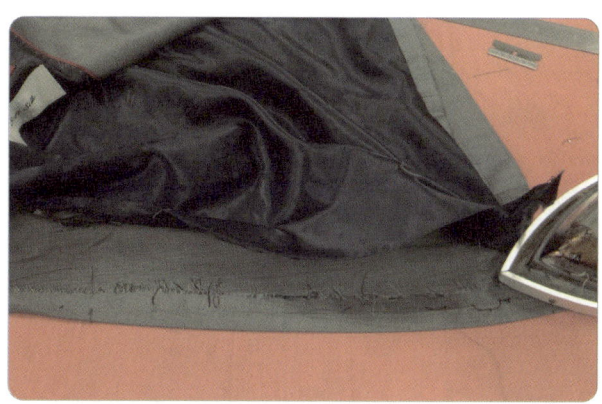

06 반대쪽도 이와 같은 방법으로 작업한다.

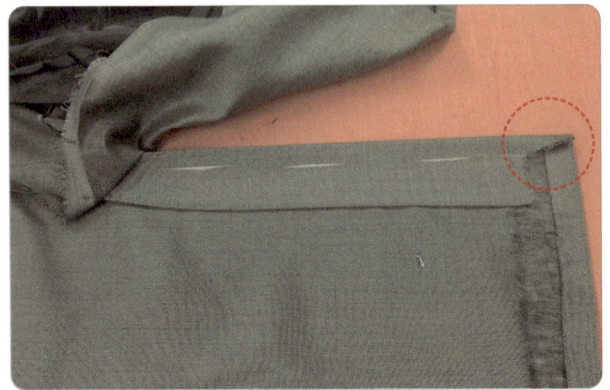

07 겉면 트임 가장자리에 삼각형을 만들려고 한다. 흰색 선 만큼 둘레길이가 줄어든 셈이다.

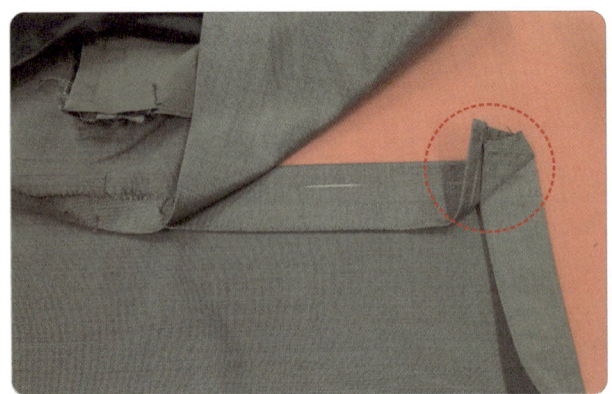

08 사진처럼 삼각 꼭지선을 만들어 다림질한다.

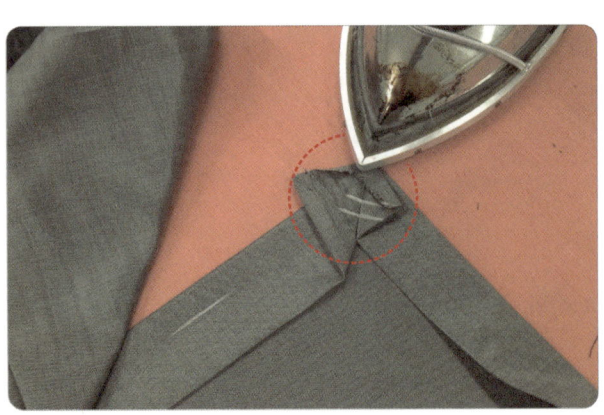

09 서로 중심이 맞도록 벌려 다림질한다. 이때 흰색으로 표시한 부분이 벌어지면 안 된다.

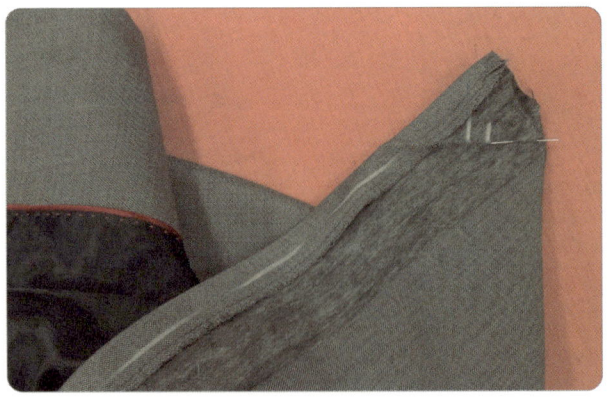

10 09에서 다림질한 선을 마주 잡고 안쪽에서 다림질선을 박음질한다. 이때 겉쪽의 다림질선과 안쪽의 박음질선이 일치해야 한다.

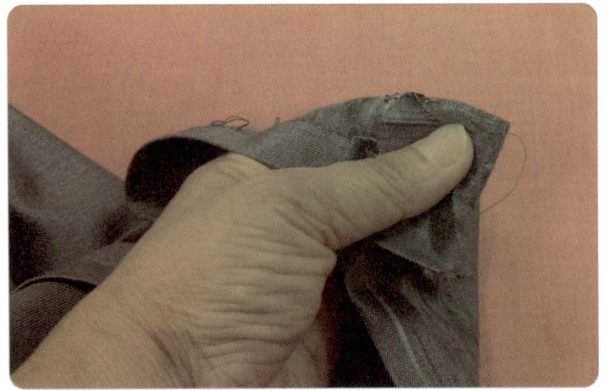

11 10에서 박음질한 후 손가락을 넣어 삼각형을 손으로 누르고 뒤집어 준다.

12 삼각형이 완성된 모습이다.

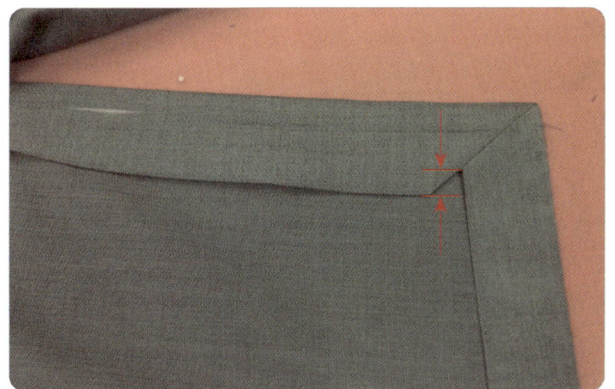

13 10의 박음질선 안과 밖이 맞지 않으면 입었을 때 뒷면이 들뜨거나 당겨진다. 둘레길이를 1.5cm 줄였으므로 둘레 길이 쪽에서 1.5cm 차이가 난다.

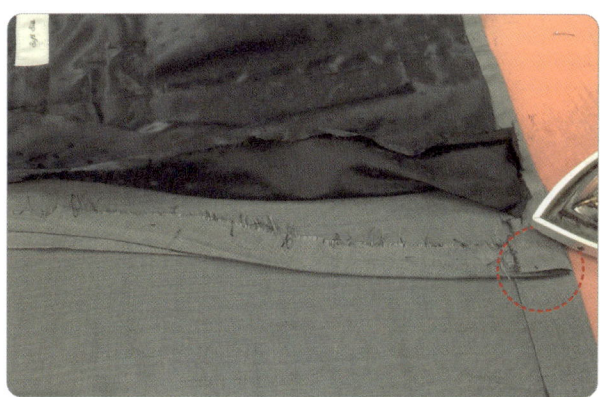

14 밑단의 좌우 길이가 맞도록 다림질을 한다.

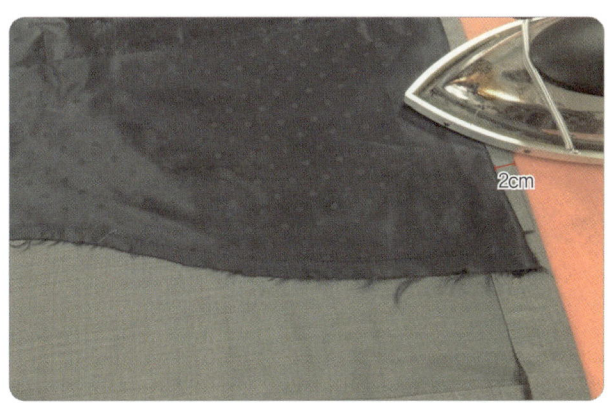

15 안감은 겉감 밑단보다 2cm 짧게 접어 넣고 다림질한다.

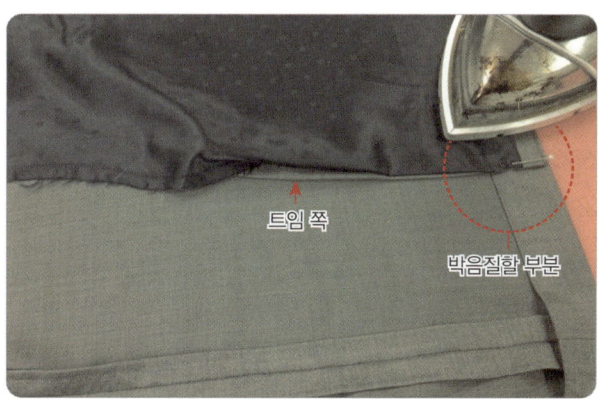

16 사진처럼 트임에 맞춰 안감을 접어서 다림질하고 핀으로 고정한 후 트임 쪽으로 들어가서 밑단 시접을 박음질한다.

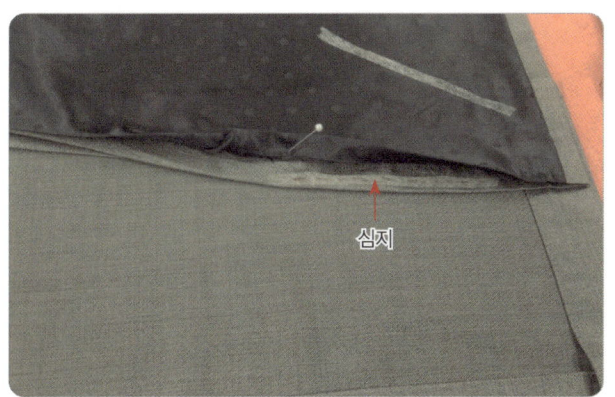

17 다림질한 트임 아랫부분에 녹는 심지를 얇게 잘라 넣는 다(이 부분은 나중에 박음질할 것이다).

18 끝 모양을 따라 깔끔하게 다림질하여 녹는 심지를 붙인다.

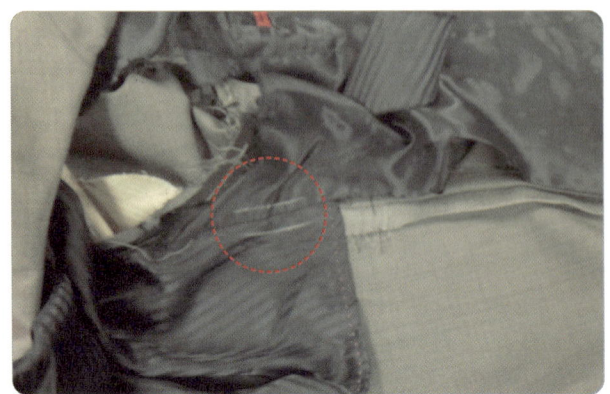

19 겉감을 줄인 만큼 안감에도 표시를 한다.

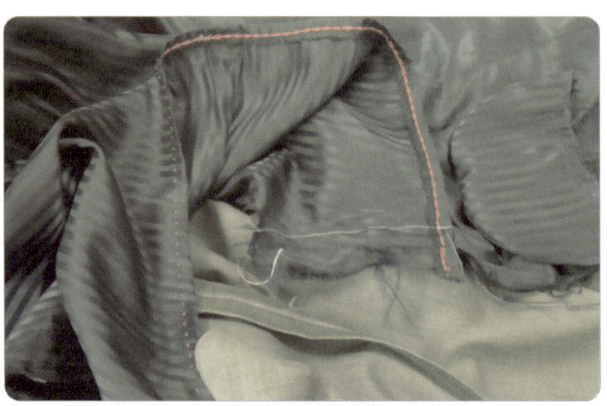

20 안감을 뒤집어 **19**에서 표시한 만큼 줄여 준다.

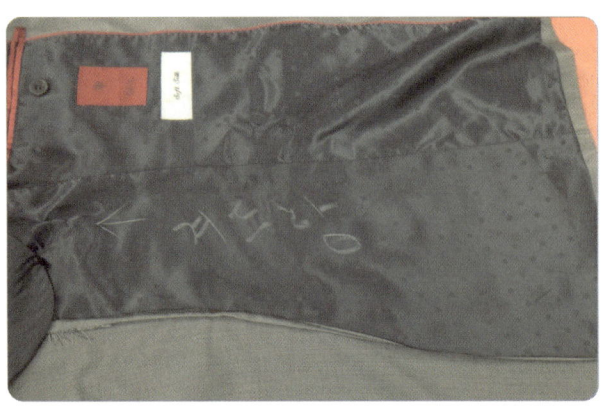

21 **20**에서 줄인 것을 **18**의 선에 맞도록 전체 다림질한 후 녹는 심지로 안감과 겉감을 고정한다.

22 몸판에서 안감을 분리한 후 안쪽으로 들어가서 겉감을 안감 위에 놓고 다림질선을 따라 박음질하여 완성한다.

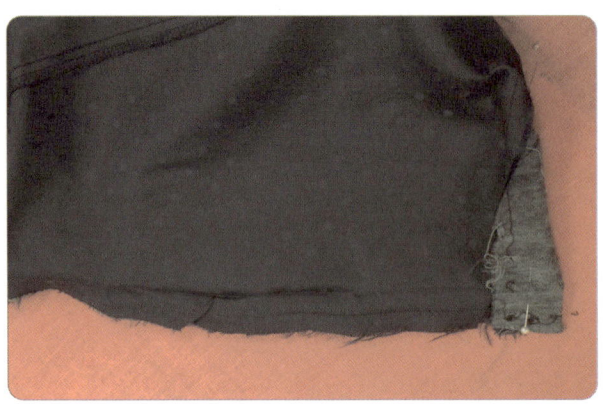

23 **22**를 박음질할 때 밑단 부분은 사진처럼 접어서 함께 박음질한다.

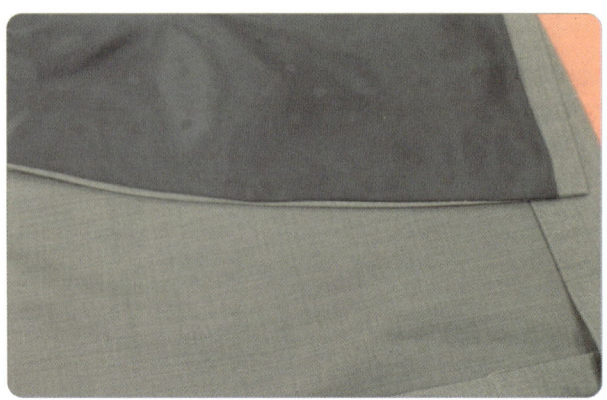

24 안감이 완성된 모습이다. **23**을 작업하고 나면 밑단 끝부분이 이렇게 된다.

25 겉쪽에서 본 안감 완성 모습이다.

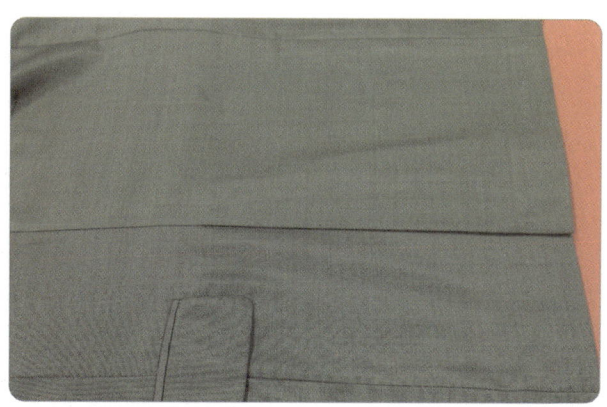

26 겉감이 완성된 모습이다.

27 완성 모습

 tip

- **22**에서 박음질하기 위하여 뜯었던 곳은 밑단 부분을 박음질할 때 조금 남겨 두었다가 그곳으로 잡아당겨 봉제하고, 밑부분은 손바느질로 마무리한다.
- 뒤트임은 안감과 겉감을 같은 양으로 줄이되 트임 부분도 같이 줄여 줘야 트임 부분이 깔끔하다.

PART 6

소매 수선하기

블라우스형 소매 길이 줄이기 · 양복 기본형 소매 길이 줄이기

양복 삼각형 소매 길이 줄이기 · 재킷 소매 길이 늘이기 · 남방 소매 길이 줄이기 · 핸드메이드 재킷 소매 길이 줄이기

추리닝 소매 길이 줄이기 · 어깨 부분에서 재킷 소매 길이 줄이기 · 양복 소매길이 가장 간편한기 방법으로 줄이기

블라우스형 소매 길이 줄이기

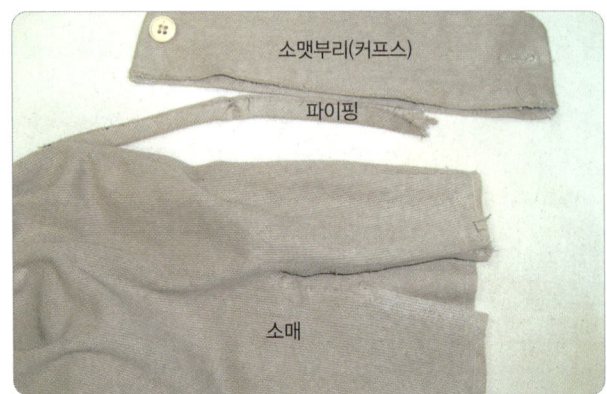

01 소매 끝부분에서 소맷부리와 파이핑을 뜯어 놓는다.

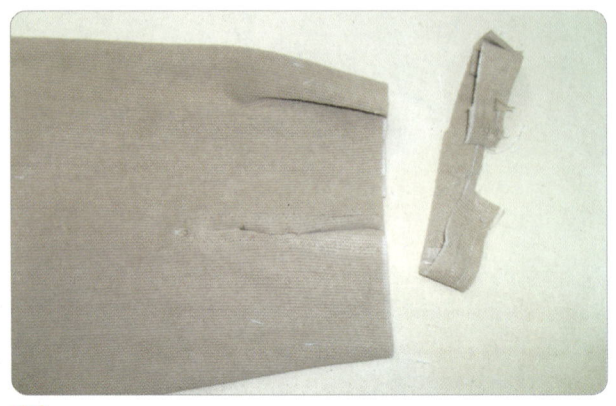

02 입고 싶은 길이에 선을 그리고 잘라 낸다.

03 **02**에서 잘라 낸 길이만큼 트임 위쪽에 선을 그려 가위로 자른다.

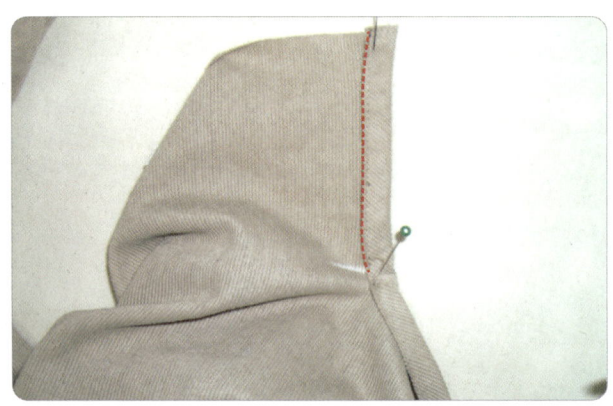

04 소매 트임 부분에 파이핑 원단을 끝까지 넣은 후 중간에 핀을 꽂아 핀 부분까지 일자로 박음질한다.

05 바늘을 꽂아 놓고 노루발을 들어 원단이 접히지 않도록 잘 편 후 노루발을 내려놓고 **04**에 이어서 박음질한다.

06 파이핑 중앙을 접어 끝부분을 안쪽에서 박음질한다.

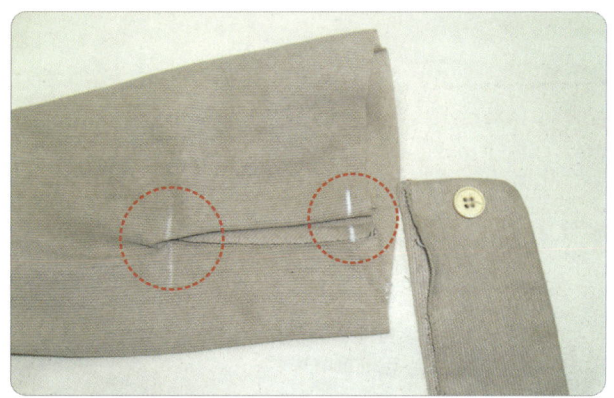

07 사진처럼 팔통 면이 넓은 쪽의 파이핑을 접어 놓고 양쪽이 똑같도록 표시한다.

08 소매 끝을 정리하여 주름을 잡아 소맷부리(커프스) 속에 넣은 후 기존의 봉제선에 맞추어 박음질한다.

09 완성 모습

tip
• 소매 주름은 미리 잡아서 소맷부리(커프스)와 맞는지 맞춰 보고 핀으로 고정하여 박음질하면 좋으며, 밀리는 원단은 한 번에 박음질하지 말고 안단과 겉단을 따로따로 박음질하는 것이 좋다.

양복 기본형 소매 길이 줄이기

01 줄이고 싶은 길이에 초크로 선을 그린다.

02 안감과 단추를 분리해 놓고 소매 끝을 뜯은 후 시접 4cm 를 남기고 나머지 부분을 가위로 잘라 낸다.

03 소매 안쪽 끝에 5cm 폭 정도의 심지를 붙인다.

04 **02**에서 표시해 둔 시접 4cm를 안쪽으로 접어 다림질 한다.

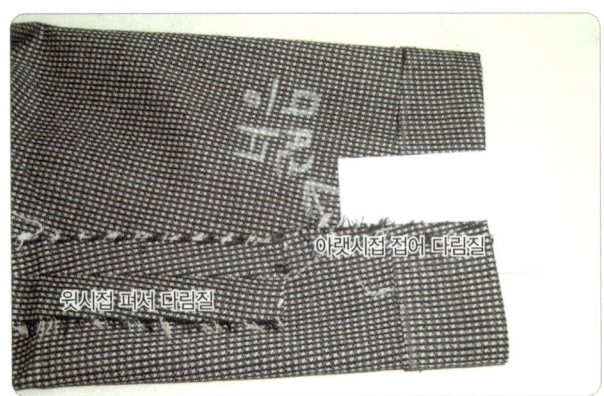

05 옆트임에서 아랫시접은 넓은 쪽으로 접어서, 윗시접은 펴서 다림질한다(잘 보이라고 흰색 종이를 깔았으며, 넓은 쪽이란 2장 소매 중 넓은 쪽을 말한다).

06 흰색 선(❶)은 박음질할 선이고, 파란색 선(❷)은 3장 중 2장을 잘라 낼 선이다.

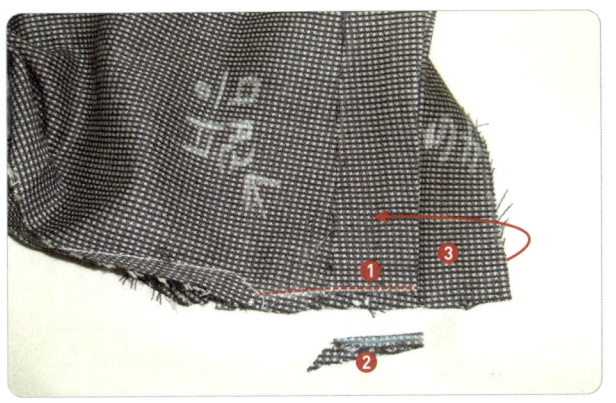

07 흰색 선(**1**)을 따라 박음질을 하고 파란색 선(**2**)을 잘라
   낸 후 **3**을 위로 덮어서 **1**이 박히지 않게 박음질한다.

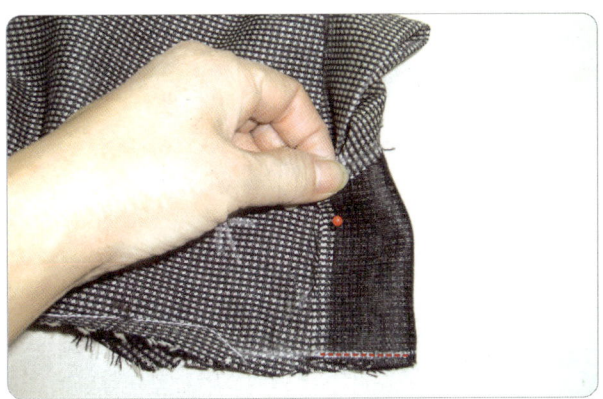

08 **07**에서 **3**을 덮어 박음질하는 모습이다.

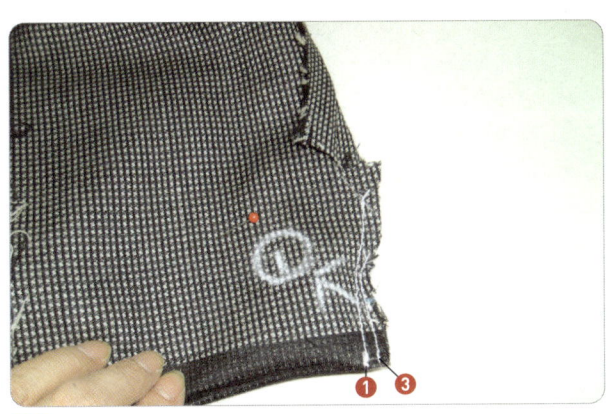

09 뒤집어 보면 **07**에서 **3**을 덮어 박음질할 때 **1**이 박히지
   않은 것을 알 수 있다.

10 **09**를 다시 뒤집었을 때 **07**에서 박음질한 **1**의 시접이
   보여야 한다(끝부분이 두꺼워지지 않고 얇게 하기 위해
   서이다).

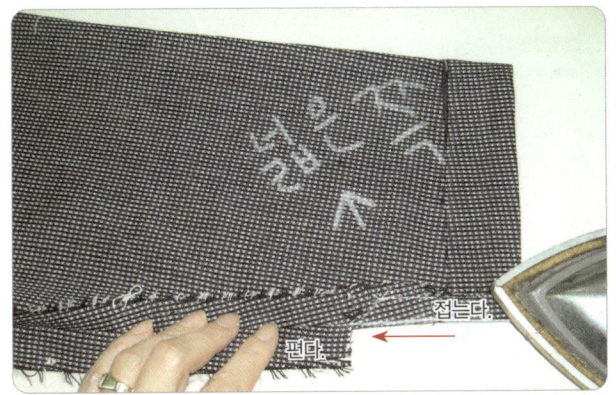

11 아랫시접은 넓은 쪽으로 접어서, 윗시접은 펴 놓고 흰색
   선을 따라 직선으로 다림질한다.

12 손가락 부분을 들고 겉감이 박히지 않도록 핀을 따라 박
   음질한다.

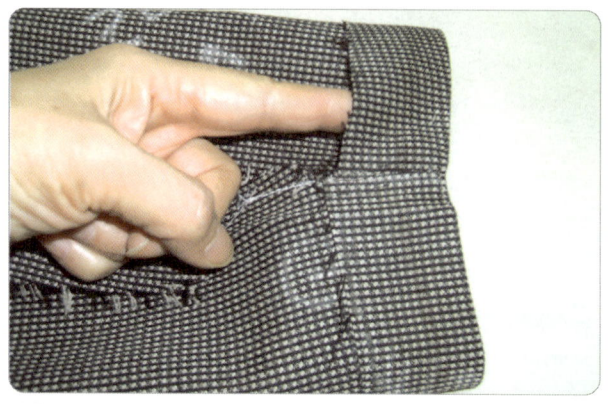

13 12를 박히지 않도록 박음질한 모습이다.

14 안감은 겉감보다 1cm 더 길게 가위로 자른다.

15 안감과 겉감을 마주 보게 한 후 겨드랑이선을 맞추어 핀으로 고정한다.

16 안감 소매통을 뜯어 안쪽으로 들어가서 **15**에서 고정한 부분을 시접 1cm를 남기고 돌려 가며 박음질한다.

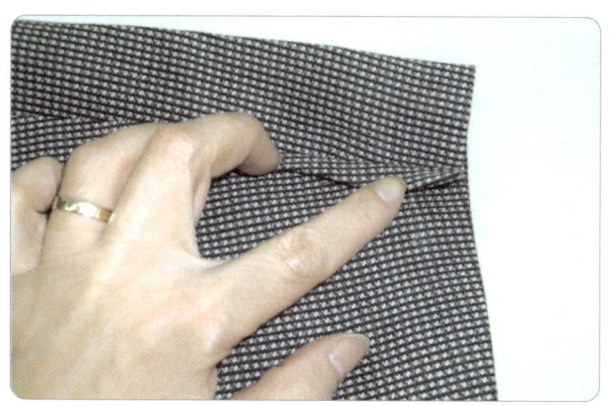

17 양복 겉쪽에서 접힘이 완성된 모습이다.

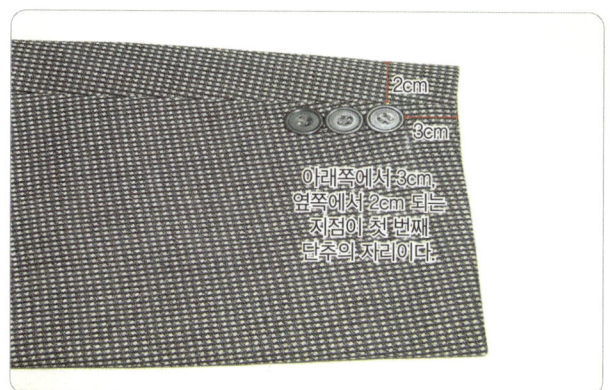

18 사이즈에 맞게 단추를 달아 완성한다.

양복 삼각형 소매 길이 줄이기

01 안쪽이 트여 있는 삼각형 소매의 길이를 줄이려고 한다.

02 줄이고 싶은 길이에 선(❶)을 그리고 안감과 단추를 분리한 후 소매 끝을 뜯어 시접 4cm를 남기고 나머지 부분을 잘라 낸다.

03 트임 쪽을 뜯어 소매 끝에 심지를 붙이고 시접 4cm를 접어 다림질한 후 아랫시접을 소매 2장 중 넓은 쪽으로 접어 다림질한다.

04 다림질한 후 접혀 있는 소매 부분(겉쪽에서 뚜껑 부분)을 겉면에서 본 모습이다.

05 접혀 있는 부분을 펴서 사진처럼 접힌 자리를 파란색 선으로 표시하고 그 위에 흰색 선을 대각선으로 그린다.

06 흰색 선 부분을 접어서 핀으로 고정한 후 선을 따라 박음질한다.

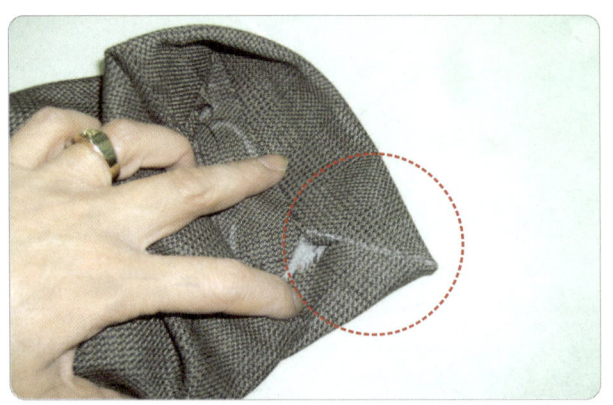

07 흰색 선 부분을 박음질하여 삼각형을 만든 모습이다.

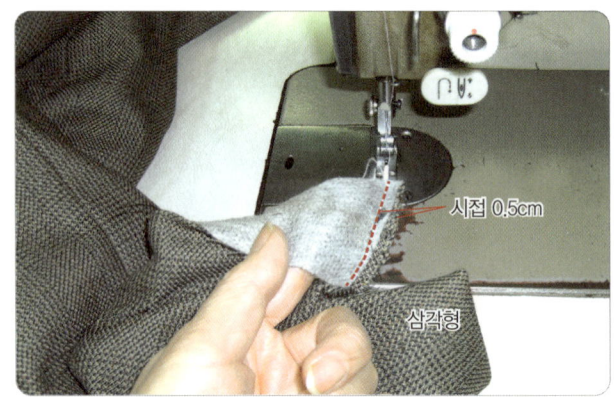

08 삼각형 반대쪽은 0.5cm 시접을 두고 접어서 박음질한다.

시접 0.5cm

삼각형

09 08에서 박음질한 후 뒤집어 준다.

삼각형

10 겉감 삼각형이 완성된 모습이다.

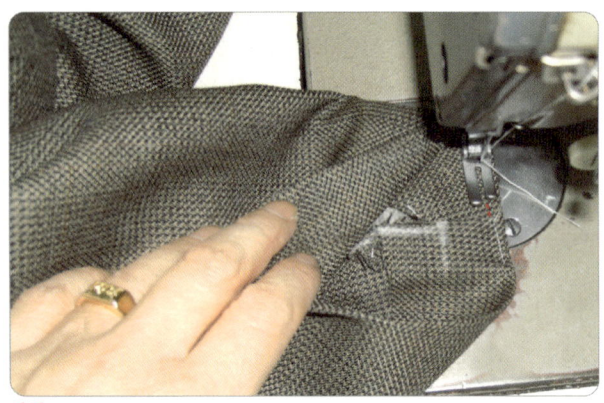

11 트임 끝부분이 움직이지 않도록 시침한다.

12 겉감이 박히지 않도록 흰색 선(❶)만큼 박음질한다.

박음질한다.

❶

겉감(맨 아래
있는 원단)은
박히지 않아야
한다.

13 겉감이 박히지 않도록 **12**를 박음질하는 모습이다.

14 안감은 겉감보다 1cm 길게 자른다.

15 겨드랑이선에 맞추어 겉감과 안감을 마주 보게 한 후 핀으로 고정한다.

16 안감 소매통을 뜯어 안쪽으로 들어가서 **15**에서 핀으로 고정한 부분을 1cm 시접를 남기고 돌려 가며 박음질한다.

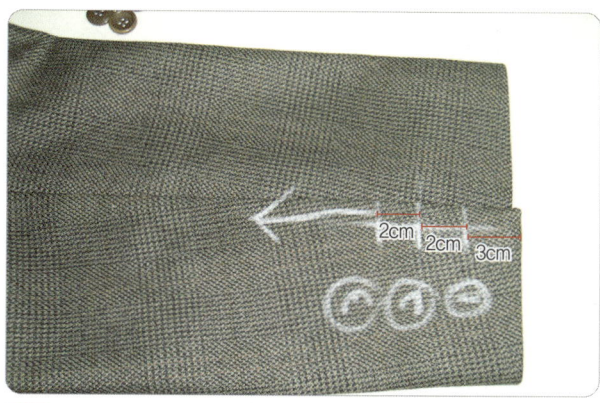

17 겉쪽에 겉감에 단추를 달아 준다(밑단에서 3cm 위에 첫 번째 단추를 달고 2cm 간격으로 나머지 단추를 단다).

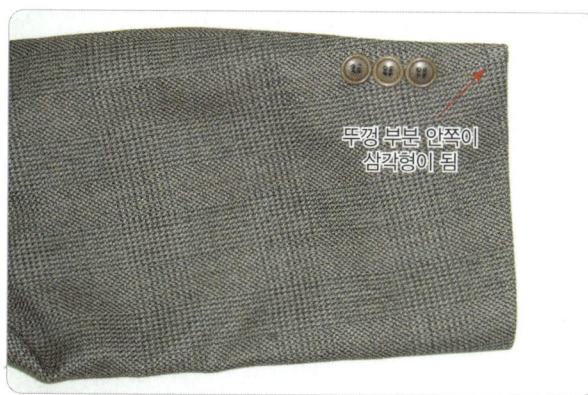

18 완성 모습

재킷 소매 길이 늘이기

01 재킷 소매 길이를 늘이려고 한다.

02 안감을 뜯어서 분리한 후 소매 시접을 뜯어서 내려 밑단 끝에서 0.7cm 되는 곳에 선을 긋는다.

03 5cm(늘이고 싶은 분량 3cm+시접 2cm) 너비의 바이어스 원단을 준비한다.

04 소매를 뒤집는다. 파란색 선(**①**)은 원래 박음질되어 있는 선이고, 분홍색 선(**②**)은 다시 박음질할 선이다.

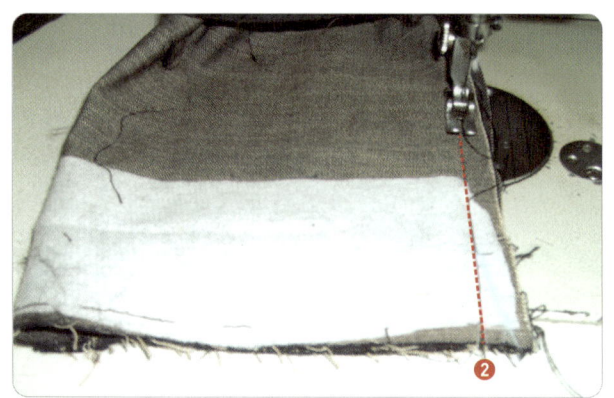

05 박음질되어 있던 선을 뜯고 **②**를 따라 다시 박음질한다 (이런 식으로 소매 끝부분을 줄이지 않으면 소매 끝이 나팔 모양이 된다).

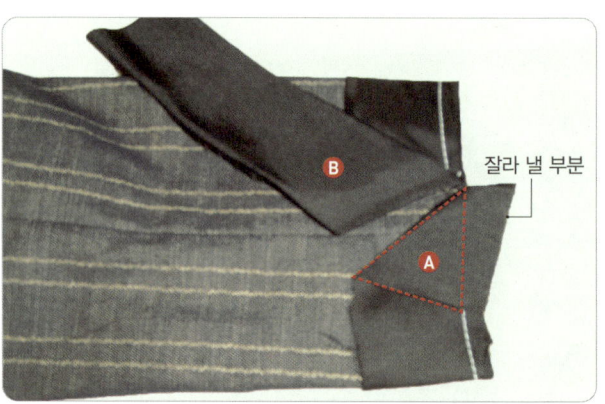

06 소매를 다시 뒤집어서 바이어스 원단을 박음질하여 붙이되 양쪽을 3cm 정도 남겨 놓은 후 **Ⓐ**는 삼각으로 접어 나머지를 잘라 내고, **Ⓑ**는 위에서 덮어 준다.

07 삼각으로 접었던 Ⓐ를 펴고, 위에서 덮어 준 Ⓑ를 Ⓐ의 삼각 길이만큼 자른 후 핀으로 고정하여 다림질한다.

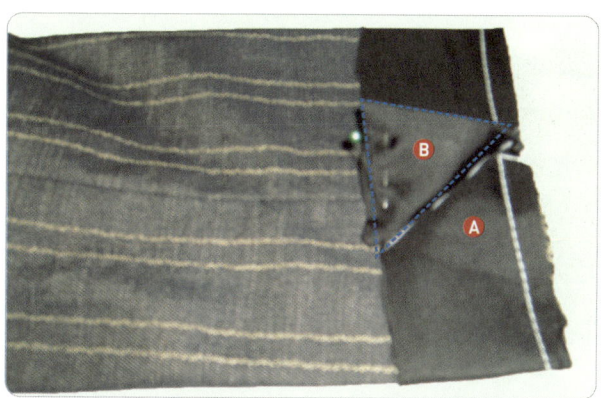

08 핀을 빼고 Ⓑ를 접어 보면 사진처럼 삼각형이 만들어진다. 이 삼각형을 기준으로 Ⓐ와 Ⓑ의 경계에 점선을 그린다.

09 **08**의 점선 부분을 박음질한 후 시접을 남기고 가위로 잘라 낸다.

10 겉면으로 나와서 덧붙인 바이어스 원단을 아래쪽으로 내리고 안단을 위에서 눌러 박음질한다.

11 바이어스 원단과 함께 겉감을 2mm 정도 안으로 넣고 다림질한다.

12 소매 끝부분을 접어 안감과 겉감의 겨드랑이 쪽 봉제선을 맞춘 후 바이어스 원단에 안감을 핀으로 고정한다(늘이는 분량에 따라 안감도 같이 늘여 주어야 한다).

13 안감 소매통을 뜯어서 안쪽으로 들어간다.

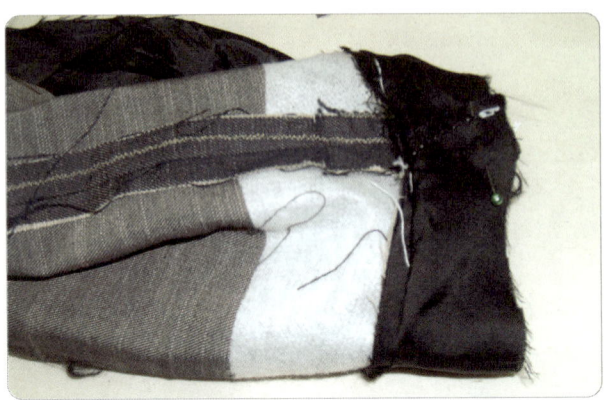

14 안쪽으로 들어가서 **12**에서 핀으로 고정한 부분을 따라 1cm 시접을 남기고 돌려 가며 박음질하여 안감을 붙인다.

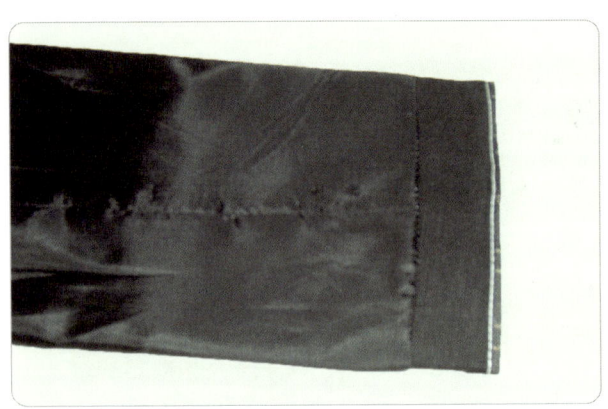

15 안감을 완성한 모습이다.

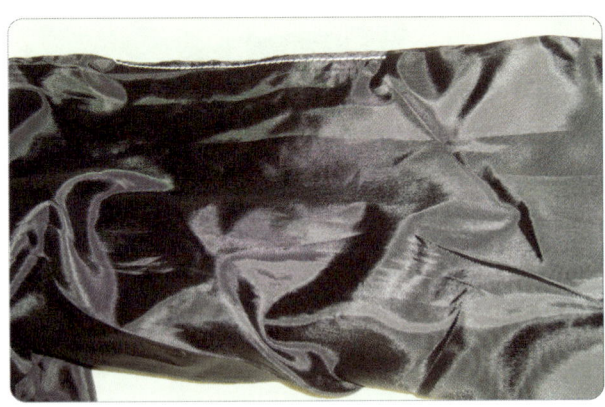

16 **13**에서 뜯어낸 안감 소매통을 다시 박음질한다.

17 완성 모습

 tip

• 소매 길이를 늘이는 방법은 치마, 바지, 코트, 재킷 등의 길이를 늘이는 데에도 함께 이용되며, 같은 원단이 없을 때는 안감 원단을 2겹으로 접어 바이어스결로 사용해도 된다.

남방 소매 길이 줄이기

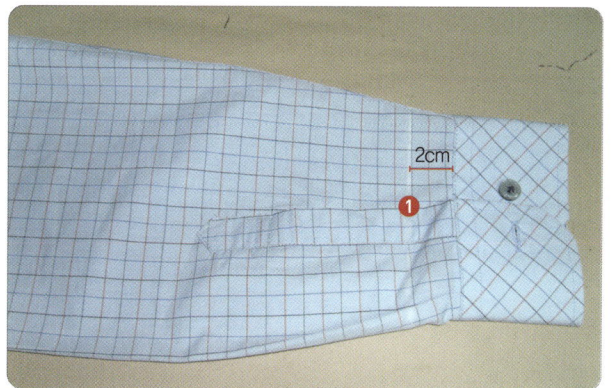

01 줄이고 싶은 길이(2cm)에 선(❶)을 그린다.

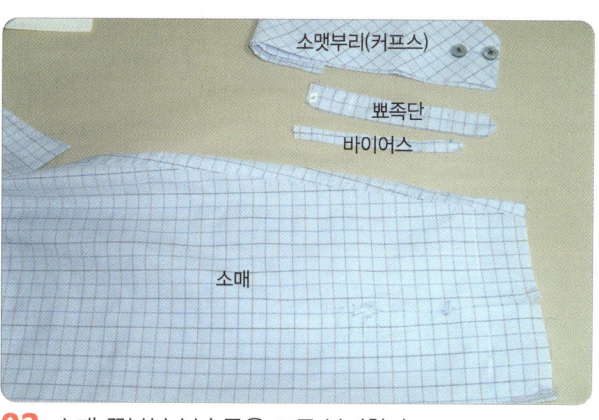

02 소매 끝부분 부속물을 모두 분리한다.

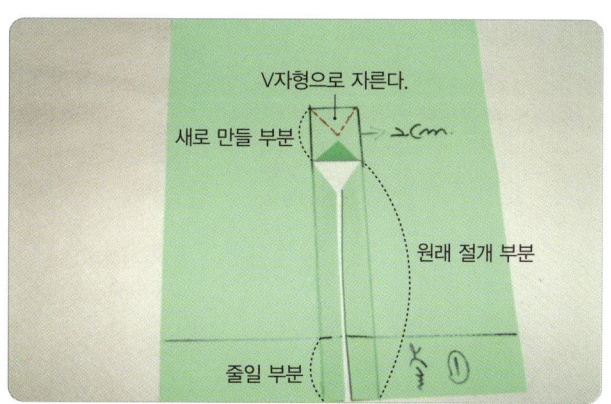

03 뾰족단과 바이어스를 떼어 낸 절개선 부위의 모습을 종이에 나타낸 것이다. 2cm 길이를 줄이고자 할 때는 사진처럼 새로 만들 부분을 그리고 위에서 V형으로 자른다.

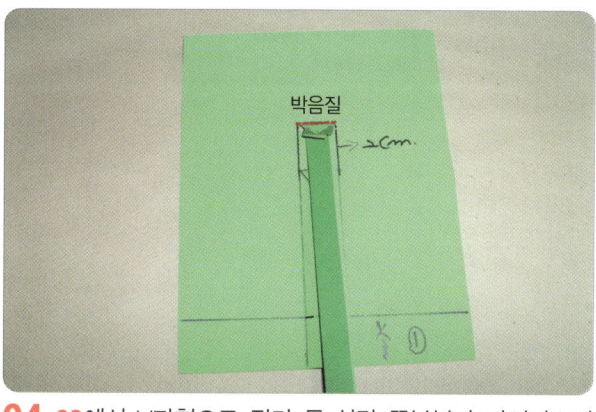

04 03에서 V자형으로 잘라 둔 삼각 끝부분과 바이어스의 겉면을 마주 보게 잡고 끝을 박음질하며 연결한다.

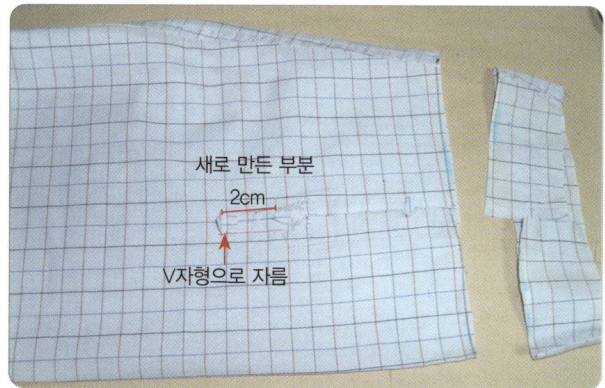

05 03의 실제 모습이다.

06 04를 실제로 박음질하는 모습이다.

07 **06**에서 삼각 끝부분을 박음질한 후 바이어스를 벌려 소매 원단이 빠지지 않도록 끼우고 위에서 눌러 박음질한다.

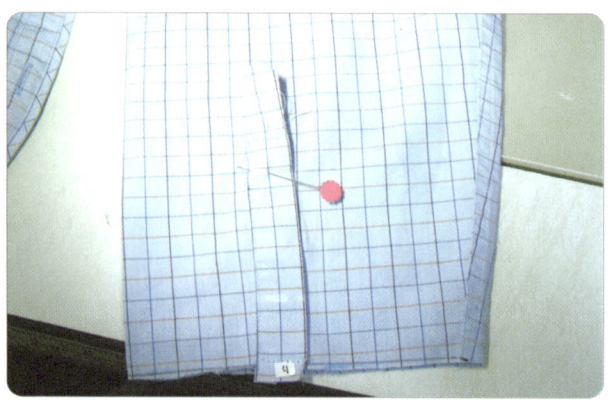

08 뾰족단의 위치를 잡아 핀으로 고정한다.

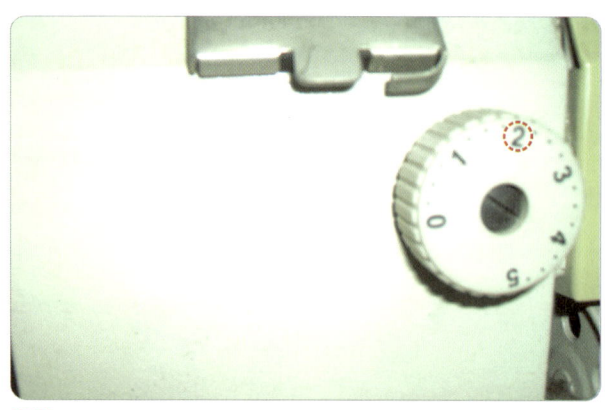

09 이때 박음질 땀수는 조금 촘촘한 2번 정도가 좋다.

10 핀으로 뾰족단 끝부분을 고정한 후 아래쪽에서부터 박음질해도 되고 위쪽에서부터 박음질해도 상관없다.

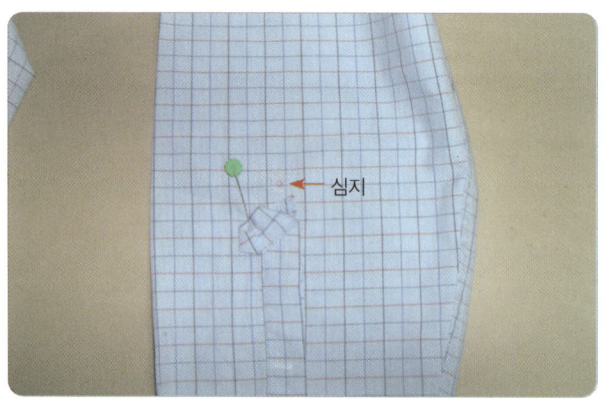

심지

11 뾰족단의 삼각 부분을 똑바로 펴서 다림질한 후 움직이지 않도록 소매에 녹는 심지(빨간색 표시 부분)를 붙여주면 좋다.

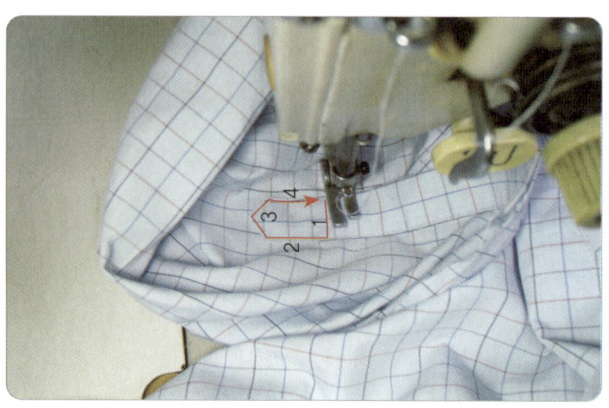

12 순서를 따라 박음질한다.

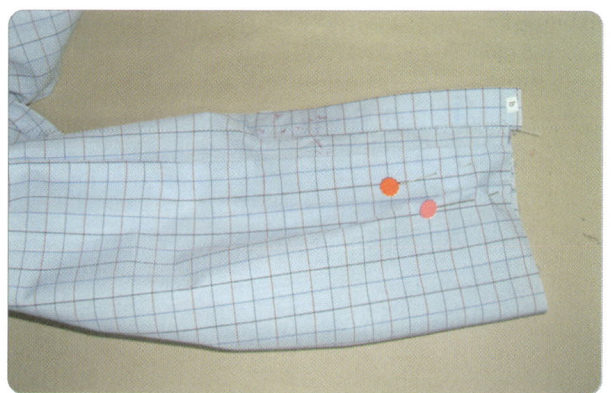

13 길이가 줄어들면서 넓어진 소매 입구는 주름으로 조정한다.

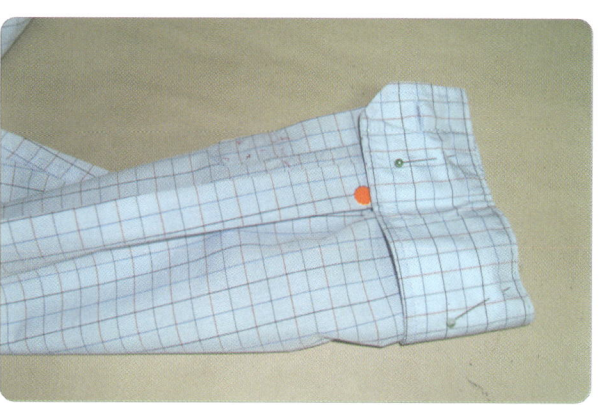

14 소맷부리(커프스)를 소매에 핀으로 고정하여 둘레가 맞는지 확인한다.

15 소매에 소맷부리(커프스)를 박음질하기 전에 좌우가 같게 표시를 한다.

16 기존의 봉제선을 따라 위에서 눌러 박음질하면 된다.

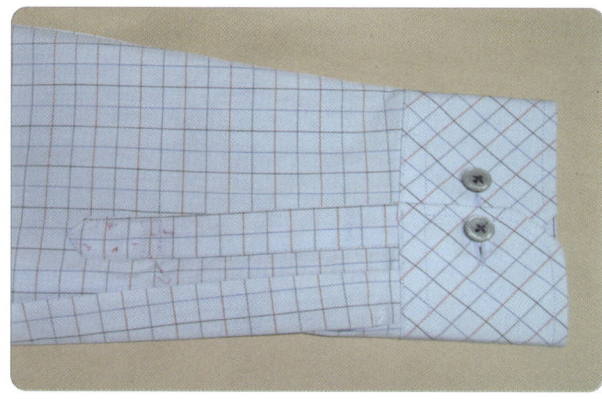

17 완성 모습

• **16**에서 한 번에 눌러 박음질하지 않고 겉감과 겉쪽 소맷부리(커프스), 소매를 먼저 안쪽에서 박음질한 후 안쪽 소맷부리(커프스)를 위에서 눌러 박음질해도 좋다.

핸드메이드 재킷 소매 길이 줄이기

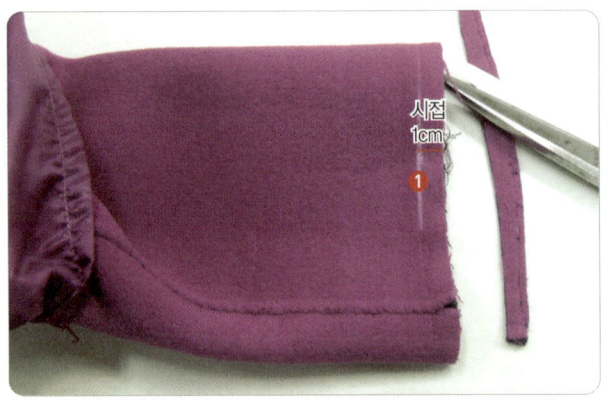

01 입고 싶은 길이에 선(❶)을 그린 후 시접 1cm를 남기고 나머지 부분을 가위로 잘라 낸다.

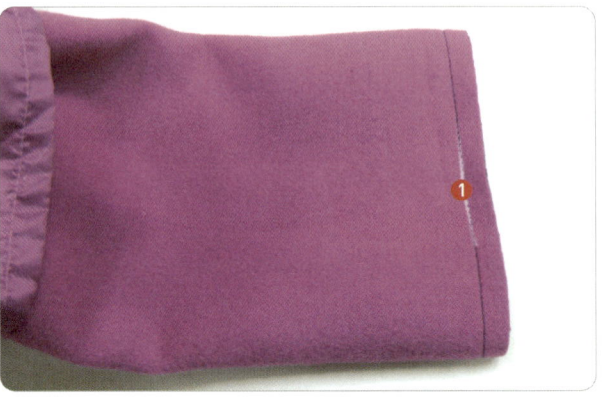

02 01에서 표시한 선(❶)에 바늘땀을 넓게 하여 시침한다.

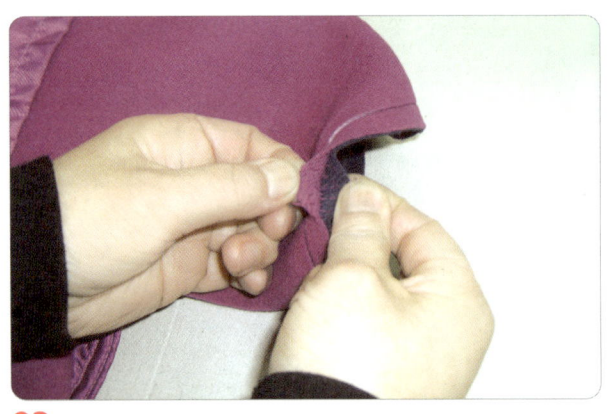

03 사진처럼 시침선 아래쪽을 뜯어 윗감과 아랫감 사이를 끝까지 벌려 준다.

04 윗감과 아랫감을 벌려 놓은 모습이다.

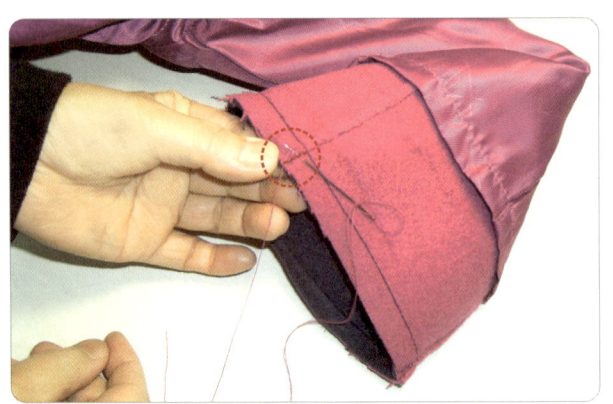

05 겉과 안이 모두 뜯어져 있는 짧은 옆선을 각각 꿰맨다.

06 시침선 사이를 벌린 모습이다.

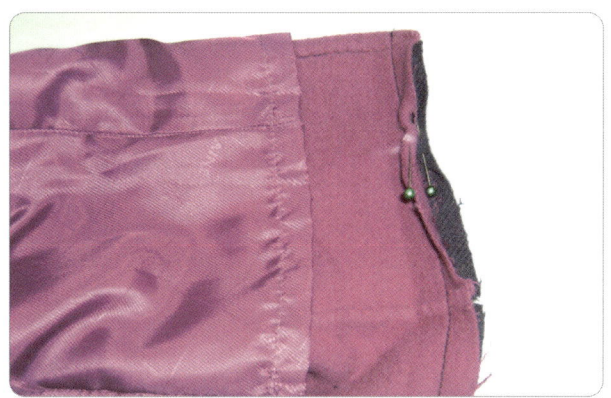

07 각각 0.5cm씩 안쪽으로 접어 준다.

08 접은 부분을 서로 합쳐 핀으로 고정한다.

09 합진 부분이 보이지 않도록 안쪽에서 잡아당기면서 손바느질한 후 시침선을 뜯어낸다.

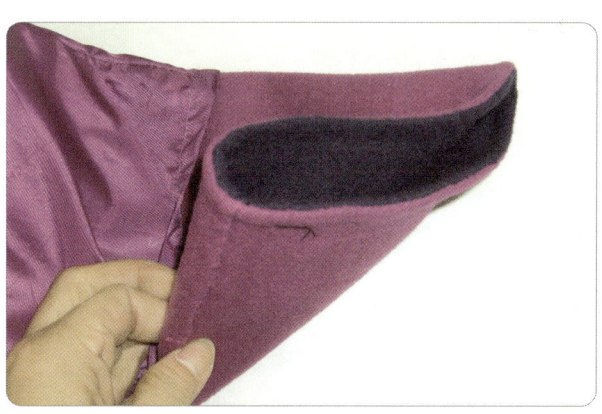

10 안과 밖이 깔끔하게 바느질된 모습이다.

11 완성 모습

- **03**에서 벌려 주는 부분이 일정해야 완성 모습이 깔끔하다. 일정하지 않으면 공기가 들어간 것 같다.

추리닝 소매 길이 줄이기

01 추리닝 소매를 3cm 짧게 줄이려고 한다.

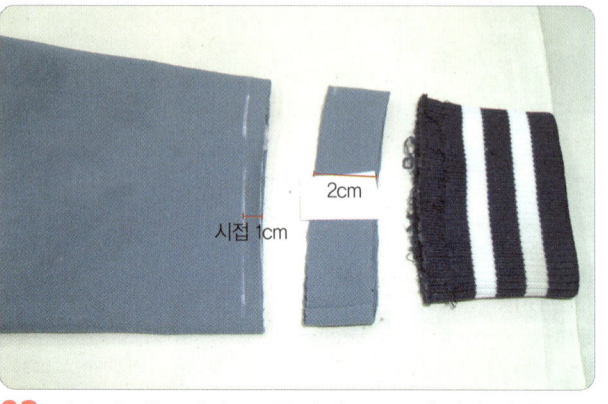

02 잘라 낼 때는 시접 1cm를 남기고 2cm만 잘라 낸 후 조르개를 분리한다(안감이 있는 상태로 자른다).

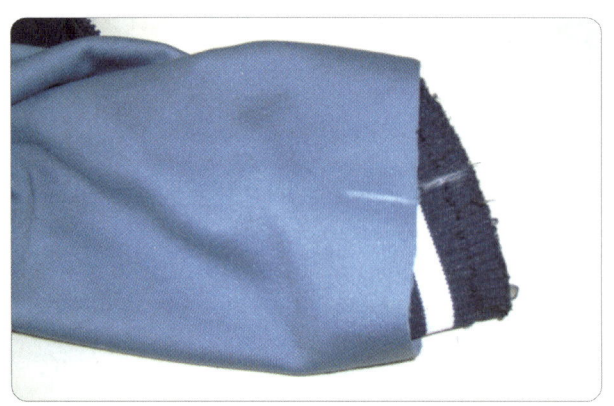

03 조르개와 소매 겉감 끝에서 각각 4군데 정도를 초크로 표시한다.

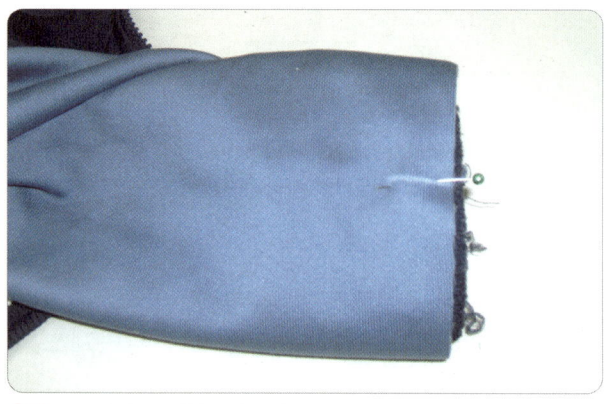

04 03에서 표시한 곳을 서로 맞춰 핀으로 고정한다.

05 조르개를 조금씩 잡아당기면서 겉감에 박음질한다.

06 겉감과 같은 방법으로 안감도 조르개와 함께 핀으로 고정한다.

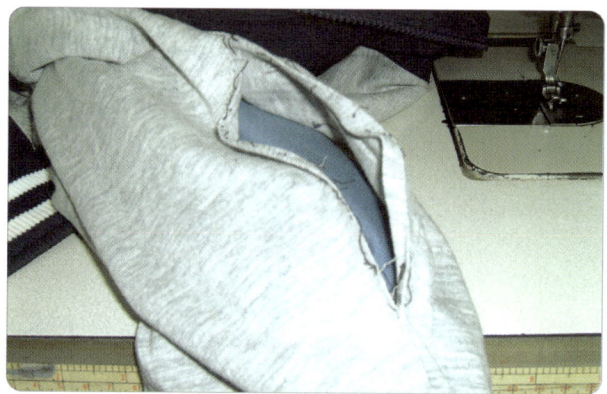

07 안감 소매통을 뜯어서 안쪽으로 들어간다.

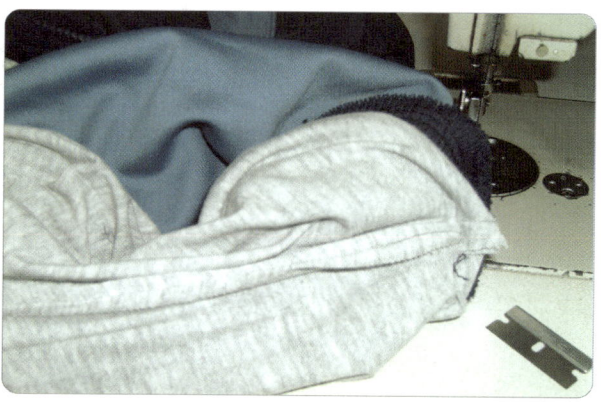

08 안쪽으로 들어가서 안감과 조르개, 겉감을 함께 박음질
한다.

← 겉감
← 조르개
← 안감

09 **08**에서 박음질할 때는 안감을 맨 밑에 놓고 **05**의 겉감
박음질선보다 2mm 더 안쪽에서 박음질한다.

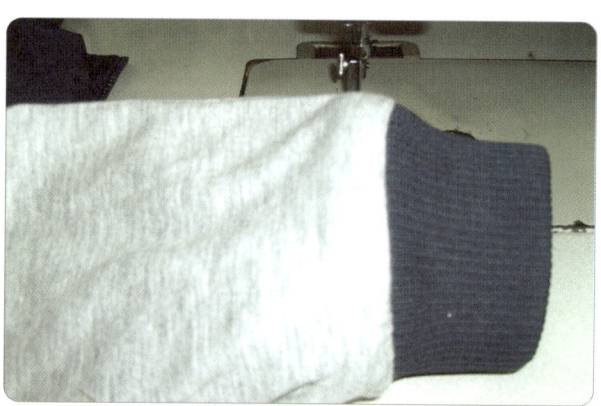

10 안감을 박음질한 모습이다(**07**에서 뜯어 두었던 안감 소
매통 부분도 박음질한다).

11 완성 모습

tip

· 조르개(시보리 또는 리브라고도 한다)는 동대문 시장에서 조금씩 구
입하기가 힘들다. 그러므로 입지 않는 티 등을 버릴 때 몸통 부분
을 잘라서 조르개로 사용할 수 있도록 남겨 색상별로 준비하는 것이
좋다.

어깨 부분에서 재킷 소매 길이 줄이기

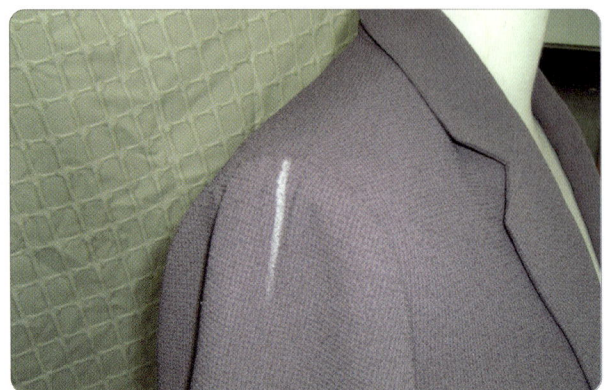

01 먼저 소매산에 어깨 중심선을 표시한다.

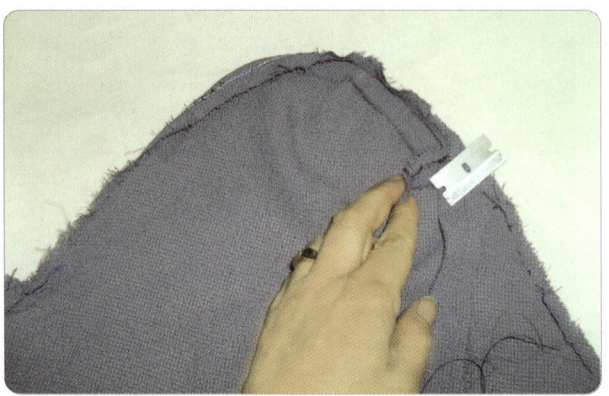

02 소매를 뜯어낸 후 소매 끝부분에 붙어 있는 바이어스테이프를 뜯어 놓는다.

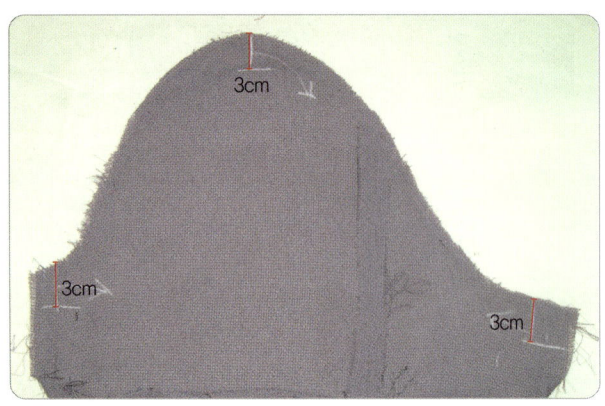

03 소매를 쫙 펴서 다림질한 후 사진처럼 소매산과 양쪽 진동둘레 끝부분에 줄이고 싶은 길이만큼 똑같은 사이즈로 표시한다.

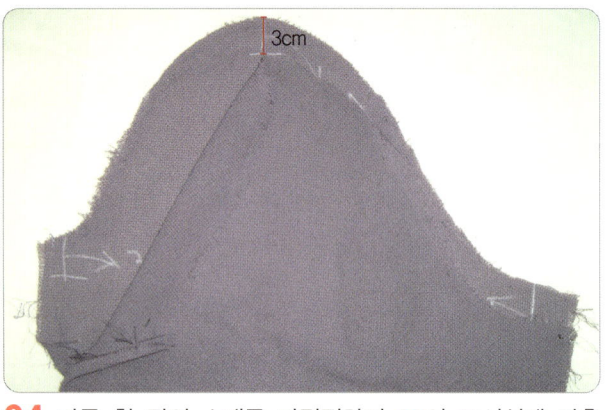

04 다른 한 장의 소매를 다림질하여 **03**의 표시선에 맞추어 얹는다.

05 **04**에서 올려놓은 소매의 어깨산 모양을 따라 똑같이 그린다.

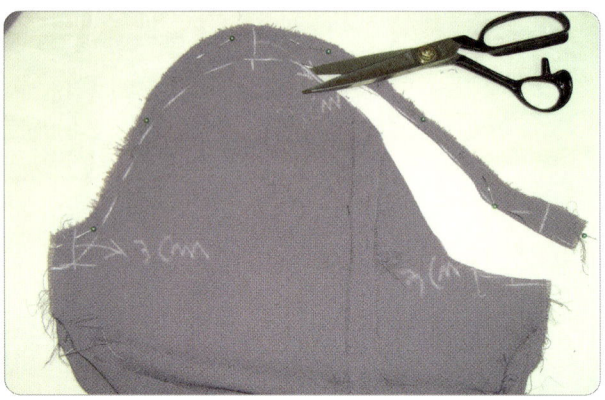

06 **05**의 선에 맞춰 소매를 서로 포갠 후 핀으로 고정하고 2장을 함께 잘라 낸다(중심선은 잊지 말고 표시한다).

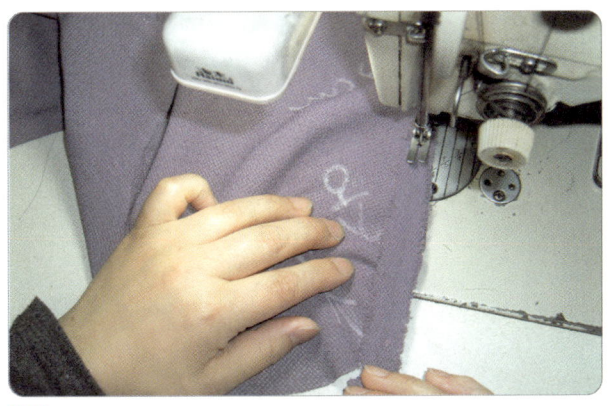

07 02에서 뜯어 놓은 바이어스테이프를 잘 다림질한 후 다시 소매 어깨에 살짝 여유를 주고 잡아당기면서 집히지 않도록 박음질한다.

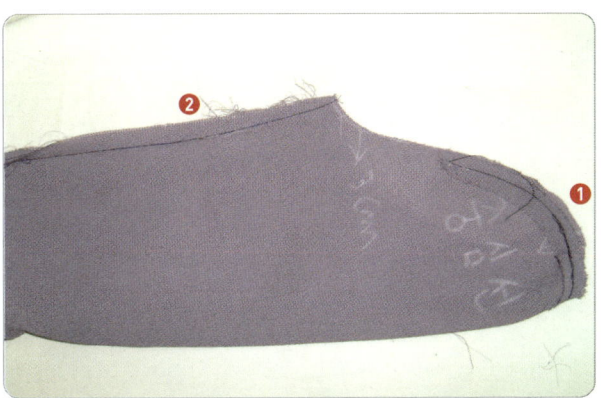

08 이렇게 박음질하면 소매 어깨가 둥그런 모습으로 여유가 생긴다. 그런 후에 소매 옆선을 박음질한다

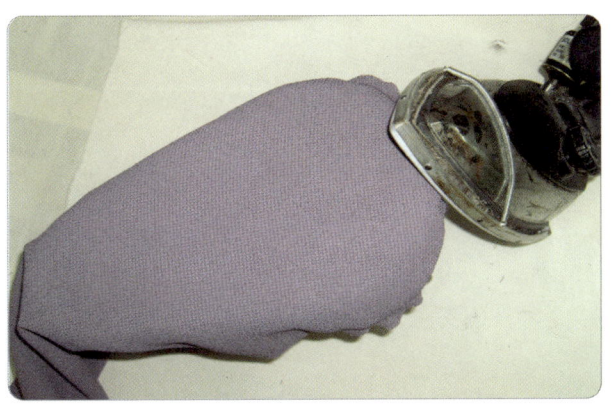

09 소매를 데스망 위에 올려놓고 모양을 따라 다리미로 둥그런 모습을 잡아 주며 다림질한다.

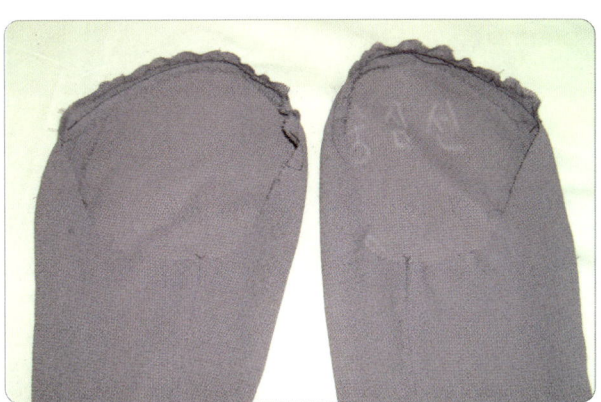

10 둥그렇게 다림질한 모습이다.

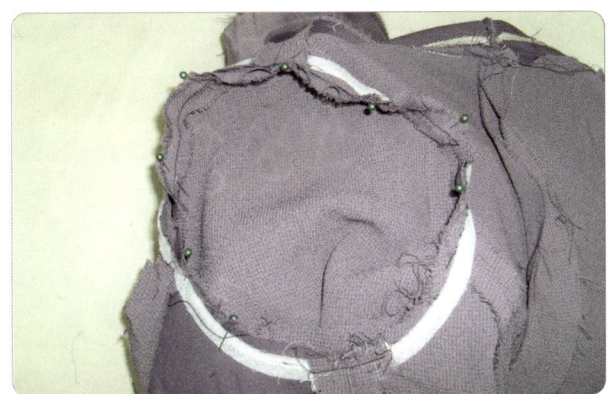

11 01에서 표시한 소매산을 어깨 중심선에 맞춰 진동둘레를 핀으로 고정한 후 박음질한다.

12 완성 모습

양복 소매길이 가장 간편한 방법으로 줄이기

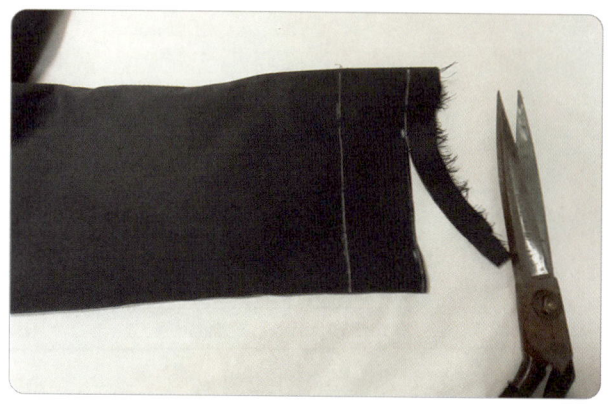

01 소매를 뜯어 펴서 다림질하고, 입고 싶은 길이에서 4cm를 남기고 자른다.

02 뒤집어 안쪽으로 5cm의 심지를 붙여 4cm를 접을 때, 접는 선에 심지가 붙어 있어야 한다.

03 입고 싶은 선 4cm를 접어서 다림질한다.

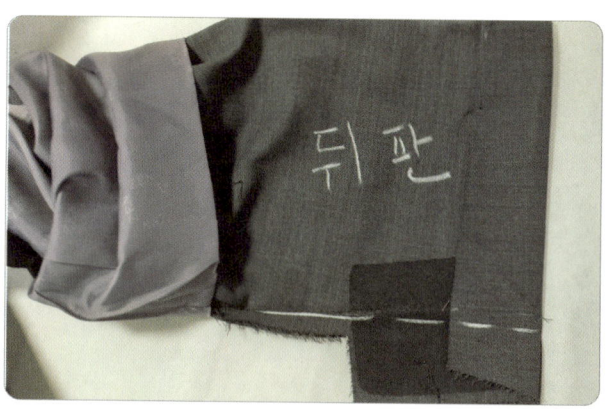

04 접어 다림질된 모습이며, 뒤판을 위로 올려놓고 작업한다.

05 튀어나온 것을 그림과 같이 뒤판 쪽으로 다림질하고, 끝 부분을 깨끗이 정리한다.

06 **04**의 4cm 접어진 것을 펴고, 흰색 부분을 박음질한다.

07 06의 박음질 부분을 끝까지 오버로크 처리한다.

08 겉감은 완성되었고, 안감은 겉감보다 1cm 길게 자른다.

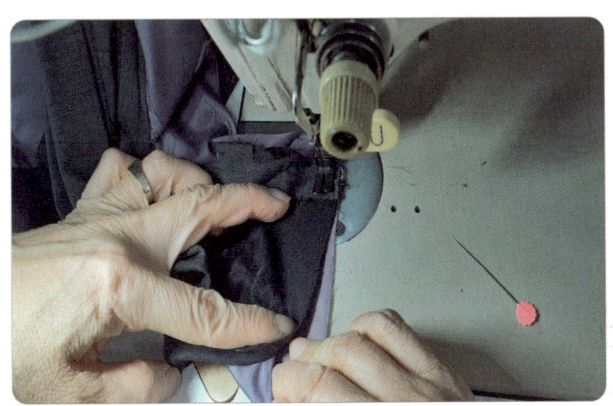

09 팔꿈치 쪽 안감을 분리하고, 안쪽으로 들어가 겨드랑이 봉제선에서부터 좌우로 따로 박음질한다.

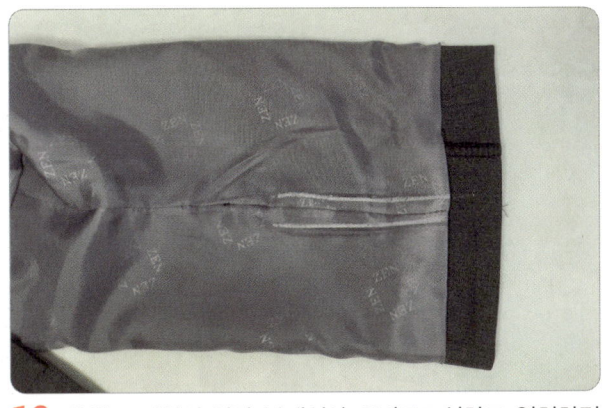

10 흰색 표시선의 안감 봉제선이 오버로크선하고 일치하면 안 된다. 통을 줄여야 할 때는 겨드랑이 봉제선에서 줄인다.

11 안감의 1cm 크게 자른 것이 여유분을 만들어 준다.

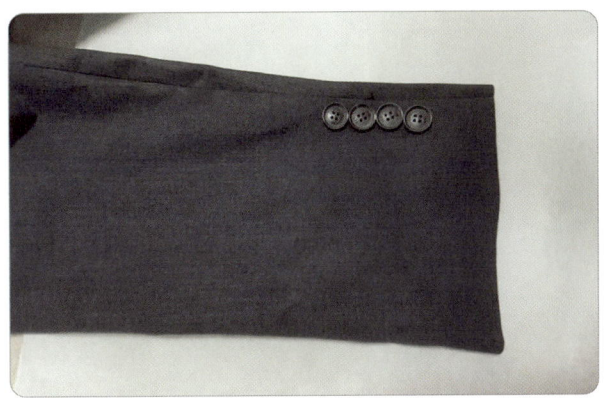

12 완성 모습
첫 번째 단추 부착 부위는 3cm에서 시작하면 좋다.

PART 7

어깨 수선하기

니트 티 어깨 줄이기 · 남방 어깨 줄이기 · 남자 양복 어깨 줄이기

니트 재킷 어깨 줄이기 · 핸드메이드 코트 어깨 줄이기 · 숙녀복 어깨 줄이기 · 재킷 가슴과 어깨 함께 줄이기

어깨 절개선 이용하여 어깨 줄이기 · 어깨와 목선이 넓은 재킷 뒷목에서 줄이기 · 옷깃 있는 재킷 어깨 뒷목에서 줄이기

남자 양복 어깨 늘리기 · 니트 종류 어깨 줄이기

니트 티 어깨 줄이기

01 어깨가 큰 옷의 소매를 뜯어낸 후 입고 싶은 선과 시접을 표시하고 나머지를 잘라 낸다.

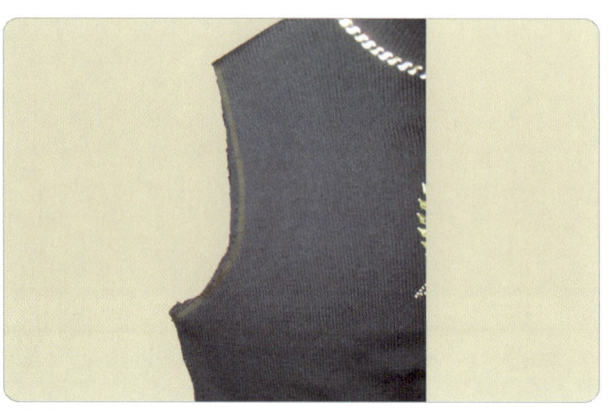

02 잘라 낸 몸판 진동둘레 끝부분에 0.5cm 심지를 붙인다.

03 심지 끝까지 잘려 나가지 않도록 오버로크 처리한다.

04 오버로크 처리한 모습이다.

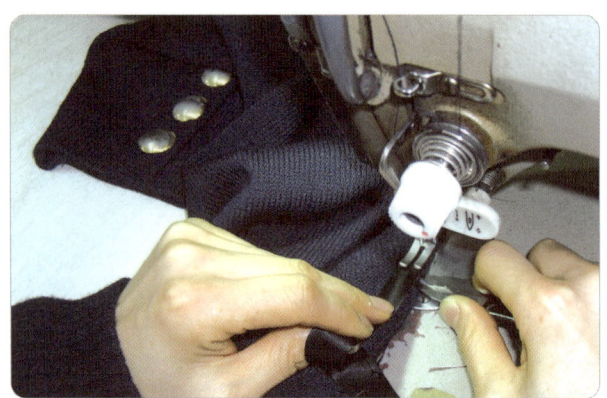

05 1cm 폭으로 바이어스테이프를 만들어 소매 어깨 부분에 대고 잡아당기며 박음질하면 소매의 둥근 모양을 유지할 수 있다.

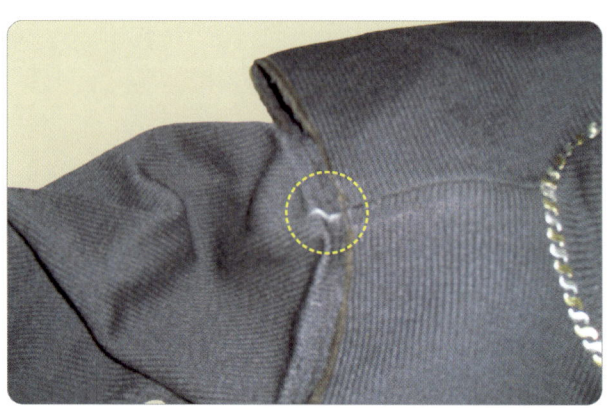

06 어깨 중심선과 소매산을 맞춰 안쪽에서 핀을 꽂는다.

07 진동둘레를 맞춰 핀으로 고정하고 박음질한다.

08 07을 완성한 후에 안쪽에서 양옆을 다림질해 주면 겉에서 깔끔하게 보인다.

09 완성 모습

- 니트는 줄여도 늘어나는 것이 보통이다. 그러므로 지혜롭게 심지와 바이어스테이프를 사용하는 것이 좋다(심지와 바이어스테이프는 폭이 좁은 것일수록 표시가 나지 않는다).
- 때로 몸판이 남을 때가 있는데, 그때는 소매를 늘려 박음질하지 말고 몸판을 조금 줄여 준다.

남방 어깨 줄이기

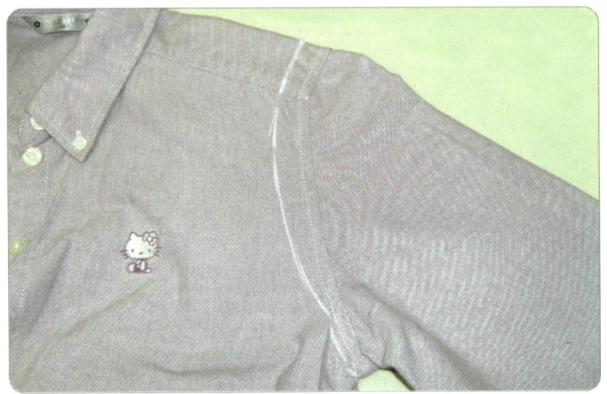

01 입고 싶은 어깨 길이에 초크로 선을 그린다.

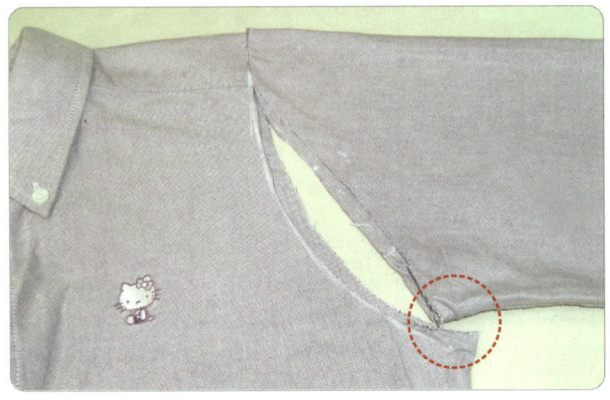

02 소매를 분리한 후 입고 싶은 선에서 시접을 1cm 남기고 나머지 부분을 잘라 내면 사진처럼 몸판 쪽 진동둘레가 커지는 것을 알 수 있다.

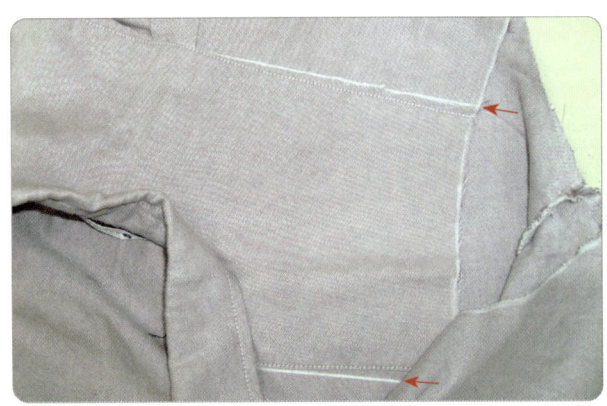

03 넓어진 진동둘레를 겨드랑이에서만 줄이면 가슴 부분이 너무 작아져 옷을 버리는 경우가 많으므로 어깨 부분의 절개선을 같이 줄여 준다.

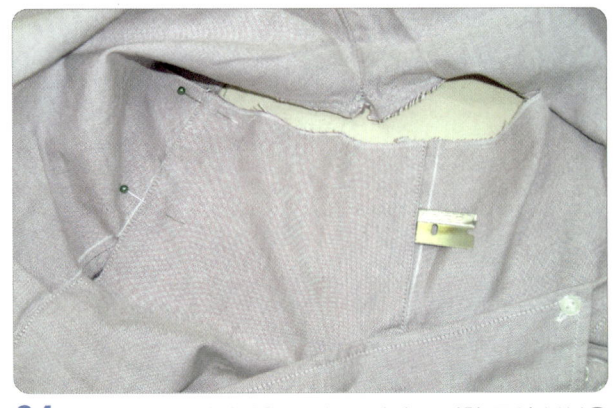

04 어깨 부분의 절개선을 뜯어 **03**에서 표시한 줄일 부분을 핀으로 고정할 때는 아랫부분이 빠지지 않도록 잘 고정해야 한다.

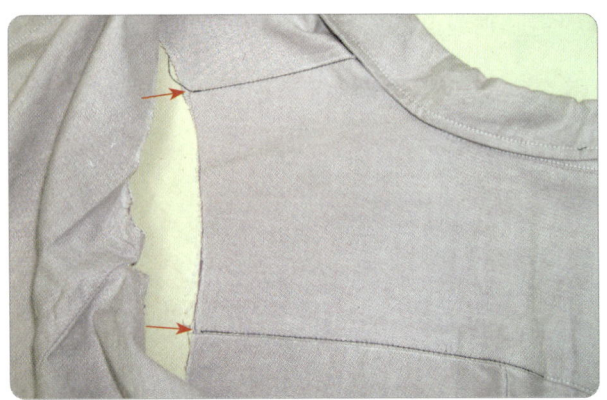

05 **04**에서 핀으로 고정한 부분을 위에서 눌러 박음질한다.

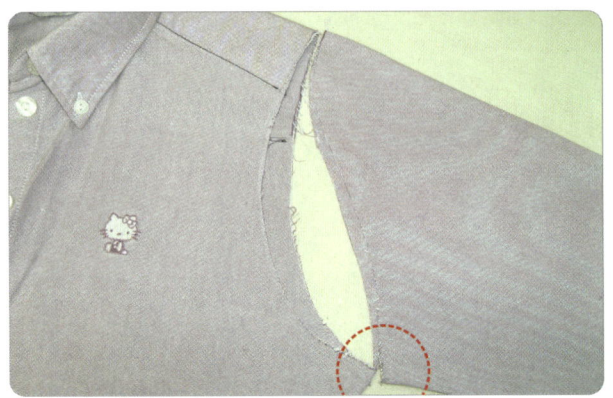

06 어깨를 줄였으므로 **02**와 다르게 몸판과 소매의 진동둘레가 거의 같아졌다(몸판 곡선 차이 **08**의 박음질 참고).

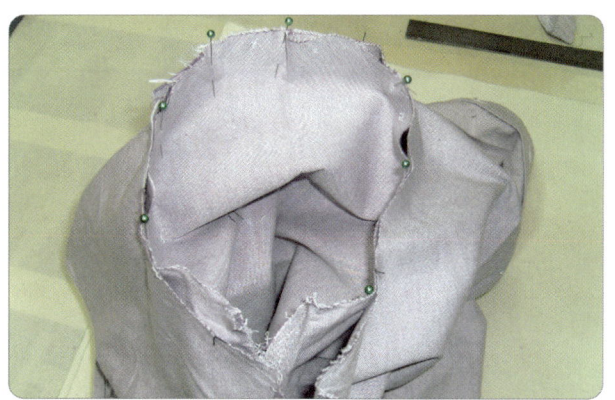

07 소매 쪽에 조금 여유를 주는 느낌으로 몸판 진동둘레에 소매를 핀으로 고정한 후 1.2cm 시접을 남기고 박음질하고 오버로크 처리한다.

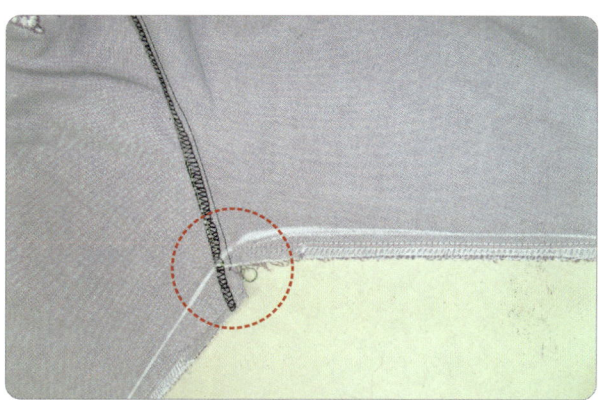

08 사진을 보면 몸판이 소매통보다 크다. 어깨에서 줄이지 않았다면 더 많이 넓어졌을 것이다. 흰색 선을 박음질한 후 오버로크 처리한다.

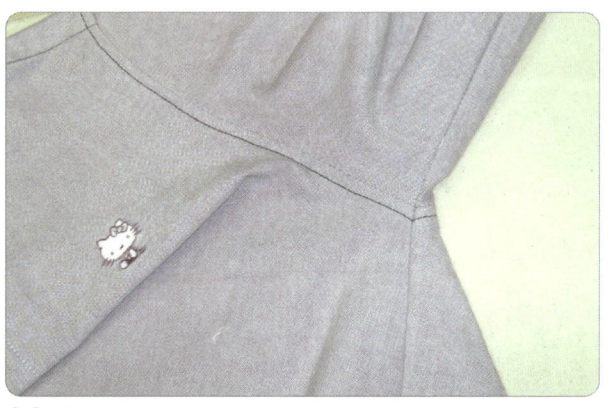

09 완성 모습

tip

• **08**에서 흰색 선을 박음질한 후 오버로크 처리하고 뒤집는다.
• 남방은 어깨가 큰 것이 많은데 어깨를 줄이면 가슴 둘레길이가 줄어들어 옷을 망치는 일이 많으므로 주의해야 한다.
• 줄이기 전 가슴 사이즈를 기록해 두면 둘레를 줄이는 데 도움이 된다.

남자 양복 어깨 줄이기

01 양복 상의 어깨에 줄이고 싶은 선을 초크로 그린다.

02 안감을 분리하고 어깨 패드를 뜯어낸다.

몸판 안감

소매 안감

03 02에서 어깨 패드를 뜯어내고 난 후 소매 쪽 어깨에 붙어 있는 여러 가지 원단이 분리되지 않도록 미리 시침하고 소매를 분리한다.

04 소매를 분리할 때는 반드시 소매산에 어깨 중심선을 표시한다.

05 앞몸판도 여러 겹으로 되어 있으므로 밀리지 않도록 미리 시침해 둔다.

06 현재 어깨 넓이는 14.7cm이다.

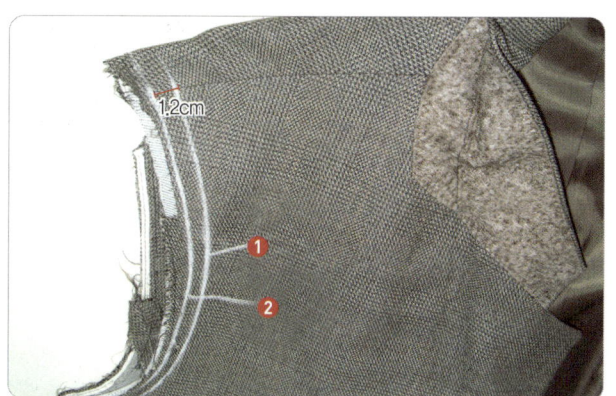

07 1.2cm를 줄일 예정이다. ❶은 입고 싶은 선이고, ❷는 자르는 선이다.

08 여러 겹의 앞판 원단들이 움직이지 않도록 잘 편 후 사진처럼 어깨(❸)와 진동둘레의 입고 싶은 선과 자르는 선 중간(❹)을 시침한다.

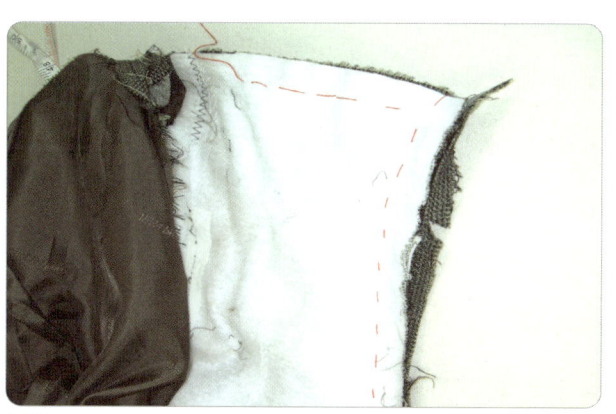

09 08에서 시침한 것을 안쪽에서 본 모습이다.

10 시침한 후 자르는 선을 따라 잘라 낸다.

11 소매산과 어깨 중심선을 맞춘다.

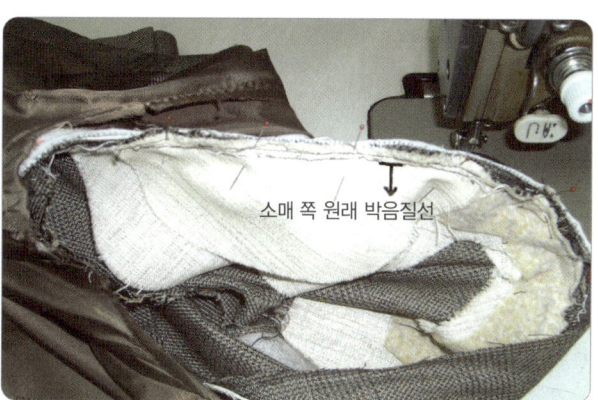

소매 쪽 원래 박음질선

12 소매산과 어깨 중심선을 맞추고 진동둘레에 돌려 가며 핀을 꽂은 후 소매 쪽 원래 박음질선을 따라 박음질한다.

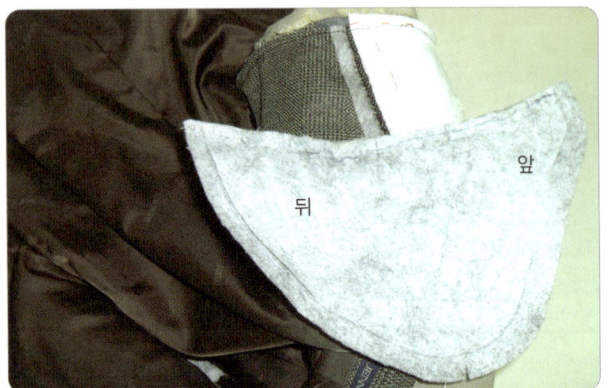

13 어깨 패드는 높이가 높은 쪽이 앞이다.

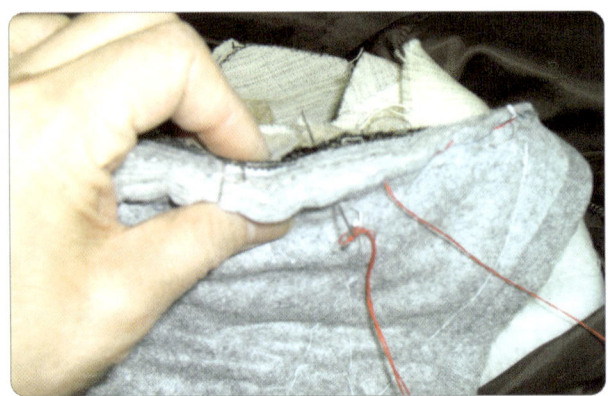

14 어깨에 어깨 패드를 달 때는 실을 너무 잡아당기지 말고 어깨 시접보다 2~3mm 정도 깊게 달아 준다.

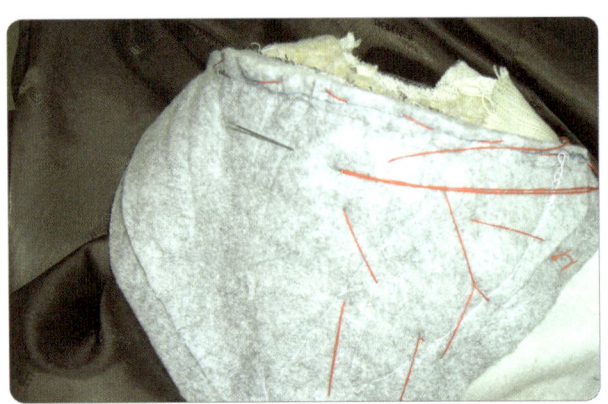

15 어깨 테두리를 먼저 시침하고 앞부분도 듬성듬성 시침한다.

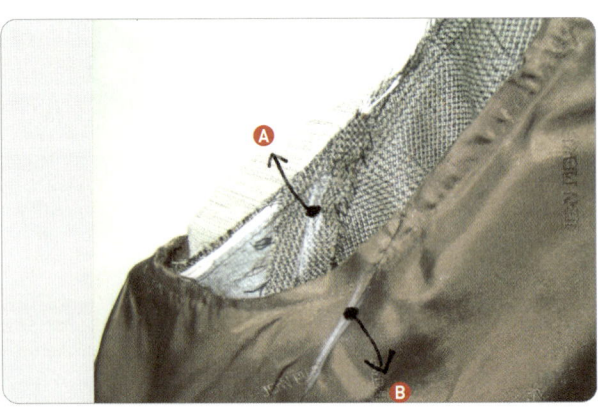

16 안감과 겉감을 함께 시침할 때는 등판의 옆선 Ⓐ와 Ⓑ의 봉제선을 잘 맞춰야 한다(안감이 겉감보다 모자랄 경우에는 당겨서 달지 말고 안감을 시접에서 늘려 줘야 한다).

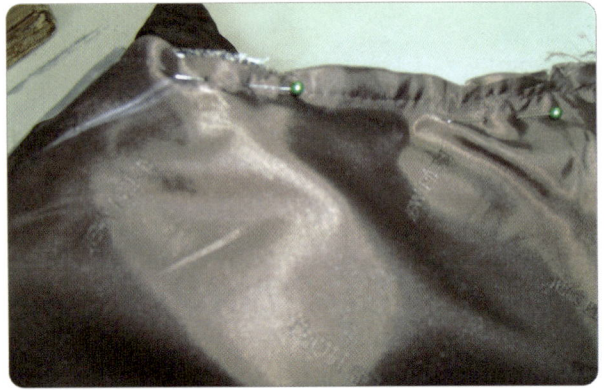

17 안감과 겉감의 등판 옆선을 잘 맞추어 핀으로 고정한다.

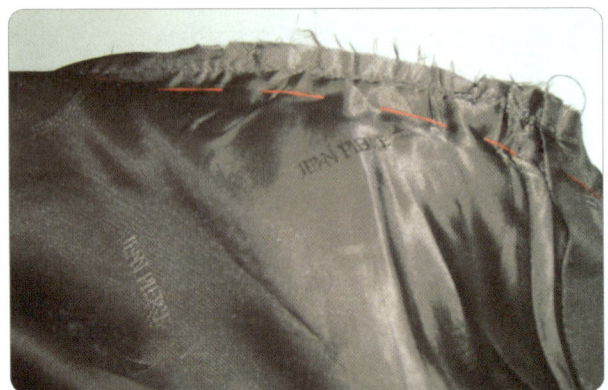

18 핀으로 고정한 부분을 손으로 듬성듬성 시침한다.

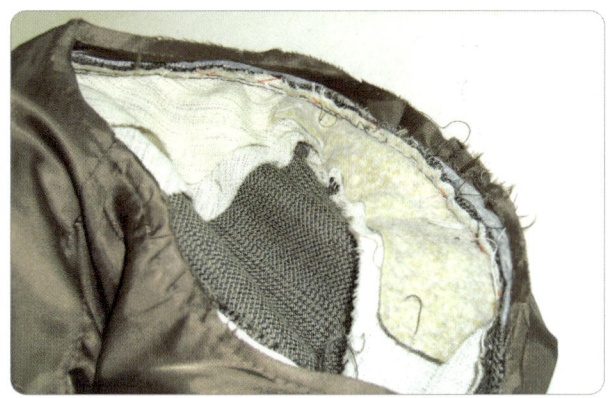

19 18에서 시침한 안쪽 모습이다.

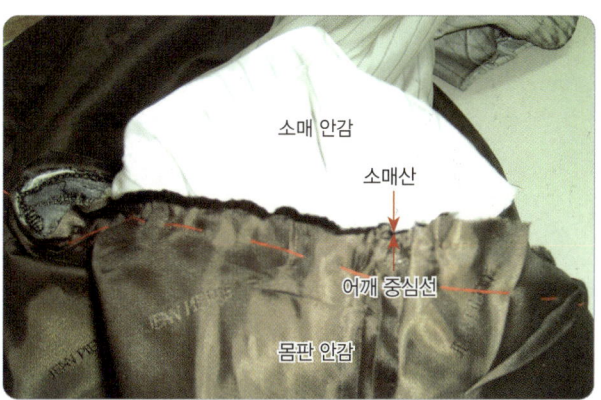

소매 안감

소매산

어깨 중심선

몸판 안감

20 소매 안감의 소매산과 몸판 안감의 어깨 중심선을 맞추어 핀으로 고정한다.

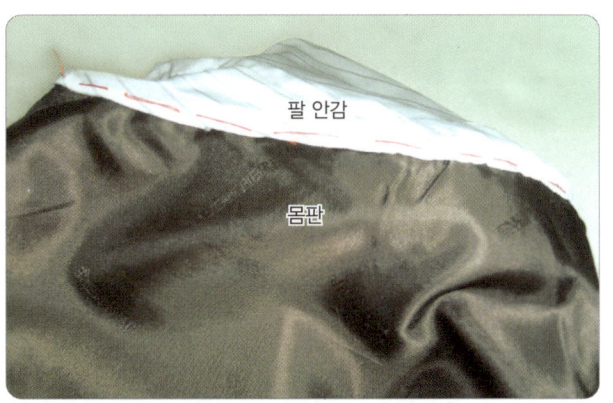

팔 안감

몸판

21 소매 안감과 몸판 안감의 진동둘레를 맞추어 돌려 가면서 손으로 시침한다.

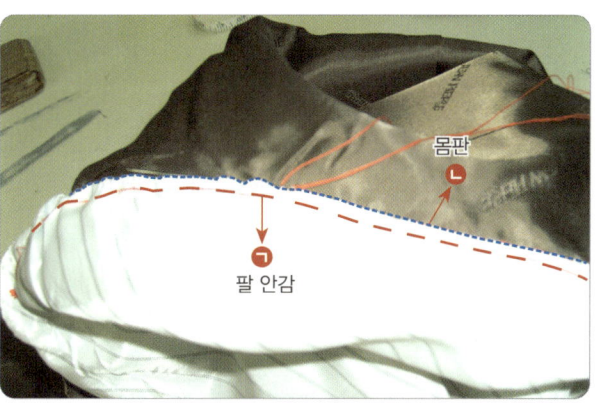

몸판

ㄴ

ㄱ

팔 안감

22 ㄱ은 21에서 시침한 선이고, ㄴ은 꼼꼼하게 손바느질하는 선이다.

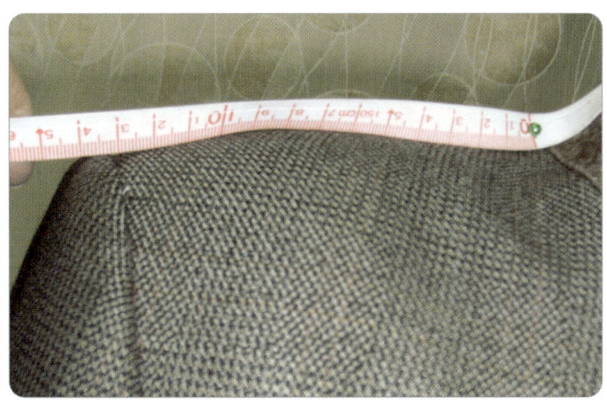

23 뒤집어서 다림질해 보면 어깨가 줄어든 것을 알 수 있다.

24 완성 모습

니트 재킷 어깨 줄이기

01 입고 싶은 선을 표시한 후 소매산에 어깨 중심선을 표시하고 소매를 분리한다.

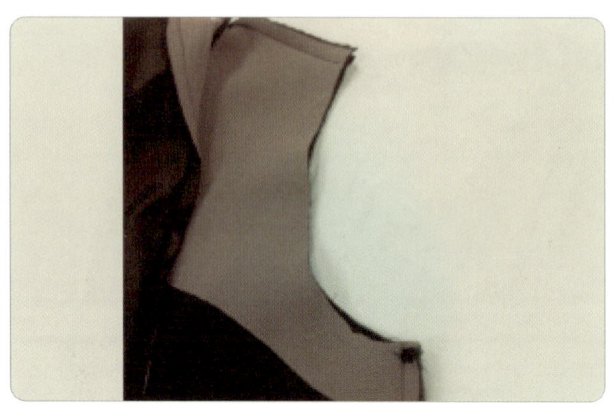

02 입고 싶은 선에서 시접 1cm를 남기고 잘라 낸 모습이다. 진동둘레가 넓어져 늘어져 있는 것을 볼 수 있다.

03 늘어진 진동둘레를 오므려 다림질해 준다.

04 03에서 다림질한 부분이 늘어나지 않도록 진동둘레(암홀)테이프를 붙이고 다시 한 번 다림질한다.

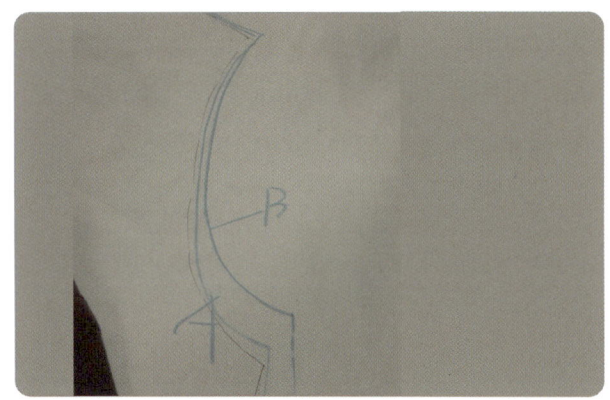

05 A는 늘어진 상태에서 그린 것이며, B는 오므려 진동둘레(암홀)테이프를 붙인 상태에서 그린 것이다. B와 같은 상태에서 소매를 부착해야 예쁘게 수선된다.

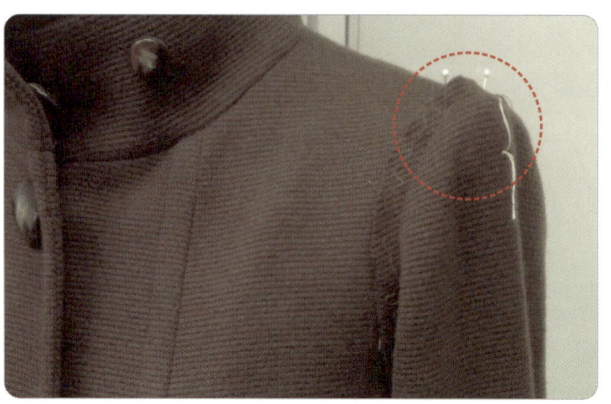

06 소매산과 어깨 중심선을 맞추어 핀으로 고정한다. 이때 소매산과 어깨 중심선이 맞아도 소매가 부착된 모습이 편하지 않으면 중심선을 이동한다.

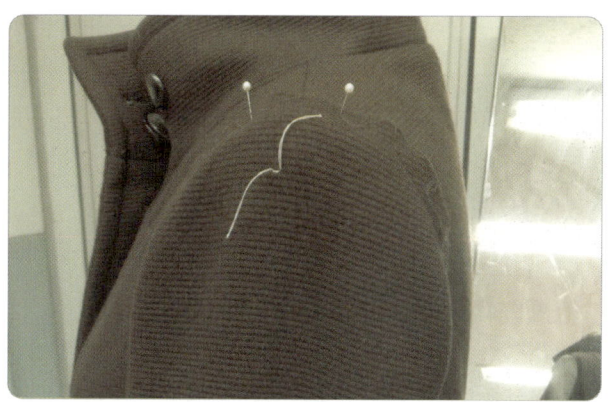

07 핀으로 소매를 부착해 봤을 때 옆모습이 앞으로 15° 정도 기울어진 모습으로 한쪽으로 쏠리거나 기울지 않아야 한다.

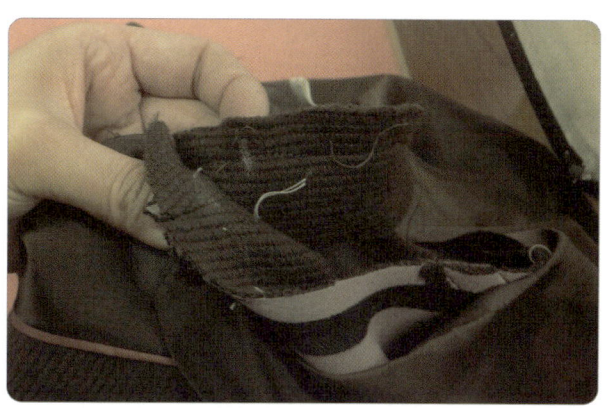

08 중심선을 이동하든지 아니면 그대로 어깨 중심선에 소매산을 맞추든지 한 후 핀으로 고정해 준다.

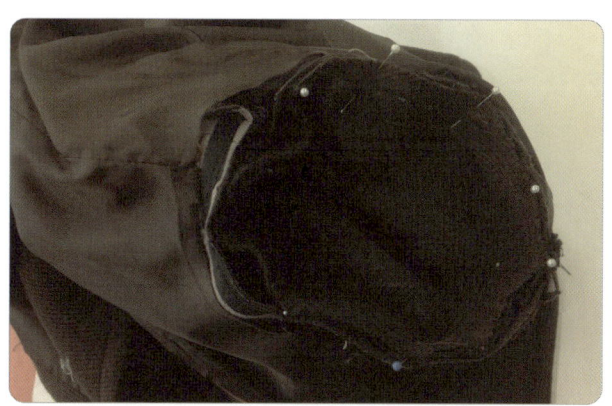

09 고정한 어깨 중심선을 기점으로 진동둘레 좌우에 핀을 꽂는다. 이때 소매나 몸통 어느 한쪽이 크거나 모자라면 겨드랑이 부분의 시접을 늘리거나 줄여서 처리한다.

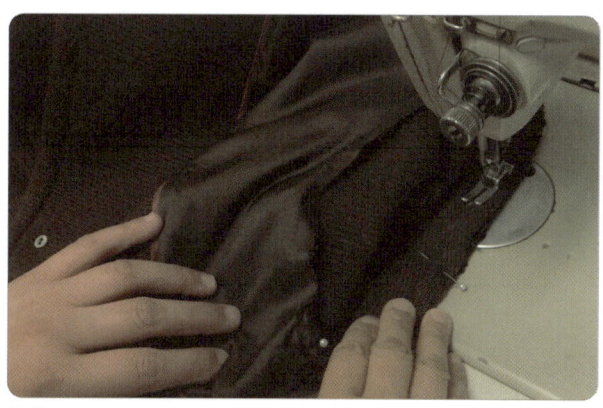

10 소매 쪽을 위에 놓고 박음질하되 늘어나지 않도록 핀으로 고정하고 박음질하는 것도 요령이다. 이때 핀은 실크 핀을 사용해야 바늘이 부러지지 않는다.

11 수선 전 어깨 모습보다 훨씬 깔끔하게 처리되었다.

tip
• 니트로 된 옷은 어깨를 원하는 만큼 줄여도 입으면 다시 커 보일 때가 많다. 그러므로 몸판 어깨산 쪽 시접에 테이프를 고정하면 좋다.

핸드메이드 코트 어깨 줄이기

01 입고 싶은 선(❶)을 표시한다.

02 소매산에 어깨 중심선을 표시한 후 몸판에서 소매를 분리한다.

잘라 내지 않는다.

03 ❶은 입고 싶은 선이며, ❷는 자르는 선이다. 사진처럼 겨드랑이 중심선에서 약 2.5cm 정도는 잘라 내지 않는다.

04 03의 자르는 선을 따라 잘라 내면 사진처럼 진동둘레가 평평하지 않고 늘어나 있다.

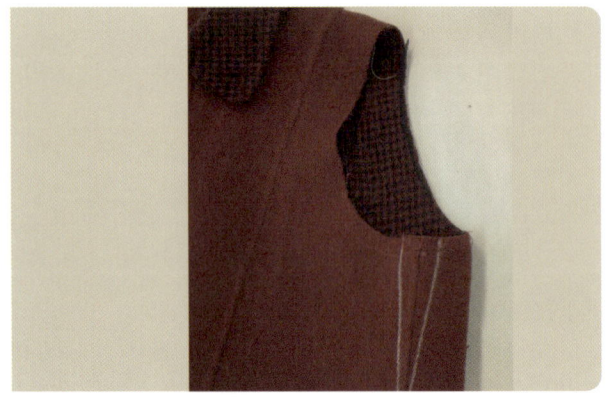

05 혹시 몸판 진동둘레가 소매 진동둘레보다 크면 겨드랑이 부분에서 사진과 같이 조금 줄여 주면 된다.

06 04의 진동둘레에서 0.5cm 정도 안쪽에 진동둘레(암홀) 테이프를 붙여서 타원형으로 모아 준다.

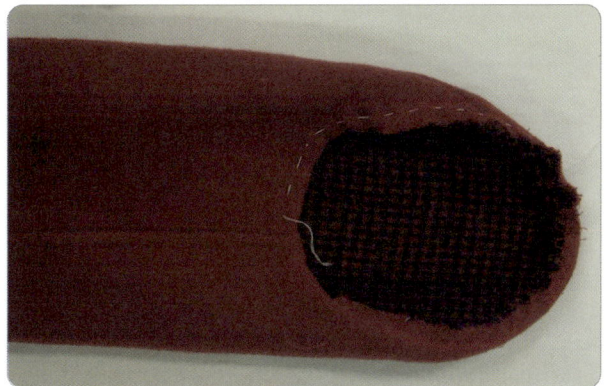

07 늘어져 있는 소매 진동둘레도 손바느질하여 타원형으로 모아 준다.

08 몸판에 소매를 핀으로 고정하여 어깨 모양을 잡아 본다. 정면에서 접히지 않도록 하면서 어깨 중심선에 소매산을 맞춰 본다.

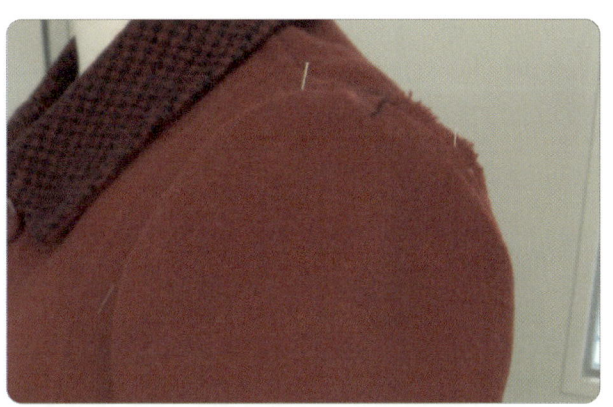

09 옆면에서 15° 각도로 접히지 않도록 위치를 선정하고 어깨 중심선이 맞는지 확인한다. 혹시 중심이 맞지 않는다면 조금씩 이동하며 맞춘다.

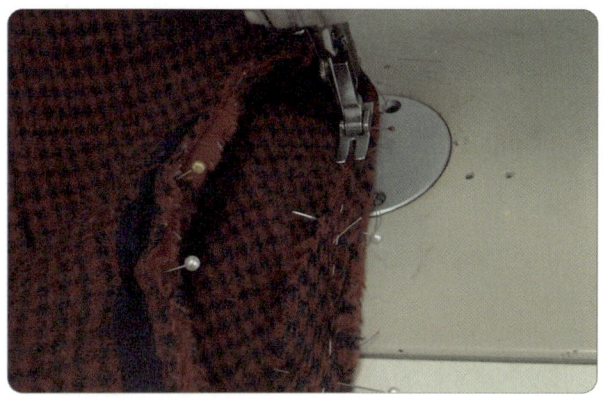

10 어깨 중심선이 맞았으면 진동둘레를 핀으로 고정하고 박음질한다.

11 진동둘레를 박음질한 후 팔을 편하게 놓고 안쪽에서 다림질한다.

12 완성 모습

숙녀복 어깨 줄이기

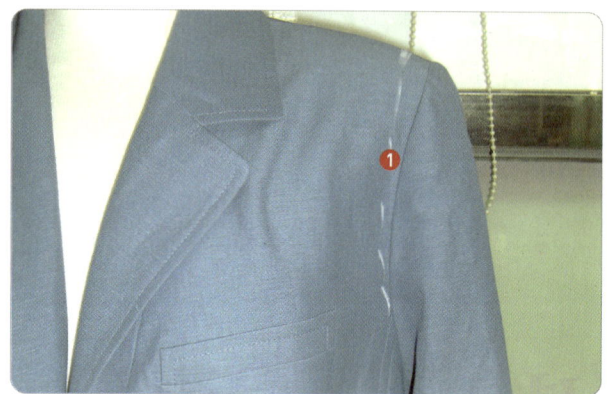

01 입고 싶은 선(❶)을 표시한다.

02 소매산에 어깨 중심선을 꼭 표시해야 한다.

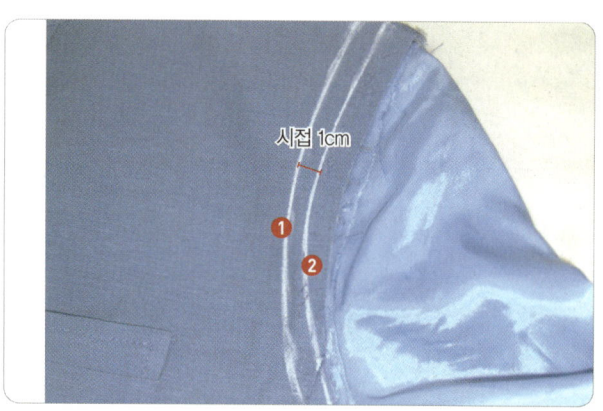

시접 1cm

03 안감을 그대로 두고 겉감 소매를 분리한 후 입고 싶은 선 (❶)에서 시접 1cm를 남기고 자르는 선(❷)을 표시한다.

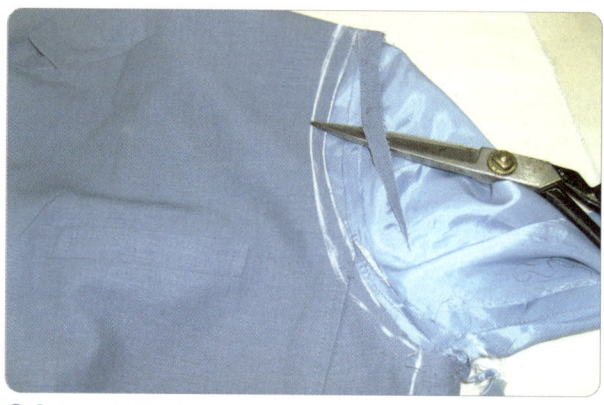

04 입고 싶은 선과 1cm 시접을 남기고 자르는 선을 따라 나머지 부분을 가위로 잘라 낸다.

05 뒤집어 안쪽에서 화살표 방향으로 모으듯 진동둘레를 오므려 주고 위에서 눌러 다림질을 한다.

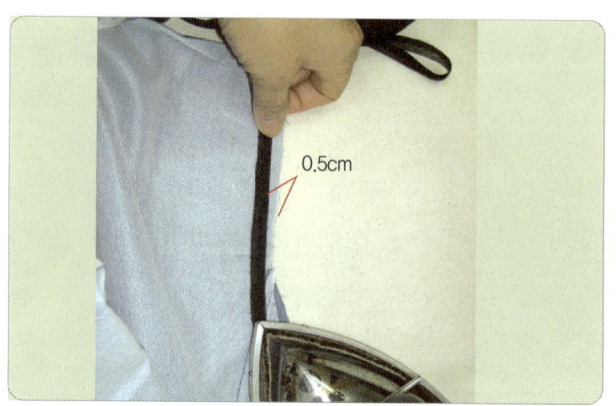

0.5cm

06 진동둘레에 시접을 0.5cm 남기고 진동둘레(암홀)테이프를 약간 잡아당기는 느낌으로 다림질하여 붙인다.

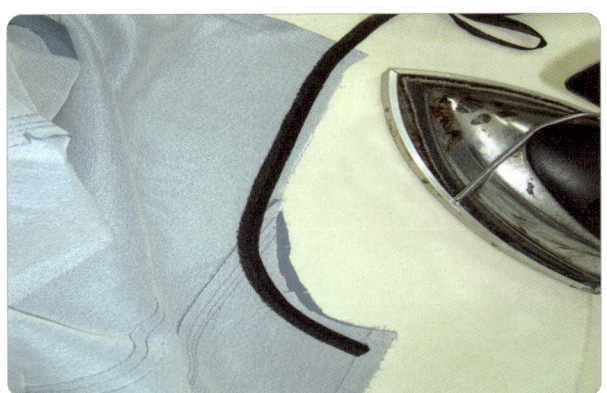

07 진동둘레(암홀)테이프는 앞과 뒤에 모두 붙여야 한다.

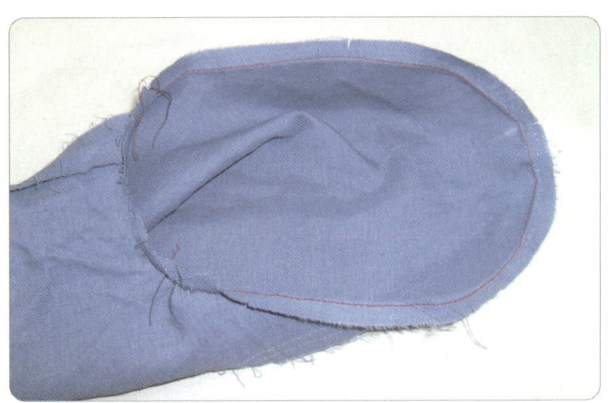

08 분리해 둔 소매의 원래 봉제선을 따라 재봉틀 땀수를 조절하지 말고 한 번 박음질한다.

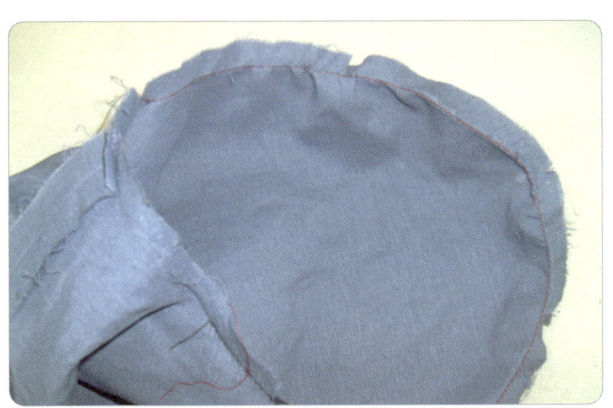

09 실을 잡아당겨서 자연스럽게 셔링을 잡아 준다.

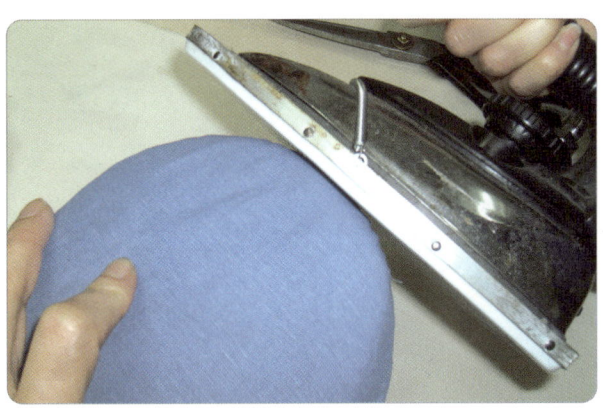

10 데스망 위에 올려놓고 주름을 펴 주면서 동그랗게 돌려 가며 다림질한다.

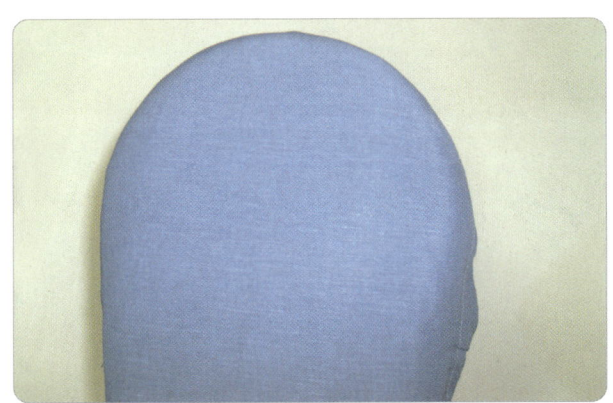

11 데스망 위에 놓고 돌려 가며 다림질한 모습이다.

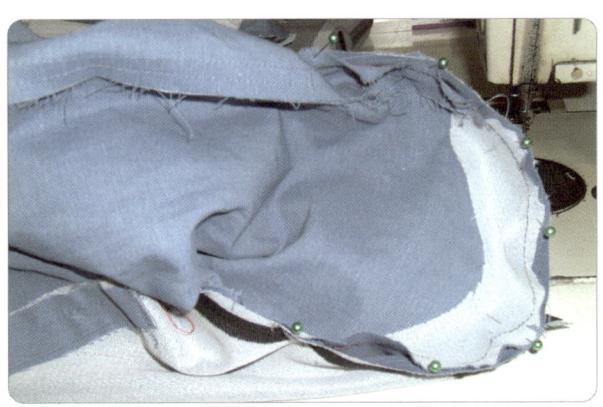

12 어깨 중심선에 소매산을 맞추어 진동둘레를 핀으로 고정한 후 박음질선을 따라 돌려 가며 박음질한다.

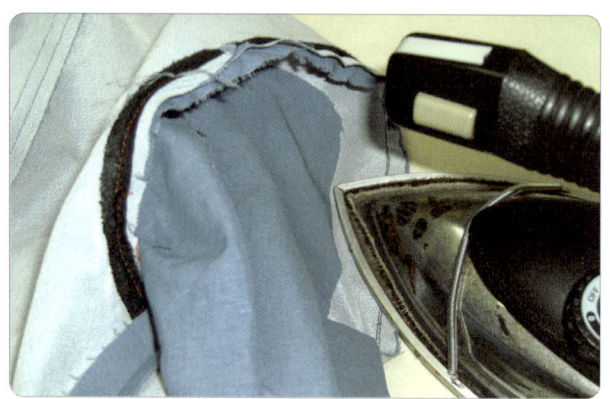

13 소매는 안쪽에서 동그라미를 유지하며 다림질한다.

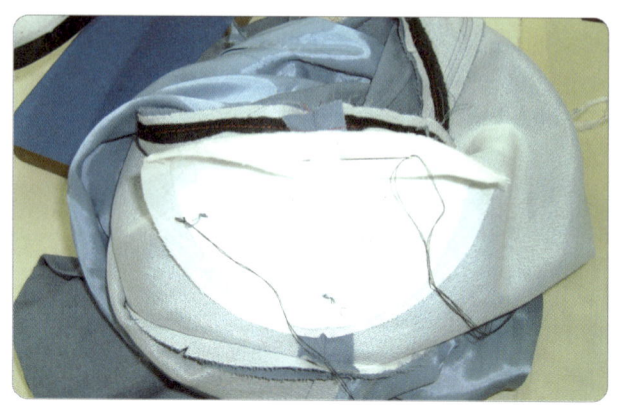

14 어깨 패드를 부착할 때는 어깨 시접보다 0.3cm 정도 크게 붙여야 하지만 날개가 있는 패드는 접어서 붙인다.

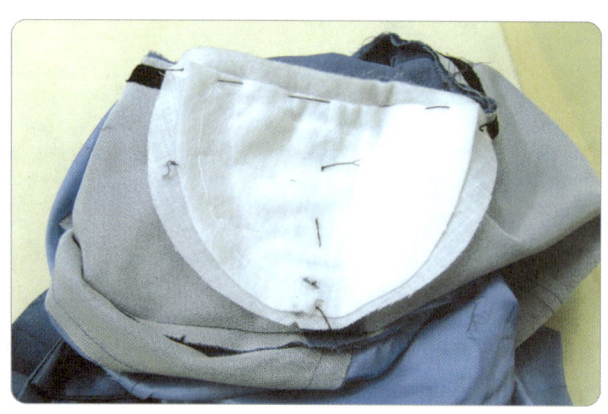

15 패드를 붙일 때는 잡아당기지 말고 느슨하게 시침한다.

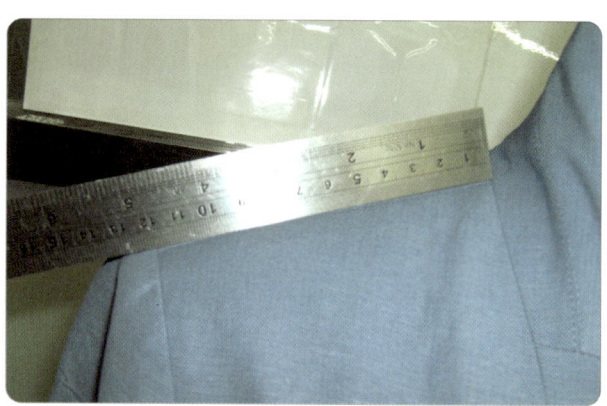

16 수선 전 왼쪽 어깨 모습이다.

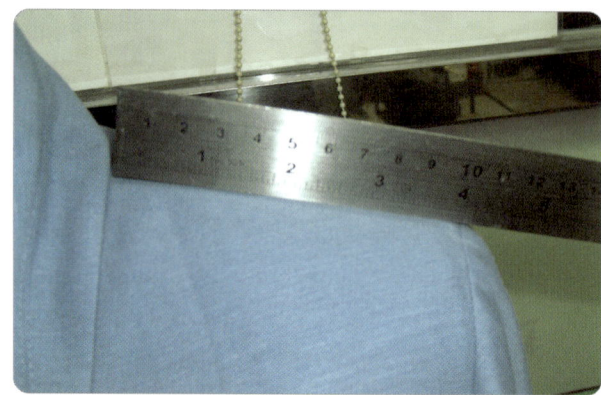

17 수선 후 오른쪽 어깨 모습이다. 수선 전과 차이가 나는 것을 알 수 있다.

18 완성 모습

재킷 가슴과 어깨 함께 줄이기

01 어깨와 가슴에 입고 싶은 선을 표시한다.

02 앞판 가슴선은 허리 아랫부분까지 그리고, 등판은 앞판과 같이 하되 사람에 따라 앞뒤를 다르게 줄일 수도 있다.

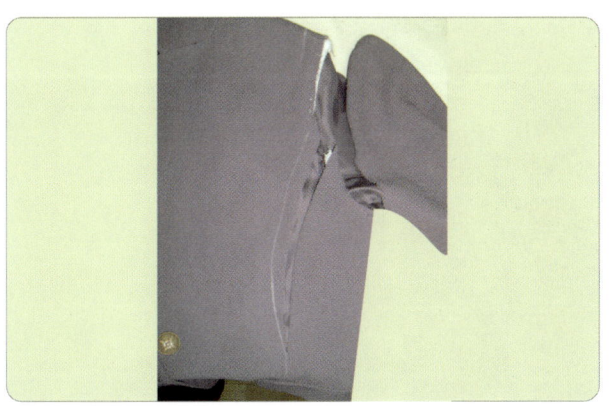

03 소매산에 어깨 중심선을 표시한 후 소매와 가슴 앞판, 옆판 절개를 분리한다.

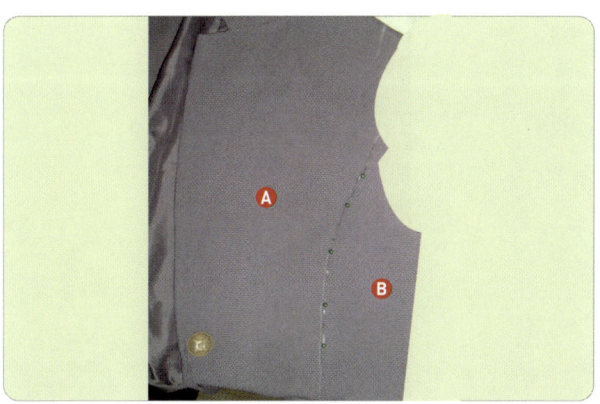

04 Ⓐ부분의 입고 싶은 선에 맞추어 Ⓑ를 덮어 주고 핀으로 촘촘히 시침한다.

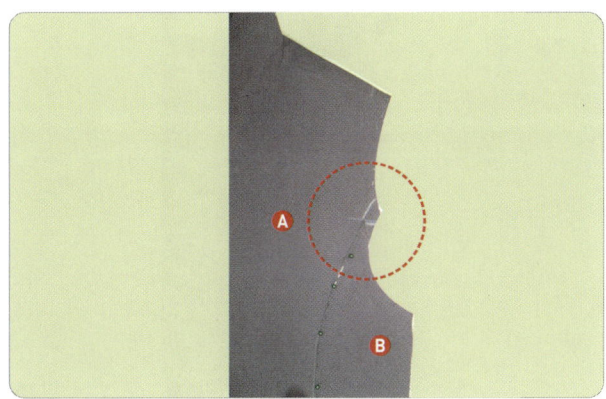

05 시침하면 파란색 표시선만큼 Ⓑ가 모자란다.

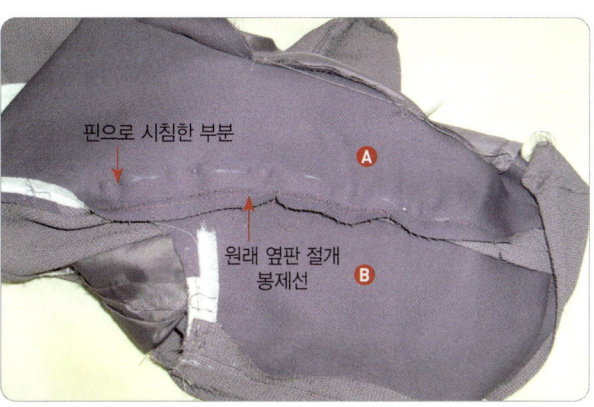

06 04에서 핀으로 시침한 것을 뒤집어 본 모습이다. 시침할 때 시접이 집히거나 안감이 집히면 안 된다.

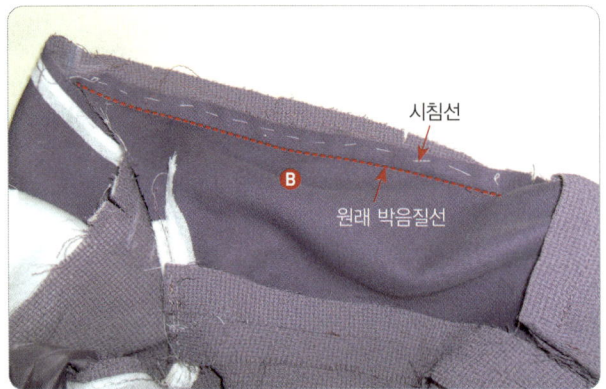

시침선

B

원래 박음질선

07 뒤집은 채 사진과 같이 다시 실로 촘촘히 시침한 후 겉쪽
에서 꽂았던 핀을 빼고 **B**의 원래 박음질선을 따라 박
음질한다.

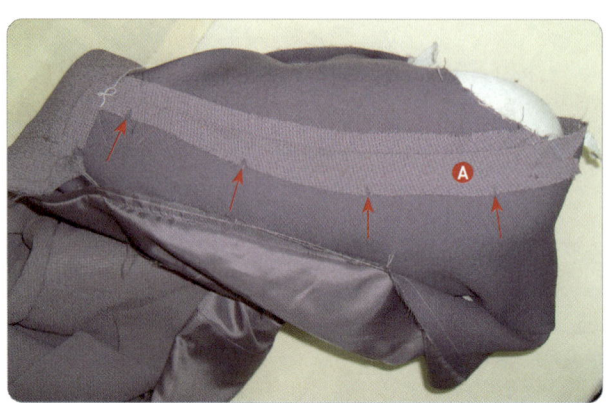

A

08 다림질할 때 **A**쪽 시접이 부채꼴 모양으로 펴지도록 가
위로 끝부분을 조금씩 잘라 준다.

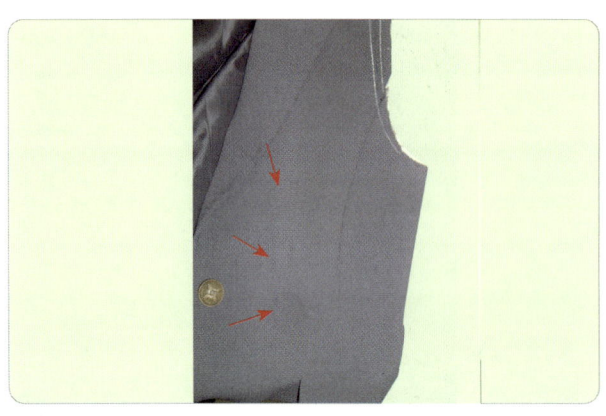

09 **07**과 같이 바느질을 하면 곡선의 아름다움이 그대로 살
아나며 깨끗하게 처리된다.

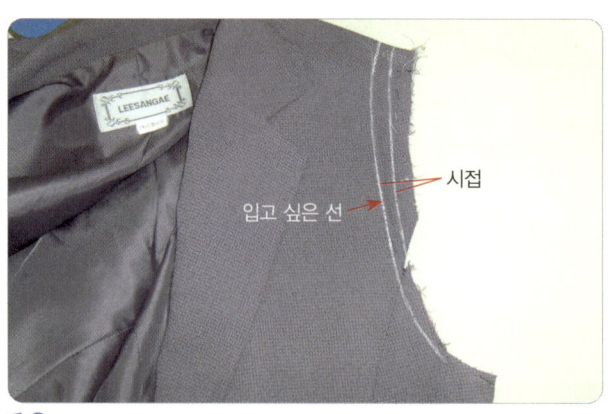

입고 싶은 선

시접

10 뒤집어 겉면 진동둘레를 따라 입고 싶은 선과 시접을 표시
한다(반드시 둘레길이부터 줄이고 어깨를 줄여야 한다).

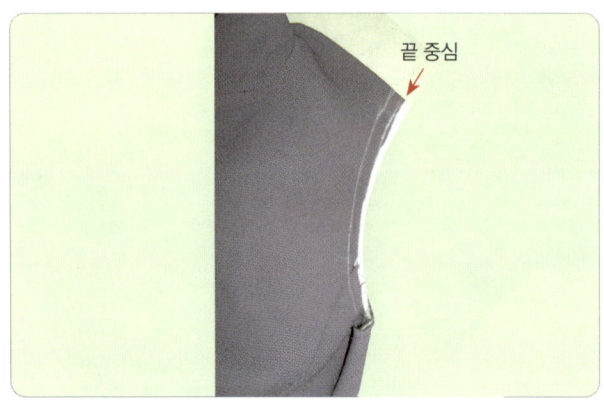

끝 중심

11 어깨 윗부분 끝 중심은 사진처럼 0.2~0.3cm 정도 넉넉
히 잘라 내야 끝이 평평해진다(끝 중심이 V자로 파이지
않게 주의한다).

12 진동둘레 안쪽에서 동그랗게 모으듯 진동둘레(암홀) 전
용 심지를 원단에서 0.5cm 띄우고 다림질로 붙여 준다.

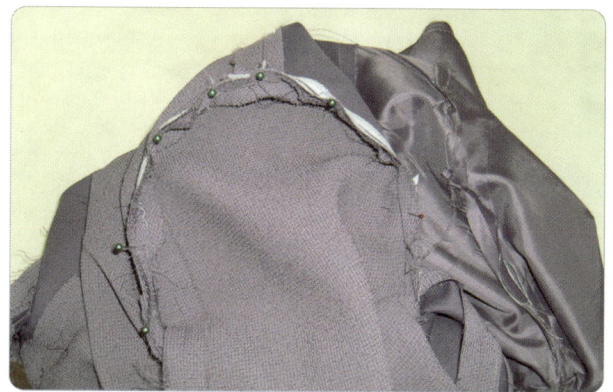

13 어깨 중심선에 맞추어 소매를 핀으로 고정할 때, 모든 어깨는 소매 쪽에 여유분을 주어 시침하고 그대로 박음질해야 한다.

14 소매 쪽을 위에 올려놓고 밀리지 않도록 하며 원래 박음질선을 따라 박음질한다.

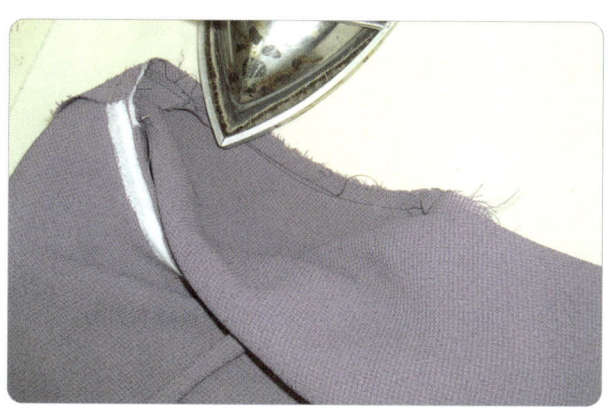

15 박음질한 후 안쪽에서 앞뒤 소매 쪽을 다림질하고 뒤집는 것이 좋다.

16 수선하기 전 오른쪽 사이즈는 11.5cm였다.

17 수선한 후 왼쪽 사이즈는 10cm이다.

- **04**에서 원단을 덮어서 줄이지 않고 합쳐서 함께 줄이면 가슴에 빗줄무늬가 생긴다. **A**쪽은 잘라 낼수록 넓어지고, **B**쪽은 잘라 낼수록 좁아지기 때문에 함께 줄여서는 안 된다(**36**쪽 가슴과 어깨 함께 줄이기 참고).

어깨 절개선 이용하여 어깨 줄이기

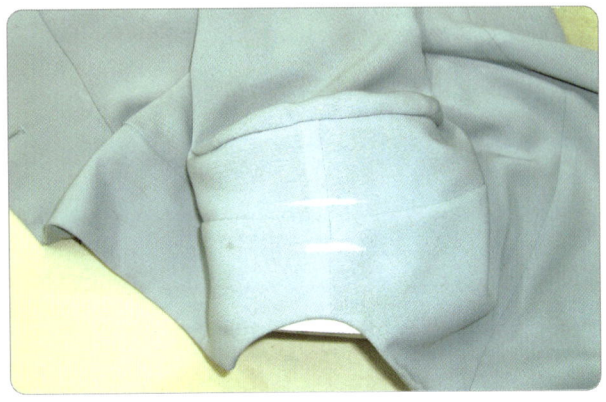

01 어깨 부분이 절개되어 나뉘어져 있는 어깨를 줄이려고 한다(어깨 절개선을 따라 줄일 때 옷을 가장 예쁘고 많이 줄일 수 있다).

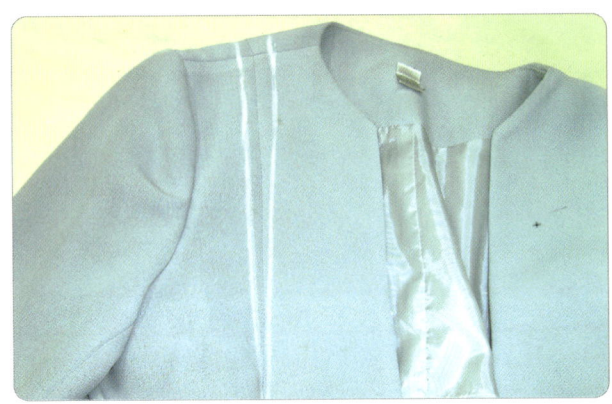

02 어깨 절개선을 기준으로 줄이고 싶은 분량을 표시한다.

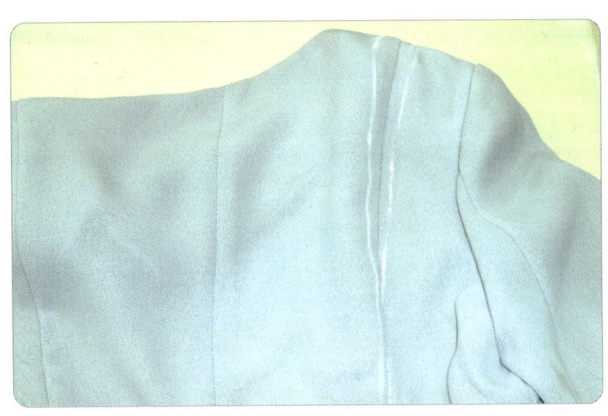

03 뒷면에도 앞면과 같은 방법으로 줄일 분량을 표시한다. 둘레길이를 줄일 때는 앞과 뒤를 함께 줄이면 된다.

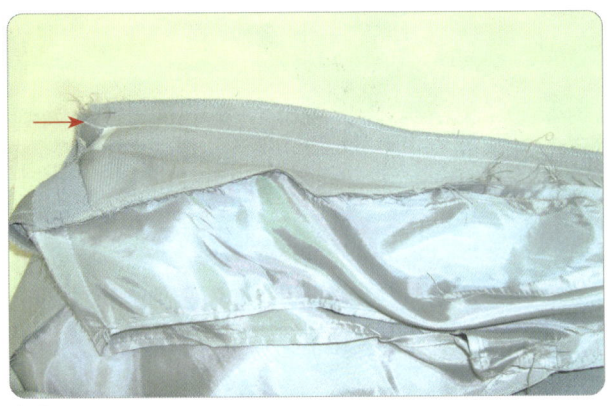

04 안쪽으로 들어가서 박음질할 선을 표시한다.

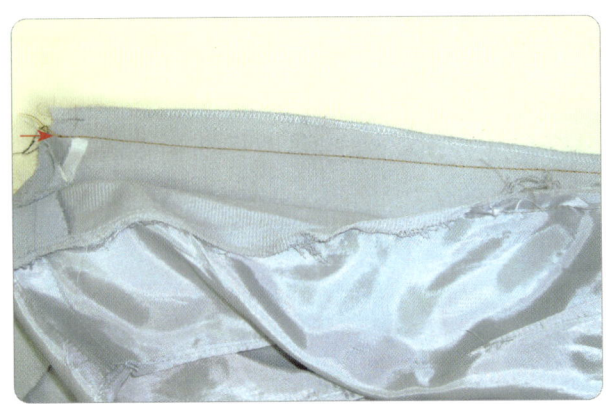

05 04의 표시선을 따라 박음질한다(이해하기 쉽도록 실 색을 다르게 하였다).

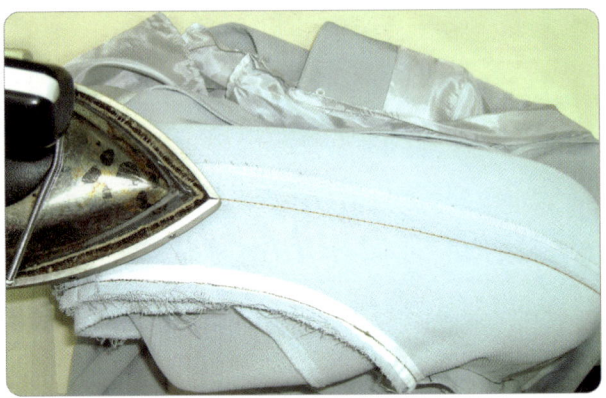

06 원래 봉제선을 뜯어낸 후 05에서 박음질한 시접을 따라 다림질한다.

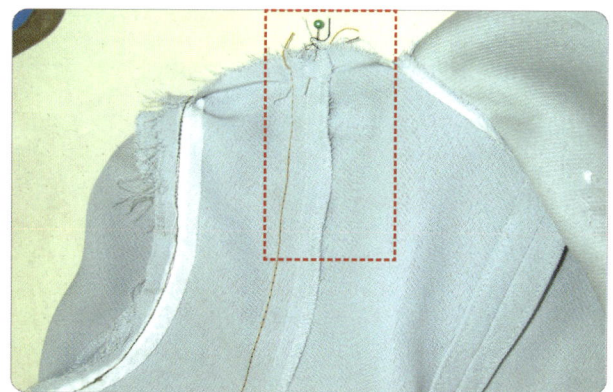

07 앞뒤 어깨선을 맞추고 핀으로 고정한다.

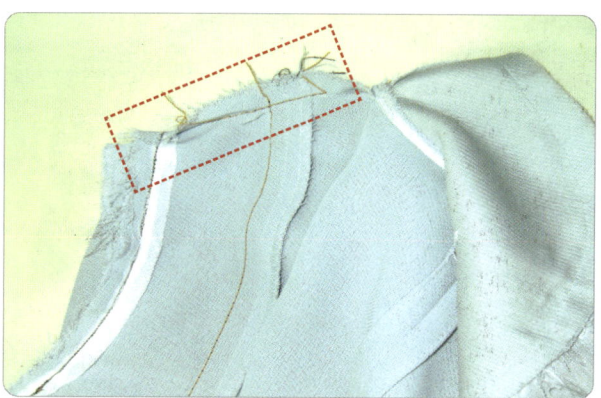

08 어깨선을 박음질한다.

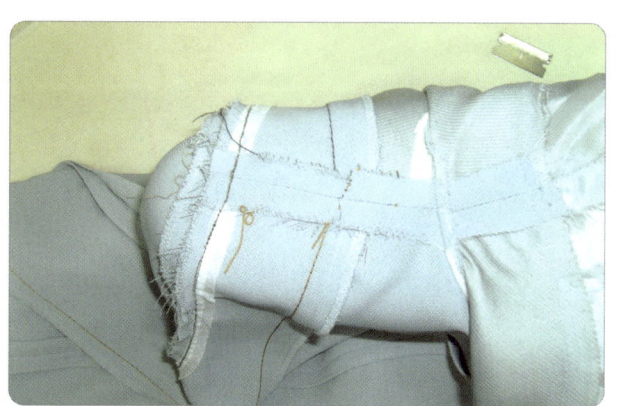

09 어깨선의 시접을 가름솔로 펴서 다림질한다.

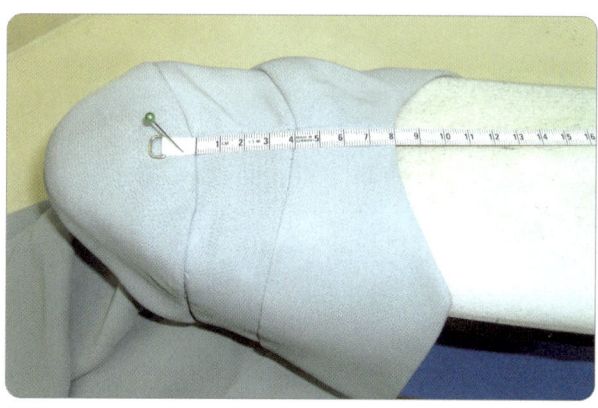

10 뒤집어 보면 어깨가 줄어든 것을 알 수 있다.

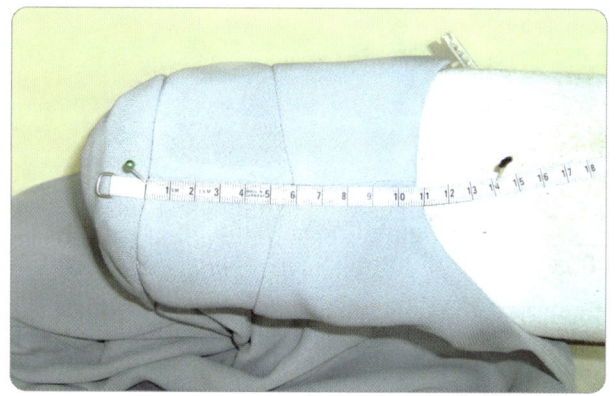

11 줄이기 전 어깨 모습이다.

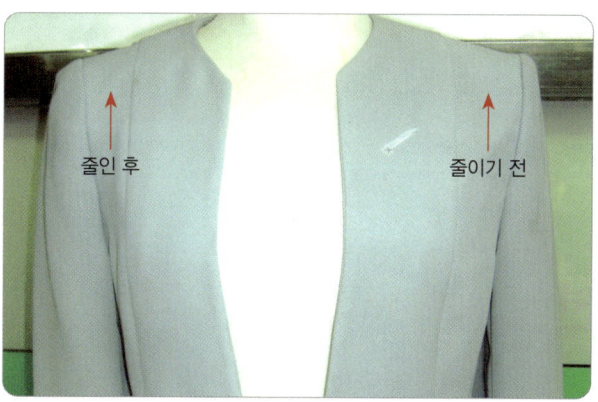

줄인 후   줄이기 전

12 완성 모습

어깨와 목선이 넓은 재킷 뒷목에서 줄이기

01 목선이 너무 넓어서 뒤로 넘어가는 재킷이다.

뒤판 중심 절개선

02 뒤판 중심 절개선을 기준으로 줄이고 싶은 분량을 표시한다(옷에 따라 줄이는 분량과 길이를 달리해 준다).

03 목 부분을 뜯어내고 라벨도 분리한다(라벨은 수선한 후 다시 달아 준다).

04 안쪽에서 뒤판 중심 절개선을 중심으로 **02**에서 표시한 부분을 마주 잡고 박음질한다.

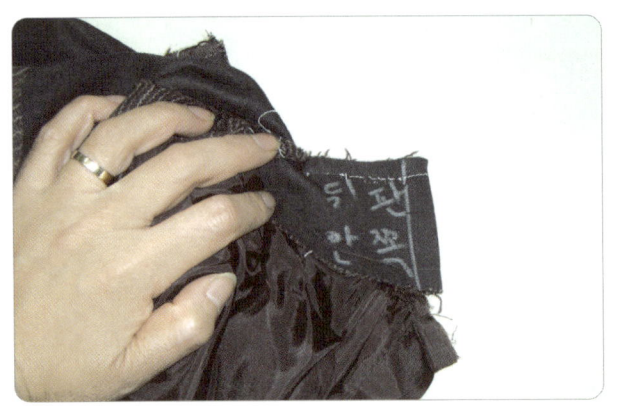

05 안감 쪽의 등판을 줄이는 모습이다.

06 안감과 겉감을 줄인 모습이다.

07 원래 봉제되어 있던 뒤판 중심선을 뜯어서 시접을 가름
솔로 나눠 다림질한 후 안감과 겉감을 합쳐 박음질하면
완성이다.

08 완성 모습

• 옷을 입었을 때 자꾸 뒤로 넘어가는 경우에 이와 같은 방법으로 줄여 준다. 하지만 이것은 등 쪽의 둘레길이가 큰 옷의 경우에만 가능하다.

옷깃 있는 재킷 어깨 뒷목에서 줄이기

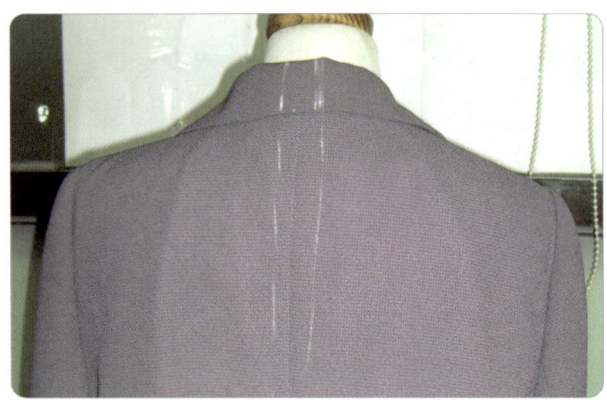

01 뒤판 중심 절개선을 기준으로 옷깃과 뒷목에 줄이고 싶은 분량만큼 표시를 한다.

02 몸판 뒷목은 줄일 만큼 뜯어내고, 옷깃은 중심선을 자른다.

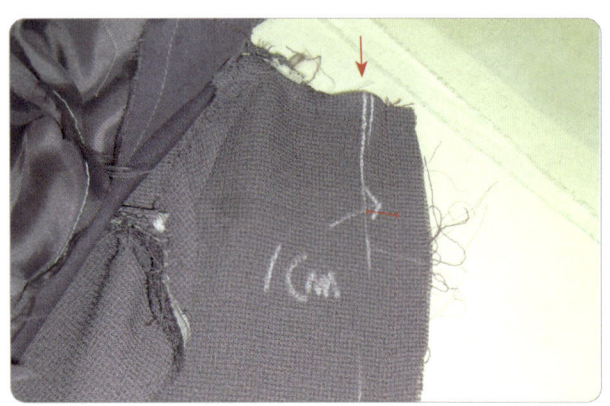

03 01에서 표시한 줄이고 싶은 분량을 박음질한다(등판은 많이 줄이기는 힘들고 1cm(펴면 2cm) 정도 줄이면 예쁘다).

04 등판을 줄인 만큼 옷깃을 줄인 후 박음질하여 연결한다.

05 사진처럼 옷깃 양쪽으로 한쪽에는 겉감을, 한쪽에는 안감을 붙여 박음질한다.

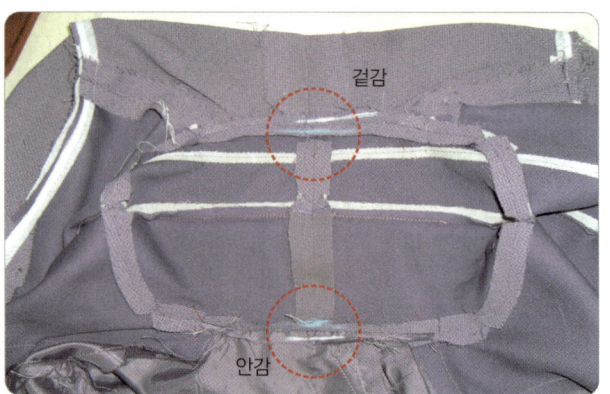

06 옷깃과 몸판 쪽 시접을 펴서 다림질한다(파란색 표시는 옷깃이며, 흰색 표시는 몸판의 안감과 겉감이다).

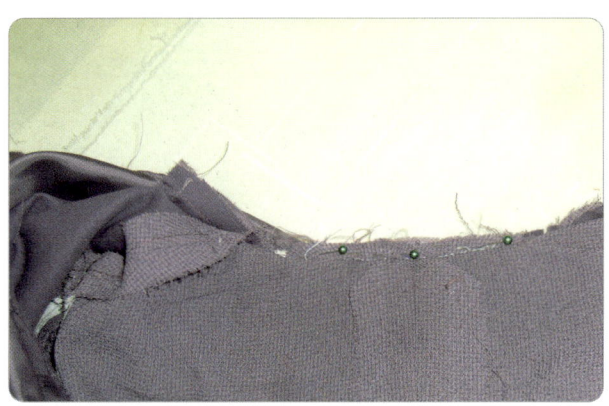

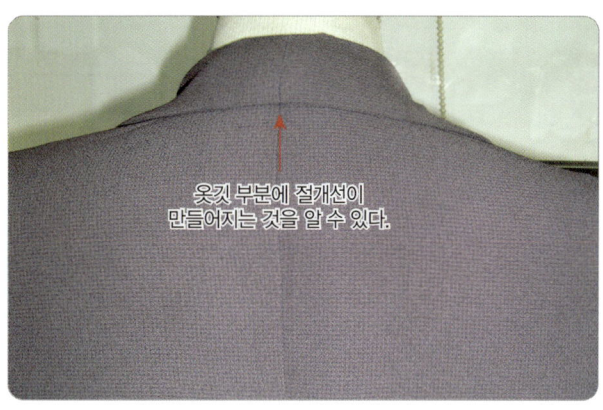

옷깃 부분에 절개선이
만들어지는 것을 알 수 있다.

07 06에서 흰색으로 표시한 몸판의 안감과 겉감을 같이 잡고 박음질한다(06의 파란색으로 표시한 옷깃 부분은 박히지 않고 속으로 들어갔다).

08 완성 모습

- 이 방법은 어깨와 뒤판이 커서 앞이 벌어지는 옷을 줄일 때 적합하다. 등판을 줄일 때 어깨도 함께 줄어드는 효과가 있으므로 등판이 맞는 옷에는 이 방법을 사용해서는 안 된다.
- 수선집의 경우에는 미리 고객에게 옷깃 부분에 절개선이 생긴다는 것을 알려 주어야 한다.

남자 양복 어깨 늘리기

01 어깨를 늘리려는 목 형태이다.

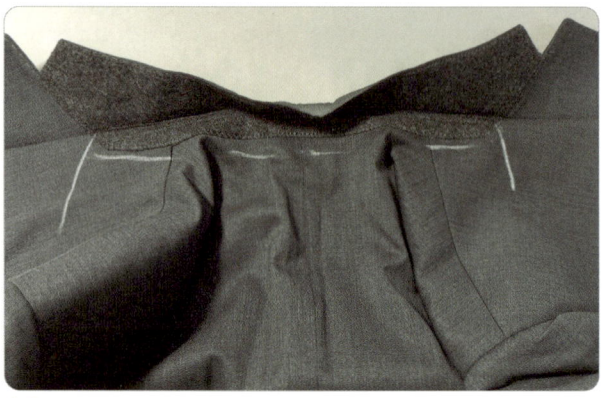

02 흰색으로 표시된 부분을 분리한다.

03 뒤 칼라와 몸판 등판이 분리된 모습이다..

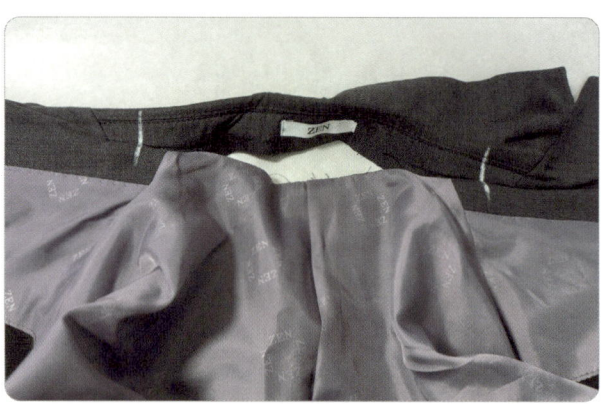

04 안감과 앞 칼라가 분리된 모습이다.

05 겉감 뒷목에 늘어나지 않게 붙여진 원단을 뜯어낸다.

06 원단을 뜯어낸 모습이다. 여기를 늘려 줄 예정이다.

07 점선이 **06**의 원래 선이다. 직선을 따라 박음질하여 넓혀준다.

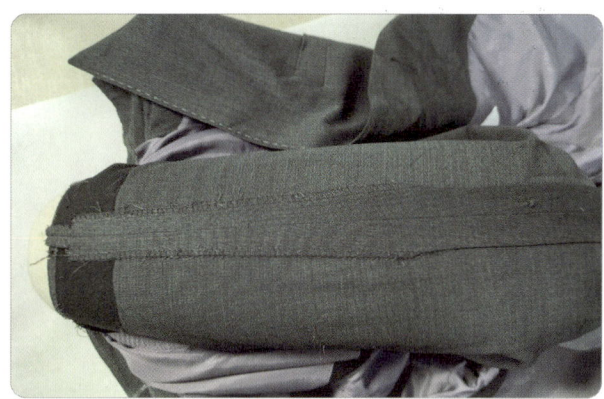

08 모양 틀에 올려놓고 다림질한다. 등부터 목 라인까지 늘어난 상태이다.

09 뒤 칼라 부분을 다리미로 늘인다. 부직포로 되어 있어서 잘 늘어난다.

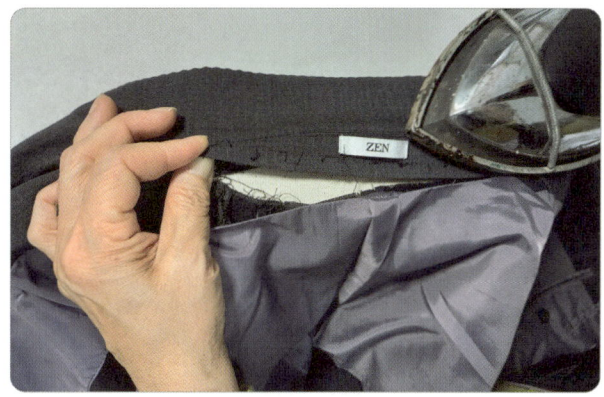

10 앞 칼라 부분도 다리미로 늘인다.

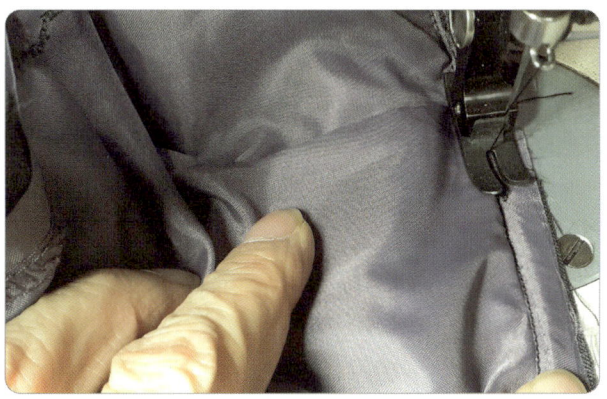

11 안감과 겉 칼라를 연결하며, 이때 원래 박음 선을 그대로 유지하며 박음질한다..

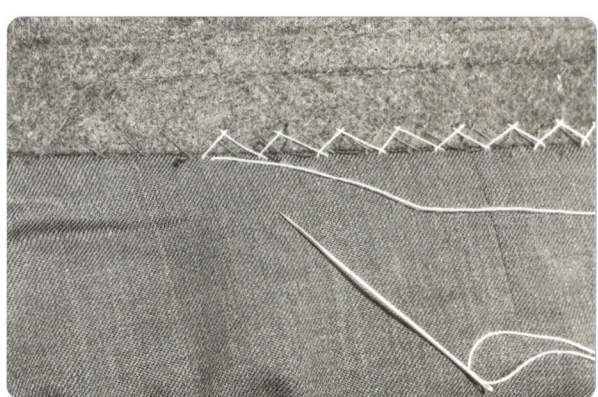

12 겉감과 안 칼라를 연결하며, 새발뜨기로 꼼꼼하게 손바느질한다.

13 안감 연결된 모습이며, 안감이 늘어난 모습을 볼 수 있다.

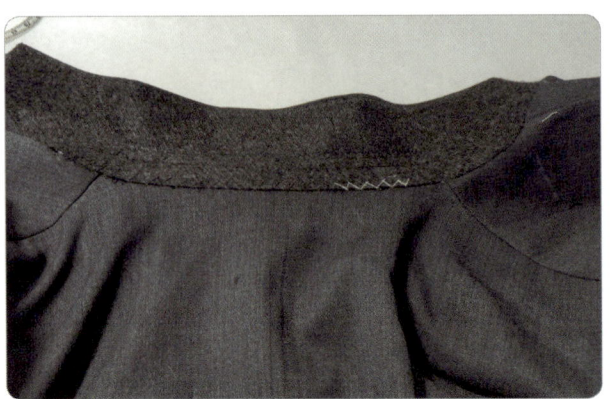

14 뒤판 연결된 모습이며, 새발뜨기는 작고 꼼꼼하게 해야 한다.

15 뒤판이 19cm에서 21cm로 늘어난 모습이다.

16 완성 모습
사진으로는 목이 늘어나 보이지만 큰 차이는 없다.

- 이 작업은 뒷목과 등판을 조금 늘려서 등판이 편안해지므로, 어깨가 늘어지는 효과를 얻어 어깨를 늘리는 방법이다. 어깨가 클 때 뒷목을 줄여서 어깨를 줄이는 작업의 반대 형식이다.

니트 종류 어깨 줄이기

01 어깨를 줄이려고 한다. 어떤 옷이든 얇은 것은 가능하다.

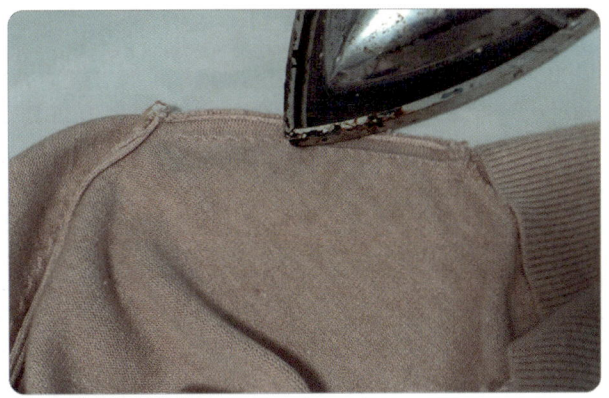

02 어깨 부분의 여유분을 다림질로 펴준다.

03 늘임 방지 테이프이다(얇고 투명한 실리콘 같다).

04 늘임 방지 테이프를 2겹으로 당겨 옷에 셔링을 주고 당겨 박음질한다.

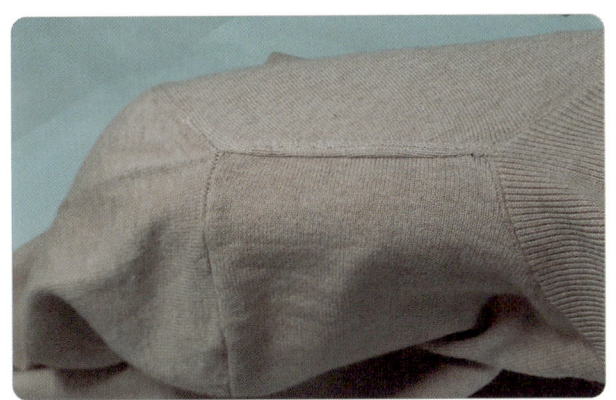

05 4의 박음질을 한 후 스팀 다림질로 잘 펴준다.

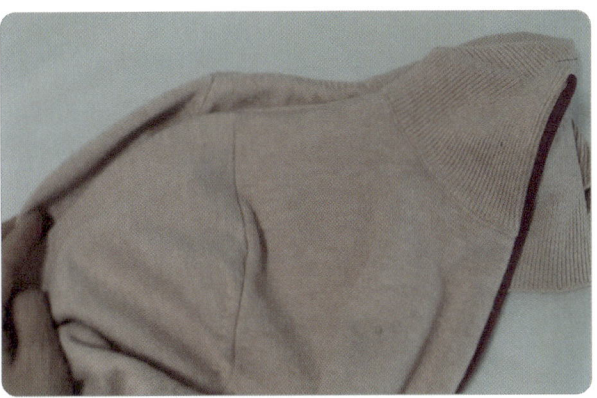

06 완성 모습. 뒷면이 원래 넓이다.

PART 8

다양한 지퍼 수선하기

면바지 지퍼 교체하기 · 청바지 지퍼 교체하기 · 여자 바지 지퍼 교체하기 · 남자 신사 바지 지퍼 교체하기
등산 바지 주머니 지퍼 만들기 · 치마 콘솔 지퍼 교체하기 · 티셔츠 지퍼 교체하기 · 점퍼 지퍼 교체하기

면바지 지퍼 교체하기

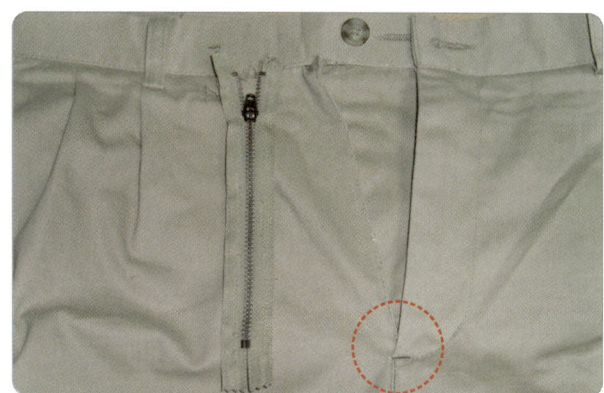

01 지퍼를 분리한다. 이때 되도록 검은색 선으로 표시한 부분은 분리하지 않도록 하며, 분리되었을 경우에는 미리 박음질을 해 준다.

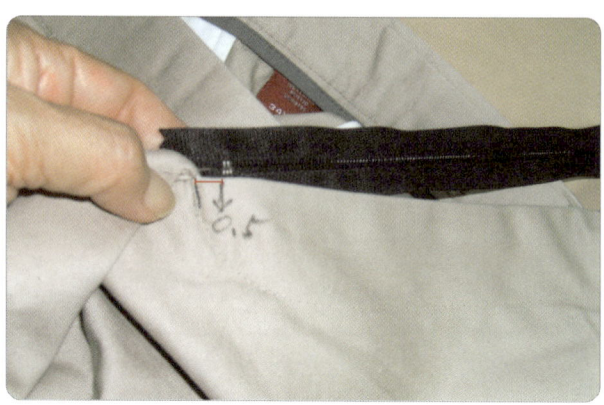

02 교체할 지퍼를 준비하여 덮개 쪽 지퍼 끝부분에서 지퍼 마감핀(보통 하지라고 한다)을 0.5cm 정도 올린 후 시침 핀으로 지퍼를 고정한다.

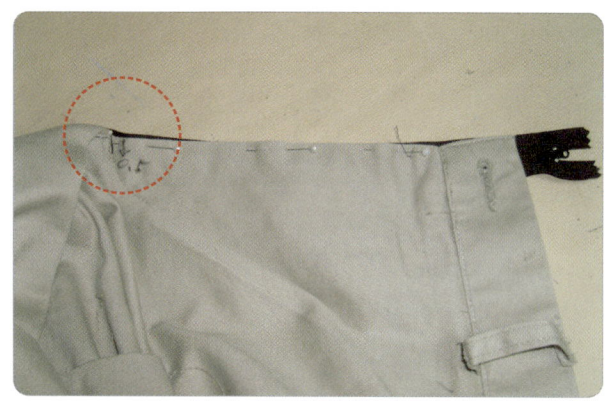

03 아래쪽 끝부분은 지퍼가 원단보다 바깥쪽으로 조금 나오도록 한 후 나머지 부분을 선을 따라 핀으로 시침한다.

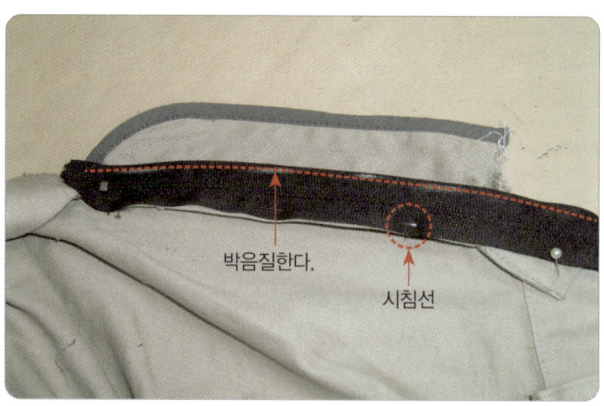

박음질한다.   시침선

04 핀으로 고정한 상태로 뒤집어서 반대쪽 지퍼 끝을 따라서 박음질한다.

05 바지 위에서 원래 봉제선(모양선)을 따라 화살표 방향으로 눌러 박음질한다.

06 모양선을 완성한 모습이다.

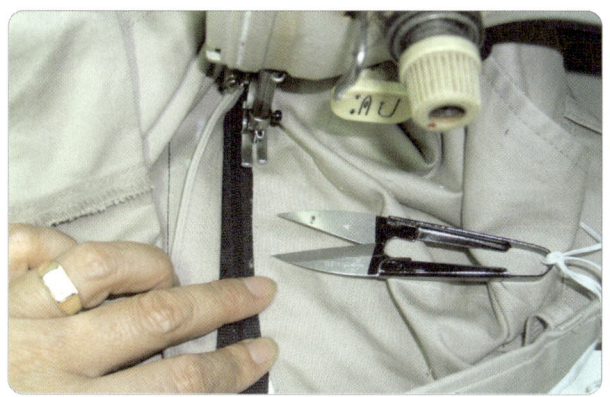

07 03에서 핀으로 시침한 지퍼 쪽을 박음질한다. 이때 03에서 지퍼를 바깥쪽으로 조금 뺀 부분에 반대쪽 원단을 올려놓고 박음질하면 끝부분을 박음질하기가 편하다.

08 단추 쪽 허리 부분을 박음질한다.

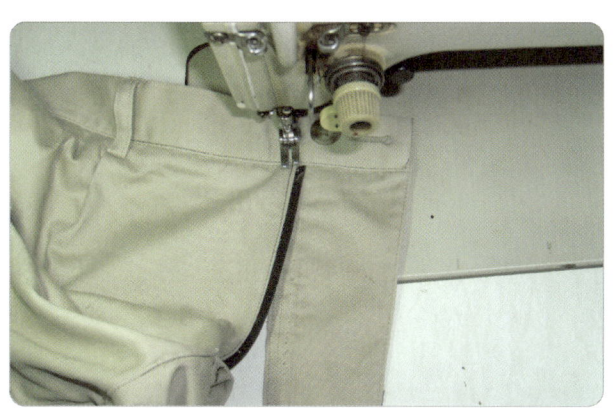

09 07에서 박음질한 부분 위에서 안단을 눌러 박음질한다. 실 색상이 같으면 두 번 박음질해도 표가 나지 않는다.

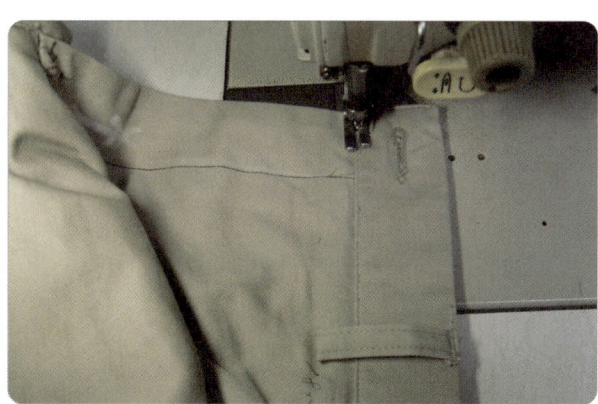

10 지퍼 덮개 쪽 허리 부분을 박음질한다.

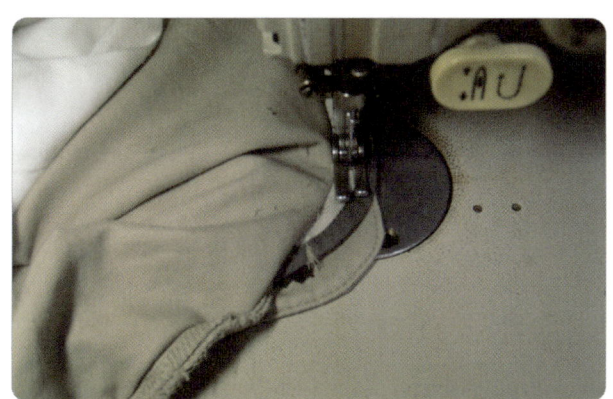

11 지퍼 안단이 움직이지 않도록 안쪽에서 집어 준다.

12 완성된 지퍼 안쪽 모습이다.

청바지 지퍼 교체하기(겉실을 뜯지 않고 교체)

01 청바지에서 지퍼를 뜯어낸다.

02 지퍼를 뜯을 때 지퍼 겉면의 박음질선은 뜯으면 안 된다. 지퍼 겉면에 박음질선이 있으면 지퍼를 잘라 내야 한다.

03 교체할 지퍼의 한쪽을 짧게 자른다(자르지 않고 접어 넣는 것이 풀리지 않고 더 좋다).

04 파란색 선으로 표시한 부분(❶)에 짧게 자른 쪽 지퍼를 맞춰 넣고 박음질한다.

시침한다.
0.6cm

05 빨간색으로 표시한 부분처럼 서로 0.6cm 정도가 겹치도록 한 후 위에서 끝까지 시침한다.

시침선

06 05를 시침한 모습이다. 노루발 바로 옆의 회색 실이 시침한 선이다.

07 08을 박음질하기 전에 바늘 땀수를 1번으로 바꿔 준다.

08 안쪽에서 윗실은 흰색, 밑실은 청바지색 실을 사용하여 나머지 한쪽 지퍼를 눌러 박음질한다.

09 05에서 시침한 것을 뜯어낸다.

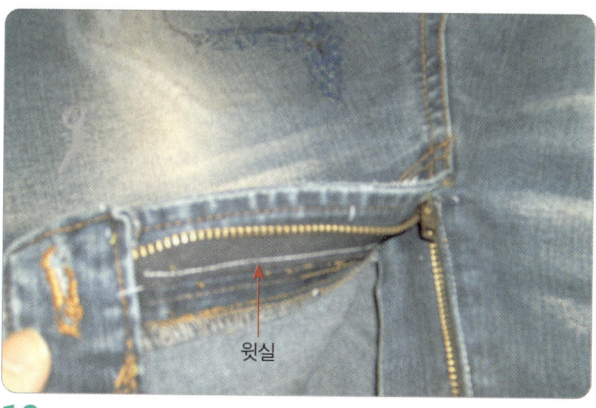

윗실

10 08에서 박음질한 안쪽 윗실(흰색) 모습이다. 겉쪽은 청바지색 실이다.

11 바지 허리 좌우 부분을 박음질한다.

청바지색 실

12 빨간색 표시 부분이 08에서 청바지색 실로 박음질한 곳이다. 원단과 같은 색 실을 사용하여 표가 안 난다.

여자 바지 지퍼 교체하기

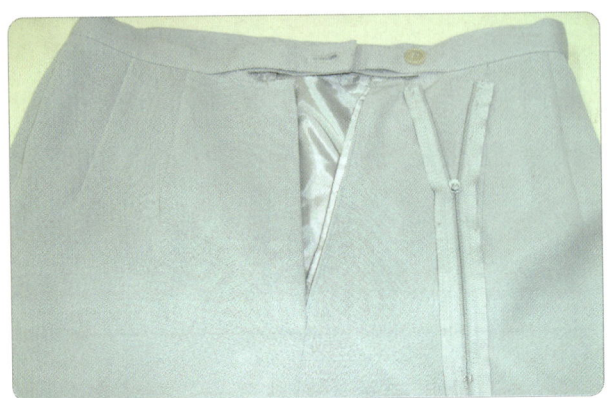

01 바지에서 지퍼를 뜯어낸다.

02 지퍼를 2mm 정도 남기고 지퍼와 지퍼를 달고자 하는 덮개 쪽 원단 윗부분을 합쳐서 끝까지 시침한다.

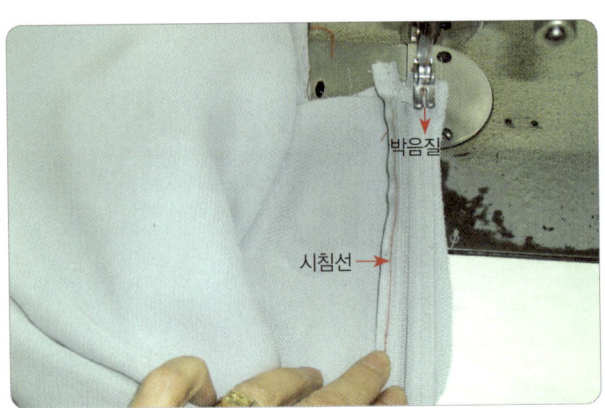

03 뒤집어서 시침을 뜯지 말고 노루발에 지퍼 끝을 맞춘 후 안쪽 시접을 펴고 박음질한다.

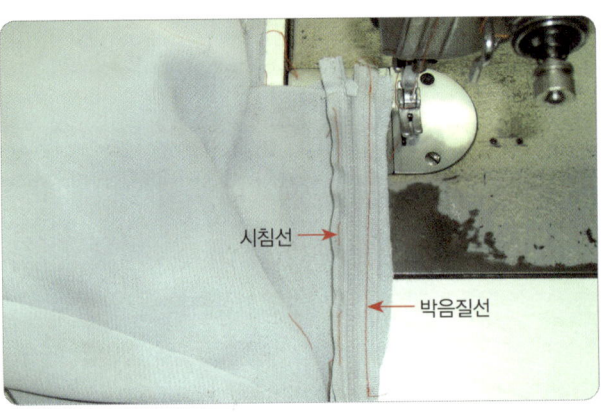

04 박음질한 후 **02**의 시침을 뜯어낸다.

05 바지 윗부분에서 원래 지퍼 봉제선을 따라 박음질한다.

06 **05**를 박음질한 모습이다(이해하기 쉽도록 다른 색 실을 사용하였다).

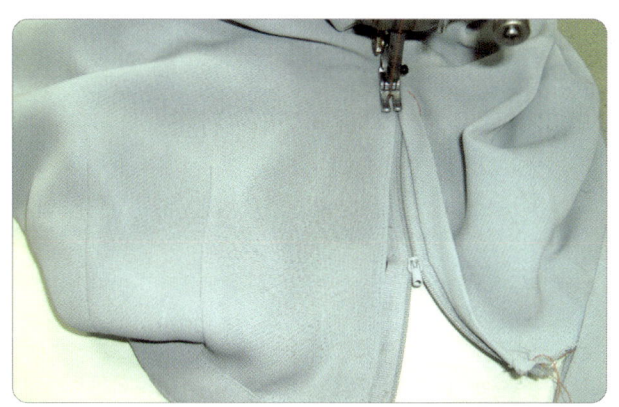

07 아래 끝부분에서 지퍼를 원단 끝까지 붙인 후 노루발을 지퍼 위에 놓고 나머지 한쪽 지퍼를 박음질한다.

08 바지 허리 좌우 부분을 끝까지 박음질한다.

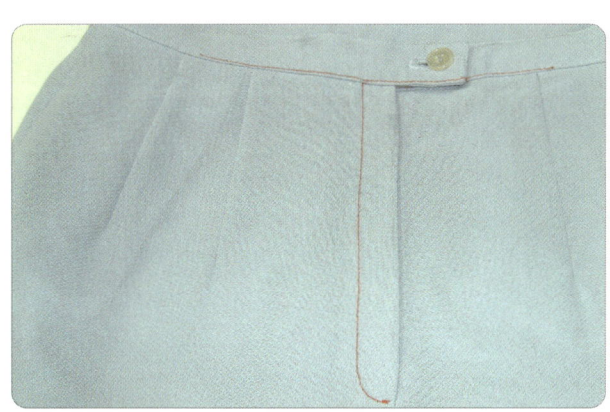

09 완성 모습

tip

• 02는 지퍼를 달고자 하는 겉면 쪽 끝부분에 대한 설명이다.
• 지퍼에 시침을 정확히 해야 간단하고 깔끔하게 마무리할 수 있다.
• 이 지퍼의 안감은 손으로 꿰매는 경우가 많다.

남자 신사 바지 지퍼 교체하기

01 바지에서 지퍼를 분리한다(이해하기 쉽도록 교체할 지퍼는 흰색을 사용하였다).

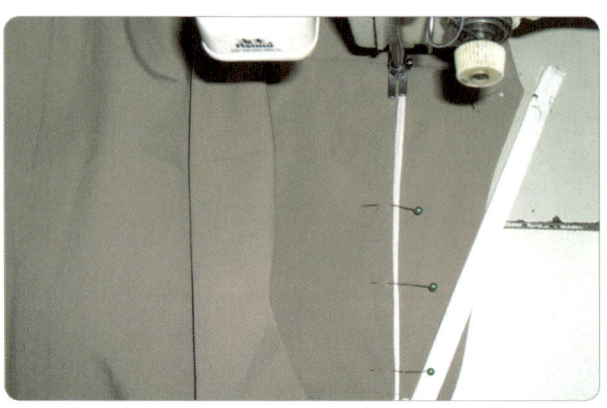

02 덮개가 없는 왼쪽 절개 사이에 한쪽 지퍼를 끼우고 핀으로 고정한다.

03 지퍼를 잠그고 노루발을 지퍼 위에 올려서 박음질한다.

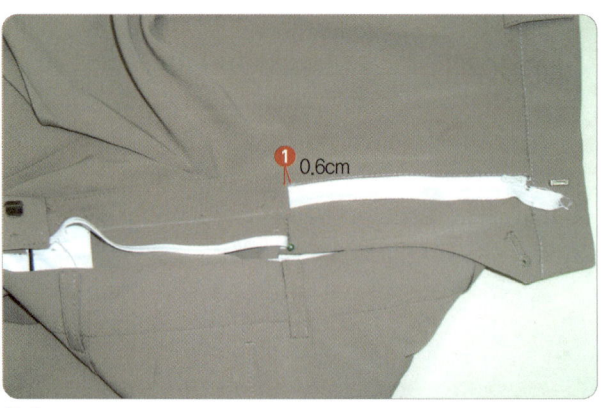

04 표시한 ❶부분이 서로 0.6cm 정도 겹쳐지도록 한 후 덮개를 덮고 위에서 눌러 시침한다.

05 04를 시침한 모습이다. 시침한 것은 나중에 뜯어낼 것이므로 적게 박음질하는 것이 좋다.

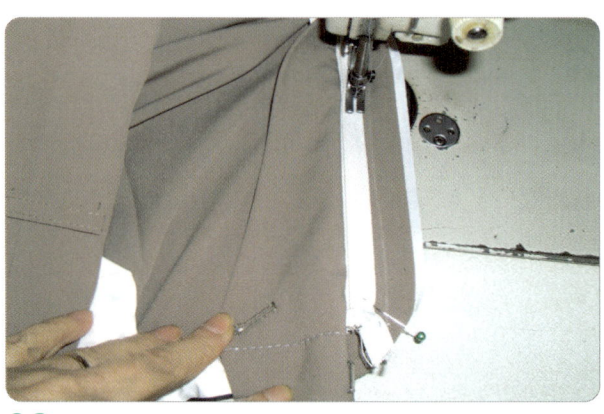

06 시침되어 있는 덮개 쪽의 지퍼를 안쪽에서 박음질한다.

07 04에서 시침한 것을 뜯고 본 지퍼 안쪽 모습이다.

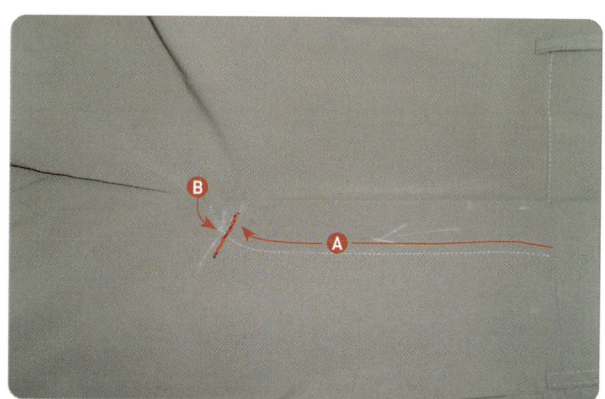

08 지퍼를 열고 빨간색 선을 중심으로 원래 지퍼 봉제선을 따라 Ⓐ를 먼저 박음질한다. Ⓑ를 박음질할 때는 안쪽이 합쳐져 박히도록 위에서 눌러 박음질한다.

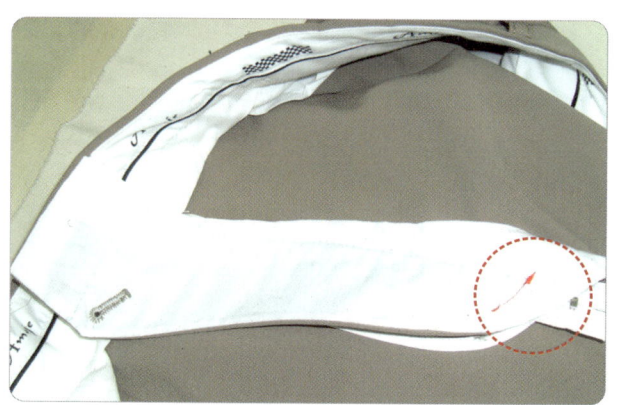

09 08에서 안쪽을 합쳐 바느질한 모습이다(이해하기 쉽도록 빨간색 실을 사용하였다).

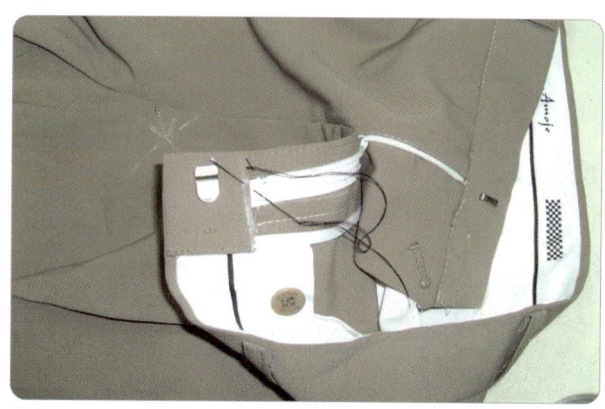

10 겉단추 안쪽 부분은 손바느질해도 되고 겉쪽에서 눌러 박음질해도 된다.

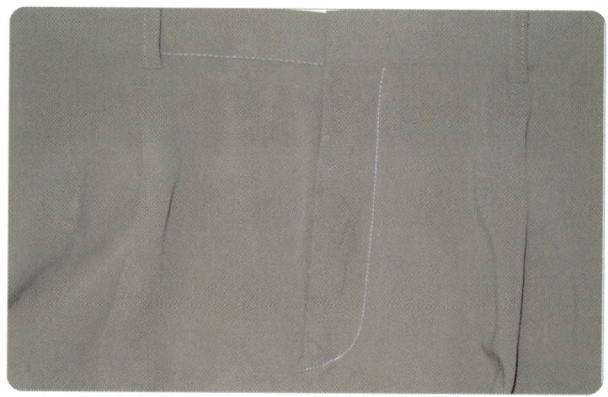

11 완성 모습

tip

- 지퍼 부분을 분리하기 전에 먼저 초크로 지퍼 위치를 확인한다.
- 뚜껑 쪽 지퍼를 부착하고 박음질한 후 208쪽 면바지 지퍼 교체 방법으로 수선해도 된다.

등산 바지 주머니 지퍼 만들기

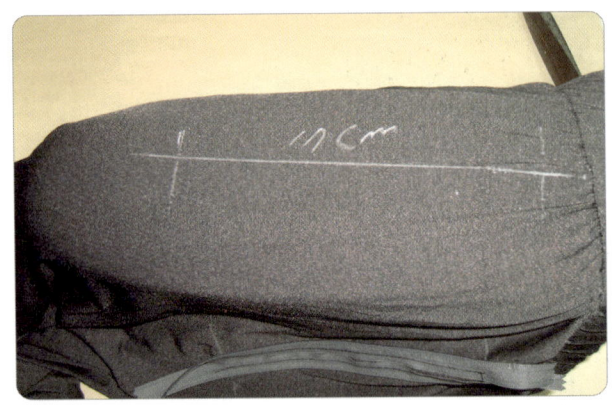

01 지퍼를 달 위치를 정한 후 주머니 길이를 표시한다(남자 17cm, 여자 15cm 정도이며, 지퍼는 끝부분 마감 처리를 뜯어 좌우를 분리해서 사용한다).

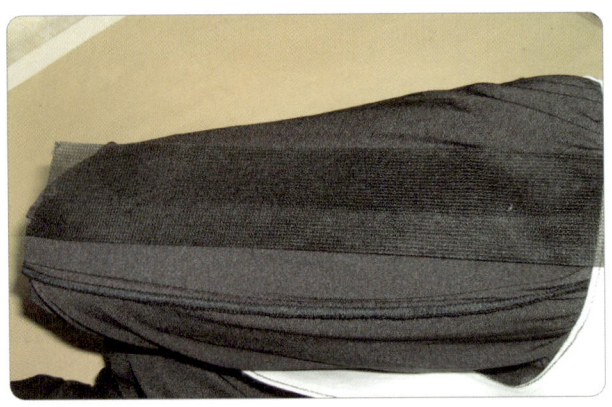

02 01에서 정한 위치 안쪽에 심지를 붙인다.

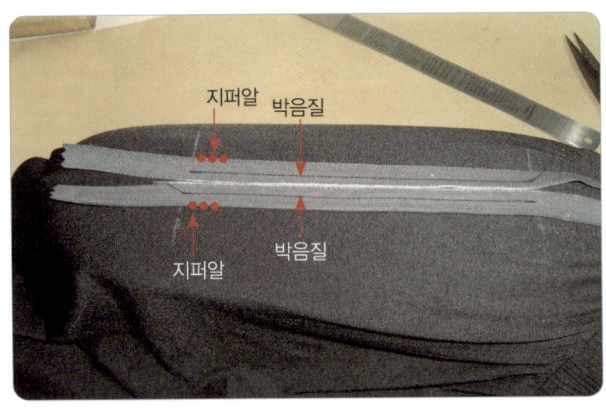

03 겉쪽에 지퍼를 뒤집어 대고 17cm 위치에 위아래로 선을 길게 그린 후 박음질한다. 이때 지퍼알이 가장자리에 놓여야 뒤집었을 때 지퍼알이 중심으로 모인다.

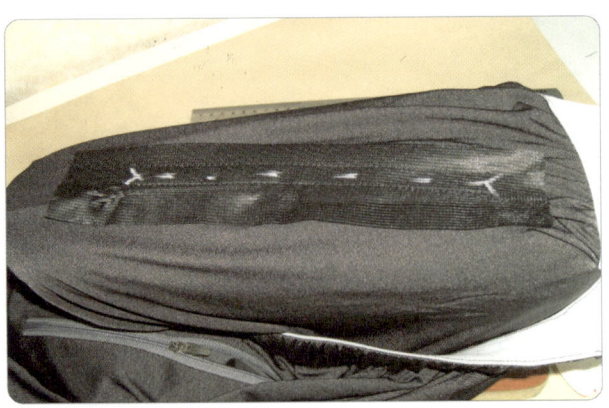

04 뒤집어서 지퍼 중심선 양쪽 끝을 V자 모양으로 표시한 후 중앙에 선을 긋는다.

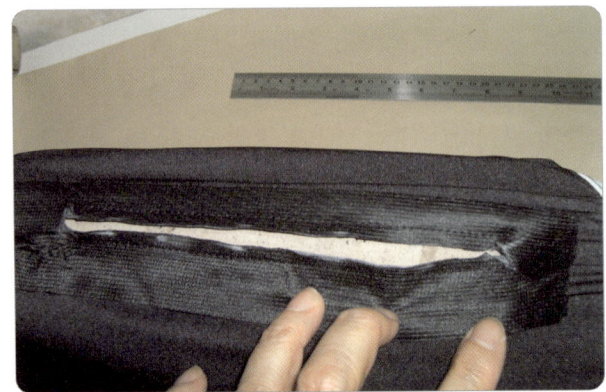

05 04에서 표시한 대로 자른다.

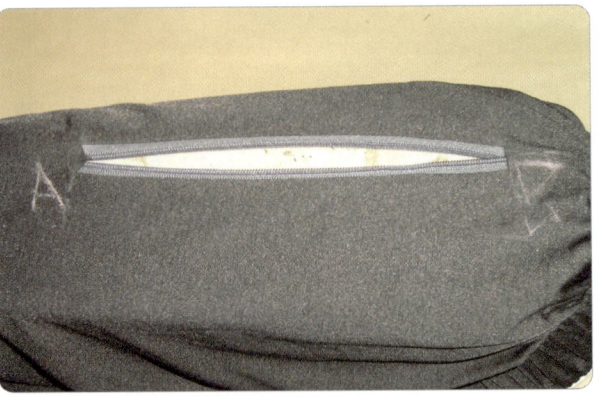

06 겉면으로 지퍼를 뒤집으면 지퍼알이 안쪽으로 모인다.

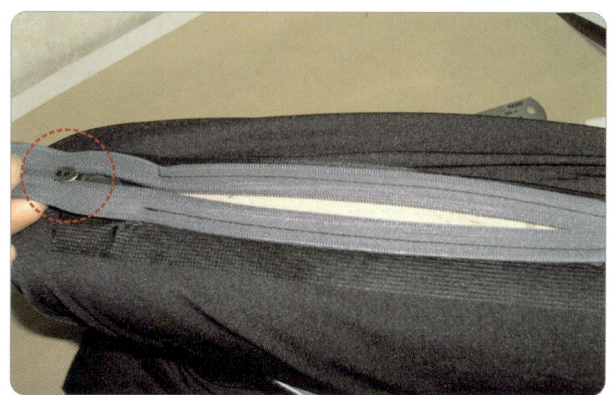

07 뒤집어 안쪽에서 지퍼 고리를 끼운다. 티셔츠나 등산복은 지퍼 끝부분을 분리할 수 있도록 되어 있다.

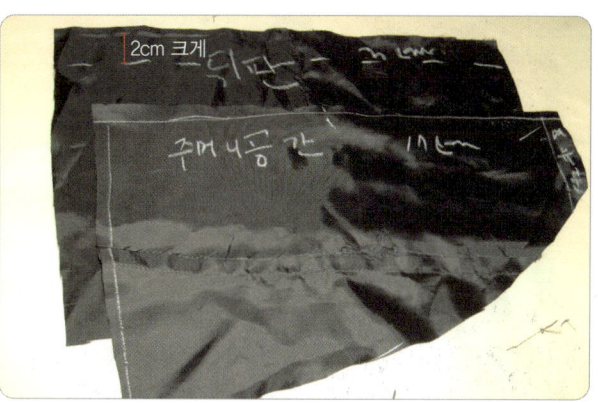

08 안감을 2장 만든다. 뒤판은 2cm 정도 폭을 크게 만든다.

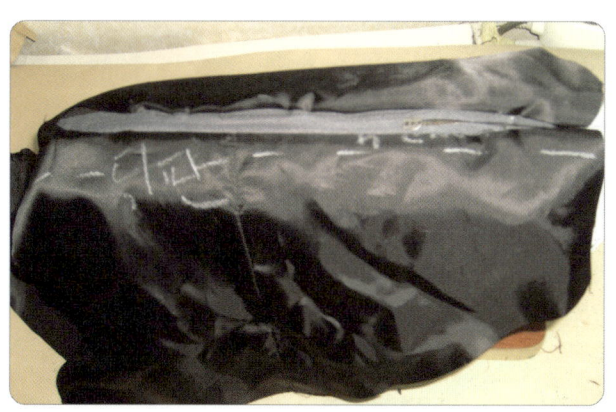

09 바지 안쪽에서 지퍼에 안감을 붙여 준 모습이다. 주머니에 손을 넣을 때 걸리는 시접이 보이면 안 된다.

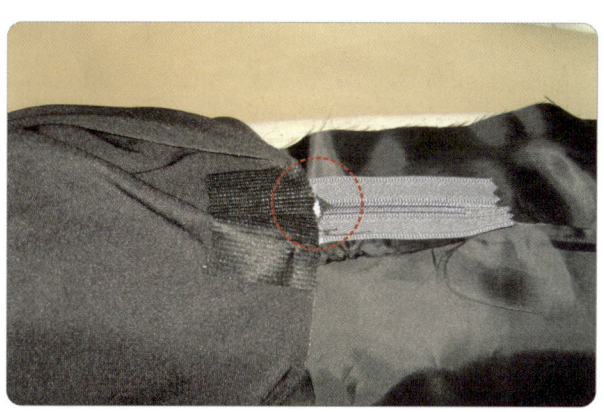

10 아랫부분의 삼각형 꼭지를 튼튼하게 먼저 박음질한다.

11 주머니 모양을 따라 박음질한다.

12 윗부분의 삼각형 꼭지를 튼튼하게 박음질한다.

13 주머니 부분을 돌려 가며 오버로크 처리한다.

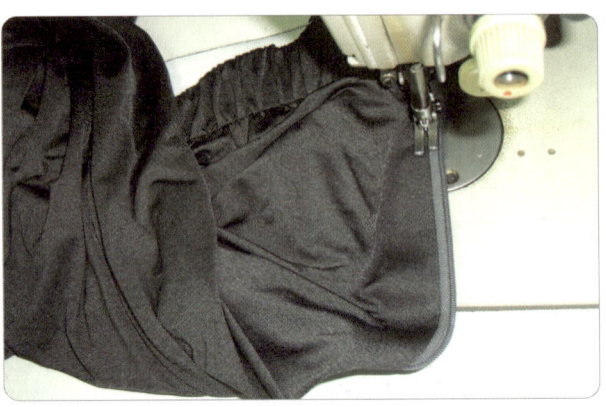

14 지퍼를 열고 주머니 앞쪽 부분을 위에서 누름솔로 박음질한다.

15 앞부분만 남기고 뒤, 옆, 아래를 위에서 눌러 박음질한다.

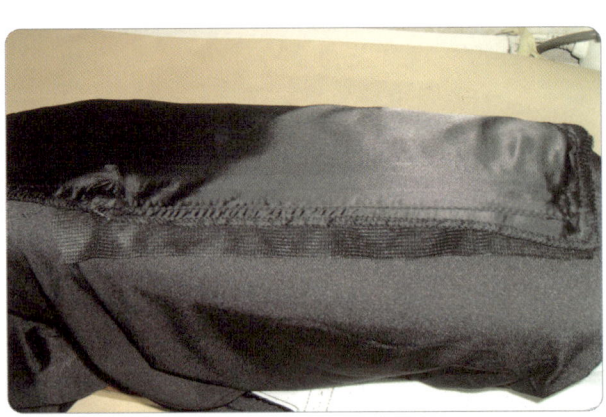

16 안감을 완성한 모습이다.

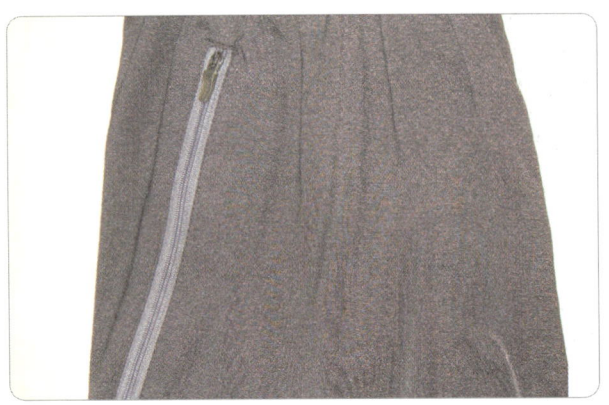

17 완성 모습

 tip

• **03**처럼 지퍼 끝부분의 마감 처리된 것을 뜯어내고 지퍼를 부착하면 늘어나는 원단도 깔끔하게 수선할 수 있다. 위아래 마감 처리는 주머니 삼각 위아래에서 하면 된다.

치마 콘솔 지퍼 교체하기

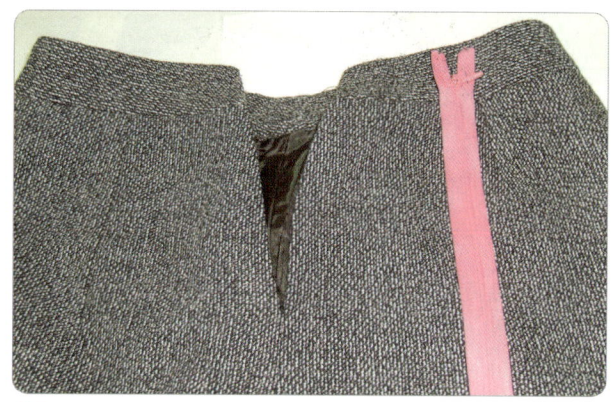

01 치마에서 지퍼를 떼어 낸다(이해하기 쉽도록 교체할 지퍼는 빨간색을 사용하였다).

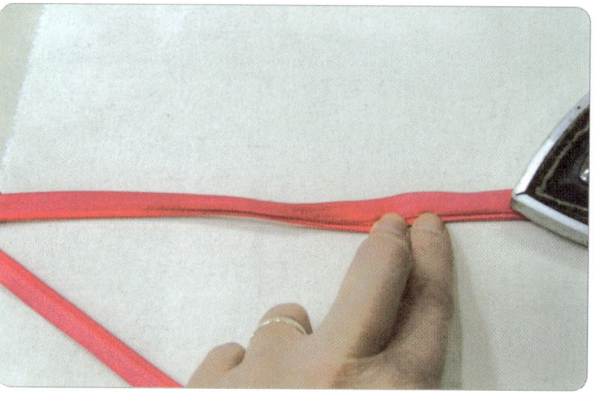

02 접혀 있는 지퍼를 다리미로 똑바로 펴서 다린다.

03 노루발을 콘솔 지퍼(겉에서 보았을 때 보이지 않는 지퍼) 전용 노루발로 바꿔 준다.

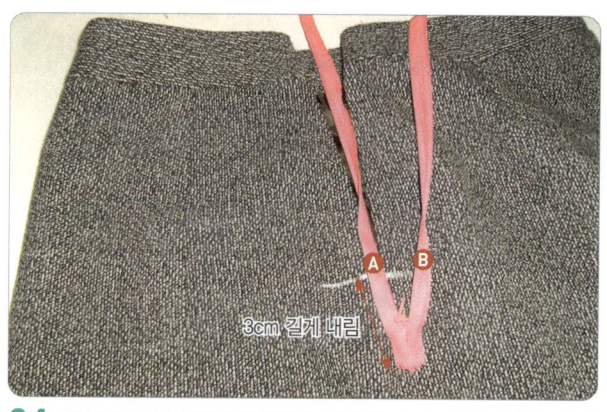

04 흰색으로 표시한 부분까지가 원래 지퍼가 달렸던 곳인데, 교체할 지퍼는 그보다 3cm 정도 길게 내려 준다.

05 지퍼는 왼쪽부터 박는 것이 좋으며, 플라스틱 지퍼알 부분을 노루발의 홈에 넣어서 박음질한다.

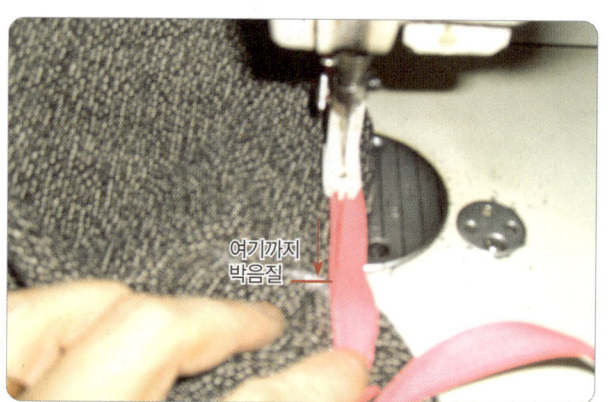

06 왼쪽 허리 부분에서 아래쪽으로 **04**에서 표시한 흰색 부분까지 박음질한다.

07 06에서 박음질한 후 지퍼를 닫고 안쪽에서 지퍼의 갈라 진 부분(❶)과 치마 뒷면 봉제선 부분(❷)이 일직선이 되 도록 핀으로 고정한다.

08 ❹와 ❺가 똑같이 맞아야 겉에서 볼 때 지퍼가 비뚤어 지지 않는다.

09 오른쪽 지퍼는 한 번에 끝까지 박음질하지 말고 일단 중 간 부분(㉠)까지만 박음질한 후 박음질이 일자로 되었는 지 확인한다.

10 지퍼를 올리고 양쪽 허리를 맞춰 표시를 한 후 표시한 부 분까지만 먼저 박음질한다.

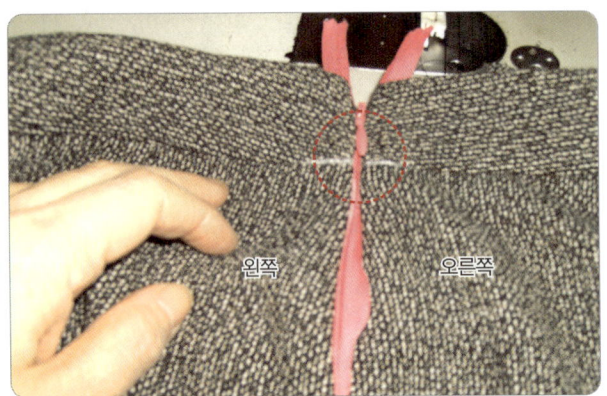

11 10에서 박음질한 후 뒤집어 보면 겉면에서 허리선이 똑 같아진 모습을 볼 수 있다. 오른쪽은 윗부분과 아랫부분 만 박음질되어 있고 중간 부분은 되어 있지 않다.

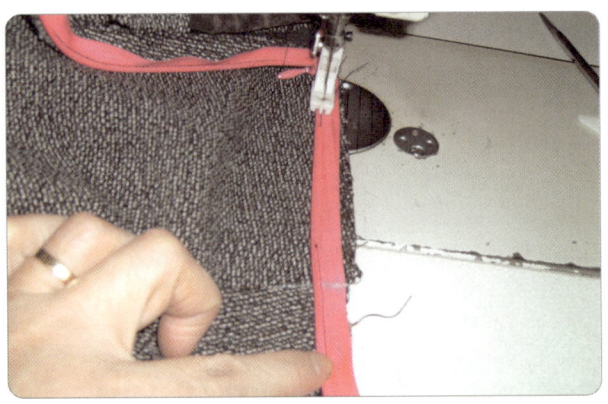

12 오른쪽 중간 부분은 안쪽에서 지퍼에 맞추어 원단을 당 기든지 밀든지 하며 박음질한다.

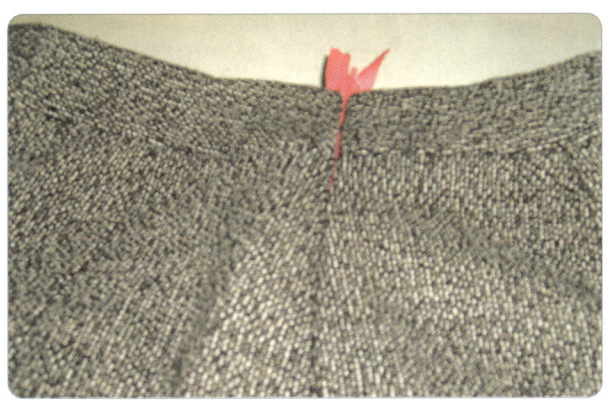

13 겉에서 본 지퍼 모습이다.

← 안쪽에서 지퍼로 채워질 공간

14 안감을 붙일 때 지퍼 달린 부분을 1cm 정도 핀으로 꽂아 준다.

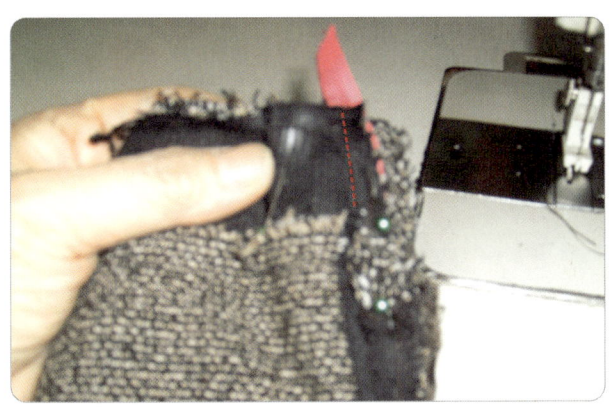

15 여유분을 만들기 위해 핀을 꽂은 채로 안감과 지퍼 길이(세로선)를 박음질한다.

16 14의 핀을 빼면 지퍼 달린 부분에 1cm 정도 여유가 생긴다. 안감 쪽에 1cm 모자라는 부분을 지퍼로 채워 주고 박음질한 후 지퍼 남은 부분은 잘라 낸다.

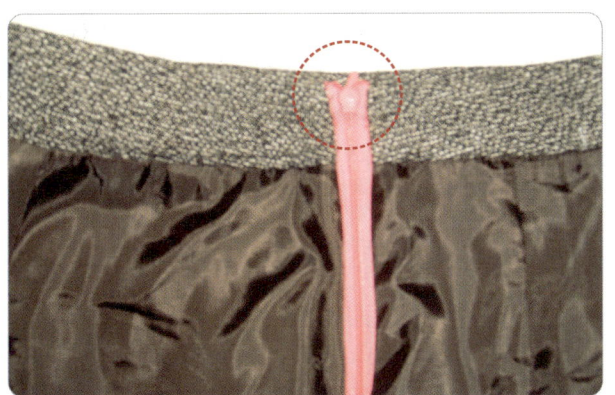

17 뒤집어 보면 모자라는 겉부분을 지퍼가 채워 주고 있다

18 완성 모습

티셔츠 지퍼 교체하기

01 지퍼를 분리하고 교체할 지퍼를 준비한다. 이때 지퍼를 뜯어낸 아랫부분의 삼각 처리가 어렵다.

02 삼각을 잘 펴서 다림질한다.

03 지퍼를 겉면에 놓고 안쪽에서 삼각을 박음질한다.

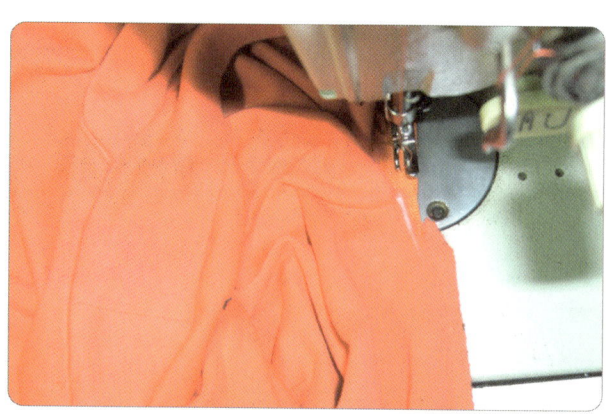

04 삼각 끝부분에서 바늘을 빼지 말고 돌려서 한쪽 지퍼를 박음질한다.

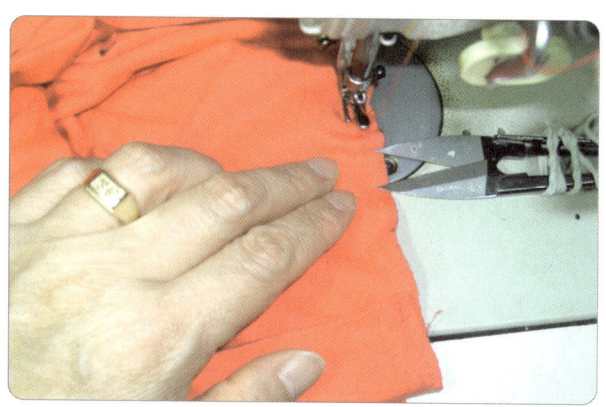

05 반대쪽 지퍼는 먼저 아래쪽에서 3~4cm 정도를 박음질한다.

06 05를 박음질한 후 다시 위에서 나머지를 박음질하여 완성한다. 이렇게 해야 양쪽의 겉쪽 선을 맞추기가 쉽다.

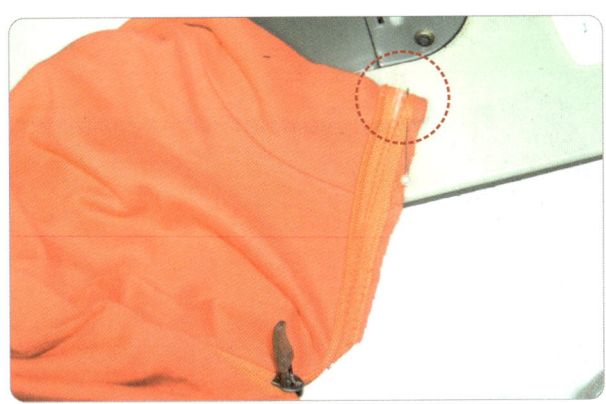

07 맨 윗부분에서 지퍼가 남으면 원단 안쪽 사이로 꺾어 넣어 박음질한다.

08 07에서 남는 지퍼를 꺾어 박음질하고 지퍼를 겉면으로 돌리면 지퍼 끝이 보이지 않고 깨끗하게 처리된다.

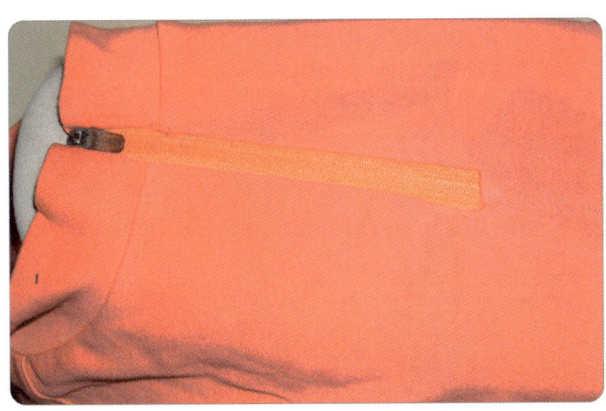

09 완성 모습

tip

지퍼 박음질하는 순서

삼각 부분 ❶을 박음질한 후 ❷를 끝까지 박음질한다. 그 다음에 ❸을 ❶의 끝에서 시작하여 3~4cm 정도 박음질한 후 나머지 ❹를 위에서 화살표 방향으로 박음질한다. 이렇게 하면 지퍼 양쪽이 짝짝이가 되는 것을 방지할 수 있다.

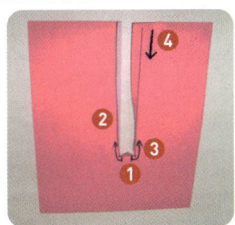

점퍼 지퍼 교체하기

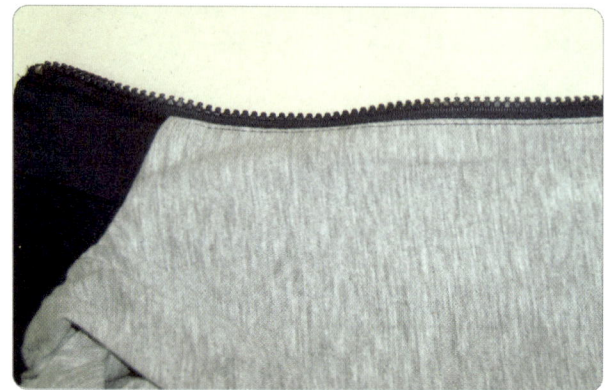

01 점퍼의 지퍼를 교체하려고 한다.

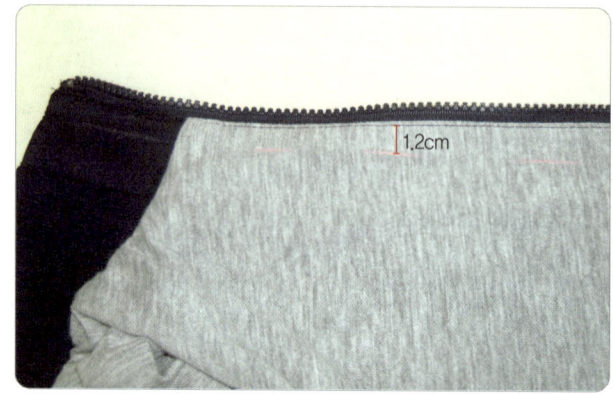

02 교체하고자 하는 지퍼 옆(약 1.2cm)에 빨간색으로 선을 그린다(지퍼에서 너무 떨어진 곳에 시침을 하면 효과가 없다. 가능한 한 지퍼 가까이에서 시침하는 것이 좋다).

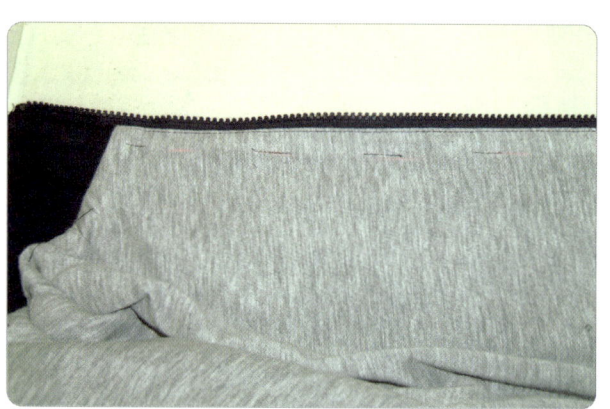

03 빨간색 표시선을 따라 시침 바느질을 한다.

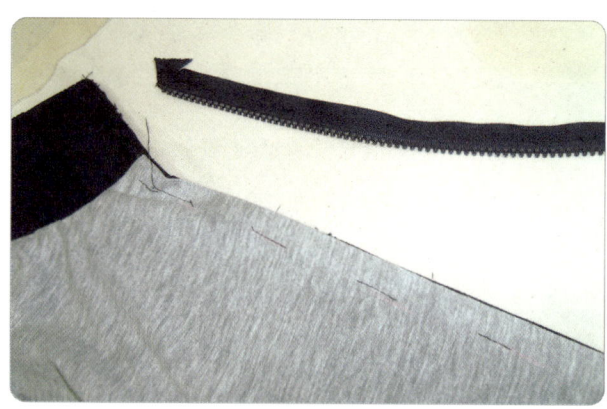

04 시침 바느질한 후 점퍼에서 지퍼를 분리한다.

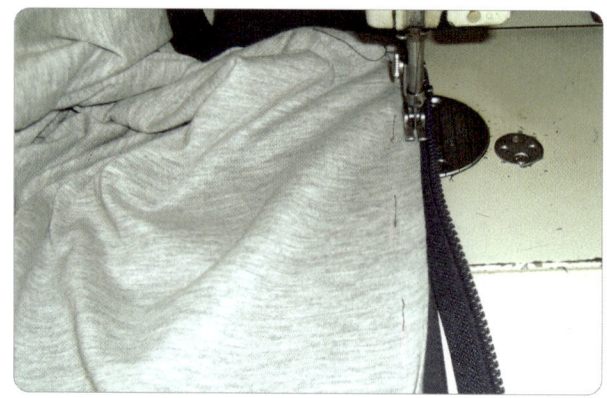

05 교체할 지퍼를 분리한 공간 사이에 밀어넣고 위에서 눌러 박음질한다.

06 박음질하는 모습이다. 시침선 때문에 위치가 변하지 않아 앞뒤가 깨끗하게 한 번에 박음질된다.

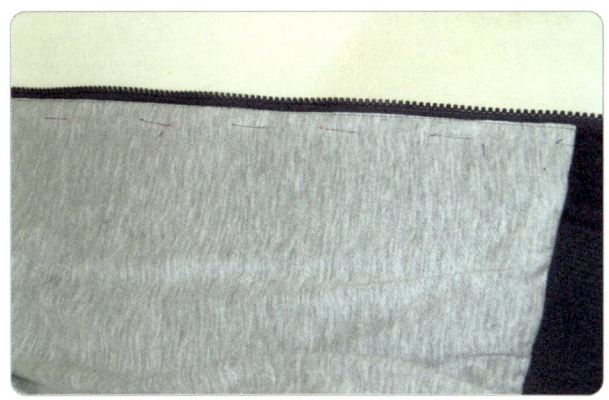

07 박음질을 완성한 모습이다. 지퍼를 분리하기 전에 시침을 해서 뜯기 전 상태와 같이 박음질선이 깔끔하다.

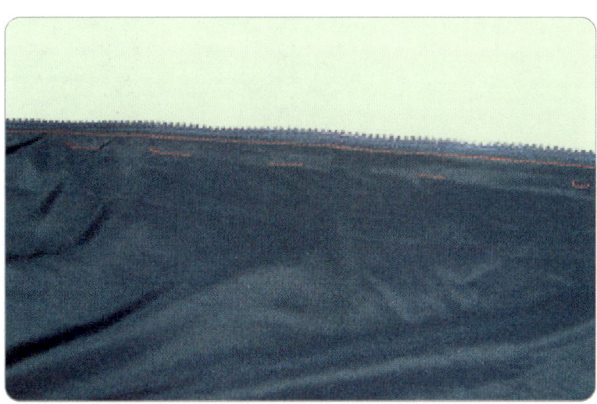

08 점퍼 안쪽도 지퍼를 분리하기 전 상태와 같이 박음질선이 깔끔하다(이해하기 쉽도록 밑실을 빨간색으로 사용하였다).

09 시침한 부분을 뜯어내고 완성한다.

 tip

- 점퍼 지퍼는 가능한 한 뜯기 전에 지퍼가 박히지 않는, 지퍼와 가장 가까운 곳을 중간중간 시침 박음질하면 지퍼 위치가 변하지 않아서 지퍼를 밀어넣고 위에서 한 번에 박음질로 깔끔하게 해결할 수 있다.
- 모든 지퍼는 부착하는 방법이 다양하다. 여러 가지 예를 들었으니 여러 곳에 적용하여 보기 바란다.

PART 9

특수 원단 의류
수선하기

찢어진 가죽 짜깁기하기 예 · 가죽 코트 둘레길이(품 · 통) 늘리기 · 가죽 재킷 소매 길이 줄이기
여우 목도리 안감 넣기 · 밍크 길이 줄이기 예 · 찢어진 밍크 수선하기 예 · 무스탕 재킷 어깨와 목둘레 줄이기
무스탕 재킷 소매 길이 줄이기 · 무스탕 재킷 길이 밑단에서 줄이기 · 섀미 재킷 어깨 줄이기

찢어진 가죽 짜깁기하기 예

01 찢어진 가죽을 수선하려고 한다.

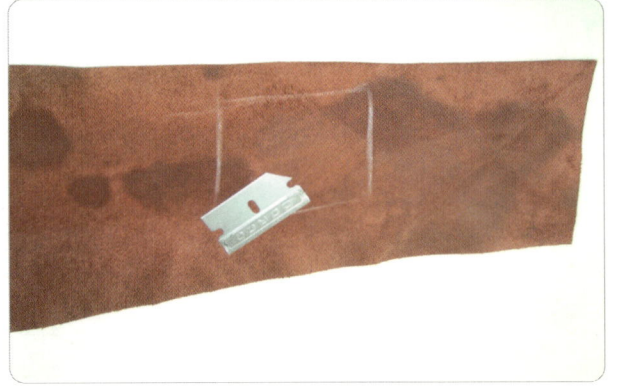

02 가죽을 뒤집어서 구멍 난 부분을 사각형으로 표시한다.

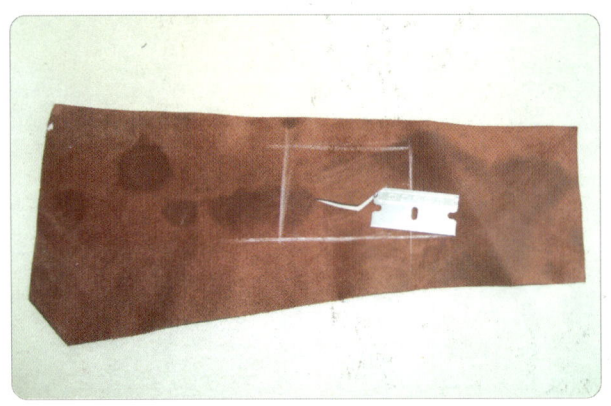

03 사각형 부분을 칼로 살살 긁어 주어 표면이 미끄럽지 않고 잘 붙도록 해 준다.

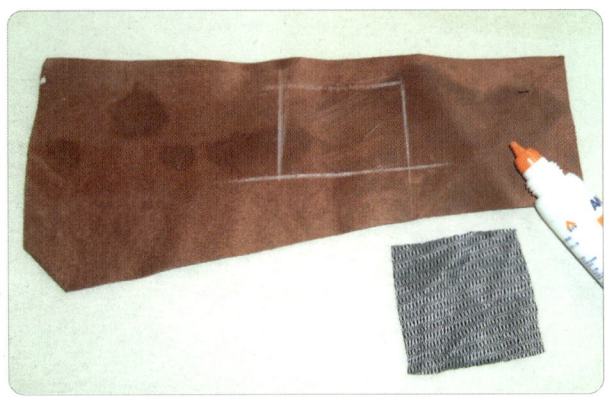

04 고무풀과 가죽 전용 심지를 준비한다. 가죽 전용 심지가 없으면 다른 원단을 사용해도 된다.

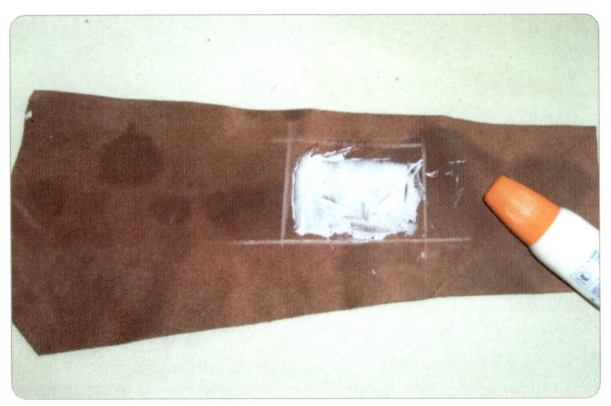

05 사각형으로 표시한 곳에 고무풀을 고루 얇게 펴 바른다.

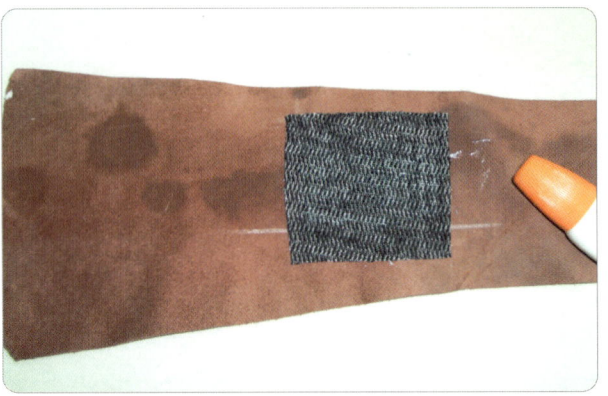

06 **05** 위에 가죽 전용 심지를 올려놓고 꼭꼭 눌러 준 후 어느 정도 말랐을 때 위에서 다림질을 해 준다.

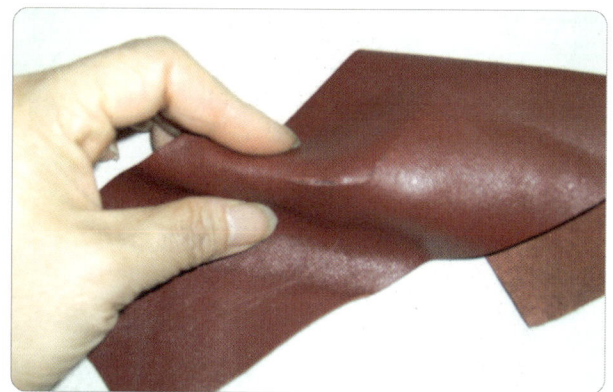

07 겉면에서 상처 부분을 접어 보면 벌어져 보인다.

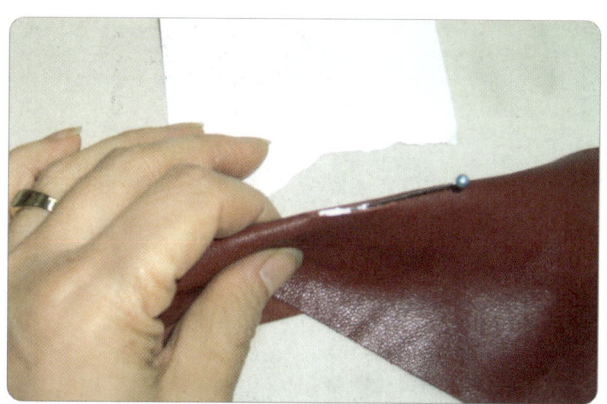

08 가죽 벌어진 사이에 고무풀을 핀으로 골고루 바른다.

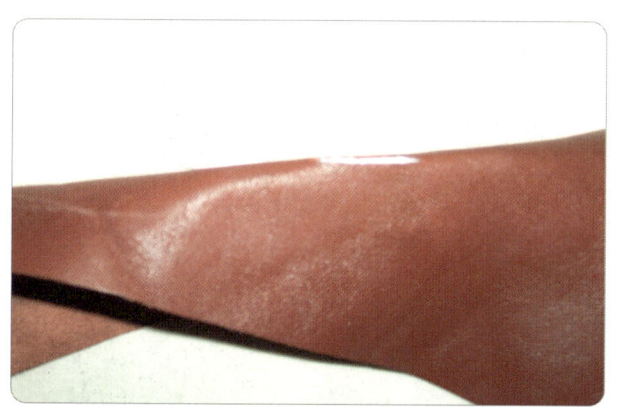

09 잠시 두거나 입으로 바람을 불어 고무풀을 살짝 마르게 한다.

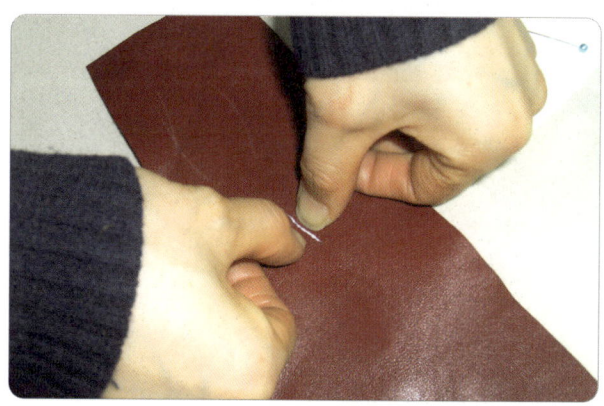

10 손톱으로 벌어진 부분을 누르면 고무풀이 올라온다.

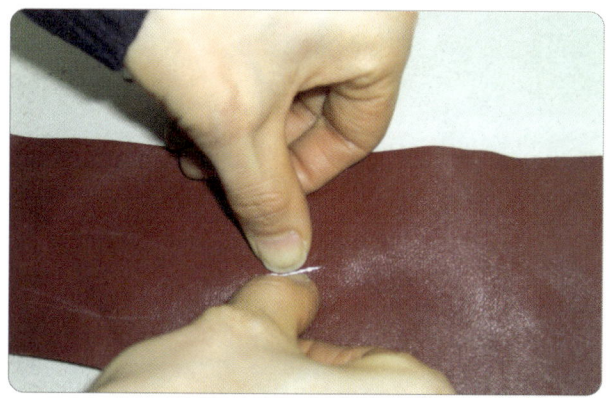

11 올라온 고무풀을 손톱으로 짜내서 다른 곳에 묻어나지 않도록 깨끗하게 처리한다.

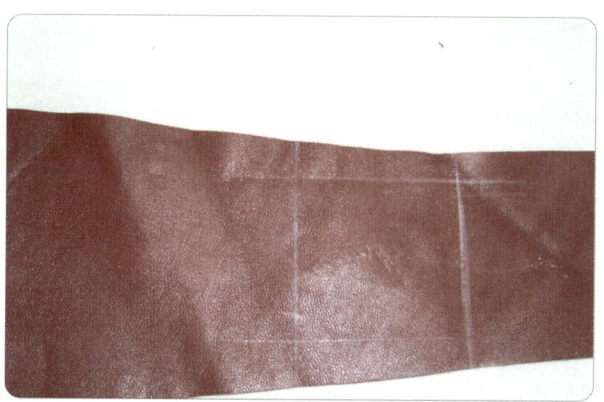

12 가죽 표면을 손톱으로 꾹꾹 눌러 준 후 다림질한다.

가죽 코트 둘레길이(품 · 통) 늘리기

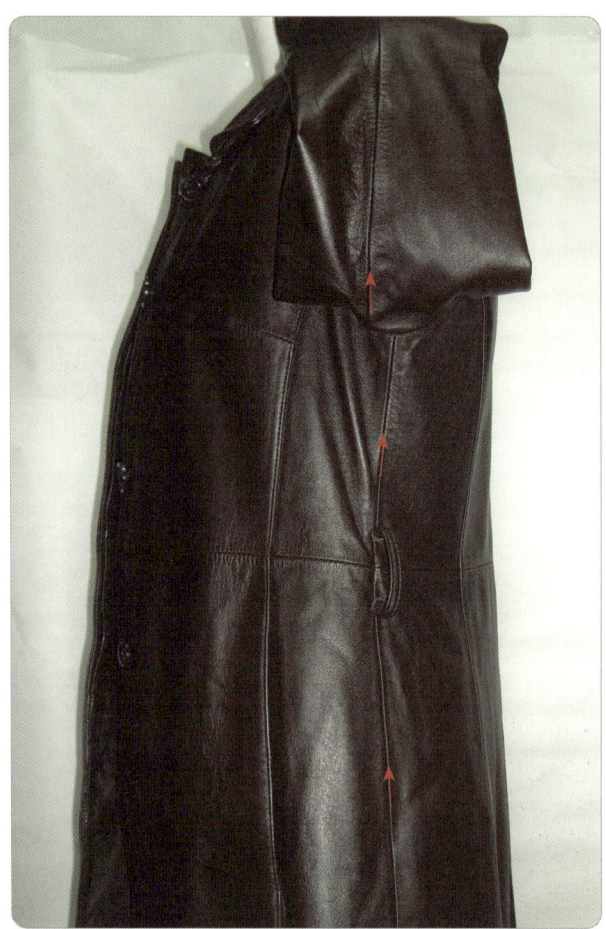

01 가죽 코트를 수선하기 전 모습이다(화살표 방향으로 옆쪽 절개선을 분리할 것이다).

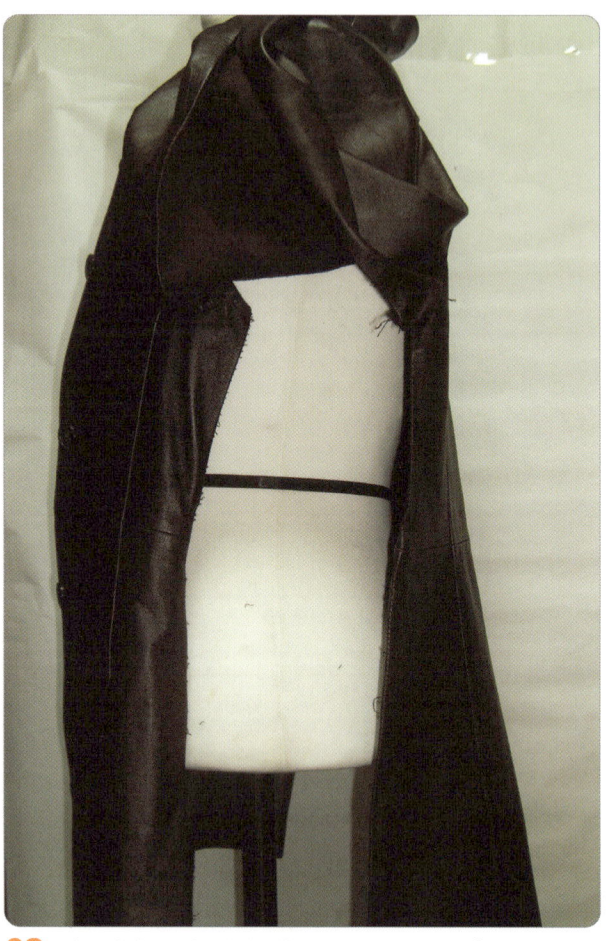

02 옆구리와 소매 절개선을 분리한 모습이다(소매 부분은 끝까지 분리하거나 팔꿈치까지 분리하거나 옷마다 늘리고자 하는 부분까지 뜯는다).

03 이어 붙일 니트 원단(가죽과 니트는 잘 어울리는 소재이다)을 늘리고 싶은 양만큼 준비한다.

04 재단한 니트를 절개한 가죽 아래쪽에 놓은 후 가죽이 원래 박혀 있던 봉제선을 따라 박음질한다.

05 니트를 몸판에 연결한 모습이다(이해하기 쉽도록 흰색 실을 사용하였다). 이때 몸판 가죽의 양쪽 가로선은 미리 맞추어 시침을 한 후에 박음질하는 것이 좋다.

06 05를 완성한 후 겉면에서 다시 한 번 눌러 박음질한다.

07 소매는 먼저 한쪽 면(넓은 쪽)을 안쪽에서 05와 같은 방법으로 박음질한 후 겉면에서 눌러 박음질하여 완성한다.

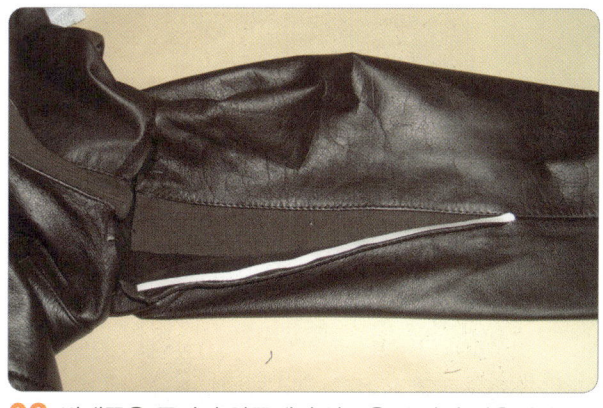

08 반대쪽은 좁아서 안쪽에서 양쪽을 똑같이 박음질하기가 쉽지 않다. 우선 가죽 원단 시접에 0.5cm 양면테이프를 붙인다.

09 양면테이프를 니트 원단에 눌러 붙인다(양면테이프를 이용하면 니트를 이어 붙일 때 양옆 간격을 똑같이 할 수 있고, 좁은 공간에서도 작업할 수 있다).

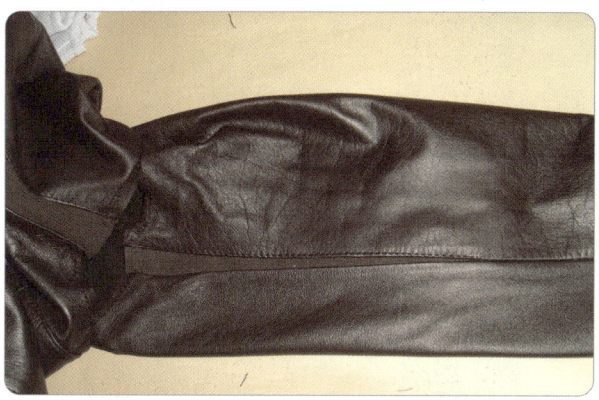

10 양면테이프를 이용하여 가죽에 니트를 붙인 모습이다.

11 양면테이프를 붙인 쪽은 안쪽에서 박음질하지 않고 겉면 에서 눌러 박음질한다.

12 겨드랑이 부분에서 분리했던 몸판과 소매를 연결한다.

13 완성 모습

 tip

• 만약 소매통이 전체적으로 작으면 소매를 끝까지 뜯어서 같은 방법으로 늘려 주면 된다.
• 가죽은 위에서 눌러 박음질한 선이 그대로 유지되도록 하기 위하여 박음질한 아랫단만 잘라 주면 수선 부위가 깔끔하다.
• 예로 든 방법은 등판 중심선을 좌우로 함께 줄이므로 할 수 없지만 앞뒤 옆판 절개(사이바)를 줄일 때는 위쪽을 덮어 줄이면 된다.

가죽 재킷 소매 길이 줄이기

01 입고 싶은 선을 표시하고 안감과 겉감을 분리한다.

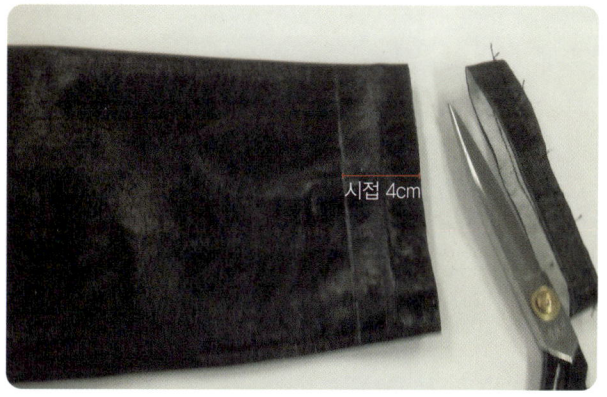

02 시접 4cm를 남기고 나머지 부분을 잘라 낸다.

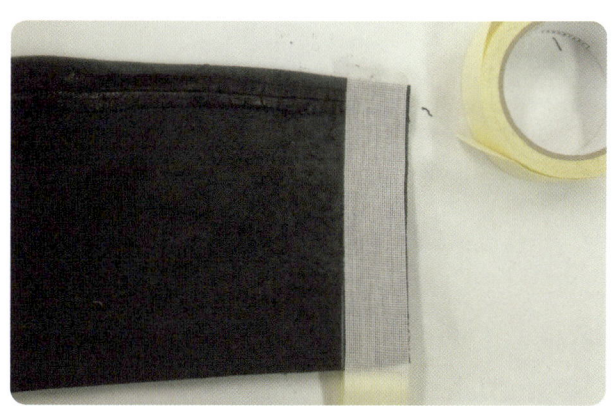

03 4cm 시접에 꼭 맞도록 단면 접착 심지를 붙인다. 이때 심지 끝을 접어 줘야 깔끔하게 된다.

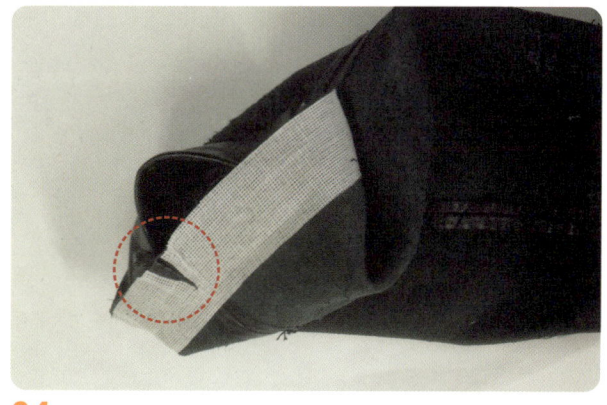

04 소매 길이를 잘라 내면 밑단 시접 둘레가 소매 넓이보다 좁아지는데, 이때 **03**에서 붙인 단면 접착 심지 끝을 잘라 내고 그 부분 가죽을 잡아당겨 늘려 주면 좋다.

05 안감을 겉감 완성선보다 1cm 길게 자른다.

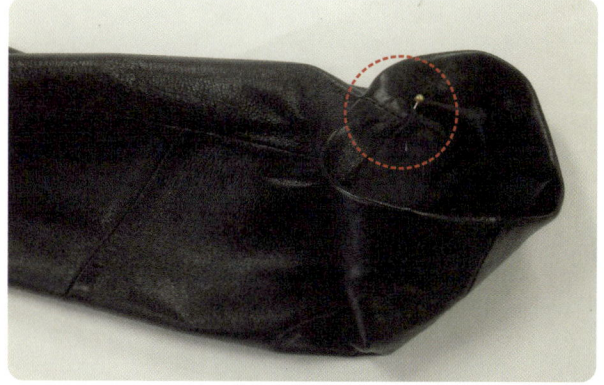

06 안감과 겉감을 겨드랑이 쪽 봉제선에 맞추어 핀으로 고정하고 팔꿈치 부분의 안감을 분리하여 안으로 들어가 시접 1cm를 남기고 돌려 가며 박음질한다.

여우 목도리 안감 넣기

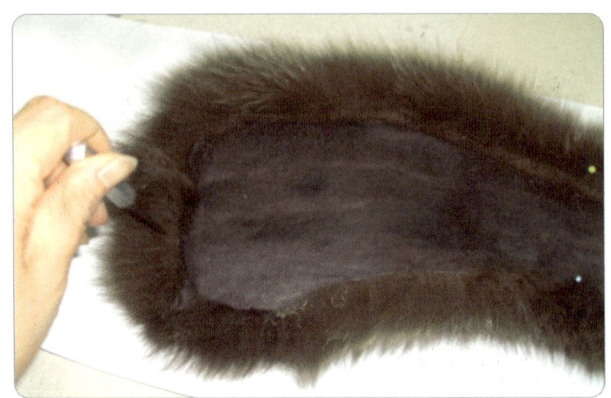

01 바닥에 종이를 깐 후 털을 아래쪽으로 놓고 가죽을 따라 송곳으로 꾹꾹 눌러 구멍을 만든다.

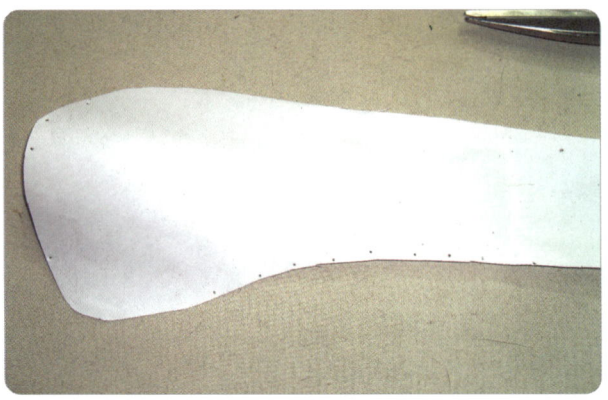

02 송곳 구멍을 따라 종이를 잘라 낸 모습이다.

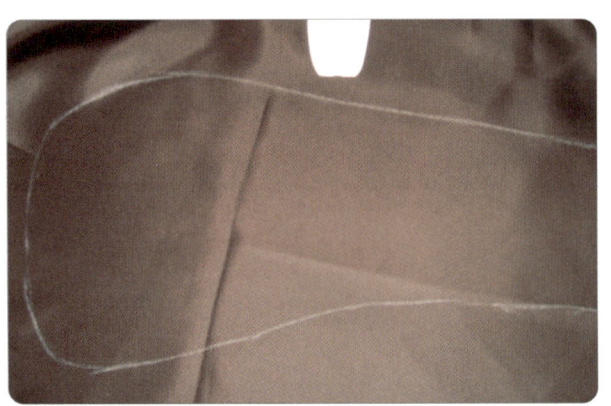

03 안감에 종이본을 놓고 초크로 똑같이 그린다.

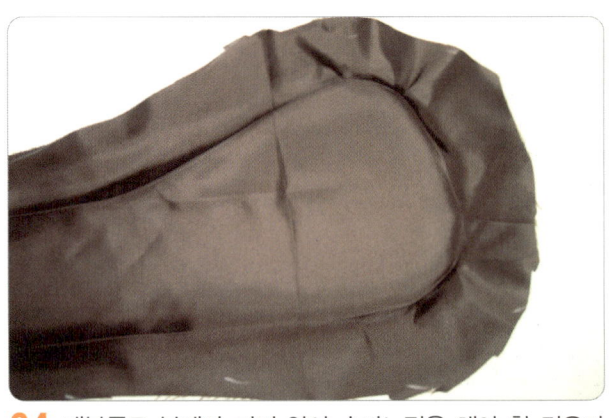

04 재봉틀로 봉제가 되지 않아 손바느질을 해야 할 경우가 생긴다. 그때 사진과 같이 선을 따라 다림질을 해 두면 겉에서 손바느질할 때 용이하다.

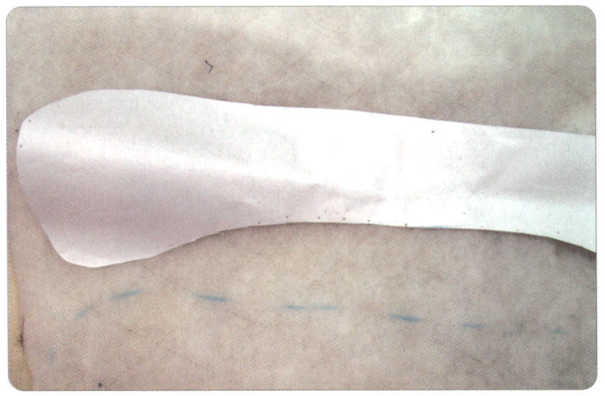

05 부직포 원단에 종이본을 놓고 초크로 따라 그리는데, 이 때 종이본보다 전체를 1cm 정도 조금 작게 그려야 한다.

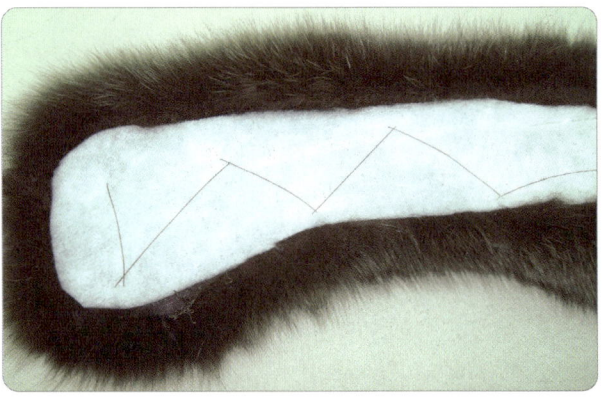

06 05의 부직포를 잘라 털 바닥에 대고 넓게 시침질하거나 접착제로 붙인다.

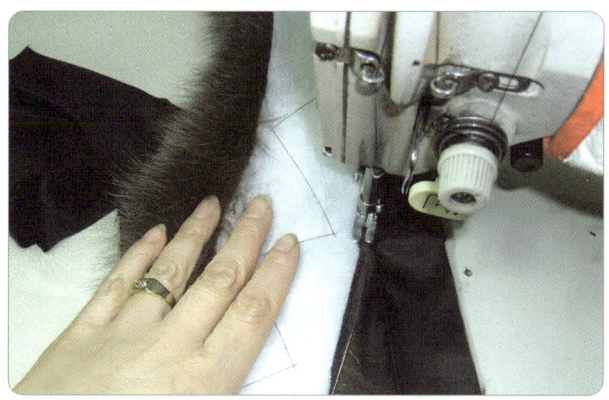

07 목도리에 안감을 대고 중간에서 시작하여 직선 끝까지 박음질한 후 다시 반대쪽에서 시작하여 박음질하면 밀리지 않고 잘 박힌다(한쪽 부분에 창구멍을 남겨 둔다).

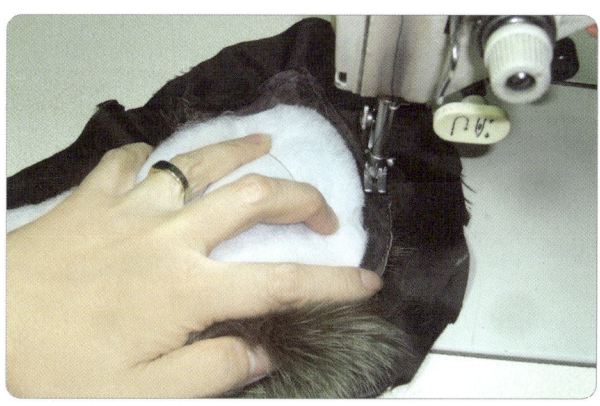

08 곡선 부분을 박음질할 때는 안감이 밀려나지 않도록 천천히 잡아당기면서 안감을 잘 보며 박음질해야 한다.

09 안감이 밀리지 않도록 박음질한 모습이다.

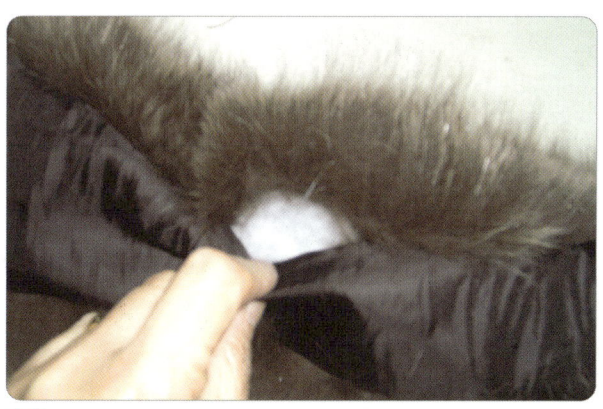

10 07에서 만들어 둔 창구멍으로 뒤집은 후 겉에서 손바느질하여 마무리한다.

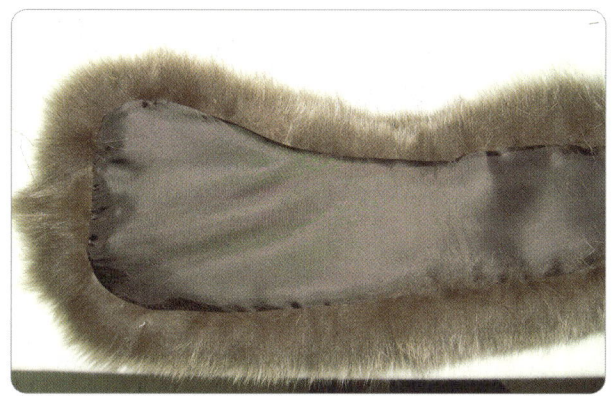

11 완성된 안감 모습이다.

12 완성 모습

밍크 길이 줄이기 예

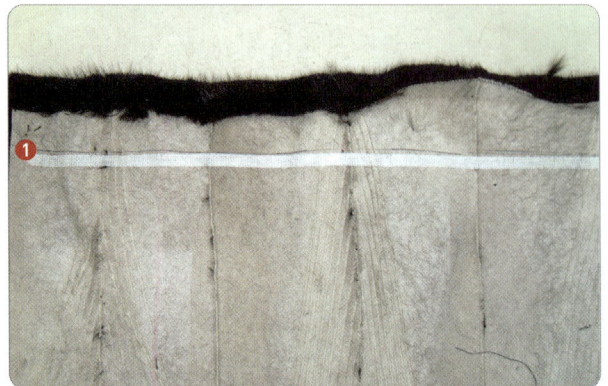

01 입고 싶은 선(❶)을 그린 후 선 위쪽에 0.5cm 밍크 전용 테이프를 붙인다. 밍크 전용 테이프가 없으면 종이반창고를 이용해도 된다.

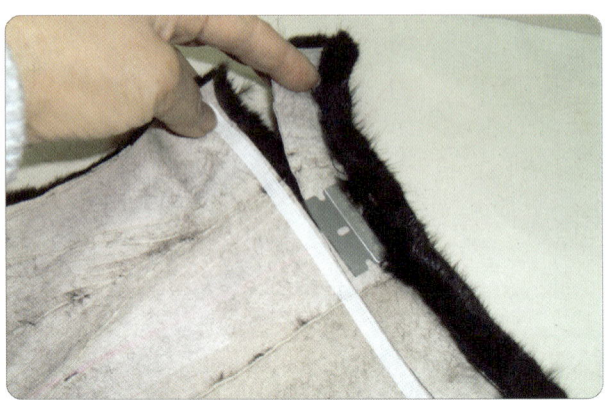

02 원단을 손으로 들고 입고 싶은 선을 따라 칼로 자른다. 이때 칼은 반드시 새것을 사용해야 한다.

밍크 끝에 붙인다.

바이어스테이프

03 밍크 끝에 3cm 바이어스테이프를 붙여 준다.

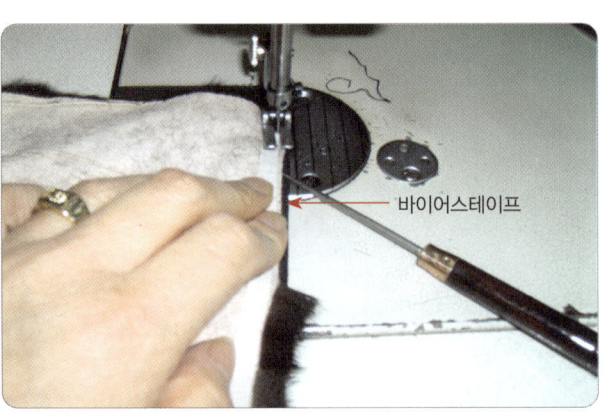

바이어스테이프

04 바이어스테이프를 밍크 밑에 두고 살짝 잡아당기면서 송곳으로 털을 밀어넣고 끝까지 박음질한다.

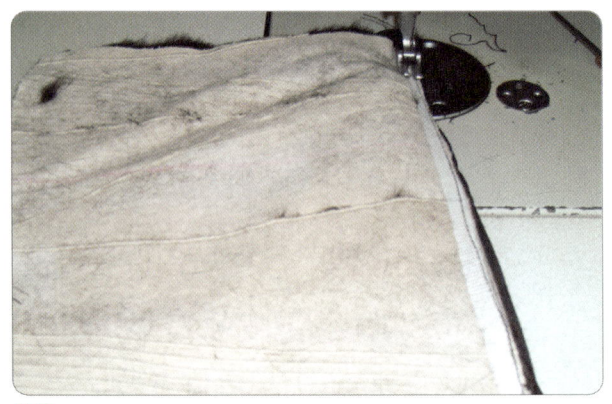

05 본봉으로 끝까지 박음질한 모습이다.

06 또는 밍크 전용 기계를 이용하여 박음질해도 된다.

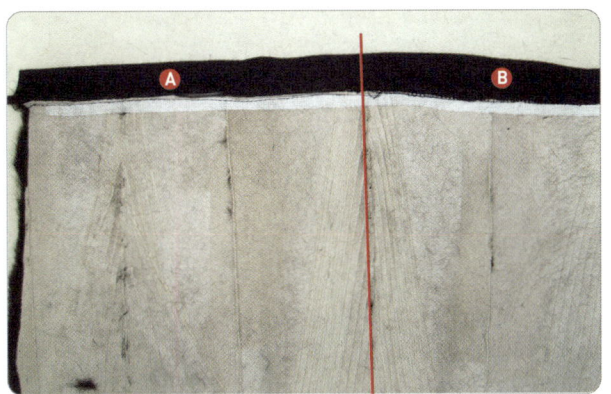

07 Ⓐ는 일반 재봉틀로 박음질한 것이고, Ⓑ는 밍크 전용 재봉틀로 박음질한 것이다. 소매나 밑단을 수선할 때는 땀수를 넓게 하여 일반 재봉틀로 해도 된다.

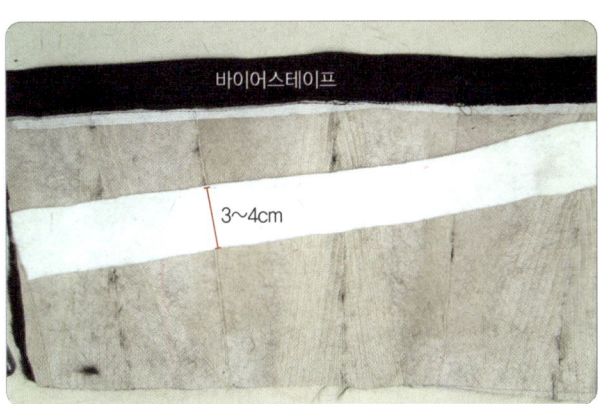

바이어스테이프

3~4cm

08 너비 3~4cm 정도의 부직포나 얇게 누빈 솜을 준비한다.

09 08을 봉제선에 맞추어 손으로 시침한다. 시침할 때 실을 세게 잡아당기지 않는다.

10 시침을 완성한 모습이다.

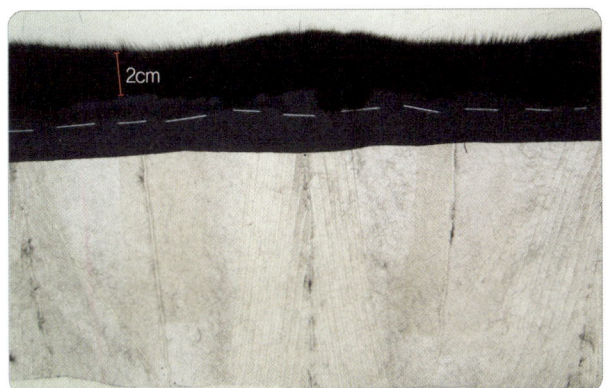

2cm

11 밍크를 2cm 정도 안쪽으로 접은 후 바이어스테이프 위에 시침한다.

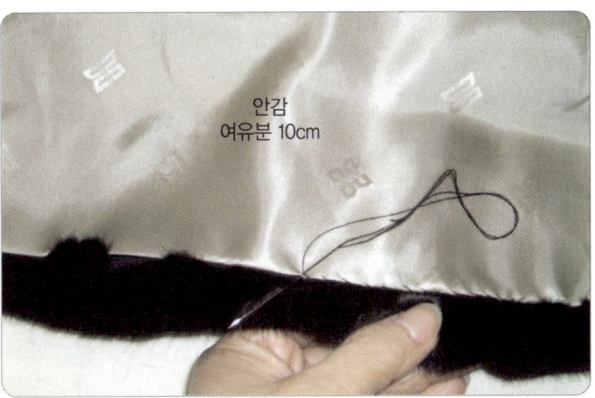

안감
여유분 10cm

12 안감에 여유를 10cm 정도 주고 접어서 밍크 끝에 맞춘 후 바이어스테이프에 꼼꼼히 손바느질한다.

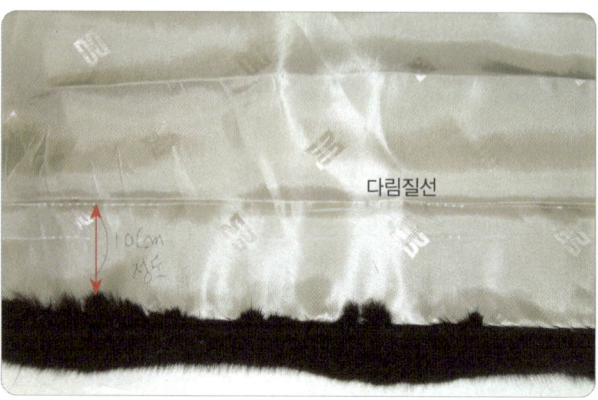

13 12의 안감 여유분 10cm를 접어 넣고 다림질한다. 다림질할 때 스팀을 뿜으면 밍크가 완전히 망가지므로 스팀을 뿜지 말고 미열로 살짝 다림질한다.

14 다림질을 한 후에 펴 보면 **13**의 안감에서 10cm 정도 자리에 다림질한 선이 생긴다.

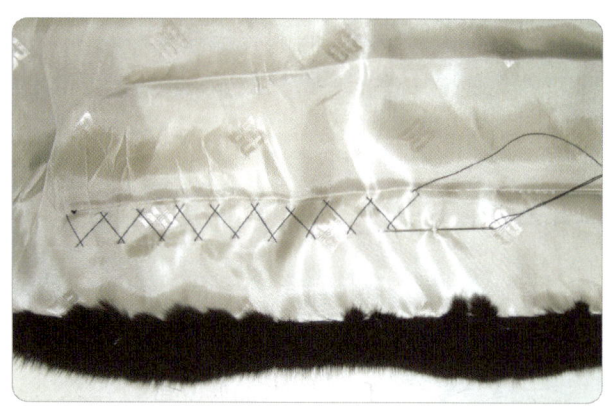

15 10cm 다림질선에 맞추어 큰 새발뜨기를 한다. 이렇게 하면 아래로 늘어지지 않고 안감에 탄력이 생겨 당겨지지 않는다.

16 새발뜨기를 한 후 안감을 위에서 내려 잘 맞추면 사진처럼 안감에 여유분이 생긴다. 이때 중간중간에 실고리를 만들어 준다.

17 완성 모습

tip
- 밍크를 자를 때 칼은 항상 새것을 사용해야 하며, 바닥에 공간을 두어 털이 잘리지 않도록 해야 한다. 그리고 다림질은 미열로 가볍게 해야 한다. 열을 가하거나 스팀을 뿜으면 밍크가 완전히 망가지므로 주의한다.

찢어진 밍크 수선하기 예

01 찢어진 밍크를 수선하려고 한다(토끼털, 여우털 모두 같은 방법으로 수선한다).

02 찢어진 부분 가장자리에 0.5cm 밍크 전용 테이프를 붙인다. 밍크 전용 테이프가 없으면 종이반창고나 양면테이프를 붙이고 위에 다른 심지를 붙여 사용해도 된다.

03 찢어진 부분을 손으로 감침질한다. 촘촘히 하지 않아도 된다.

04 찢어진 부분의 겉면이다.

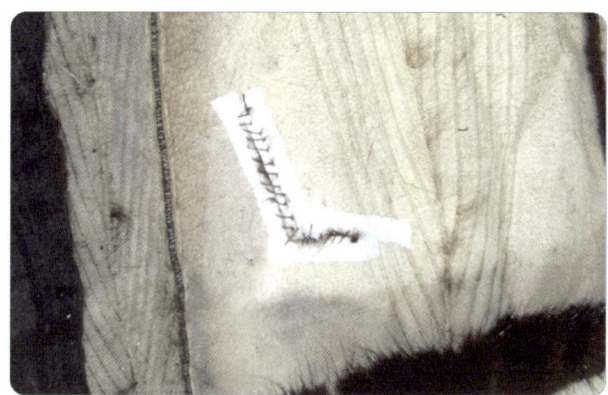

05 감침질을 완성한 안쪽 모습이다.

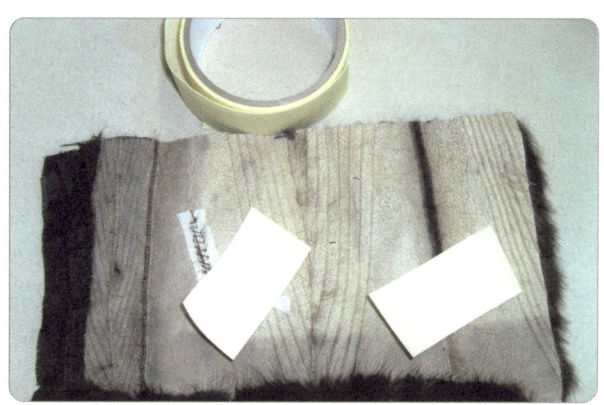

06 감침질한 부분 위에 넓은 접착성 단면테이프를 붙인다.

07 넓은 단면테이프를 붙여 놓은 모습이다.

08 넓은 단면테이프를 넓게 새발뜨기한다. 감침질만 할 경우 힘을 주어 잡아당기면 다시 뜯어질 수 있는데 새발뜨기까지 하면 아주 튼튼해서 뜯어지지 않는다.

09 완성 모습

• 토끼털은 원단이 매우 약하므로 뒤집어 보았을 때 원단이 심하게 손상된 상태라면 수선을 하지 않는 것이 바람직하다. 수선을 하더라도 지속적으로 재수선을 해야 하는 경우가 많다.

• 밍크는 손으로 꾹 눌러 잡아 보아 바스러지지 않는지 확인한 후 밍크가 딱딱하여 바스라질 것 같으면 수선해서는 안 된다.

무스탕 재킷 어깨와 목둘레 줄이기

01 늘어진 목과 어깨를 줄이고자 한다.

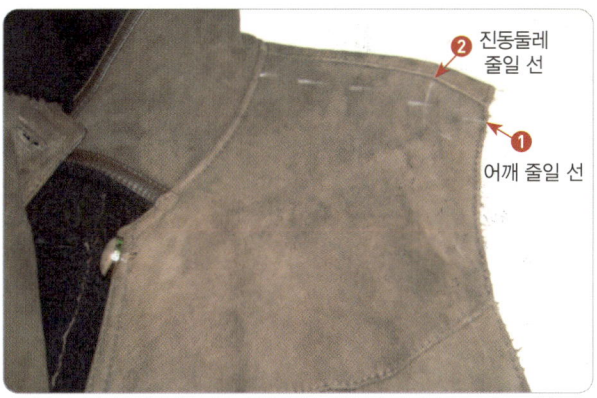

02 소매를 분리한 후 줄이고 싶은 분량만큼 어깨와 진동둘레에 선을 긋는다.

❷ 진동둘레 줄일 선
❶ 어깨 줄일 선

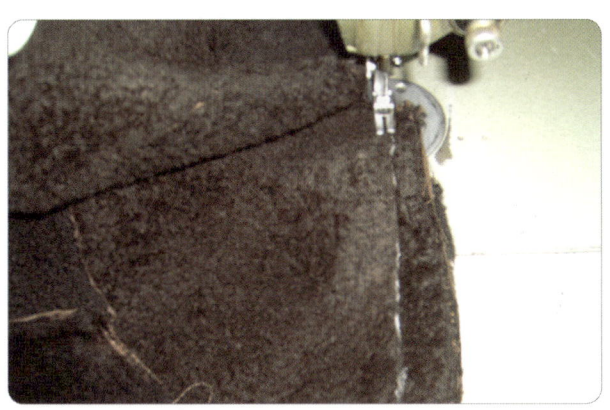

03 옷깃을 분리한 후 뒤집어서 어깨를 마주 잡고 **02**의 선 ❶을 따라 박음질한다.

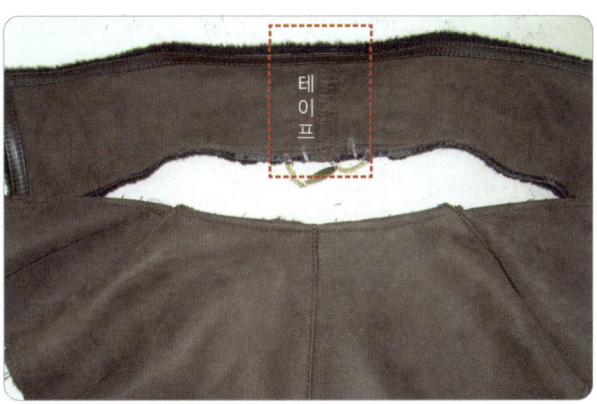

테이프

04 **03**에서 어깨를 줄인 것만큼 옷깃 부분을 줄여 줘야 한다. 테이프를 뜯어내고 이음선을 분리하여 양쪽에서 줄인 후 박음질로 다시 연결한다.

테이프

05 뜯어 두었던 테이프를 다시 이음선 위에 붙여 준다. 이때 테이프 안쪽에 양면테이프를 붙여서 움직이지 않도록 처리한다.

06 테이프를 다시 붙여 준 모습이다.

07 가장자리의 가죽테이프도 줄여서 눌러 주기 전에 먼저 양면테이프를 붙이고 박음질하면 좋다.

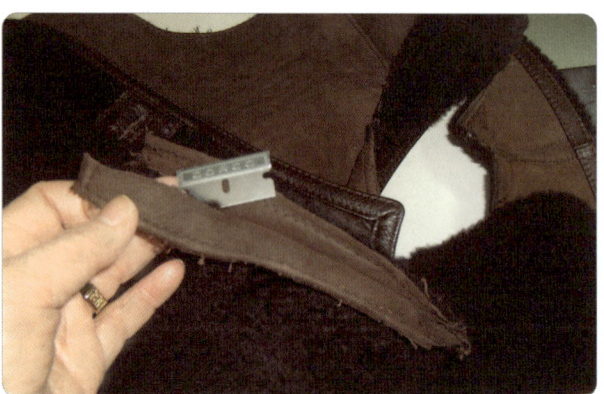

08 03에서 줄인 어깨 남는 부분은 칼로 잘라 낸다.

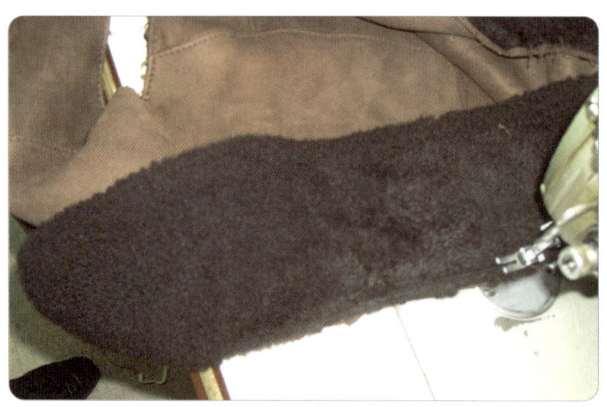

09 분리했던 옷깃과 몸판을 붙여 박음질한다.

10 02에서 표시한 진동둘레 부분(❷)도 시접을 남기고 잘라 낸다.

11 자를 때는 칼로 잘라 내야 한다(칼로 잘라 내야 털이 손상되지 않는다).

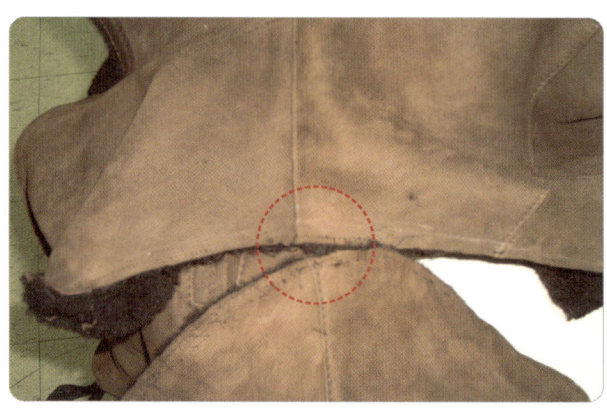

12 소매산과 어깨 중심선을 맞춘다.

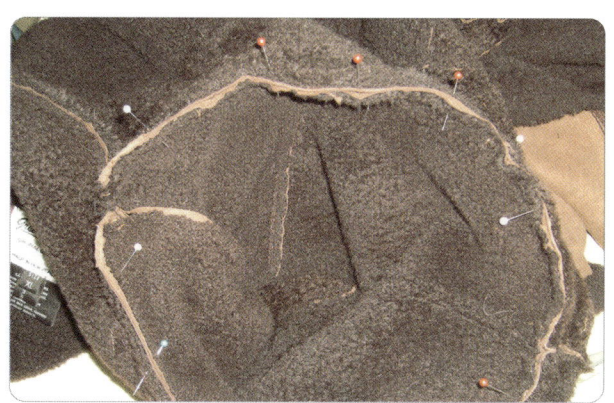

13 소매산과 어깨 중심선을 맞춘 후 진동둘레를 핀으로 고정하여 박음질한다.

목과 어깨가 많이 줄어들었다.

14 완성 모습

• 무스탕은 박음질할 때 재봉틀의 땀수를 5~7번에 놓고 박아야 하며, 자를 때는 원단을 살짝 들고서 칼로 잘라야 털이 손상되지 않는다.

무스탕 재킷 소매 길이 줄이기

01 소매에서 털을 분리한다.

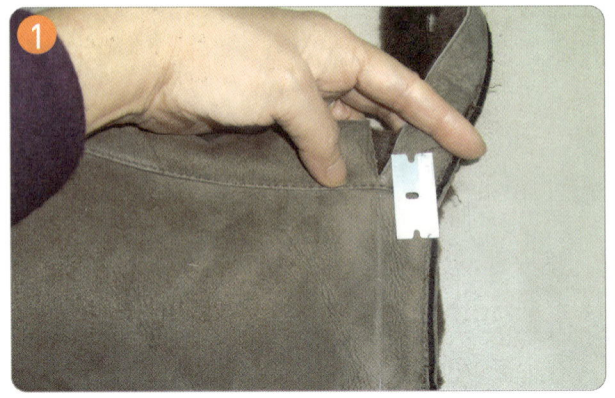

02 입고 싶은 길이에 선을 그린 후 칼로 잘라 낸다.

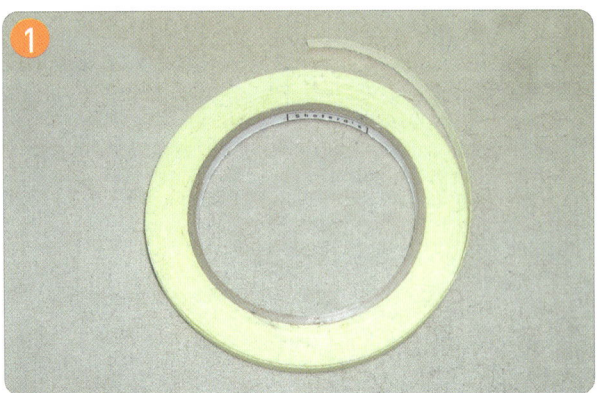

03 무스탕·밍크 전용 테이프(면으로 된 단면 접착 심지)를 준비한다.

04 소매 입구가 늘어나지 않도록 **03**의 테이프를 붙인다.

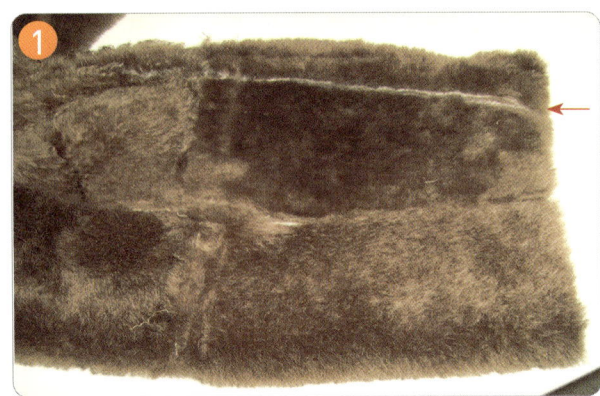

05 길이를 줄여 소매가 짧아지면서 넓어진 소매통을 **01**에서 분리해 둔 털 너비에 맞게 줄여 박음질한다.

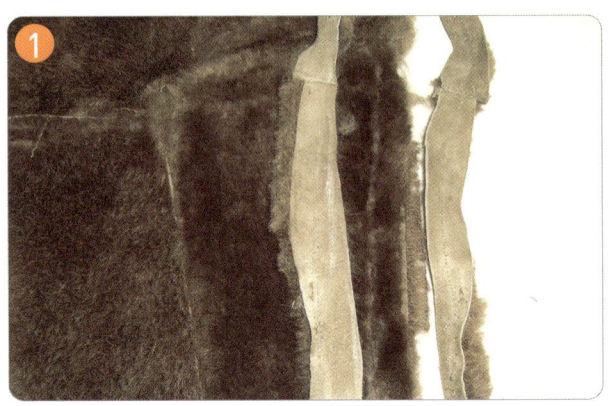

06 박음질한 후 나머지 시접 부분을 칼로 잘라 낸다.

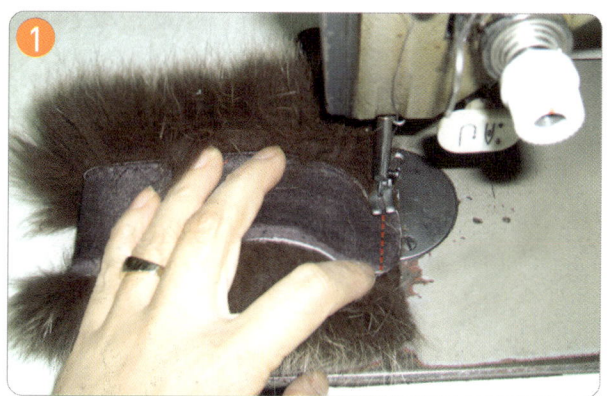

07 털을 소매 입구 폭에 맞춰 동그랗게 만든 후 끝을 박음
질하여 연결한다.

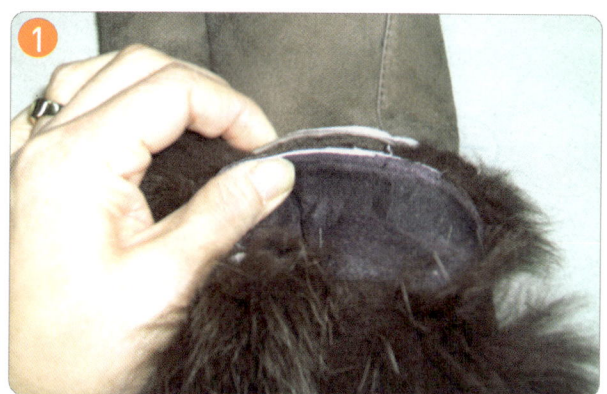

08 털을 소매 입구에 맞춰 끝부분을 살짝 마주 잡는다.

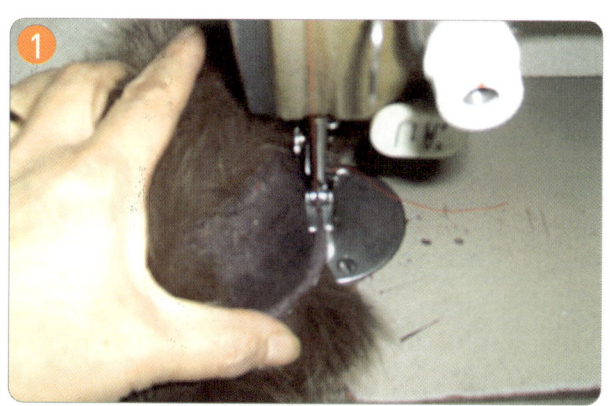

09 맞춘 소매와 털을 얇게 박음질한다.

10 박음질한 모습이다. 화살표 방향으로 접는다.

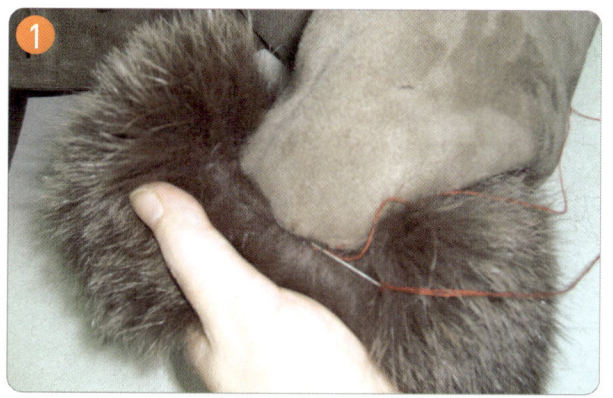

11 털을 당기면서 끝부분에 손바느질을 해도 되고,

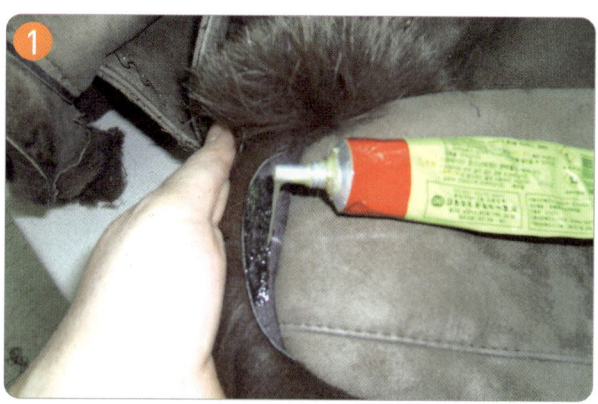

12 끝부분에 접착제를 발라 주어도 된다.

13 완성 모습

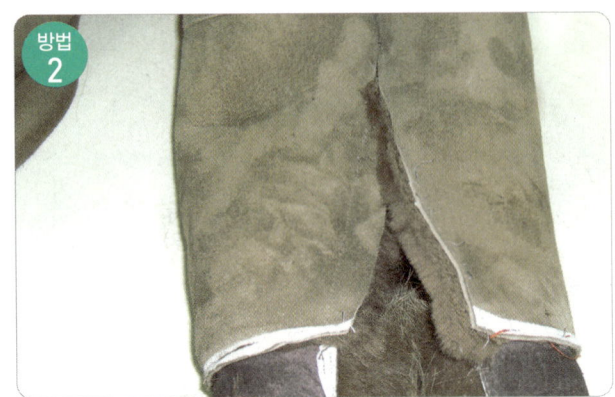

01 또다른 방법으로 겨드랑이 쪽 소매통을 뜯어서 털을 소매 쪽으로 합쳐서 화살표 방향으로 박음질해도 된다.

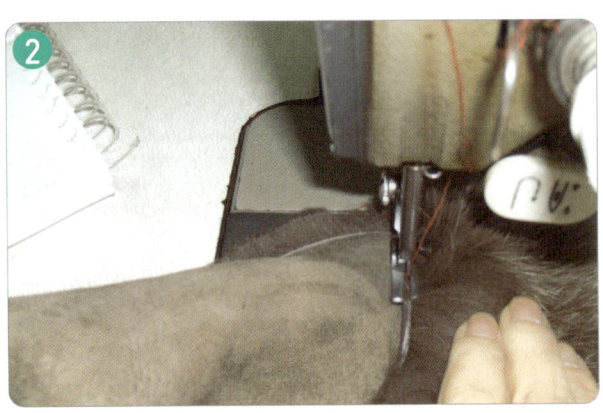

02 ❶-10과 같은 방향으로 털을 엎어서 끝부분을 직선으로 박음질한다.

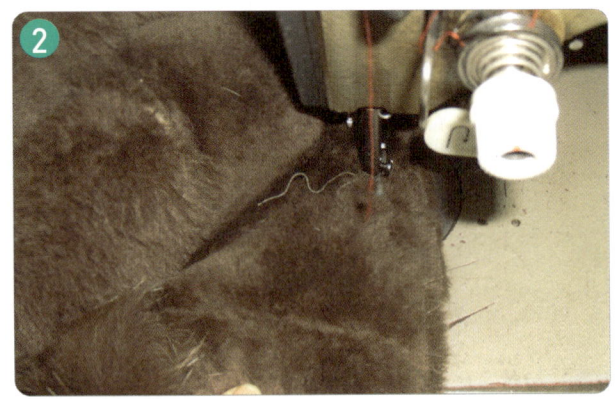

03 안쪽으로 들어가 **01**에서 뜯어 두었던 소매통과 털 부분을 박음질한다.

04 또다른 방법으로 완성한 모습이다.

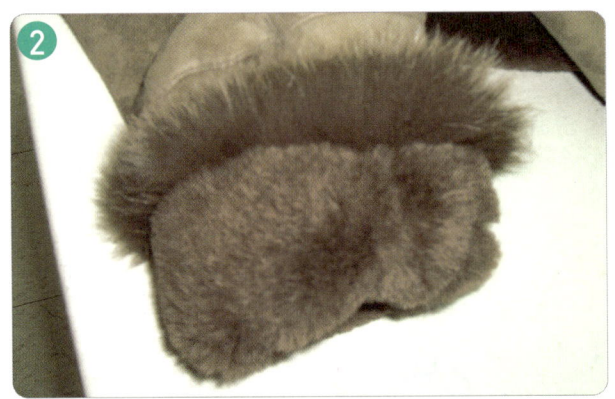

05 박음질한 안쪽 모습이다.

무스탕 재킷 길이 밑단에서 줄이기

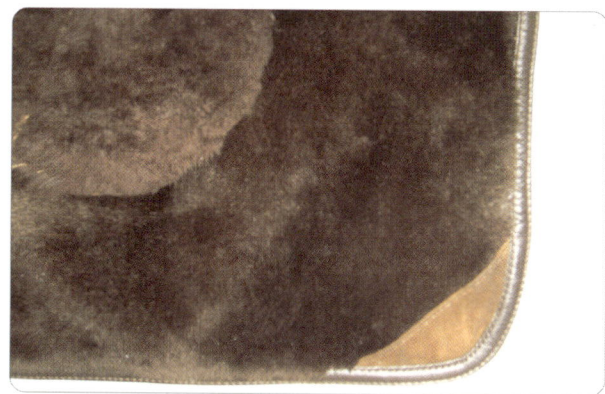

01 무스탕 재킷의 길이를 줄이려고 한다.

02 무스탕 밑단 주위를 감싸고 있는 가죽테이프를 뜯어 놓는다.

03 입고 싶은 길이에 선을 그린다.

04 원단을 들고 입고 싶은 선을 따라 칼로 잘라 낸다.

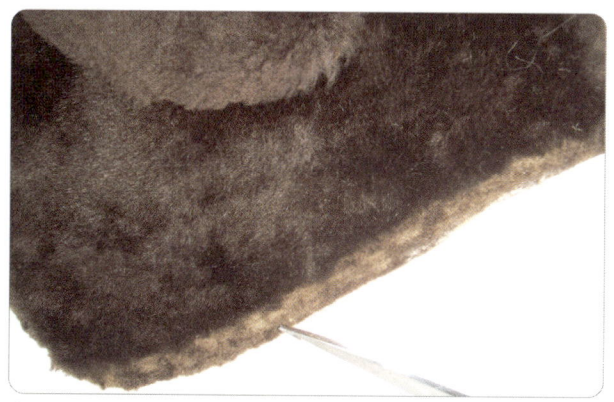

05 가위로 끝부분 털을 2cm 정도 깎아 낸다.

06 털을 깎으면서 모아 놓은 모습이다.

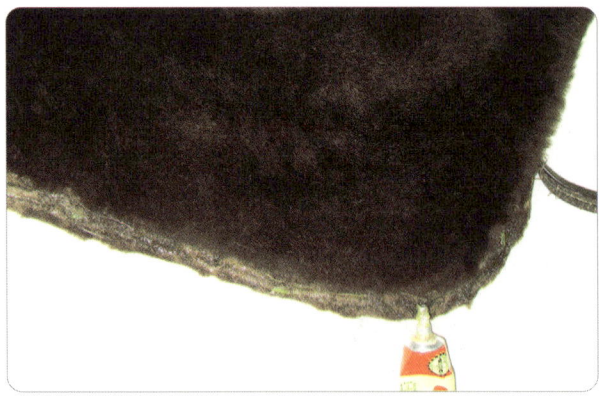

07 털을 깎아 낸 부위에 접착제를 넓게 바른다.

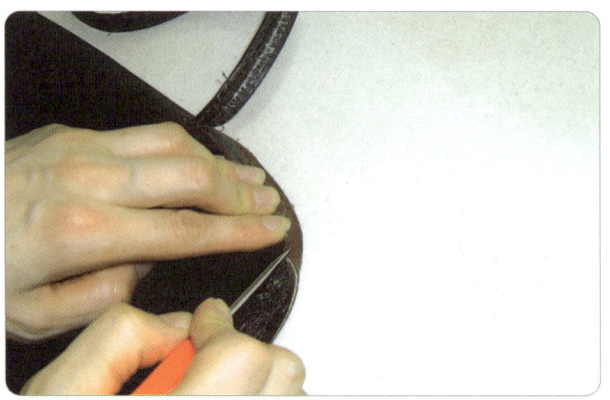

08 접착제가 살짝 마르면 털을 깎아 낸 부분을 안쪽으로 접는다. 모서리의 동그란 부분은 송곳으로 동그랗게 만들어 준다.

09 망치로 살살 두드려 자리를 잡는다.

10 망치로 두드려 자리가 잡힌 무스탕 모습이다.

11 자리가 잡힌 부분 위에 양면테이프를 붙인다.

12 양면테이프 위에 **02**에서 뜯어 놨던 가죽테이프를 붙여서 정리한다.

13 가죽테이프 쪽에서 원래 있던 봉제선을 따라 눌러 박음질한다.

14 무스탕 안쪽이 완성된 모습이다.

15 완성 모습

- 무스탕 소재로 된 옷을 수선할 때는 접착제를 칠하여 망치로 두드려 주고 양면테이프를 붙이는 작업이 매우 중요하다.
- 땀수는 가능한 한 크게 잡고 노루발은 테플론(뿔) 노루발을 사용한다.
- 되도록 현재 있는 봉제선의 바늘구멍을 그대로 유지하기 위해 바늘땀의 간격을 맞추려고 노력한다.

섀미 재킷 어깨 줄이기

01 줄이고 싶은 선을 초크로 그린 후 소매산에 어깨 중심선을 표시한다.

02 소매를 분리한 후 줄이고 싶은 선에서 시접 1cm를 남기고 자르는 선을 그린다(섀미 원단은 뜯을 때 잘 찢어지는 경향이 있으니 조심해서 뜯어야 한다).

03 자르는 선을 따라 잘라 낸 모습이다.

04 진동둘레에 0.5cm 가죽 전용 면테이프를 붙여 늘어나는 것을 방지한다. 가죽 전용 면테이프가 없으면 0.5cm 직선테이프를 살짝 당기면서 박음질해도 된다.

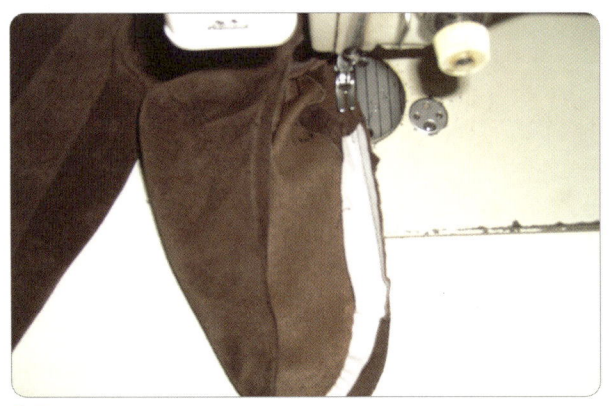

05 섀미 등 가죽 원단은 뜯어내면 늘어나는 경우가 많으므로 원래 봉제선을 중심으로 진동둘레를 한 번 박음질해 준다(박음질할 때는 가죽 노루발을 쓰는 것이 좋다).

06 진동둘레를 박음질한 모습이다.

07 06의 실을 살살 잡아당겨 주름지지 않을 정도로 동그랗게 유지한다.

08 소매산과 어깨 중심선을 맞대어 안으로 뒤집는다.

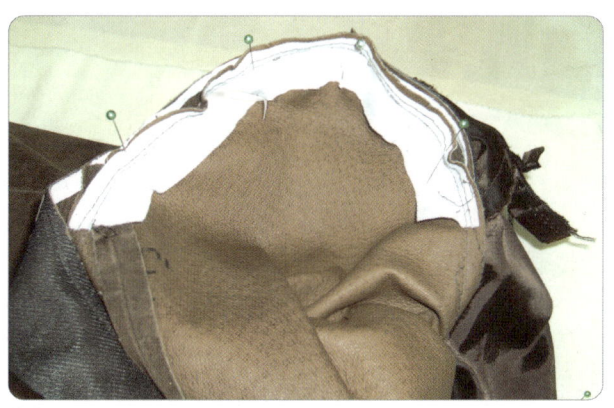

09 소매산과 어깨 중심선을 서로 맞춘 후 안쪽에서 진동둘레를 핀으로 고정하고 돌려 가며 박음질한다.

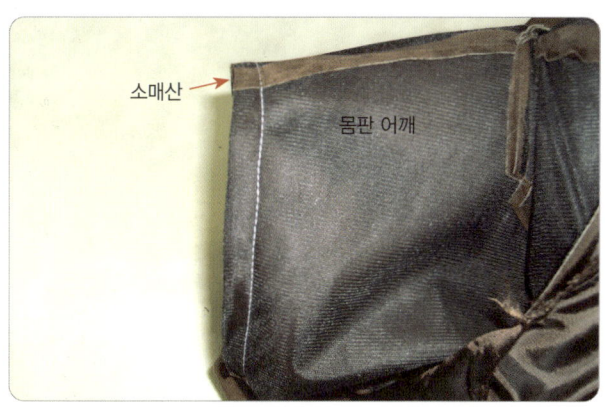

10 어깨 박음질한 것을 몸판 쪽에서 본 모습이다.

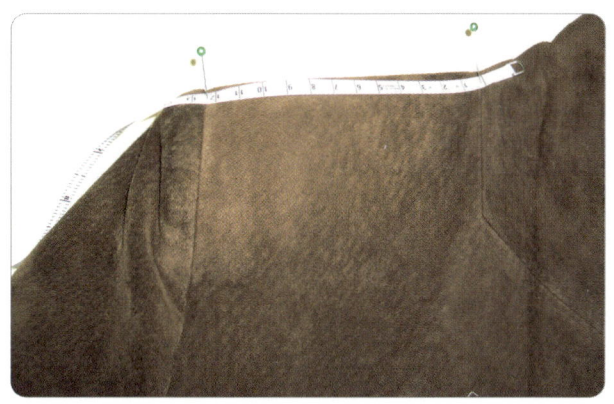

11 수선 전 모습이다.

12 수선 후 어깨가 줄어든 모습이다.

PART 10

특별한 방법의
수선 모음

짧게 잘라 버린 바지 카브라 만들기 · 찢어진 청바지 누비기 · 구멍난 청바지 메우기

청바지(또는 청치마) 구멍에 디스 만들기 · 폴라티를 라운드티로 만들기 · 바지 앞 주름(다트) 없애기

바지 앞 지퍼 부분 주름진 것 없애기 · 바지 엉덩이 주름진 것 없애기 · 바지 주머니 해진 것 수선하기

점퍼 주머니 찢어진 것 다시 만들기 · 늘어난 티셔츠 수선하기

점퍼 낡은 옷깃 교체하기 · 핸드메이드 코트 둘레길이(품) 줄이기 · 스웨터 주머니 만들기

니트 티 소매 길이 줄이기 · 니트 티 구멍 수선하기

니트 코 빠진 것 수선하기

짧게 잘라 버린 바지 카브라 만들기

01 카브라를 만들기 위해서는 시접이 9cm가 필요한데 일반 시접 4cm로 잘라 버렸다.

02 잘라 낸 부분(❷)을 뒤집어 ❶에 끼운 후 끝에서 0.5cm 정도를 표시한다.

03 0.5cm 표시한 부분을 박음질한다.

04 박음질한 부분을 가름솔로 나눠 다림질한 후 사진처럼 박음질한 부분 아래쪽에 파란색 선을 그리고 그 부분까지 밑단을 접어 올려 다림질한다.

05 밑단을 접어 올려 다림질할 때는 시접과 바지통 안솔기선을 반드시 맞추어야 한다(안솔기선을 잘 맞춰 줘야 카브라를 접었을 때 위아래 선이 잘 맞는다).

06 흰색 부분은 **01**에서 표시해 둔 박음질할 선이고, 파란색 부분은 **03**에서 박음질한 선이다. 이렇게 해야 카브라를 접었을 때 박음질선이 보이지 않는다.

07 접은 부분을 펴고 끝부분을 오버로크 처리한다.

08 안솔기선을 맞춰 바지통 안쪽에서부터 박음질한다.

09 **08**에서 박음질한 부분을 바깥쪽으로 접어 올린 후 끝
부분에서 양쪽으로 2mm 정도를 남기고 되돌려 박음질
한다.

10 완성 모습

찢어진 청바지 누비기

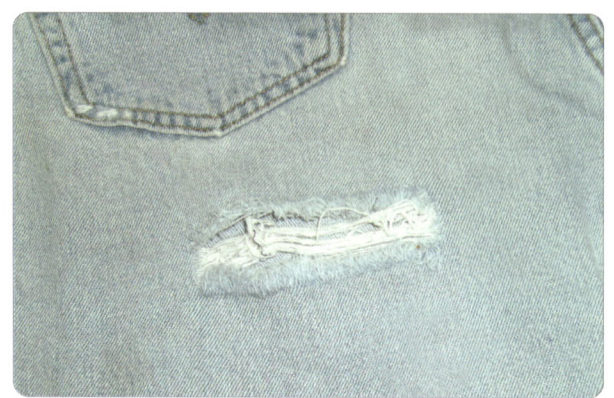

01 찢어진 청바지를 수선하려고 한다.

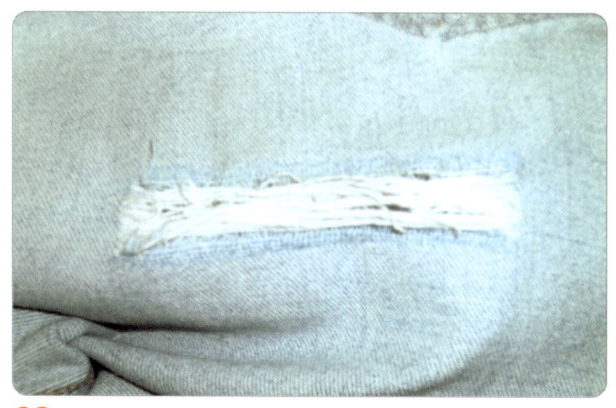

02 청바지를 뒤집어 우마 위에 올려놓는다.

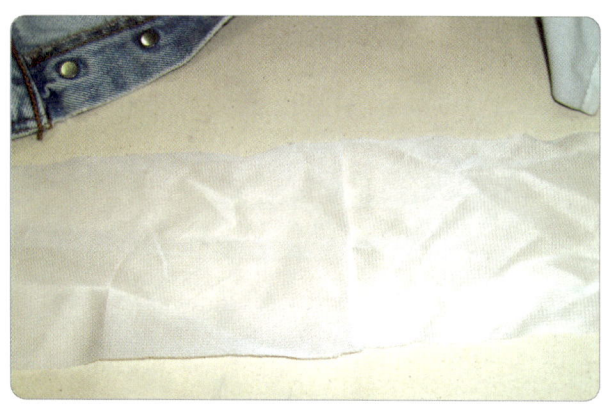

03 심지를 4장 정도 잘라서 준비한다.

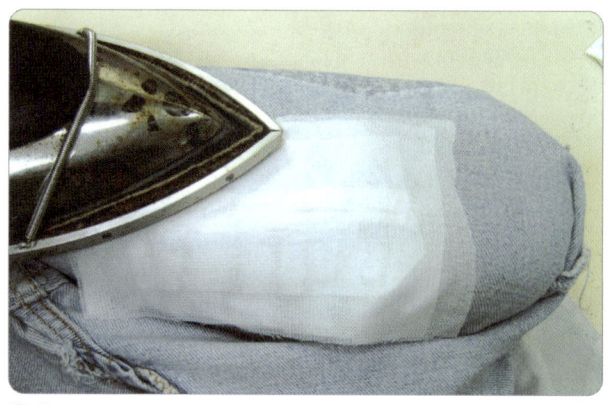

04 찢어진 청바지 위에 심지 4장을 겹쳐서 올려놓고 다림질한다.

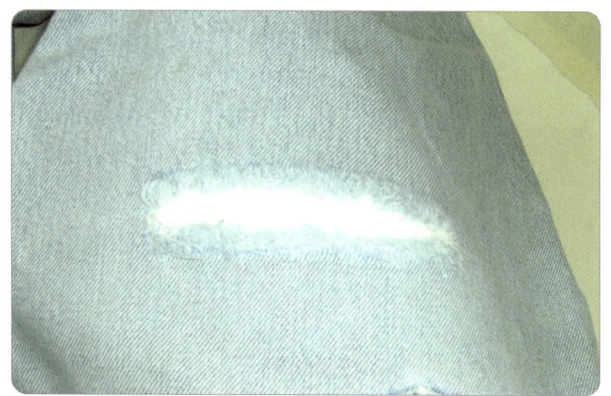

05 겉쪽에서 찢어진 부분을 예쁘게 잘 정리한다.

06 청바지와 같은 색 실을 준비한다.

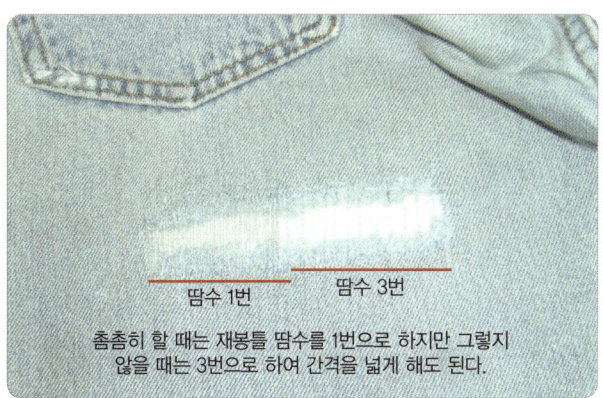

땀수 1번   땀수 3번

촘촘히 할 때는 재봉틀 땀수를 1번으로 하지만 그렇지
않을 때는 3번으로 하여 간격을 넓게 해도 된다.

07 재봉틀 땀수를 1번에 맞추고 2mm 간격으로 촘촘하게 직
선 박음질을 한다.

08 완성 모습

• 누빔 공간을 이용하여 지퍼를 삽입하기도 하고, 색상을 다르게 누비기도 하며, 잘라 내서 그림을 그려 붙이기도 한다.

구멍난 청바지 메우기

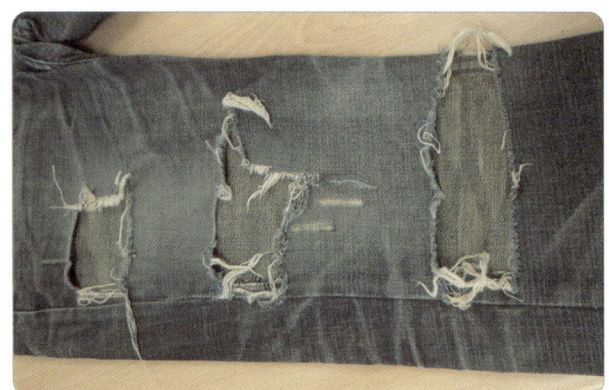

01 구멍이 너무 많아서 입기 불편한 옷을 수선하려고 한다.

02 뚫린 구멍 밑에 원단(다양한 색상의 원단으로 연출할 수 있다)을 댄 후 구멍 주위에 접착식 테이프를 넣고 다림질로 움직이지 않도록 접착한다.

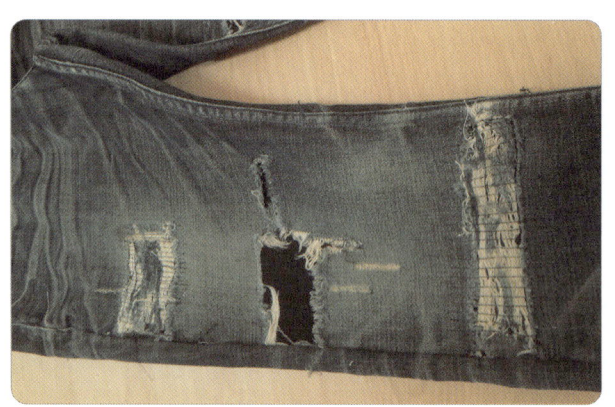

03 구멍 위에 녹는 접착 심지(매직테이프)를 올려놓고 구멍 주위에 있는 실을 가위로 잘라서 올려놓은 후 움직이지 않도록 다림질로 접착하고 세로 방향으로 박음질한다.

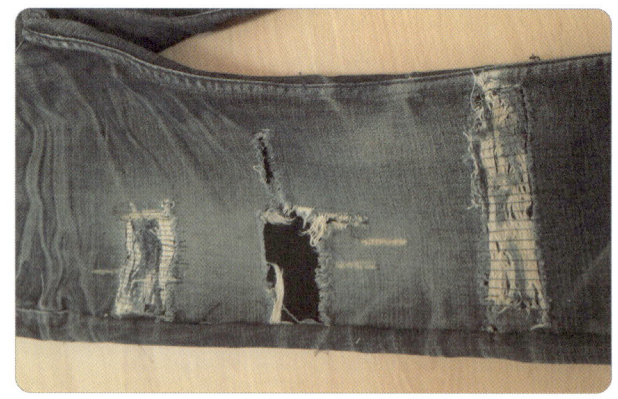

04 이때 다양한 색상의 실을 선택하여 모양을 만들 수도 있고, 박음질 간격을 조정하여 모양을 내도 보기에 좋다.

tip

• 구멍 쪽만 누벼 놓으면 세탁한 후 구멍을 메운 부분이 떨어져 나갈 수도 있으므로 실을 올려놓고 박음질하여 구멍을 메우는 부분은 누비는 범위를 넓게 해야 한다.

청바지(또는 청치마) 구멍에 디스 만들기

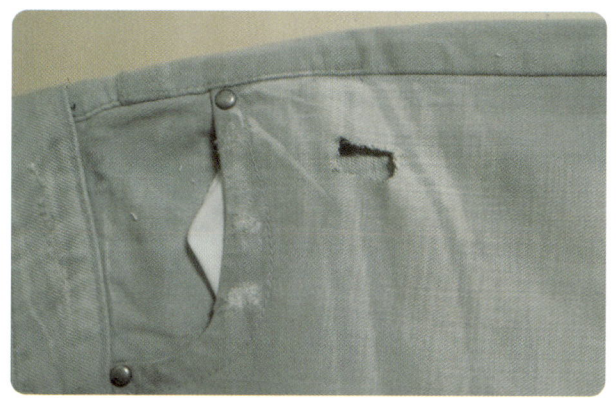

01 구멍이 난 청바지를 수선하려고 한다.

02 명주 바느질실 또는 원하는 색의 두꺼운 실을 준비한다.

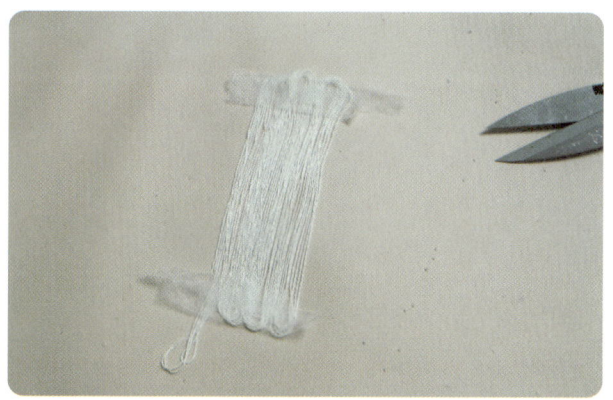

03 실을 여러 겹으로 모아 양옆에 녹는 심지(열 접착 심지)를 놓는다.

04 실 끝을 정리하고 녹는 심지 위에 직선테이프를 붙인다.

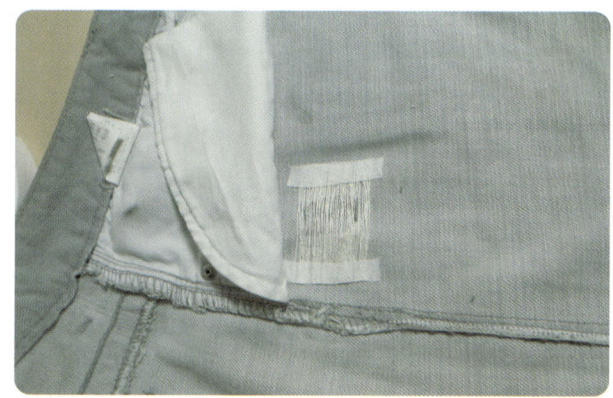

05 청바지를 뒤집어 **04**를 구멍 위에 올린 후 녹는 심지를 놓고 다림질하여 고정한다.

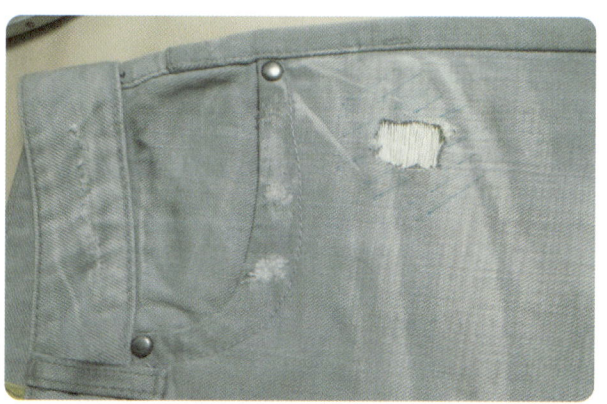

06 겉면에서 직물의 선(파란색 표시 부분)을 따라 1번 땀수로 박음질한다.

폴라티를 라운드티로 만들기

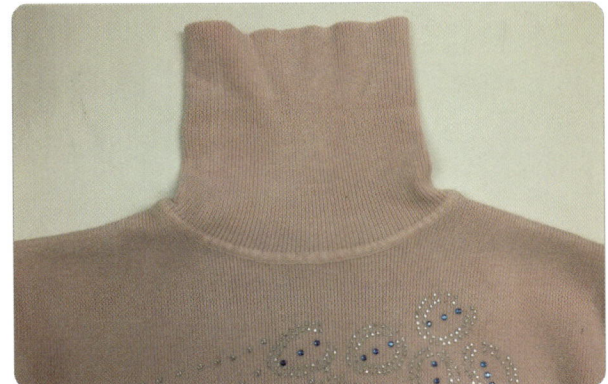

01 수선하기 전 폴라티의 모습이다.

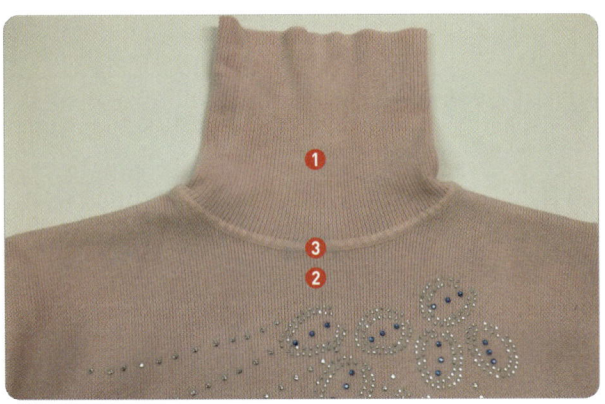

02 ❶, ❷, ❸부분이 각각 다른 조직으로 짜여 있어 서로 분리가 가능하다.

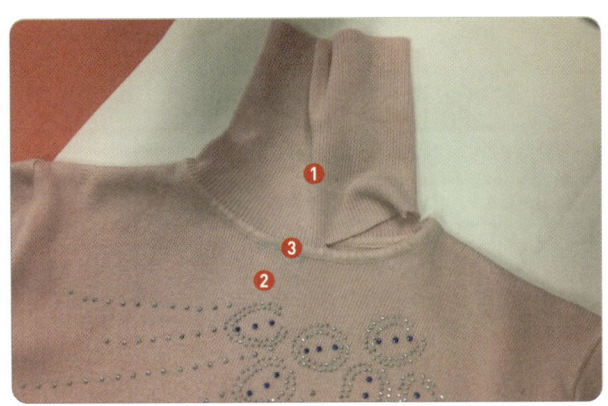

03 ❶의 끝부분을 얕얕이 잘라 내고 풀어 주면 완성선이 나온다. 이때 너무 넉넉히 자르면 풀기 힘들고 너무 바싹 자르면 원단을 자를 수도 있다.

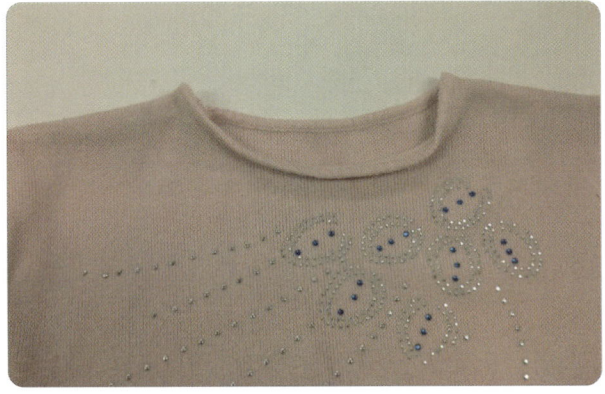

04 풀어낸 끝부분이 깔끔하게 완성된 모습이다.

05 다림질로 다듬어 완성한다.

tip

• 폴라티는 부분부분 완성하여 붙여진 것이 많으므로 각각 분리하면 하나가 된다.

바지 앞 주름(다트) 없애기

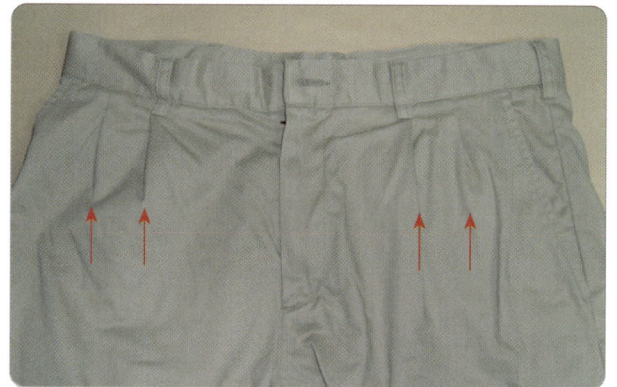

01 수선 전 바지 앞 주름(다트) 모습이다.

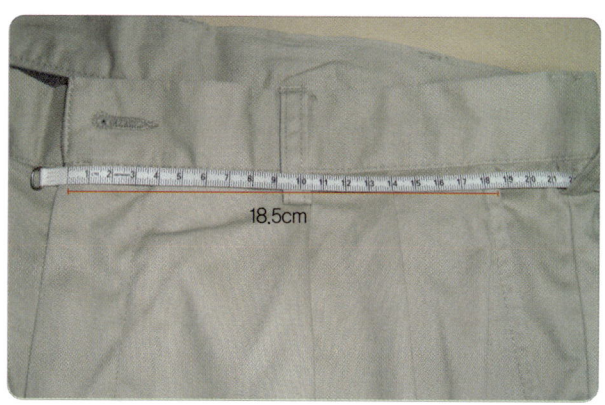

02 주름을 포함하여 주머니 끝까지 사이즈를 잰다.

03 허리를 뜯어 주름 부분을 편 후 주머니 안단과 안감을 분리한다.

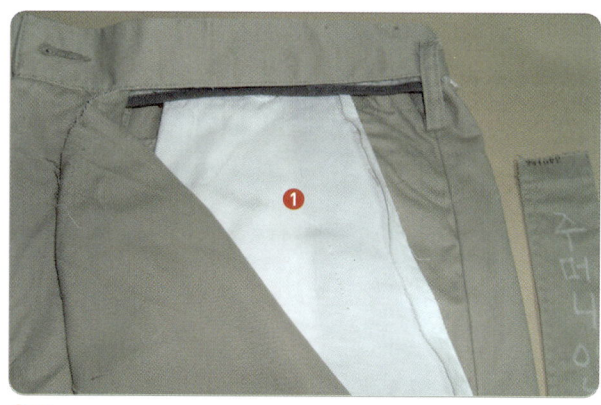

04 사진처럼 허리 쪽이 일자가 되도록 주머니 안감(❶)을 편하게 놓는다.

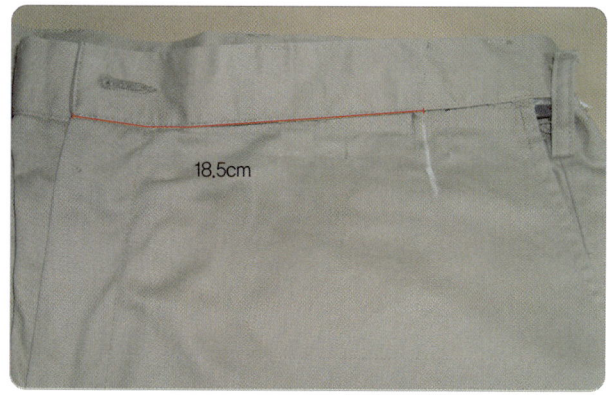

05 주름을 펴서 다림질한 후 **02**에서 잰 사이즈만큼 표시한다.

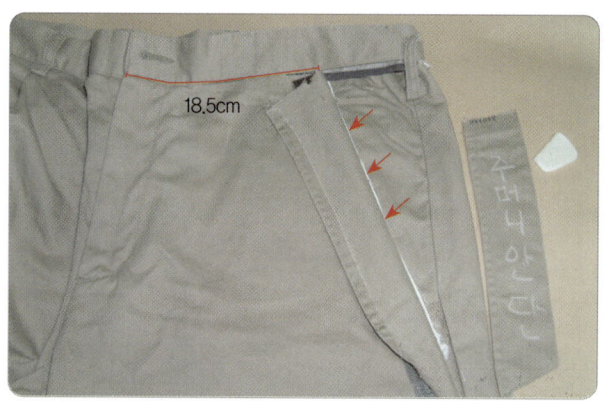

06 접힌 부분 옆으로 보이는 흰색이 **04**에서 일자로 편하게 놓았던 주머니 안감(❶)이다. 사진처럼 속주머니에 맞도록 접어서 다림질한다.

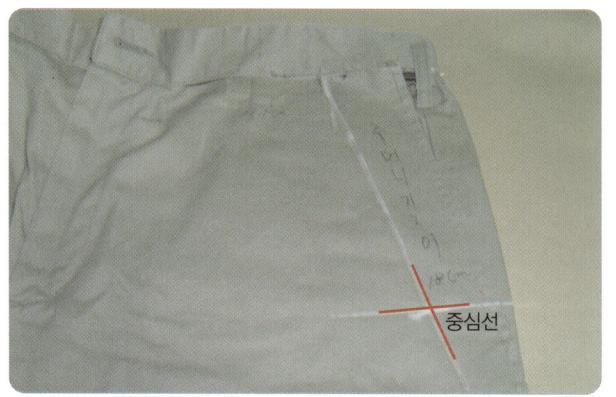

07 다림질한 선을 따라 사선을 그은 후 주머니 길이(시접 포함) 18cm에서 가로로 선을 그어 중심선을 찾아낸다.

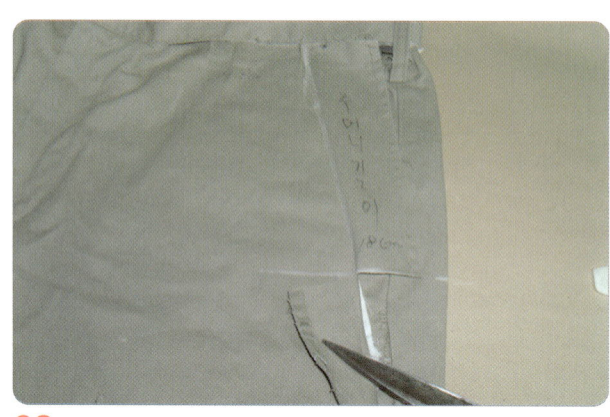

08 중심선 끝까지 가위로 자른다.

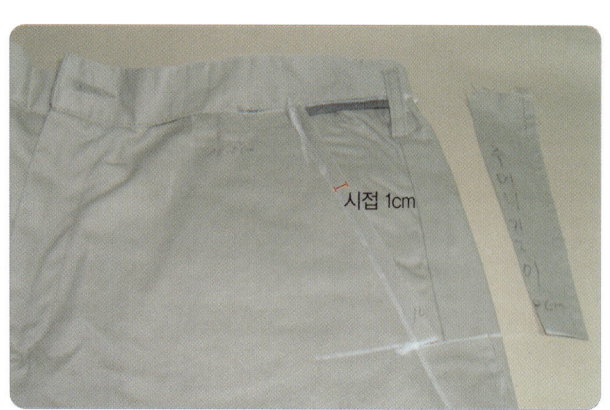

09 주머니 쪽은 시접 1cm를 남기고 잘라 낸다.

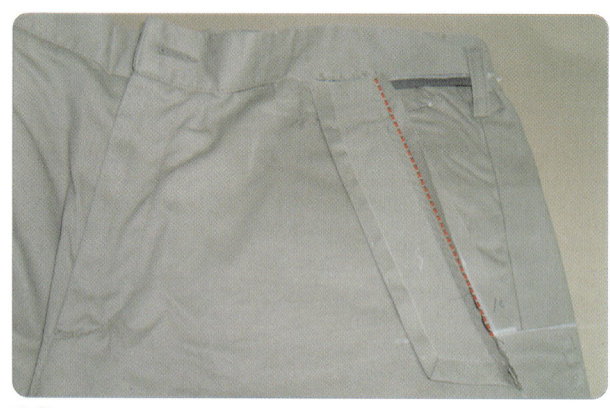

10 잘라 낸 부분에 분리해 두었던 주머니 안단을 대고 안쪽에서 중심선까지 박음질한다.

11 겉에서 중심선까지 한 번 더 눌러 박음질한다.

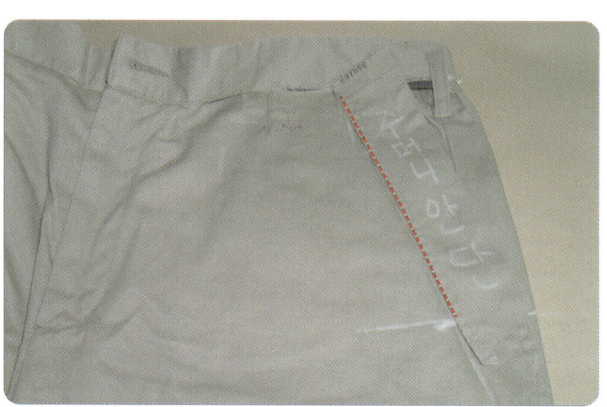

12 겉에서 한 번 더 눌러 박음질한 모습이다.

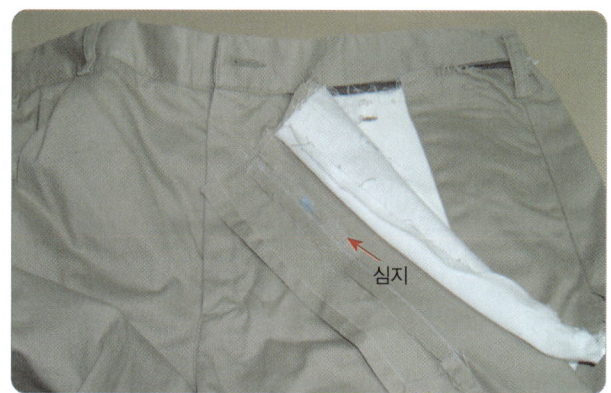

13 박음질한 주머니 안단을 펴서 시접 오른쪽에 사진처럼 녹는 심지를 붙인 후 흰색 속주머니를 올려 다림질로 고정한다.

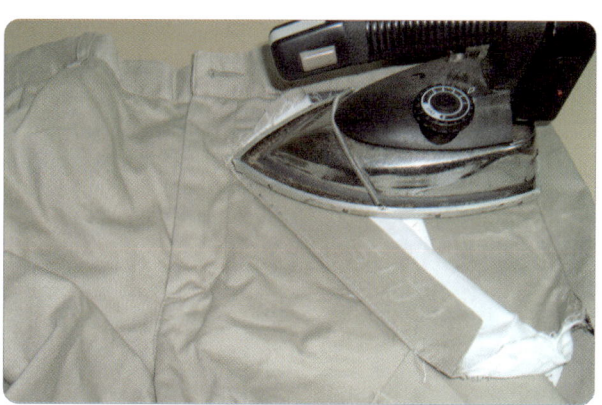

14 주머니 안단에 속주머니를 고정하는 모습이다. 이렇게 하고 박음질하면 원단이 밀리지 않는다.

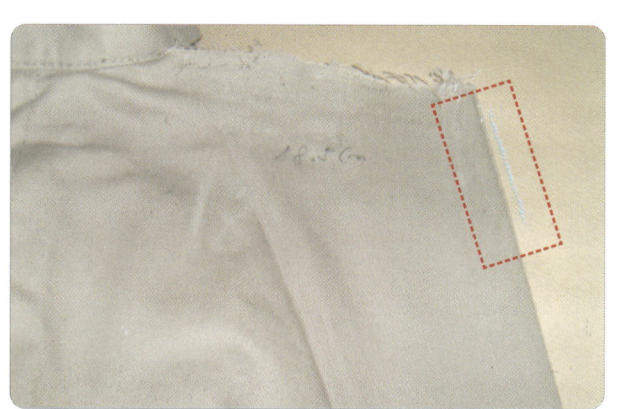

15 속주머니를 고정할 때는 파란색 선 부분에서 밑단 쪽이 밖으로 보이게 다림질할 수도 있고, 보이지 않게 다림질할 수도 있다.

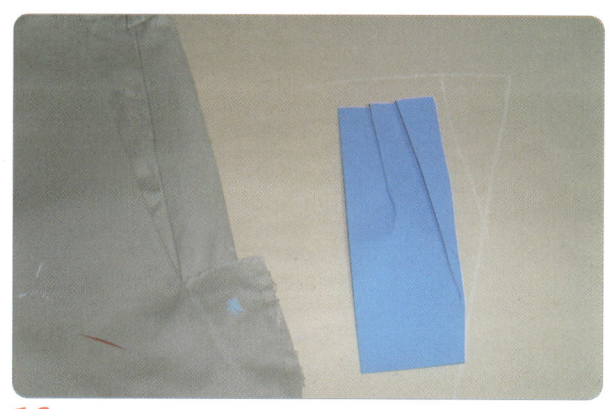

16 파란색 종이는 원래 있던 주름 분량을 나타낸 것이다.

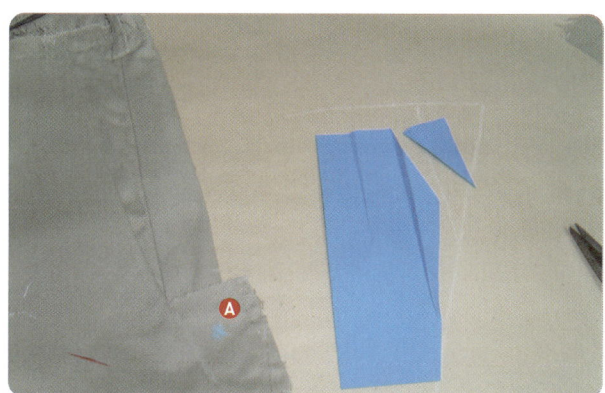

17 주머니 입구를 줄인 만큼 ❶부분을 줄여야 하는데 파란색 종이처럼만 자르면 주머니 아래쪽에서 흐름이 바르지 않다.

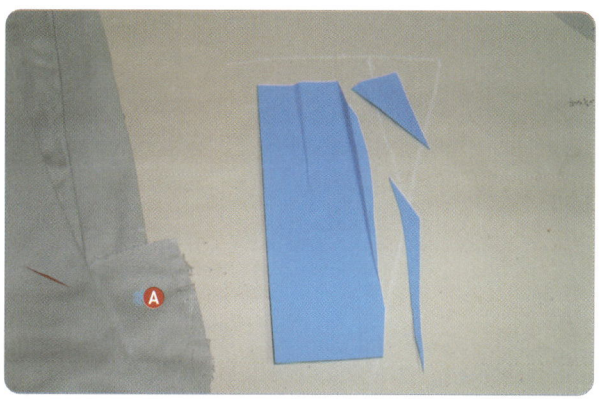

18 주머니 아래쪽의 흐름을 바르게 하기 위해서는 파란색 종이처럼 옆선을 한 번 더 길게 잘라 내야 한다.

19 16~18까지 설명한 부분이다. 되도록 옆면 아래쪽으로 길게 뜯어서 흐름이 깔끔하도록 한다.

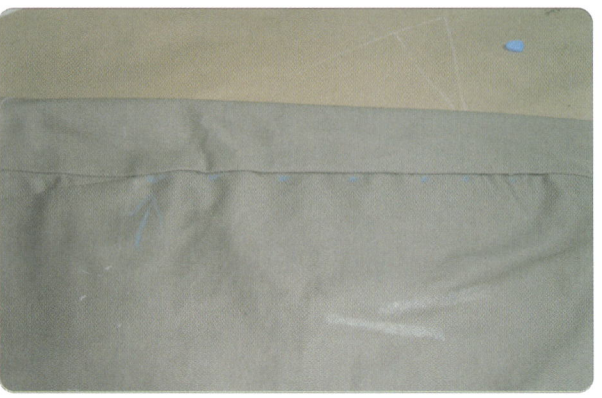

20 19의 흐름을 깔끔하게 맞춰 파란색 선으로 표시한 후 중간중간에 녹는 심지를 넣고 다림질하여 위치를 고정한다.

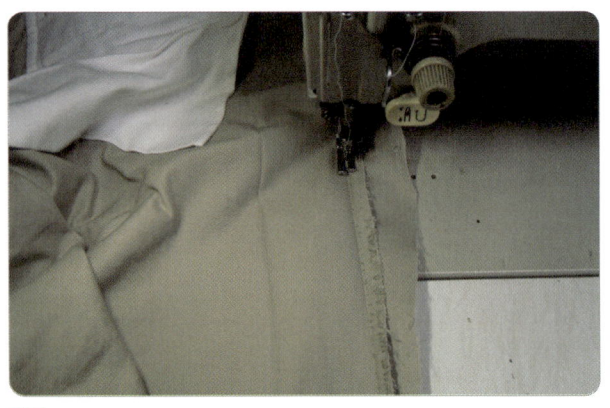

21 안쪽으로 들어가서 20에서 고정한 위치에 뒤판을 올려놓고 다림질선을 따라 박음질한다.

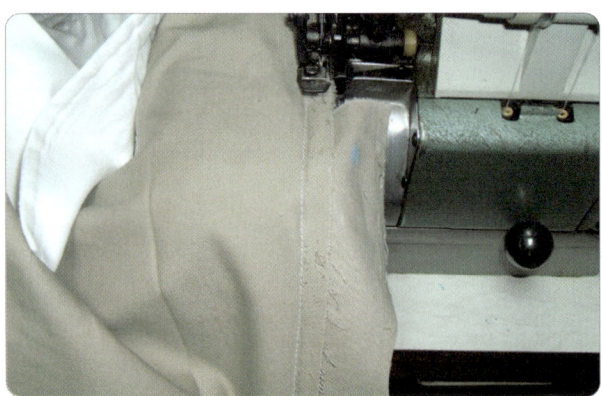

22 여유분은 오버로크 처리한다.

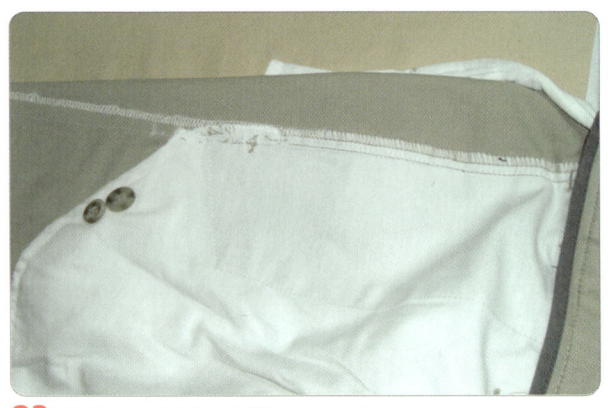

23 오버로크 처리한 안쪽 모습이다.

24 뜯어낸 허리에 맞춰 몸판을 끼워 넣고 조정한 후 핀으로 고정한다.

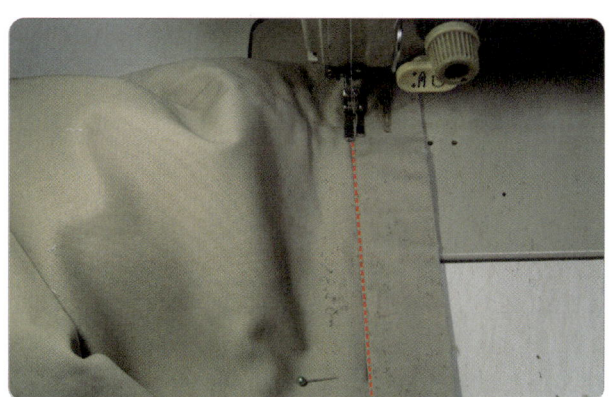

25 허리를 눌러 박음질한다.

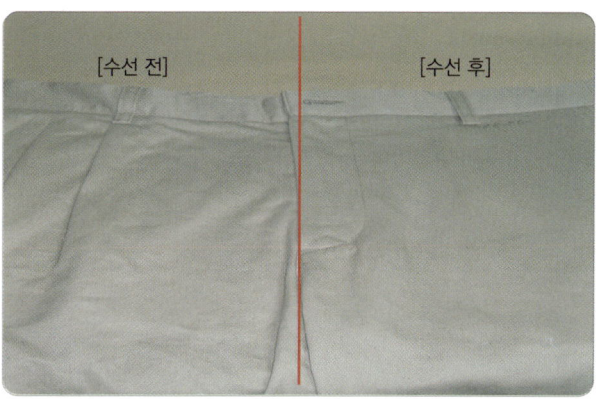

[수선 전]　　　　[수선 후]

26 완성 모습

- 주름(다트)은 겉감에만 있고 주머니 안단은 원래 위치가 그대로 고정된다. 그러므로 주머니 위치를 그대로 놓고 주름(다트)을 펴서 주머니 끝까지 맞추면 처음에 확인했던 사이즈에 가까운 형태가 된다. 그러면 그 부분에 맞추어 잘라 내면 된다.

바지 앞 지퍼 부분 주름진 것 없애기

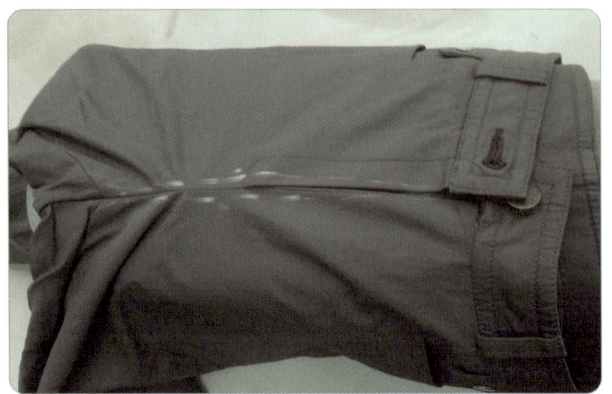

01 주름진 부분에 줄일 분량을 표시한다.

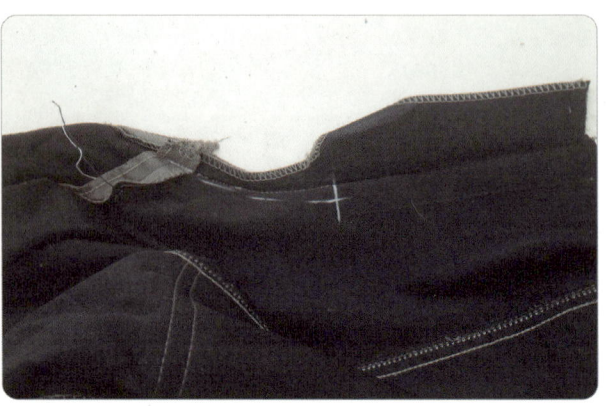

02 지퍼를 분리한 후 **01**에서 표시한 부분을 마주 잡고 박음질한다.

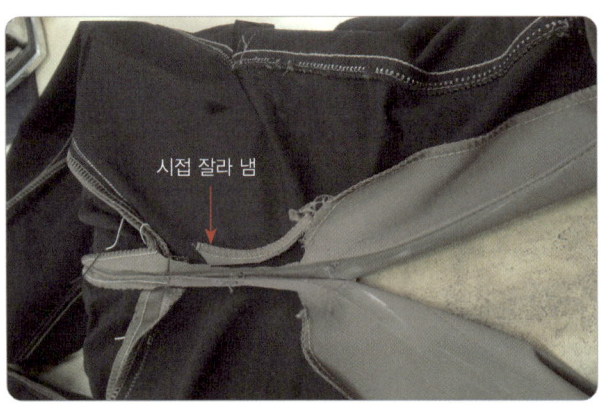

03 박음질한 후 시접은 잘라 내는 것이 좋다.

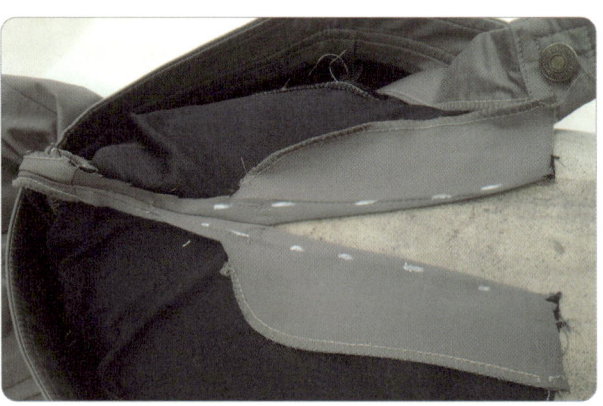

04 펴서 다림질한 모습이다(흰색 선이 원래 봉제선이다).

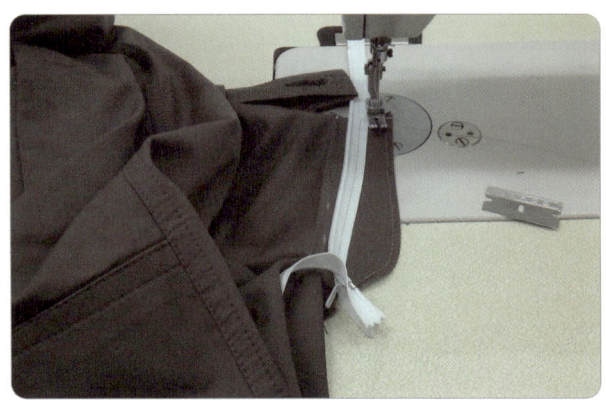

05 지퍼를 달아 준다(겉에서 한 번에 박음질하는 것보다 안쪽에서 박음질하고 다시 겉쪽에서 박음질하는 것이 깔끔하다).

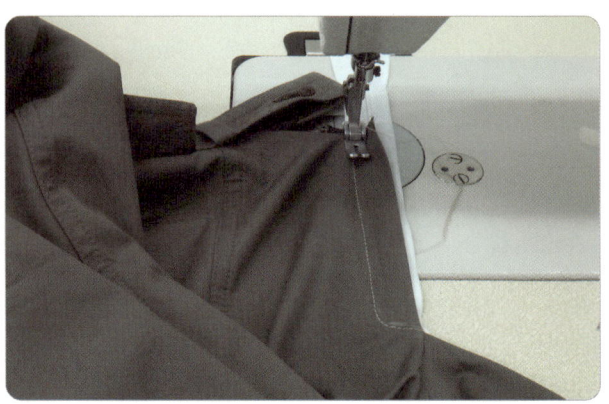

06 위에서 다시 눌러 박음질하는 모습이다.

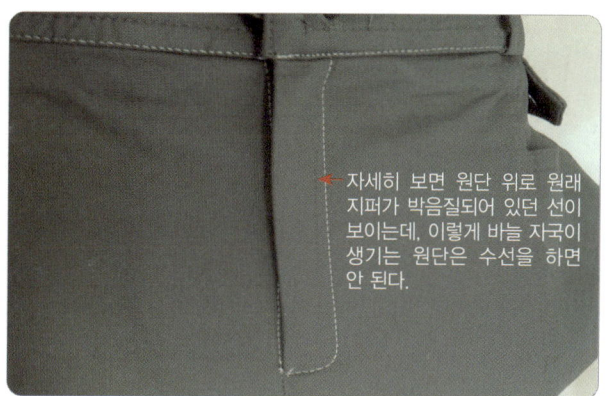

자세히 보면 원단 위로 원래 지퍼가 박음질되어 있던 선이 보이는데, 이렇게 바늘 자국이 생기는 원단은 수선을 하면 안 된다.

07 반대쪽 지퍼를 박음질한 모습이다(허리를 완성할 때 눌러 박음질은 고리 안쪽에서 시작하는 것이 깔끔하다).

08 완성 모습

• 바지 앞 지퍼 부분에 주름이 생기는 것은 앞부분이 큰 것이므로 지퍼를 분리하고 줄이지 않으면 수선이 되지 않는다.

바지 엉덩이 주름진 것 없애기

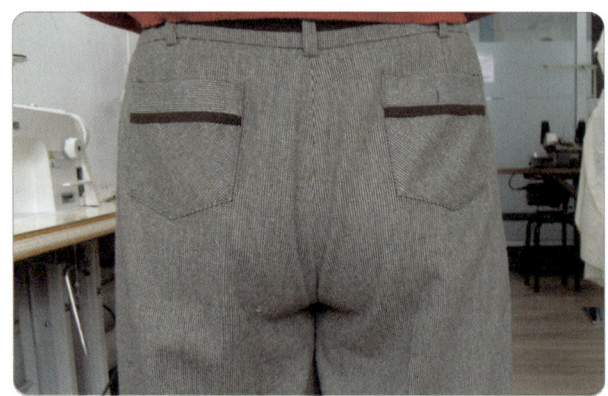

01 바지 엉덩이에 주름이 생긴 모습이다(특히 골반 바지는 엉덩이에 주름이 많이 생긴다).

02 주름이 접히는 양을 핀으로 고정한 후 그 분량을 안쪽에서 줄이기 위해 바지를 뒤집어 선을 긋는다.

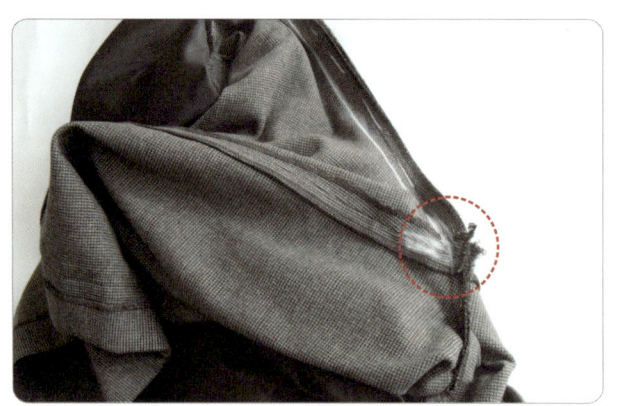

03 흰색으로 표시한 부분의 앞뒤를 뜯은 후 시접을 활용하여 양쪽 허벅지 부분을 최대한 늘려 준다.

04 안쪽 밑위길이 허벅지 부분을 늘려 주는 모습이다.

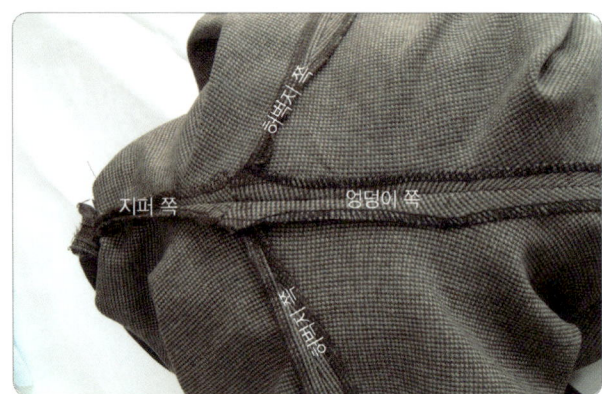

05 안쪽 밑위길이를 늘려 주고 엉덩이 부분을 줄여 오버로크 처리(검은색 실)한 모습이다.

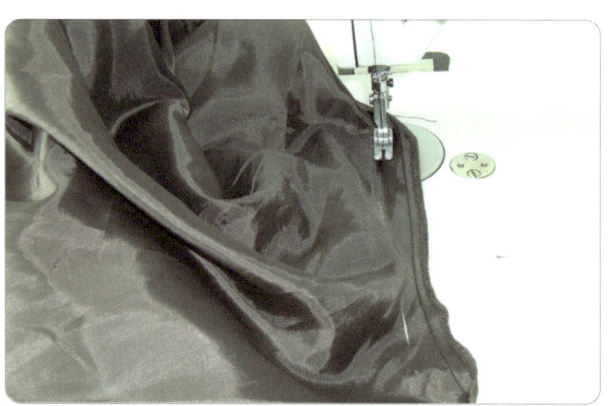

06 안감 엉덩이 부분을 줄이는 모습이다. 안감도 겉감과 동일한 방법으로 줄이고 늘린다.

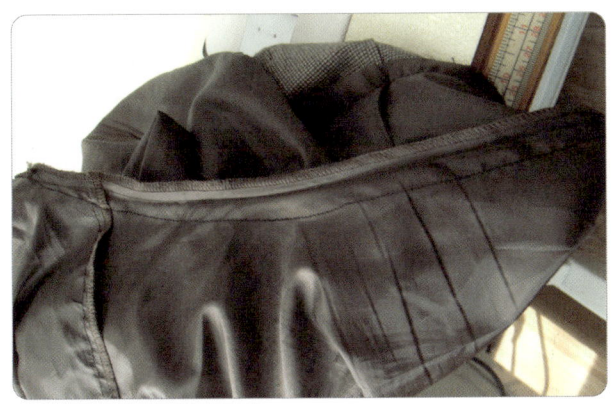

07 안감을 박음질한 모습이다. 이때 오버로크 처리를 하지 않으면 줄이는 효과가 나타나지 않는다.

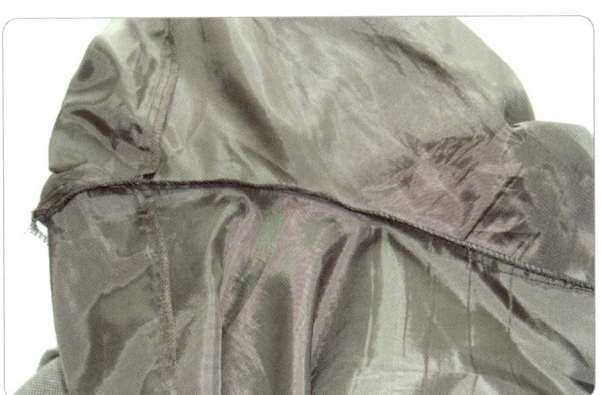

08 안감을 오버로크 처리해서 잘라 낸 모습이다.

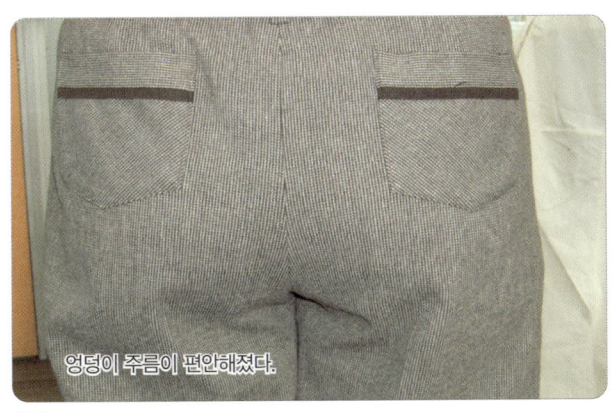

엉덩이 주름이 편안해졌다.

09 완성 모습

tip

- 엉덩이에 주름이 지는 현상은 밑위길이가 짧을 때 많이 생긴다.
- **07**과 같이 안쪽을 더 박음질해야 원래 봉제선보다 밑위길이가 길어지는 효과를 얻을 수 있다. 그러므로 시접을 잘라 내지 않으면 효과가 없다.

바지 주머니 해진 것 수선하기

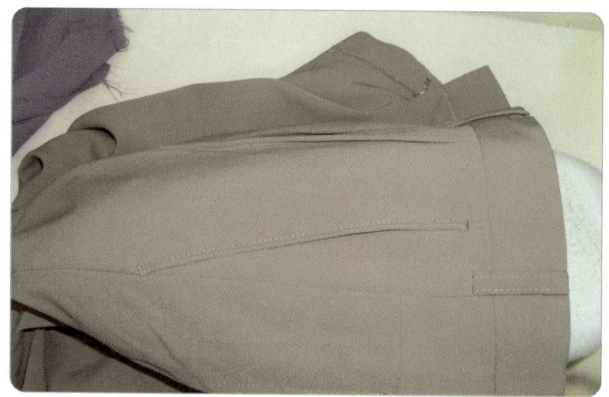

01 바지 주머니 입구가 해진 것을 수선하려고 한다.

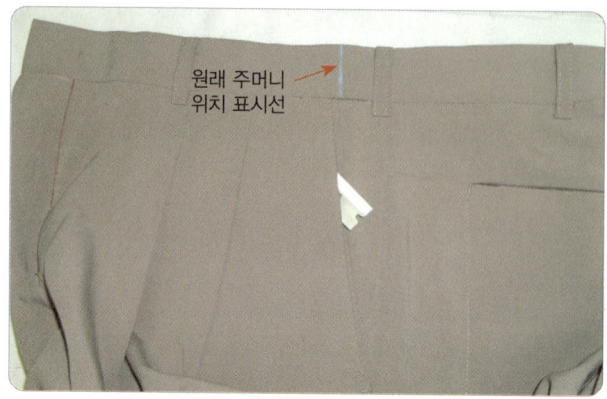

02 원래 주머니가 있던 부분을 표시한 후 주머니와 허리 부분 일부를 뜯는다.

원래 주머니
위치 표시선

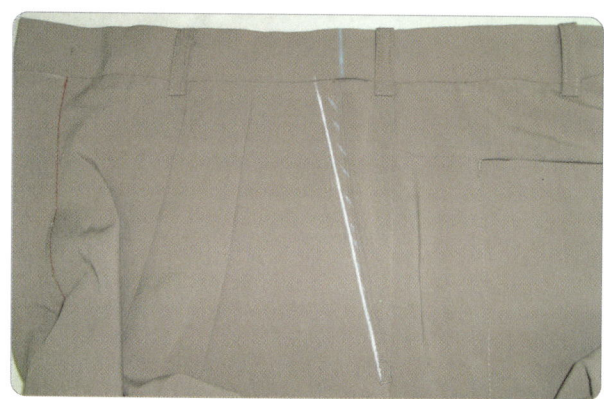

03 해진 부분에 파란색 빗금을 긋고, 다시 주머니를 만들 부분에 흰색 선을 긋는다.

04 주머니를 뒤집어서 주머니 안쪽으로 붙어 있는 겉감을 뜯는다.

주머니
안쪽
겉감

05 뜯어낸 주머니 안쪽 겉감에도 수선할 부분만큼 선을 긋는다.

주머니 안쪽 겉감

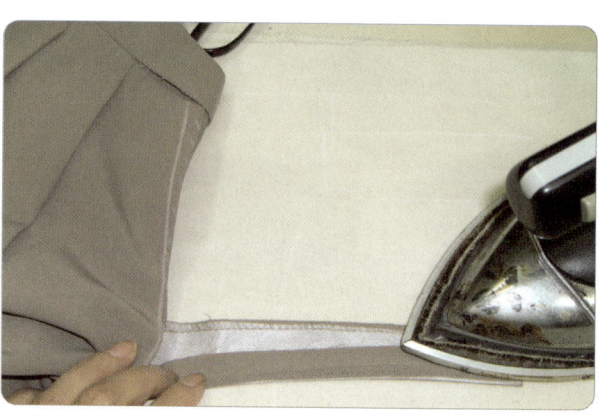

06 05에서 그은 선을 따라 접어 다림질한다.

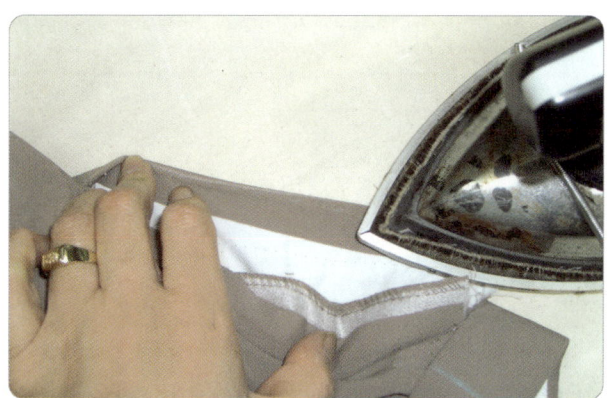

07 03에서 그은 선 부분도 접어 다림질한다.

08 뒤집어서 06과 07의 선을 맞춰 박음질한다.

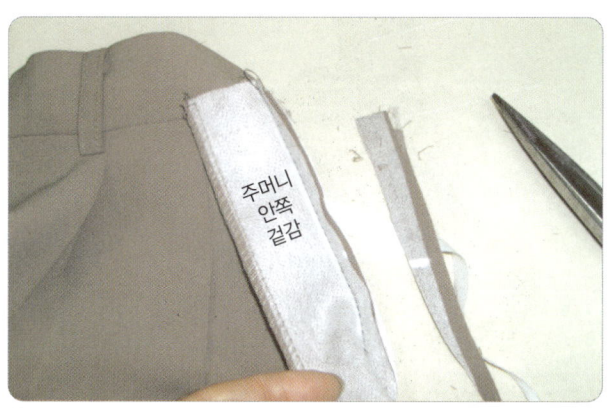

09 나머지 부분을 잘라 낸 후 주머니 안쪽 겉감을 원래 위치로 다림질하고 녹는 심지로 고정한다.

주머니
안쪽
겉감

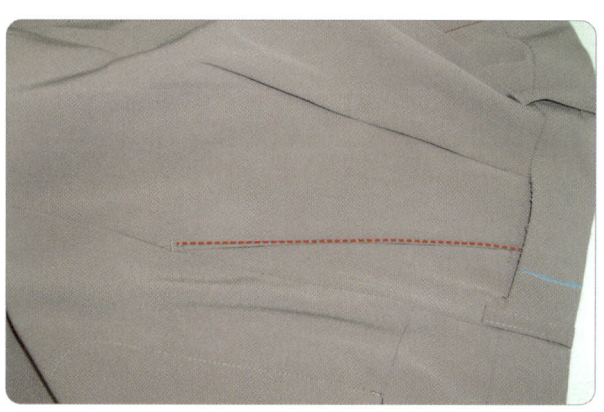

10 겉쪽에서 08의 박음질선을 따라 한 번 더 박음질한다.

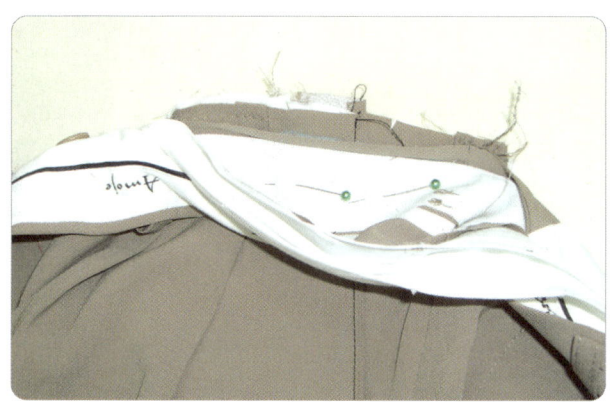

11 수선을 위해 뜯어낸 허리 부분을 박음질한다.

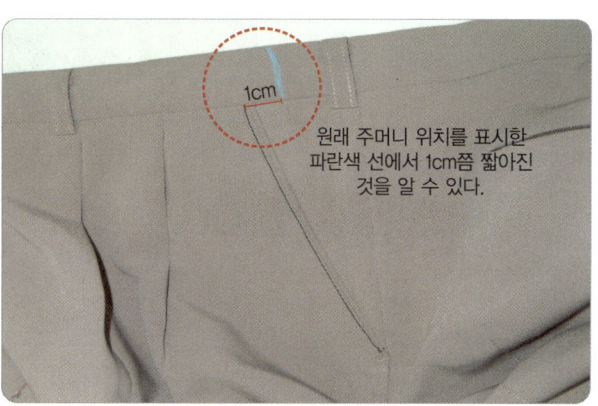

1cm

원래 주머니 위치를 표시한
파란색 선에서 1cm쯤 짧아진
것을 알 수 있다.

12 완성 모습

점퍼 주머니 찢어진 것 다시 만들기

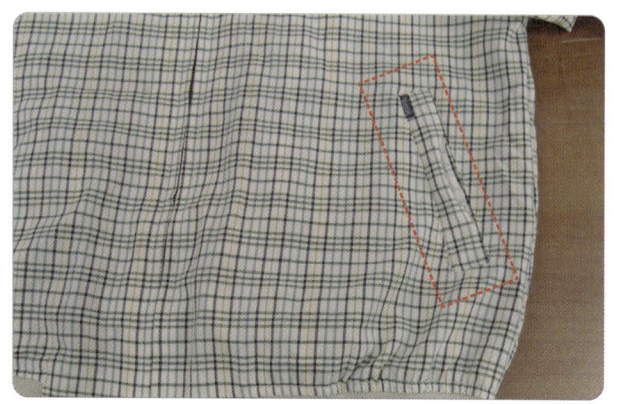

01 찢어진 주머니를 수선하려고 한다.

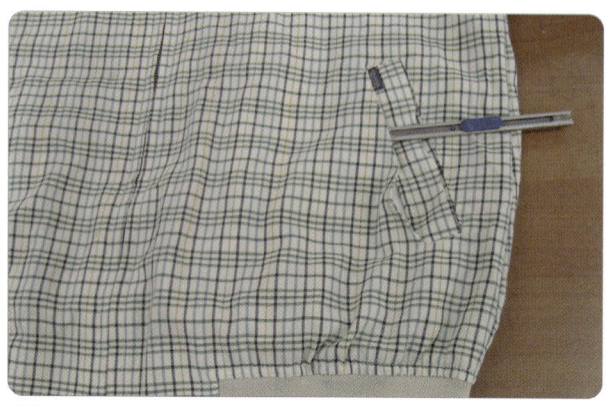

02 찢어진 부분을 뜯어낸다. 이때 양쪽 끝부분의 삼각형을 조심히 뜯어 훼손하지 않아야 한다.

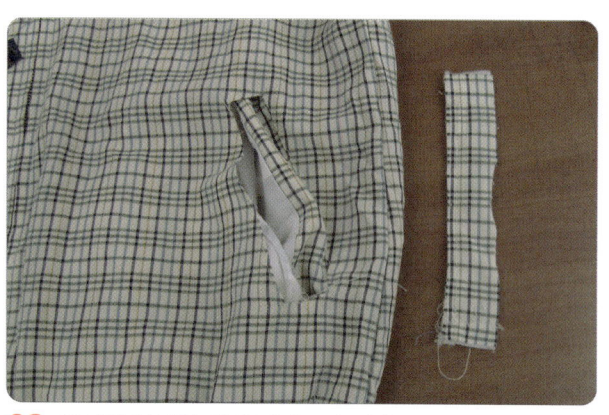

03 찢어진 부분을 잘 뜯어낸 모습이다.

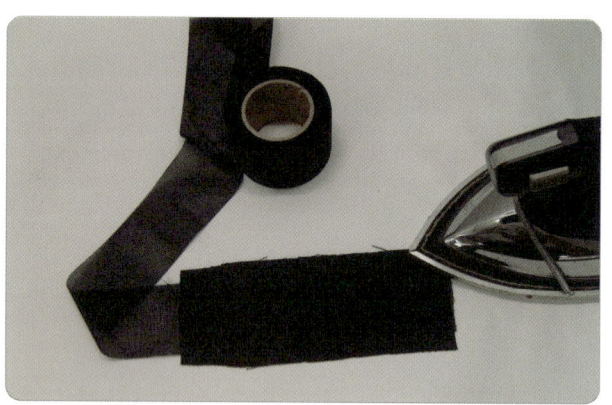

04 다시 만들 원단 뒷면에 심지를 붙여 고정한다.

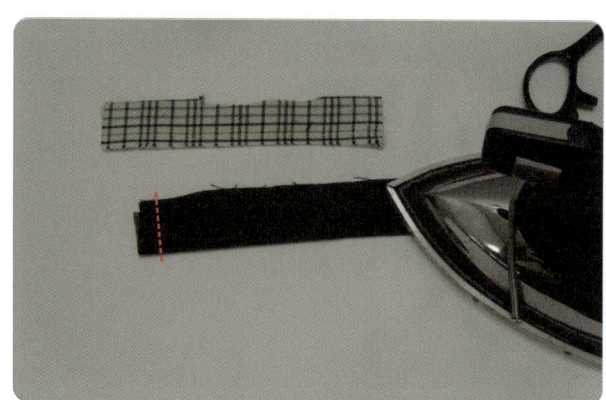

05 원형 사이즈와 같은 모양으로 접어 양옆을 박음질한다.

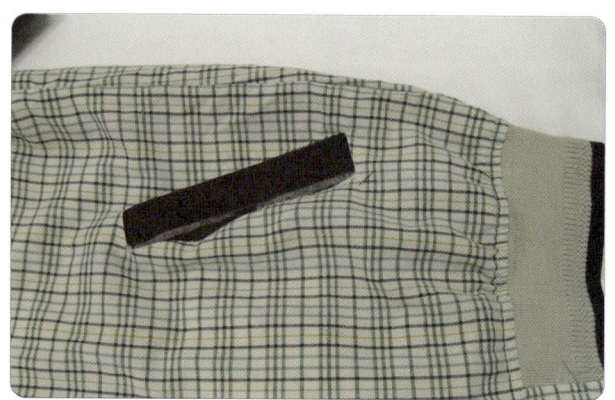

06 05에서 만든 것 끝부분에 녹는 심지를 붙이고 주머니에 붙이려고 한다.

07 사진처럼 놓고 다림질로 심지를 녹여서 고정한다.

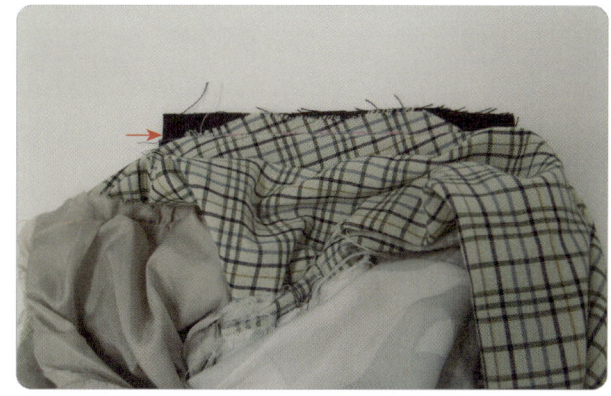

08 안쪽으로 들어가서 심지로 고정한 부분을 다림질선을 따라 겉감에 박음질한다.

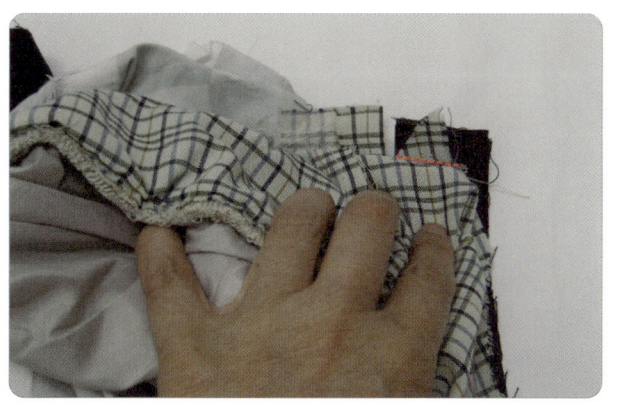

09 양쪽 끝부분의 삼각형을 박음질하여 튼튼히 고정한다.

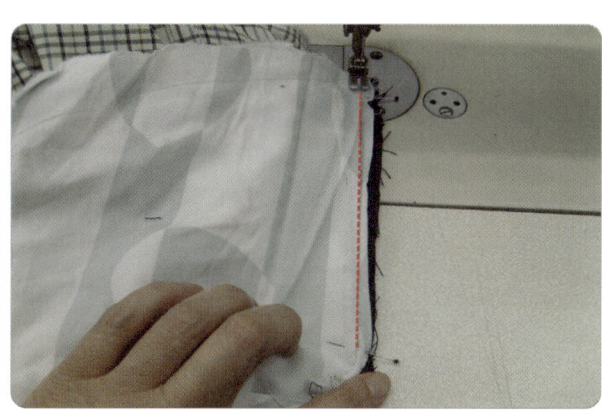

10 안쪽으로 들어가서 교체한 부분에 주머니 안감을 대고 박음질한다.

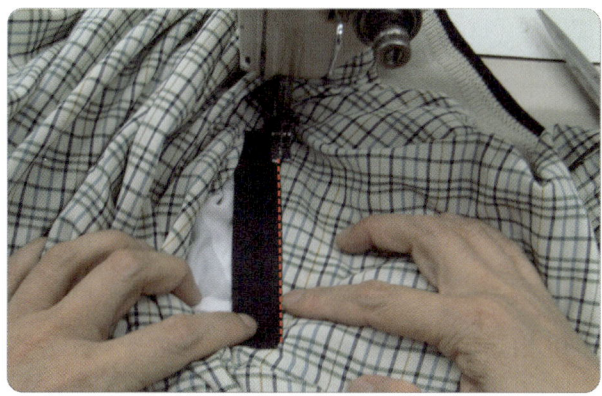

11 위에서 끝부분을 눌러 박음질한다.

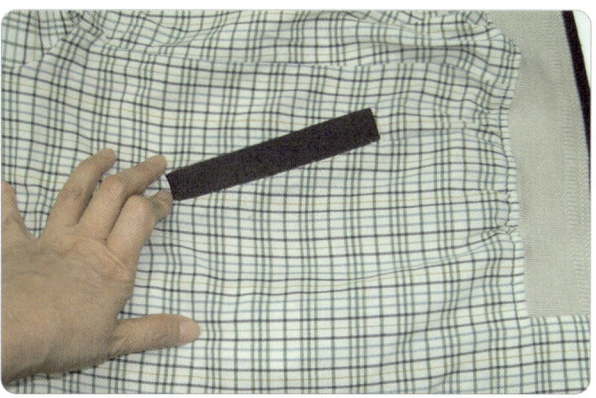

12 완성 모습

늘어난 티셔츠 수선하기

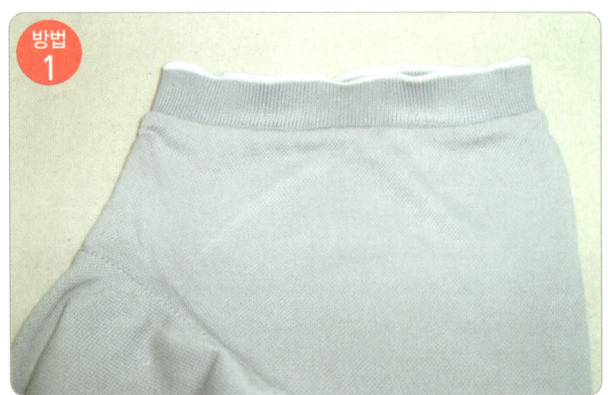

01 소매가 늘어난 티셔츠를 수선하려고 한다.

02 바늘에 고무줄실을 끼워 소매 끝에 넣는다. 세게 잡아당기지 말고 여유분을 주면서 살살 넣는다.

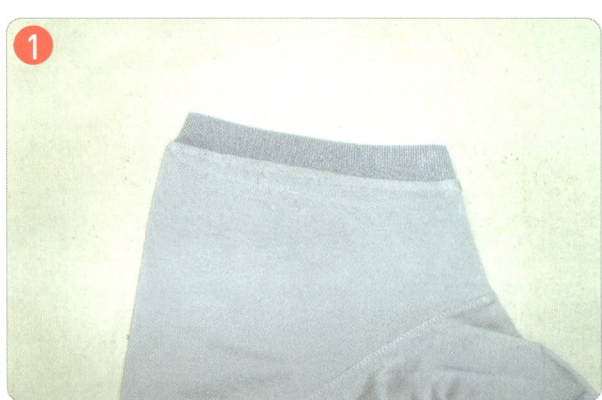

03 고무줄실 끝부분을 잡아서 묶어 준다.

04 완성 모습

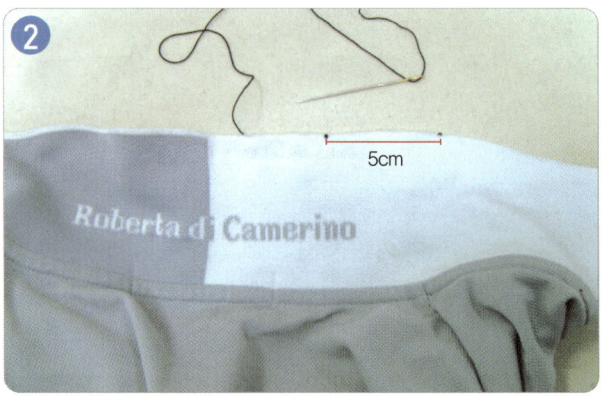

01 옷깃이 늘어난 티셔츠를 수선하려고 한다.

02 바늘에 고무줄실을 끼워 옷깃 끝부분에 넣는다. 한 번 넣을 때 5cm 정도를 넣는다.

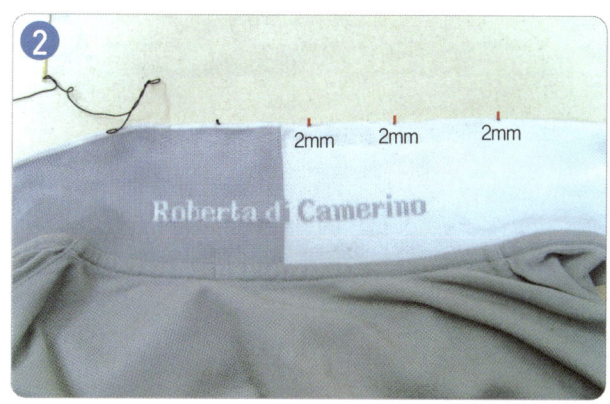

03 고무줄실은 여유분을 2mm 정도 남기면서 넣어야 원단 끝이 오므라들면 잡아당겨 준다.

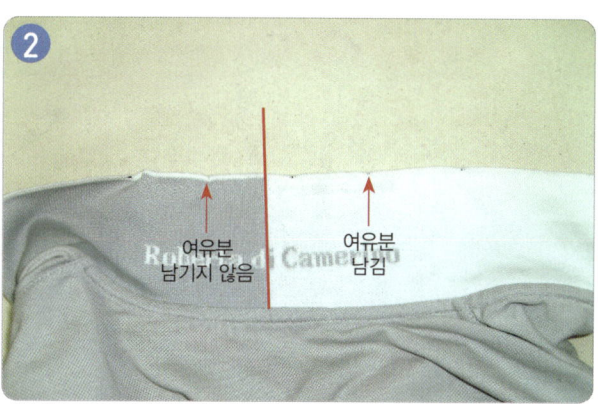

04 완성 모습

여유분
남기지 않음

여유분
남김

01 밑단이 늘어난 티셔츠를 수선하려고 한다.

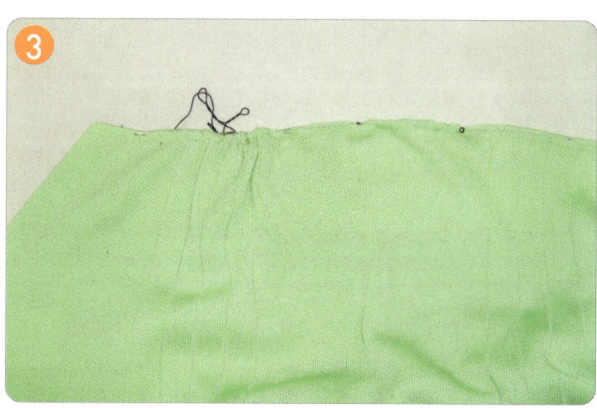

02 끝부분에 2mm 정도 여유분을 주며 고무줄실을 넣는다.

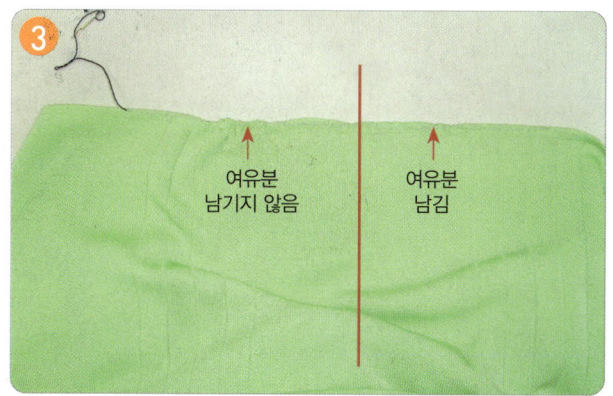

여유분
남기지 않음

여유분
남김

03 완성 모습

 tip

• 고무줄실을 넣을 때는 바늘 끝을 갈아서 뭉뚝하게 만들어야 하며, 고무줄이라서 잡아당겨도 실처럼 빠져나오지 않고 주름이 그대로 생기므로 꼭 4~5cm 간격으로 여유분을 2mm 정도씩 남기지 않으면 원단이 오므라들어 옷을 망치는 경우가 있다.

점퍼 낡은 옷깃 교체하기

01 점퍼의 낡은 옷깃을 교체하려고 한다.

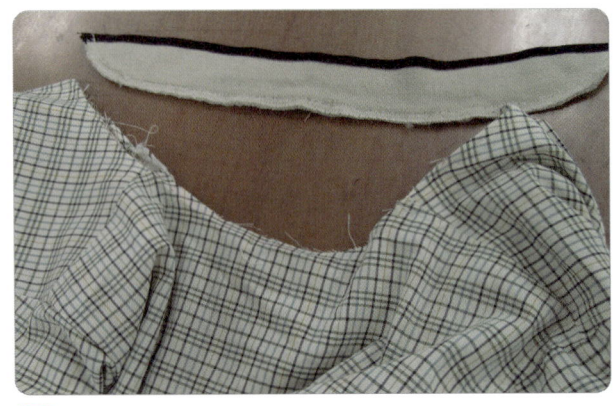

02 옷깃을 분리한다.

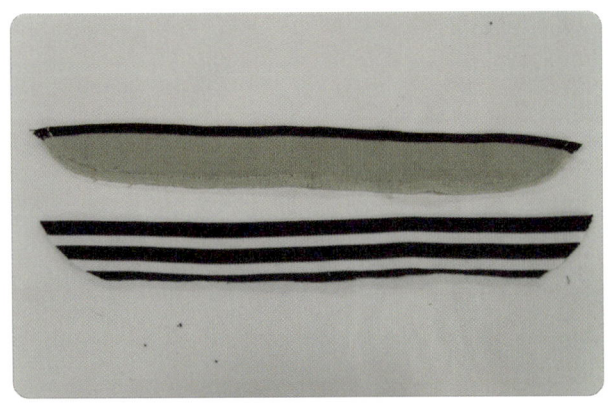

03 새로 교체하려는 옷깃(조르개)을 원형과 같은 사이즈로 준비한다.

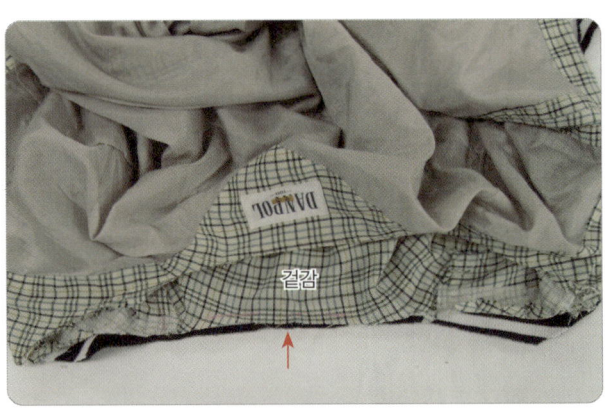

04 교체할 옷깃을 겉감에 핀으로 고정한 후 박음질할 부분을 초크로 표시한다.

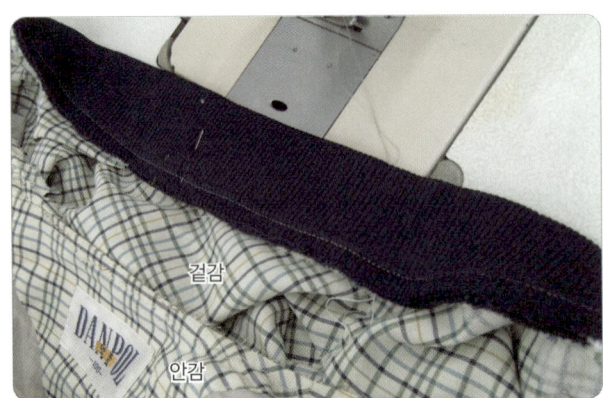

05 겉감에 옷깃을 박음질한 모습이다.

06 04와 같은 방법으로 안감도 핀으로 고정한 후 옷깃을 밑으로 놓고 안감을 위로 하여 원래 봉제선을 따라 박음질하면 깔끔하다.

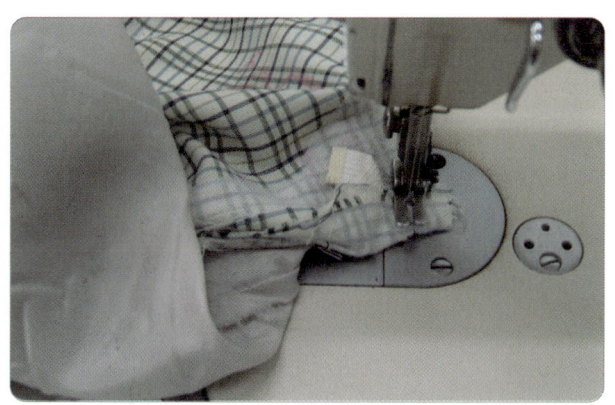

07 지퍼 끝부분 여유분(시접)은 겉감 쪽으로 꺾어서 박음질한다.

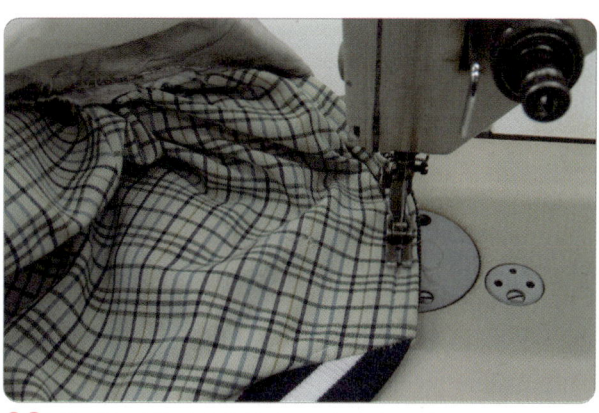

08 옷깃을 박음질하기 위해 뜯어 두었던 지퍼를 박음질한다.

09 완성 모습

• 목 부분은 낡기 쉬운 곳이다. 따라서 티셔츠 등을 버릴 때 몸통 부분을 잘라 내 보관하면 소매 끝이나 목 부분이 낡았을 때 요긴하게 사용할 수 있다.

핸드메이드 코트 둘레길이(품) 줄이기

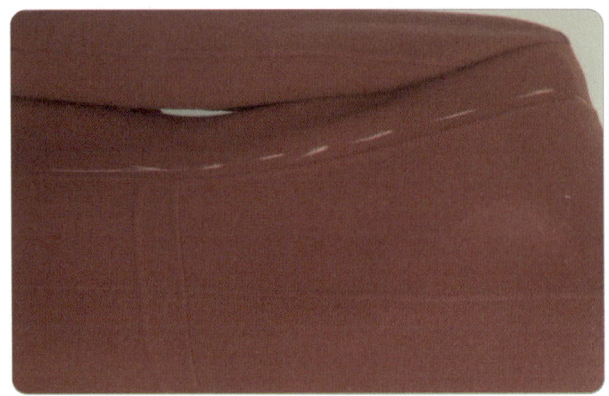

01 줄이고 싶은 분량을 표시한 후 안팎을 잘 살펴보면 안쪽은 손바느질되어 있는 것을 볼 수 있다.

02 손바느질되어 있는 안쪽 면을 뜯어내면 겉면은 재봉틀로 박음질되어 있는 것을 볼 수 있다.

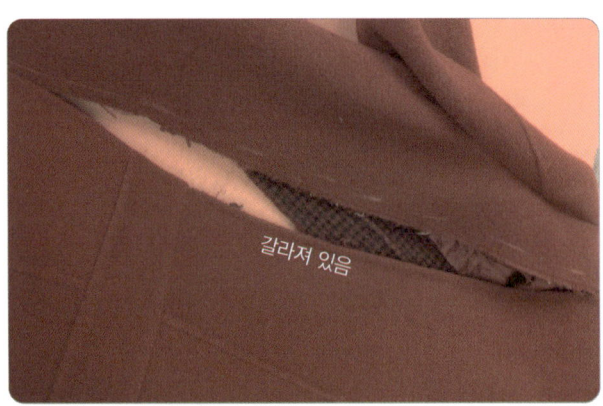

03 모두 뜯어낸 모습이다. 자세히 보면 한쪽은 안쪽과 겉쪽이 1cm 정도 갈라져 있는 것을 볼 수 있다.

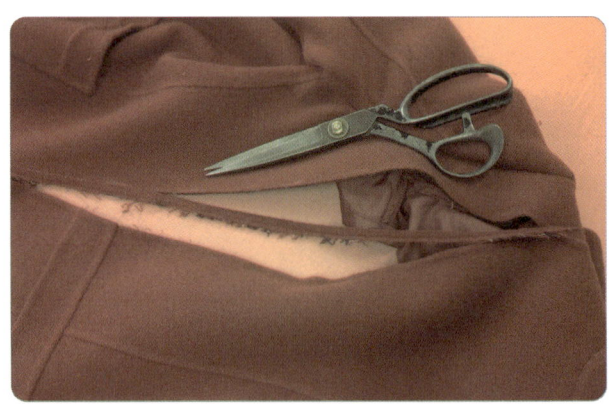

04 갈라지지 않은 쪽에서 줄이고 싶은 만큼 잘라 낸다.

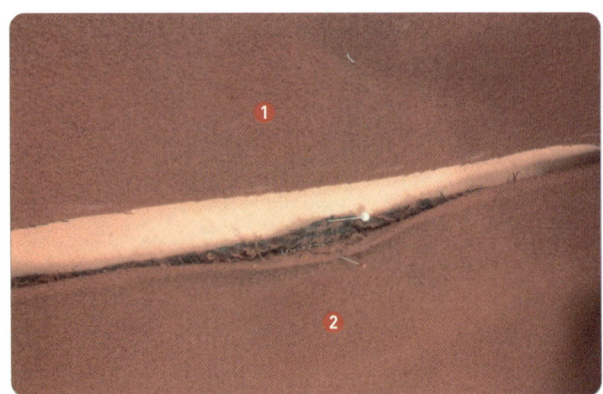

05 ❶은 잘라 낸 쪽이고 ❷는 1cm 정도 갈라져 있는 쪽이다.

06 ❶을 아래쪽에 놓고 ❷의 겉부분을 맞추어 핀으로 고정한 후 원래 박혀 있던 선을 따라 박음질한다.

07 06에서 박음질한 부분을 뉨솔로 처리하고 나머지 부분
으로 덮어서 다림질해 준다.

08 07을 접어서 손바느질한다. 이해를 돕기 위해 흰색 실을
사용하였는데 별로 표가 나지 않음은 촘촘하게 손바느질
했기 때문이다.

09 완성 모습

 tip

• 핸드메이드는 2장의 원단을 합쳐서 하나의 원단으로 만든 것이다.
합친 원단의 한쪽을 1cm 정도 갈라서 다른 한쪽을 그곳에 넣고
꿰맨다. 이때 1cm를 분리하는 방법에 따라 깔끔함의 정도 차이가
있다.

• 1cm 정도를 가장 넓은 땀으로 미리 박음질하고 분리하면 벌어진
넓이가 일정하게 된다. 이때 옆선만 이와 같은 방법으로 줄여 주고,
중심선은 이와 같은 방법으로 줄이면 중심선이 달라져서 안 되므로
갈라진 선을 다시 만들어 주어야 한다.

스웨터 주머니 만들기

01 스웨터에 주머니를 만들려고 한다.

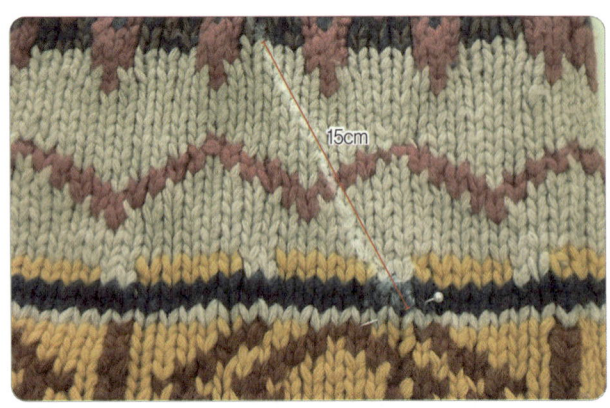

02 주머니 위치를 정한 후 주머니 입구를 15cm 정도 그리고 양쪽 끝에 핀을 꽂아 표시한다.

03 뒤집어서 핀으로 표시한 부분에 넓게 심지를 붙인다.

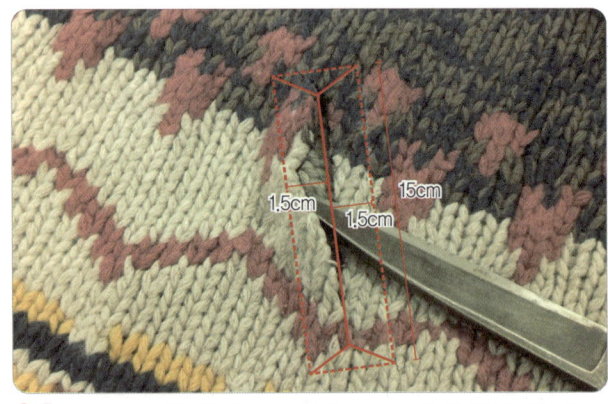

04 15cm 길이를 중심으로 좌우 1.5cm 폭의 직사각형을 그린 후 모양을 따라 땀수 1번을 사용하여 둘레를 박음질하고 화살표 모양을 따라 가운데 부분을 자른다.

05 몸판과 같은 니트 원단을 준비하여 양쪽 끝을 박음질한 후 15cm를 만들어 **04**에서 화살표 모양으로 자른 주머니 부분에 붙여 2땀으로 박음질한다.

06 주머니 안감을 준비한다.

07 05에서 박음질한 부분에 주머니 안감을 핀으로 고정한다(주머니에 손을 넣었을 때 주머니 안쪽에 시접이 보이지 않도록 깨끗하게 붙여야 한다).

08 07을 박음질한 모습이다. 주머니 안감이 2장이므로 앞뒤를 같은 모양으로 따로따로 박음질해야 한다.

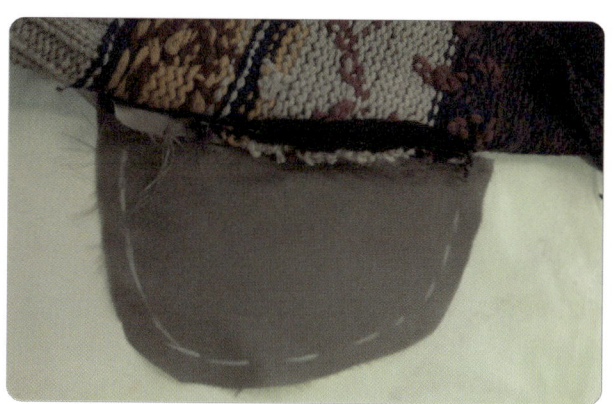

09 앞뒤 안감을 마주 대고 모양을 따라 박음질한다.

10 입구를 위로 올려 손이 들어갈 수 있도록 한 후 양쪽 끝을 튼튼히 박음질한다.

11 완성 모습

tip

• 니트 원단은 자르면 올이 풀려서 수선을 하면 안 되는 줄 아는데 1땀으로 촘촘히 2~3회 박음질하면 절대로 풀리지 않는다.

니트 티 소매 길이 줄이기

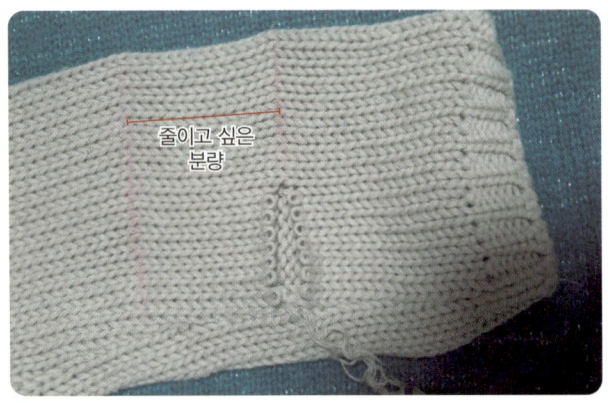

01 줄이고 싶은 분량을 정한 후 적당한 위치에서 올을 풀어 준다.

02 줄이고 싶은 분량을 모두 풀어 낸 모습이다.

03 위쪽 소매 끝부분에 딱풀을 칠하고 다림질하면 올을 풀어 낸 부분이 잘 풀리지 않아서 좋다.

04 풀어 낸 실들을 다림질로 펴 준다.

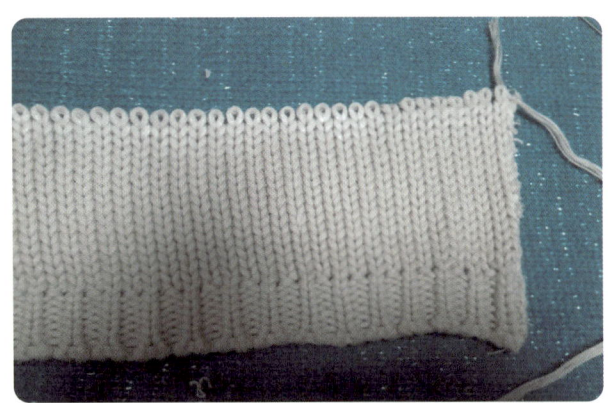

05 다림질로 편 **04**의 실을 니트 전용 바늘에 끼워 아래쪽 소매 끝부분에 묶어 준다.

06 아래쪽 소매와 위쪽 소매를 손바느질로 이어 주는 모습이다.

07 아래쪽 실을 꿰매는 방법이다.

08 위쪽 실을 꿰매는 방법이다.

09 실을 잡아당길 때는 손으로 꼭 누르고 잡아당겨야 실이 엉키지도 않고 풀리지도 않는다.

10 꿰매어 완성한 모습이다. 길이가 짧아지면 위아래 차이가 난다. 이때 차이가 한쪽에서 나지 않고 양쪽에서 같은 간격으로 나도록 처리해야 한다.

11 분리되었던 소매통을 합쳐서 손으로 꿰매 준다.

12 완성 모습

니트 티 구멍 수선하기

01 니트 티에 난 구멍을 수선하려고 한다.

02 구멍난 니트는 가로와 세로선 끝이 일정하게 풀어져야 한다.

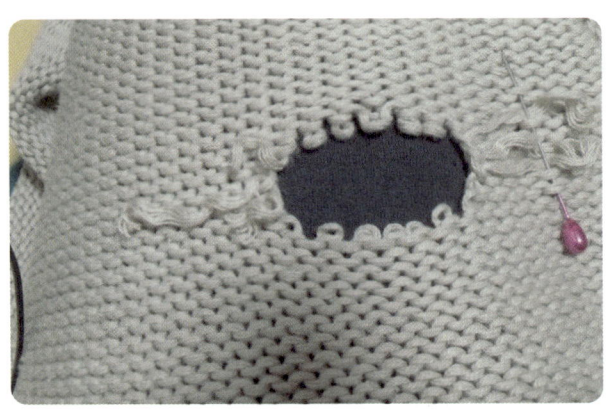

03 뒤집어서 다림질한다.

04 같은 실(길이를 줄이고 남은 것을 풀어서 사용하거나 봉제실을 풀어서 사용한다)을 묶어서 이어 준다.

05 이은 부분에 딱풀을 칠하고 다림질하여 들뜨지 않도록 한다.

06 이은 부분의 실을 겉으로 뽑아낸다.

07 코바늘로 한 땀씩 위로 이어 간다(아래 전체 코를 대바늘에 걸어서 대바늘뜨기를 해도 된다).

08 한 땀씩 위로 올려 주는 모습이다(위로 하지 않고 옆으로 코를 잡아서 코바늘뜨기를 해도 된다).

09 마지막 한 줄은 남겨 놓고 완성된 코를 대바늘에 걸어 둔다. 남겨 놓은 마지막 한 줄은 니트 길이 줄이는 방법으로 손바느질한다.

10 손바느질을 완성하면 뒤집어서 서로 묶어 이어 준다.

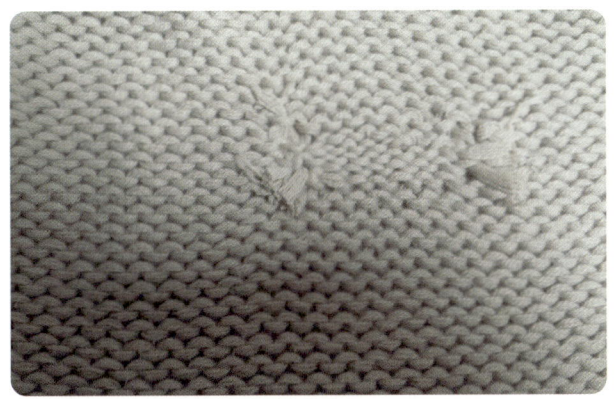

11 묶은 부분을 잘 펴서 다림질한다.

다림질하여 펴 주면 좀 더 편안한 모양이 된다.

12 완성 모습

니트 코 빠진 것 수선하기

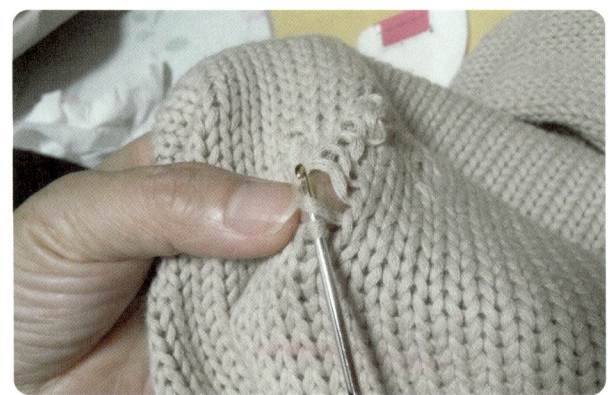

01 코바늘에 풀어지지 않은 코를 끼우고 첫 번째 풀어진 코를 끼운다.

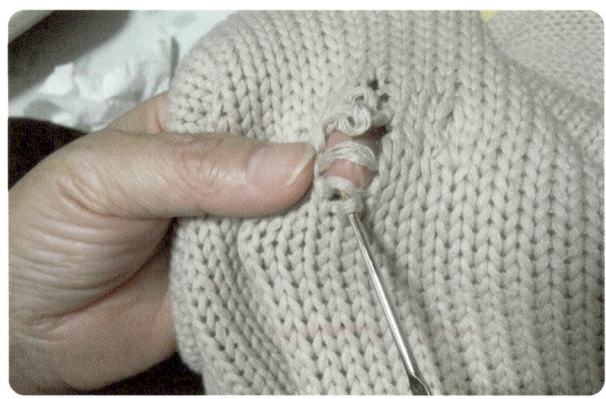

02 코바늘 코에 풀어진 코를 걸어 준다.

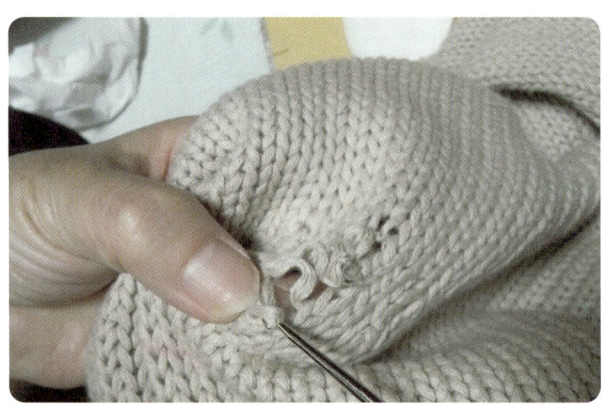

03 **02**에서 걸어 준 코를 감아서 빼 준다.

04 다시 위에 풀린 코를 걸어서 빼 준다.

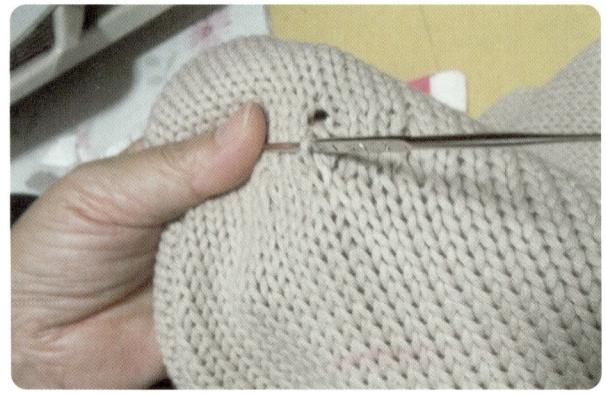

05 이와 같은 방법을 반복하다가 마지막 코에서 손바느질로 마무리해 주면 된다.

• 니트는 올이 풀리기 시작하면 줄줄 풀어진다. 따라서 올이 풀어지지 않도록 스프레이풀이나 딱풀을 발라 다림질해 두면 작업하는 동안 도움이 된다.

옷수선 배우기 노하우

2015년 1월 25일 1판 1쇄
2018년 3월 25일 1판 3쇄
2023년 3월 25일 2판 1쇄

저자 : 김남선 · 김수겸
펴낸이 : 남상호

펴낸곳 : 도서출판 예신
www.yesin.co.kr

(우) 04317 서울시 용산구 효창원로 64길 6
대표전화 : 704-4233, 팩스 : 335-1986
등록번호 : 제3-01365호(2002.4.18)

값 30,000원

ISBN : 978-89-5649-181-3